ऑपरेशन महाशक्ति भारत 2047

राष्ट्र की समस्याओं का निदान और विकसित भारत का प्रिस्क्रिप्शन एक नेत्र-सर्जन की कलम से

डॉ. सुरेश कुमार पाण्डेय

एम.बी.बी.एस., एम.एस. (नेत्र रोग विज्ञान)

विश्व प्रसिद्ध नेत्र-सर्जन • राष्ट्र-चिंतक • प्रेरक वक्ता • लेखक • साइक्लिस्ट

निदेशक, सुवि आई इंस्टीट्यूट एवं लेसिक लेजर सेंटर, कोटा, राजस्थान

ऑपरेशन महाशक्ति भारत 2047

Author: Dr. Suresh Kumar Pandey

Published in 2026

-: विषय सूची :-

खंड छह : 2047 का स्वस्थ भारत दृष्टि, संकल्प एवं एक नई सभ्यता का सूर्योदय

नव-दृष्टि का राष्ट्रीय महासंकल्पः ऑपरेशन महाशक्ति भारत 2047

उठो युवाओं! देश पुकारे, अब इतिहास नया गढ़ना है,
सपनों को संकल्प बनाकर, कर्म-पथ पर आगे बढ़ना है।
हर आँख में नव-दृष्टि जगे, हर हाथ राष्ट्र-निर्माण करे,
गीता का कर्मयोग हृदय में, जन-जन भारत-गान करे।

भ्रष्टाचार के घोर तिमिर में, सत्य-सूर्य अब उगाना है,
जाति-धर्म की दीवारें तोड़, एक श्रेष्ठ भारत बनाना है।
ज्ञान, विज्ञान और नवाचार से, नए शिखर छू जाने हैं,
आत्मनिर्भर भारत का ध्वज ले, विश्व-गगन लहराने हैं।

'ऑपरेशन सिंदूर' गवाह है, भारत आज संकल्पित है,
शांति हमारी प्रथम नीति, पर प्रतिकार सुनिश्चित है।
माँ भारती पर उठी कुदृष्टि, साहस से अब परास्त होगी,
भारत की सिंह-गर्जना से, दुनिया शक्ति हमारी जानेगी।

दो हजार सैंतालीस दूर नहीं, यह कर्म-संकल्प की घड़ी है,
हर युवा के पावन हृदय में, राष्ट्र-ज्योति प्रखर खड़ी है।
मसीहा कोई और न आएगा, तुम ही भारत की आस बनो,
स्वयं बदलो तो युग बदलेगा, महाशक्ति का प्रकाश बनो!

न झुकना है, न रुकना है, न सपनों को मरने देना है,
2047 का भारत हम हैं, हमें विश्व-शिखर पर रहना है!

– डॉ. सुरेश कुमार पाण्डेय

अस्वीकरण (डिस्क्लेमर)

"ऑपरेशन महाशक्ति भारत 2047: राष्ट्र की समस्याओं का निदान और विकसित भारत का प्रिस्क्रिप्शन एक नेत्र-सर्जन की कलम से" नामक यह पुस्तक लेखक डॉ. सुरेश कुमार पाण्डेय के निजी विचारों, अनुभवों एवं चिंतन पर आधारित है। इसमें व्यक्त सभी मत एवं निष्कर्ष लेखक के अपने हैं; जरूरी नहीं कि वे प्रकाशक या किसी अन्य संस्था अथवा व्यक्ति के विचारों का प्रतिनिधित्व करते हों।

इस पुस्तक का उद्देश्य किसी की निंदा करना अथवा किसी राजनीतिक दल, विचारधारा, धर्म, जाति, समुदाय या व्यक्ति का समर्थन करना नहीं है। लेखक ने राष्ट्र की समस्याओं को एक चिकित्सक की निष्पक्ष दृष्टि से, बिना किसी पूर्वाग्रह के देखने का प्रयास किया है। यदि किसी पाठक को पुस्तक का कोई अंश किसी एक पक्ष की ओर झुका हुआ प्रतीत हो, तो यह पूर्णतः अनजाने में है। इस पुस्तक का एकमात्र उद्द्देश्य एक रचनात्मक, सकारात्मक एवं राष्ट्र-हितैषी विमर्श को प्रोत्साहित करना तथा पाठकों को एक बेहतर भारत के निर्माण में अपनी भूमिका निभाने हेतु प्रेरित करना है, किसी की भावनाओं को ठेस पहुँचाना इसका अभिप्राय कदापि नहीं है।

इस पुस्तक में दिए गए सभी आँकड़े, तथ्य एवं संदर्भ लेखन के समय (वर्ष 2026 तक) सार्वजनिक रूप से उपलब्ध विश्वसनीय स्रोतों जैसे सरकारी रिपोर्ट्स, आर्थिक सर्वेक्षण, जनगणना, अंतरराष्ट्रीय संस्थानों के प्रकाशन एवं प्रतिष्ठित समाचार-स्रोतों से लिए गए हैं। लेखक एवं प्रकाशक ने इनकी सटीकता सुनिश्चित करने का हरसंभव प्रयास किया है; फिर भी आँकड़े समय के साथ बदलते रहते हैं और भिन्न स्रोतों में अंतर संभव है। अतः पाठकों से अनुरोध है कि किसी भी आँकड़े को अंतिम मानने से पूर्व उसकी नवीनतम स्थिति की पुष्टि मूल स्रोत से अवश्य कर लें। किसी भी अनजाने तथ्यात्मक त्रुटि के लिए लेखक एवं प्रकाशक उत्तरदायी नहीं होंगे।

इस पुस्तक में प्रयुक्त सभी चिकित्सकीय शब्द एवं रोग-सर्जरी संबंधी रूपक-जैसे कैंसर, ऑटोइम्यून रोग, वेंटिलेटर, स्टेरॉयड, कॉर्निया प्रत्यारोपण, टीकाकरण

आदि–केवल राष्ट्र की समस्याओं एवं समाधानों को सरल व रोचक ढंग से समझाने के साहित्यिक उद्देश्य से प्रयोग किए गए हैं। ये किसी भी रूप में चिकित्सकीय सलाह, निदान या इलाज नहीं हैं, न ही इन्हें वैसा माना जाना चाहिए। किसी भी स्वास्थ्य-संबंधी समस्या के लिए कृपया सदैव किसी योग्य, पंजीकृत चिकित्सक से ही परामर्श लें। यह पुस्तक किसी भी प्रकार की व्यक्तिगत चिकित्सकीय, कानूनी, वित्तीय या व्यावसायिक सलाह का विकल्प नहीं है।

इस पुस्तक में जहाँ कहीं भी मरीजों से जुड़ी घटनाओं का उल्लेख है, वहाँ संबंधित व्यक्तियों की निजता एवं गरिमा की रक्षा हेतु, आवश्यकतानुसार उनके नाम, पहचान एवं कुछ विवरण बदल दिए गए हैं, अथवा उन्हें उनकी सहमति से प्रस्तुत किया गया है। किसी भी जीवित या मृत व्यक्ति से कोई वास्तविक समानता, जहाँ स्पष्ट रूप से उल्लेखित न हो, मात्र संयोग हो सकती है। पुस्तक में जिन सार्वजनिक हस्तियों, ऐतिहासिक घटनाओं एवं प्रेरणादायक व्यक्तित्वों का उल्लेख है, वे सार्वजनिक रूप से प्रकाशित जानकारी पर आधारित हैं, और उनका उद्देश्य केवल प्रेरणा, शिक्षा एवं संदर्भ है।

अंततः, इस पुस्तक में 2047 के भारत से संबंधित जो भी दृष्टि, लक्ष्य एवं कल्पनाएँ प्रस्तुत की गई हैं, वे लेखक की आकांक्षाओं एवं आशावादी परिकल्पना पर आधारित एक प्रेरक स्वप्न मात्र हैं, ये किसी निश्चित परिणाम की गारंटी नहीं हैं, और इनका साकार होना अनेक कारकों तथा सामूहिक प्रयासों पर निर्भर है।

एक चिकित्सक के रूप में मैं जानता हूँ कि हर ताकतवर दवा के साथ एक चेतावनी पर्ची आती है, इसलिए नहीं कि दवा बुरी है, बल्कि इसलिए कि उसका सही इस्तेमाल हो। यह अस्वीकरण भी वही चेतावनी पर्ची है। इसे पढ़िए, समझिए, और फिर इस पुस्तक-रूपी सुझावों की दवा का पूरा लाभ उठाइए।

– डॉ. सुरेश कुमार पाण्डेय

विश्व प्रसिद्ध नेत्र-सर्जन • राष्ट्र-चिंतक • प्रेरक वक्ता • लेखक • साइक्लिस्ट

निदेशक, सुवि आई इंस्टीट्यूट एवं लेसिक लेजर सेंटर, कोटा (राजस्थान)

समर्पण

"ऑपरेशन महाशक्ति भारत 2047: राष्ट्र की समस्याओं का निदान और विकसित भारत का प्रिस्क्रिप्शन, एक नेत्र-सर्जन की कलम से" नामक यह पुस्तक भारत की उन 148 करोड़ धड़कनों को सादर समर्पित है, जो हर सुबह केवल अपने लिए नहीं, बल्कि एक बेहतर, समृद्ध, समर्थ और गौरवशाली भारत के निर्माण के संकल्प के साथ अपनी आँखें खोलती हैं।

यह समर्पण उन सभी किसानों को है, जिनके श्रम और पसीने की हर बूँद इस धरती को हरियाली देती है, पर जिनकी अपनी जिंदगी अक्सर संघर्ष की तपती धूप में बीत जाती है।

यह समर्पण उन सभी सैनिकों को है, जो बर्फीली चोटियों, तपते रेगिस्तानों, घने जंगलों और अथाह समुद्रों के बीच इसलिए जागते रहते हैं, ताकि हम अपने घरों में सुरक्षित और निश्चिंत सो सकें।

यह समर्पण उन सभी शिक्षकों को है, जो सीमित संसाधनों और अनगिनत चुनौतियों के बावजूद हर दिन एक नए भारत का भविष्य गढ़ते हैं।

यह समर्पण उन सभी माताओं को है, जिन्होंने अपने सपनों का मौन त्याग करके अपने बच्चों की आँखों में सपनों का आकाश बसाया।

यह समर्पण उन सभी वैज्ञानिकों, चिकित्सकों, उद्यमियों, श्रमिकों, नवप्रवर्तकों और कर्मयोगियों को है, जो प्रशंसा, पुरस्कार या सुर्खियों की अपेक्षा किए बिना, चुपचाप अपने श्रम, ज्ञान, कर्मयोग और सेवा-साधना से इस राष्ट्र की नींव को और अधिक मजबूत बनाते रहते हैं। इतिहास भले ही उनके नाम प्रमुखता से न लिखे, पर भारत की हर उपलब्धि के पीछे उनकी अनदेखी तपस्या अवश्य दर्ज है।

सबसे बढ़कर, यह समर्पण भारत के उन करोड़ों युवाओं को है, जिनकी आँखों में आज भी आशा का दीपक जल रहा है; जो चुनौतियों से घबराते नहीं, बल्कि उन्हें अवसर में बदलने का साहस रखते हैं; जिन्हें विश्वास है कि भारत की कहानी अभी अधूरी है और उसका सबसे गौरवशाली अध्याय अभी लिखा जाना बाकी है।

यह पुस्तक उन सभी जागरूक नागरिकों को समर्पित है, जो शिकायतों के दर्शक बनकर नहीं बैठते, बल्कि नव-परिवर्तन के अग्रदूत बनने का साहस करते हैं। जो समस्याओं की चर्चा से आगे बढ़कर समाधानों की खोज में जुट जाते हैं। जो यह मानते हैं कि राष्ट्र केवल सरकारों से नहीं, बल्कि नागरिकों के चरित्र, कर्म, चेतना और संकल्प से महान बनता है।

एक नेत्र-सर्जन के रूप में पिछले तीन दशकों में मुझे लाखों आँखों की रोशनी लौटाने का सौभाग्य मिला है। इस यात्रा ने मुझे एक अमूल्य सत्य सिखाया है कि आँखों की रोशनी खो देना दुखद है, पर अपने भविष्य की दृष्टि खो देना किसी भी राष्ट्र के लिए उससे कहीं अधिक घातक है।

इसी विश्वास के साथ यह पुस्तक राष्ट्र के उन सभी भावी कर्णधारों को सादर समर्पित है, जिनकी आँखों में आज भी एक स्वस्थ, समर्थ, आत्मनिर्भर, विकसित और महाशक्ति भारत का स्वप्न जगमगा रहा है।

मुझे पूर्ण विश्वास है कि वर्ष 2047 का विकसित भारत केवल एक लक्ष्य नहीं, बल्कि हमारी सामूहिक चेतना, राष्ट्रीय संकल्प, अनुशासित प्रयास और अथक पुरुषार्थ का परिणाम होगा।

भारत का स्वर्णिम अध्याय अभी लिखा जाना शेष है, और उस अध्याय के लेखक हम सभी हैं।

सादर समर्पित,

– डॉ. सुरेश कुमार पाण्डेय

विश्व प्रसिद्ध नेत्र-सर्जन • राष्ट्र-चिंतक • प्रेरक वक्ता • लेखक • साइक्लिस्ट

निदेशक, सुवि आई इंस्टीट्यूट एवं लेसिक लेजर सेंटर, कोटा (राजस्थान)

प्राक्कथन

– लेफ्टिनेंट रंगास्वामी माधवन पिल्लै

स्वतंत्रता सेनानी, नेताजी सुभाष चंद्र बोस की आजाद हिंद फौज,
इंडियन नेशनल आर्मी, आईएनए के वयोवृद्ध सैनिक

मैंने भारत की स्वतंत्रता को केवल इतिहास की पुस्तकों में नहीं पढ़ा, मैंने उस स्वप्न को जिया है। मैंने वह समय देखा है, जब स्वतंत्रता कोई निश्चित भविष्य नहीं थी, बल्कि एक पवित्र संकल्प थी, जिसके लिए अपना यौवन, अपना सुख और आवश्यकता पड़ने पर अपना जीवन तक मातृभूमि को अर्पित करना पड़ता था।

मैं सत्रह वर्ष की आयु में आजाद हिंद फौज, इंडियन नेशनल आर्मी, आईएनए से औपचारिक रूप से जुड़ा। इससे पहले 1942 में रासबिहारी बोस के नेतृत्व वाली इंडियन इंडिपेंडेंस लीग से जुड़ चुका था। बाद में नेताजी सुभाष चंद्र बोस के नेतृत्व में कार्य करना मेरे जीवन का बड़ा गौरव बना। संसाधन सीमित थे, सामने शक्तिशाली ब्रिटिश साम्राज्य था, फिर भी हमारे भीतर स्वतंत्र भारत का अटूट संकल्प था।

नेताजी के नेतृत्व में हमने सीखा कि राष्ट्र केवल भूमि और सीमाओं का नाम नहीं है। राष्ट्र करोड़ों लोगों की साझा चेतना, उनके सपनों, त्याग, अनुशासन और कर्तव्य का नाम है। आजाद हिंद फौज में भाषा, जाति, प्रांत और धर्म से ऊपर हमारी एक ही पहचान थी, हम भारतीय हैं।

मुझे युवाओं को प्रेरित करने, भर्ती में सहयोग करने और स्वतंत्रता के अभियान के लिए जनसमर्थन जुटाने का दायित्व मिला। मैंने युवा देखे, जिन्होंने अपने भविष्य

से पहले भारत के भविष्य को चुना। अनेक लौटकर नहीं आए। इसलिए मैं विश्वास से कह सकता हूँ कि भारत की स्वतंत्रता हमें उपहार में नहीं मिली। इसकी नींव में असंख्य स्वतंत्रता सेनानियों का रक्त, तप, त्याग और बलिदान समाहित है।

इसीलिए जब मैंने **"ऑपरेशन महाशक्ति भारत 2047: राष्ट्र की समस्याओं का निदान और विकसित भारत का प्रिस्क्रिप्शन, एक नेत्र सर्जन की कलम से"** की मूल भावना को समझा, तो मेरे मन में एक प्रश्न उठा, जिस भारत को स्वतंत्र कराने के लिए एक पीढ़ी ने अपना सर्वस्व अर्पित किया, उस भारत को महान बनाने के लिए आज की पीढ़ी क्या अर्पित करने को तैयार है? यही प्रश्न इस पुस्तक की आत्मा है।

डॉ. सुरेश कुमार पाण्डेय ने लाखों आँखों को दृष्टि देने का कार्य किया है। इस पुस्तक में वे एक नेत्र सर्जन की सूक्ष्म दृष्टि से राष्ट्र की समस्याओं को देखते हैं। एक चिकित्सक केवल लक्षणों पर नहीं रुकता, वह मूल कारण तक पहुँचता है, निदान करता है और उपचार की दिशा सुझाता है। इसी दृष्टि से उन्होंने भ्रष्टाचार, न्याय में विलंब, शिक्षा और स्वास्थ्य की असमानताओं, सामाजिक विभाजन, नागरिक उदासीनता और नैतिक नेतृत्व जैसी चुनौतियों पर विचार किया है।

यदि भारत को 2047 तक विकसित, आत्मनिर्भर, न्यायपूर्ण, समृद्ध और विश्व का मार्गदर्शन करने वाला राष्ट्र बनना है, तो केवल नीतियाँ और तकनीक बदलना पर्याप्त नहीं होगा। भारत को महान बनाने के लिए हमें अपने नागरिक चरित्र को भी महान बनाना होगा।

स्वतंत्रता संग्राम की हमारी पीढ़ी के सामने प्रश्न था, भारत को स्वतंत्र कौन करेगा? आज की पीढ़ी के सामने प्रश्न है, भारत को महान कौन बनाएगा? दोनों प्रश्नों का उत्तर एक ही है, हम स्वयं।

मैं भारत के युवाओं से कहना चाहता हूँ, हमारी पीढ़ी ने आपको स्वतंत्र भारत सौंपने के लिए संघर्ष किया। अब आपकी जिम्मेदारी है कि आने वाली पीढ़ियों को श्रेष्ठ, शक्तिशाली, संवेदनशील, आत्मनिर्भर और चरित्रवान भारत सौंपें। हमारे समय में मातृभूमि ने हमसे बलिदान माँगा था। आज मातृभूमि आपसे ईमानदारी, उत्कृष्टता, नवाचार, अनुशासन, परिश्रम और राष्ट्रहित को निजी स्वार्थ से ऊपर रखने का साहस माँग रही है।

वर्ष 2047 केवल स्वतंत्रता के सौ वर्ष पूरे होने का अवसर नहीं होगा, वह हमारी राष्ट्रीय परीक्षा होगी। उस दिन इतिहास पूछेगा, स्वतंत्रता सेनानियों ने तुम्हें जो भारत सौंपा था, तुमने उसे कितना बेहतर बनाया?

मुझे विश्वास है कि **"ऑपरेशन महाशक्ति भारत 2047"** केवल एक पुस्तक नहीं रहेगी। यह आत्ममंथन का दर्पण, राष्ट्रीय चरित्र का आह्वान और जन जागरण का शंखनाद बन सकती है। यह हमें याद दिलाती है कि परिवर्तन किसी दूर बैठे मसीहा से नहीं आएगा। परिवर्तन वहीं से आरंभ होगा, जहाँ हम खड़े हैं, हमारे विचारों से, हमारे चरित्र से, हमारे निर्णयों से और हमारे कर्म से।

डॉ. सुरेश कुमार पाण्डेय को इस विचारोत्तेजक, समाधान केंद्रित और राष्ट्रहितकारी कृति के लिए मेरी हार्दिक शुभकामनाएँ। मेरी कामना है कि यह पुस्तक भारत के युवाओं के भीतर वही संकल्प, साहस और राष्ट्रभाव जगाए, जिसने कभी हमारे हृदयों में स्वतंत्रता की अग्नि प्रज्वलित की थी।

भारत की स्वतंत्रता हमारे संघर्ष का लक्ष्य थी।

भारत को महान बनाना अब आपका राष्ट्रीय कर्तव्य है।

जय हिंद!

– लेफ्टिनेंट रंगास्वामी माधवन पिल्लै

स्वतंत्रता सेनानी, नेताजी सुभाष चंद्र बोस की आजाद हिंद फौज,
इंडियन नेशनल आर्मी, आईएनए के वयोवृद्ध सैनिक

प्राक्कथन

– परम पूज्य स्वामी चिदानंद सरस्वती जी महाराज

अध्यक्ष एवं आध्यात्मिक प्रमुख, परमार्थ निकेतन, ऋषिकेश

कुछ पुस्तकें केवल विचार देती हैं, कुछ पुस्तकें दिशा देती हैं, और कुछ पुस्तकें मनुष्य के भीतर राष्ट्र के प्रति नया संकल्प जगा देती हैं। *"ऑपरेशन महाशक्ति भारत 2047: राष्ट्र की समस्याओं का निदान और विकसित भारत का प्रिस्क्रिप्शन एक नेत्र-सर्जन की कलम से"* ऐसी ही एक प्रेरणादायी, संवेदनशील और समय की आवश्यकता को पहचानने वाली कृति है।

भारतवर्ष केवल एक भू-भाग ही नहीं है; भारतवर्ष एक चेतना है, एक संस्कृति है, एक साधना है। यह वह भूमि है, जहाँ ऋषियों ने आत्मा का विज्ञान खोजा, गुरुकुलों ने चरित्रवान नागरिक गढ़े, तक्षशिला और नालंदा जैसे विश्वविद्यालयों ने विश्व को ज्ञान का प्रकाश दिया, और गंगा ने करोड़ों जीवनों को केवल पवित्र जल ही नहीं, बल्कि जीवन-दर्शन भी दिया। भारत की शक्ति केवल उसके संसाधनों में ही नहीं, बल्कि उसके संस्कारों, आध्यात्मिक दृष्टि, सेवा-भाव और विश्व-कल्याण की भावना में भी निहित है।

वर्ष 2047 में भारत अपनी स्वतंत्रता के सौ वर्ष पूर्ण करेगा। यह केवल उत्सव का अवसर नहीं, बल्कि आत्ममंथन का क्षण भी है। हमें स्वयं से पूछना होगा कि क्या हम केवल विकसित अर्थव्यवस्था बनना चाहते हैं, या विकसित चेतना वाला राष्ट्र भी बनना चाहते हैं? क्या विकास केवल सड़कों, इमारतों और तकनीक से मापा जाएगा, या मनुष्य के चरित्र, करुणा, सत्यनिष्ठा और सेवा से भी विकास का आकलन होगा?

डॉ. सुरेश कुमार पाण्डेय ने इस पुस्तक में भारत की समस्याओं को एक नेत्र-सर्जन की सूक्ष्म दृष्टि से देखा है। जैसे एक आई सर्जन आँख की सबसे महीन परतों को ध्यान से देखकर रोग का निदान करता है, वैसे ही उन्होंने राष्ट्र की चुनौतियों के पीछे छिपे कारणों को समझने का प्रयास किया है। शिक्षा, स्वास्थ्य, जनसंख्या, भ्रष्टाचार, असमानता, युवाओं का भविष्य, नैतिक नेतृत्व और नागरिक उत्तरदायित्व जैसे विषयों पर उनका चिंतन केवल बौद्धिक नहीं, बल्कि संवेदनशील और समाधान केंद्रित है।

मुझे यह जानकर प्रसन्नता है कि डॉ. पाण्डेय को ऋषिकेश स्थित परमार्थ निकेतन आने, गंगा आरती में सहभागी बनने और माँ गंगा के पावन तट पर भारतीय अध्यात्म की जीवंत धारा को अनुभव करने का अवसर मिला है। गंगा आरती केवल एक धार्मिक अनुष्ठान नहीं है; वह हमें स्मरण कराती है कि जीवन का असली उद्देश्य केवल स्वयं के लिए जीना नहीं, बल्कि समाज, प्रकृति और राष्ट्र के लिए समर्पित होना है।

भारत की प्राचीन शिक्षा-परंपरा में ज्ञान और चरित्र अलग-अलग नहीं थे। गुरुकुलों में विद्यार्थी केवल शास्त्र नहीं पढ़ते थे, वे संयम, सेवा, अनुशासन, प्रकृति के प्रति सम्मान और समाज के प्रति उत्तरदायित्व भी सीखते थे। नालंदा और तक्षशिला की महिमा केवल उनके विशाल परिसरों में नहीं थी; उनकी महिमा उस दृष्टि में थी, जिसमें ज्ञान का उद्देश्य अहंकार नहीं, बल्कि लोकमंगल था। आज विकसित भारत के निर्माण के लिए हमें उसी ज्ञान-परंपरा को आधुनिक विज्ञान, तकनीक और नवाचार से जोड़ना होगा।

इस पुस्तक की विशेषता यही है कि यह केवल समस्याओं का वर्णन नहीं करती, समाधान की ओर ले जाती है। इसमें राष्ट्रभक्ति है, परंतु केवल भावुकता नहीं; इसमें चिंता है, परंतु निराशा नहीं; इसमें आलोचना है, परंतु कटुता नहीं; इसमें भारत के भविष्य के प्रति आस्था है और उस भविष्य को गढ़ने का स्पष्ट आह्वान भी है।

आज भारत को ऐसे विकास की आवश्यकता है, जो बाहर से आधुनिक और भीतर से आध्यात्मिक हो। जहाँ विज्ञान हो, पर विवेक भी हो। जहाँ तकनीक हो, पर संवेदना भी हो। जहाँ प्रगति हो, पर प्रकृति के प्रति सम्मान भी हो। जहाँ शिक्षा हो, पर संस्कार भी हों। जब विकास और अध्यात्म साथ चलते हैं, तभी राष्ट्र सचमुच महाशक्ति बनता है।

डॉक्टर, शिक्षक, संत, वैज्ञानिक, किसान, सैनिक, उद्यमी और युवा, ये सभी राष्ट्र-निर्माण के साधक हैं। डॉक्टर शरीर का उपचार करता है, शिक्षक बुद्धि को

दिशा देता है, संत आत्मा को जागृत करता है और जागरूक नागरिक राष्ट्र की चेतना को ऊँचा उठाता है। डॉ. पाण्डेय ने एक चिकित्सक की करुणा, एक लेखक की संवेदनशीलता और एक नागरिक की जिम्मेदारी के साथ यह पुस्तक लिखी है।

मैं विशेष रूप से युवाओं से कहना चाहूँगा कि वे इस पुस्तक को केवल पढ़ें नहीं, बल्कि इसके संदेश को अपने जीवन में उतारें। भारत का भविष्य केवल नीतियों से नहीं बनेगा; वह चरित्रवान, कर्तव्यनिष्ठ, करुणामय और जागरूक युवाओं से बनेगा। जब युवा अपने सपनों को राष्ट्र के सपनों से जोड़ते हैं, तब इतिहास बदलता है।

मुझे विश्वास है कि "ऑपरेशन महाशक्ति भारत 2047" केवल एक पुस्तक नहीं, बल्कि विकसित भारत के लिए एक वैचारिक गंगा-धारा है। यह पाठक को सोचने, जागने, जुड़ने और योगदान देने के लिए प्रेरित करती है। यह हमें याद दिलाती है कि भारत को महाशक्ति बनाने के लिए केवल बाहरी शक्ति नहीं, भीतर की शुचिता, सत्यनिष्ठा और सेवा-भाव भी आवश्यक है।

डॉ. सुरेश कुमार पाण्डेय को इस प्रेरणादायी, राष्ट्रहितकारी और समयानुकूल कृति के लिए मेरी हार्दिक बधाई और आशीर्वाद। माँ गंगा की कृपा से यह पुस्तक भारत की युवा पीढ़ी, शिक्षकों, चिकित्सकों, नीति-निर्माताओं और प्रत्येक जागरूक नागरिक के मन में विकसित, समरस, स्वस्थ और आध्यात्मिक भारत का संकल्प जगाए।

आइए, हम सब मिलकर ऐसा भारत बनाएँ, जो केवल आर्थिक रूप से विकसित न हो, बल्कि विचारों में विशाल, चरित्र में पवित्र, सेवा में समर्पित और विश्व के लिए प्रेरणा बने।

सप्रेम आशीर्वाद सहित,

– परम पूज्य स्वामी चिदानंद सरस्वती जी महाराज

अध्यक्ष एवं आध्यात्मिक प्रमुख, परमार्थ निकेतन, ऋषिकेश

संस्थापक, गंगा एक्शन परिवार

सह-संस्थापक, ग्लोबल इंटरफेथ WASH एलायंस

संस्थापक, इंडिया हेरिटेज रिसर्च फाउंडेशन

प्राक्कथन

–पद्मश्री प्रोफेसर जगत राम

पूर्व निदेशक, पोस्टग्रेजुएट इंस्टीट्यूट ऑफ मेडिकल एजुकेशन एंड रिसर्च, चंडीगढ़
पूर्व विभागाध्यक्ष, एडवांस्ड आई सेंटर, पोस्टग्रेजुएट इंस्टीट्यूट ऑफ मेडिकल एजुकेशन एंड रिसर्च, चंडीगढ़

किसी भी राष्ट्र की वास्तविक शक्ति केवल उसकी अर्थव्यवस्था, सैन्य क्षमता या प्राकृतिक संसाधनों में नहीं होती; वह उसके नागरिकों के स्वास्थ्य, शिक्षा, चरित्र, अनुशासन और सामूहिक दृष्टि में निहित होती है। एक स्वस्थ राष्ट्र ही सशक्त राष्ट्र बन सकता है, और एक सशक्त राष्ट्र ही विश्व को दिशा देने की क्षमता रखता है। इसी दृष्टि से *"ऑपरेशन महाशक्ति भारत 2047: राष्ट्र की समस्याओं का निदान और विकसित भारत का प्रिस्क्रिप्शन एक नेत्र-सर्जन की कलम से"* एक अत्यंत महत्वपूर्ण, समयानुकूल और विचारोत्तेजक कृति है।

डॉ. सुरेश कुमार पाण्डेय को मैं केवल एक कुशल नेत्र-सर्जन या लेखक के रूप में नहीं देखता, बल्कि एक ऐसे विद्यार्थी, चिकित्सक और चिंतक के रूप में देखता हूँ, जिनकी यात्रा में परिश्रम, अनुशासन, संवेदनशीलता और राष्ट्र के प्रति गहरी प्रतिबद्धता स्पष्ट दिखाई देती है। मुझे प्रसन्नता है कि डॉ. पाण्डेय ने अपने प्रशिक्षण के दिनों में पोस्टग्रेजुएट इंस्टीट्यूट ऑफ मेडिकल एजुकेशन एंड रिसर्च, चंडीगढ़ और उसके प्रतिष्ठित एडवांस्ड आई सेंटर में नेत्र चिकित्सा-विज्ञान के अनुशासन, सेवा की गरिमा और मानवीय संवेदना को निकट से सीखा। एक शिक्षक के लिए इससे बड़ा संतोष क्या हो सकता है कि उसका विद्यार्थी केवल

अपने क्षेत्र में उत्कृष्टता प्राप्त न करे, बल्कि समाज और राष्ट्र के लिए गंभीरता से विचार भी करे।

चिकित्सक का कार्य केवल रोग का उपचार करना नहीं होता; वह समाज की पीड़ा को समझता है, जीवन की नश्वरता को प्रतिदिन देखता है और मानवता के सबसे कमजोर क्षणों में मनुष्य के साथ खड़ा होता है। इसलिए डॉक्टर का दृष्टिकोण केवल चिकित्सकीय नहीं रहता; उसमें करुणा, वैज्ञानिक सोच, अनुशासन और समाधान की प्रवृत्ति विकसित होती है। यही दृष्टि इस पुस्तक में स्पष्ट दिखाई देती है।

डॉ. पाण्डेय ने एक नेत्र-सर्जन की दृष्टि से राष्ट्र को देखा है। जैसे एक आई सर्जन आँख की सूक्ष्मतम संरचनाओं को ध्यान से देखता है, रोग के लक्षणों के पीछे छिपे कारणों को पहचानता है और फिर सावधानी से उपचार करता है, वैसे ही लेखक ने भारत की अनेक चुनौतियों का निदान करने का प्रयास किया है। शिक्षा, स्वास्थ्य, जनसंख्या, भ्रष्टाचार, सामाजिक असमानता, युवाओं का भविष्य, नैतिक नेतृत्व और नागरिक उत्तरदायित्व जैसे विषयों पर उनका चिंतन केवल भावनात्मक नहीं, बल्कि व्यावहारिक और समाधान-केंद्रित है।

स्वास्थ्य-सेवा राष्ट्र-निर्माण का मूल आधार है। यदि नागरिक स्वस्थ नहीं होंगे, तो वे शिक्षा, श्रम, नवाचार, उद्यम और राष्ट्रीय विकास में अपनी पूर्ण क्षमता से योगदान नहीं दे सकेंगे। भारत को 2047 तक विकसित राष्ट्र बनना है, तो हमें केवल अस्पतालों की संख्या नहीं बढ़ानी होगी; हमें स्वास्थ्य को अधिकार, सेवा को मूल्य और चिकित्सा को राष्ट्र-निर्माण का मिशन बनाना होगा। ग्रामीण भारत, गरीब परिवारों, बुजुर्गों, महिलाओं, बच्चों और दृष्टिबाधित नागरिकों तक गुणवत्तापूर्ण स्वास्थ्य-सेवा पहुँचाना विकसित भारत की अनिवार्य शर्त है।

इस संदर्भ में पोस्टग्रेजुएट इंस्टीट्यूट ऑफ मेडिकल एजुकेशन एंड रिसर्च, चंडीगढ़ जैसे संस्थानों की भूमिका अत्यंत महत्वपूर्ण रही है। ऐसे संस्थान केवल डॉक्टर तैयार नहीं करते; वे वैज्ञानिक सोच, नैतिक चिकित्सा, शोध-भावना, सेवा-संस्कृति और नेतृत्व तैयार करते हैं। यहाँ प्रशिक्षित चिकित्सक देश के अलग-अलग हिस्सों में जाकर केवल रोगियों का उपचार नहीं करते, बल्कि चिकित्सा-व्यवस्था को मजबूत करते हैं, नई पीढ़ी को प्रशिक्षित करते हैं और समाज में स्वास्थ्य-जागरूकता का प्रकाश फैलाते हैं।

डॉ. पाण्डेय की इस पुस्तक में मुझे वही व्यापक दृष्टि दिखाई देती है। वे केवल यह नहीं पूछते कि भारत की समस्याएँ क्या हैं; वे यह भी पूछते हैं कि उनका उपचार कैसे हो सकता है। यह पुस्तक केवल आलोचना नहीं करती, दिशा देती

है। केवल निराशा नहीं दिखाती, आशा जगाती है। केवल राष्ट्रभक्ति की बात नहीं करती, राष्ट्र–निर्माण में सक्रिय भागीदारी का आह्वान करती है।

भारत 2047 में स्वतंत्रता के सौ वर्ष पूर्ण करेगा। यह केवल उत्सव का अवसर नहीं, बल्कि आत्ममंथन का क्षण भी होगा। हमें यह देखना होगा कि क्या हमने अपने नागरिकों को स्वस्थ, शिक्षित, सक्षम और संवेदनशील बनाया है। क्या हमारी संस्थाएँ ईमानदार, पारदर्शी और उत्तरदायी बनी हैं। क्या हमारे युवा केवल रोजगार खोजने वाले बने हैं या समाधान बनाने वाले भी बने हैं। क्या हमारे डॉक्टर, शिक्षक, वैज्ञानिक, प्रशासक और नागरिक मिलकर ऐसे भारत का निर्माण कर रहे हैं, जिस पर आने वाली पीढ़ियाँ गर्व कर सकें।

मैं विशेष रूप से युवा डॉक्टरों और विद्यार्थियों से कहना चाहूँगा कि इस पुस्तक को केवल एक सामाजिक या राष्ट्रीय चिंतन के रूप में न पढ़ें। इसे अपने पेशेवर और नैतिक दायित्व की दृष्टि से भी पढ़ें। डॉक्टर का स्टेथोस्कोप, सर्जन का माइक्रोस्कोप और शिक्षक की कलम, ये सब राष्ट्र–निर्माण के उपकरण हैं। जब चिकित्सा सेवा करुणा से जुड़ती है, जब शिक्षा चरित्र से जुड़ती है और जब ज्ञान राष्ट्रहित से जुड़ता है, तभी विकसित भारत का स्वप्न साकार होता है।

मुझे विश्वास है कि "ऑपरेशन महाशक्ति भारत 2047" पाठकों को केवल सोचने के लिए नहीं, बल्कि जागने, जुड़ने और योगदान देने के लिए प्रेरित करेगी। यह पुस्तक हमें याद दिलाती है कि भारत का भविष्य किसी एक नेता, एक सरकार या एक संस्था से नहीं बनेगा; वह करोड़ों जागरूक नागरिकों, समर्पित पेशेवरों और उत्तरदायी युवाओं के सामूहिक प्रयास से बनेगा।

डॉ. सुरेश कुमार पाण्डेय को इस प्रेरणादायी, संवेदनशील और राष्ट्रहितकारी कृति के लिए मेरी हार्दिक बधाई और शुभकामनाएँ। ईश्वर करे, यह पुस्तक भारत की युवा पीढ़ी, चिकित्सकों, शिक्षकों, नीति–निर्माताओं और प्रत्येक जागरूक नागरिक के मन में विकसित भारत के लिए नया संकल्प जगाए।

सादर,

– पद्मश्री प्रोफेसर जगत राम

पूर्व निदेशक, पोस्टग्रेजुएट इंस्टीट्यूट ऑफ मेडिकल एजुकेशन एंड रिसर्च, चंडीगढ़, पूर्व विभागाध्यक्ष, एडवांस्ड आई सेंटर, पोस्टग्रेजुएट इंस्टीट्यूट ऑफ मेडिकल एजुकेशन एंड रिसर्च, चंडीगढ़

प्राक्कथन

– प्रो. वी. रामगोपाल राव
सीनियर प्रोफेसर एवं वाइस चांसलर
इलेक्ट्रिकल एवं इलेक्ट्रॉनिक्स इंजीनियरिंग विभाग
बिड़ला इंस्टीट्यूट ऑफ टेक्नोलॉजी एंड साइंस, पिलानी कैंपस

किसी राष्ट्र की महानता केवल उसकी अर्थव्यवस्था, तकनीकी उपलब्धियों या वैश्विक पहचान से निर्धारित नहीं होती; वह उसके संस्थानों की गुणवत्ता, नवाचार की संस्कृति, शिक्षा की गहराई, शोध की शक्ति और नागरिकों के चरित्र से निर्मित होती है। भारत आज ऐसे ऐतिहासिक मोड़ पर खड़ा है, जहाँ 2047 केवल स्वतंत्रता के सौ वर्ष पूर्ण होने की तिथि नहीं, बल्कि एक राष्ट्रीय पुनर्जागरण का लक्ष्य है।

"ऑपरेशन महाशक्ति भारत 2047: राष्ट्र की समस्याओं का निदान और विकसित भारत का प्रिस्क्रिप्शन एक नेत्र-सर्जन की कलम से" इसी लक्ष्य पर गंभीर, संवेदनशील और समाधान-केंद्रित चिंतन प्रस्तुत करने वाली एक अत्यंत समयानुकूल पुस्तक है।

स्वतंत्रता के बाद भारत ने शिक्षा और विज्ञान के क्षेत्र में जो लंबी छलांग लगाई, वह विश्व इतिहास में अद्वितीय है। वर्ष 1951 में प्रथम भारतीय प्रौद्योगिकी संस्थान, खड़गपुर से शुरू हुई यात्रा आगे चलकर आईआईटी बॉम्बे, आईआईटी मद्रास, आईआईटी कानपुर और आईआईटी दिल्ली जैसे विश्वस्तरीय संस्थानों तक पहुँची। वर्ष 1956 में एम्स नई दिल्ली, 1961 में भारतीय प्रबंधन संस्थान, 1962

में पीजीआईएमईआर चंडीगढ़, 1969 में इसरो और बाद के दशकों में एनआईटी, आईआईआईटी, आईआईएसईआर तथा अनेक उत्कृष्ट विश्वविद्यालयों ने भारत की ज्ञान-यात्रा को नई ऊँचाई दी। यह केवल संस्थानों का निर्माण नहीं था; यह आत्मनिर्भर, वैज्ञानिक और आधुनिक भारत की नींव थी।

आज भारत के पास 23 आईआईटी, व्यापक एनआईटी-आईआईआईटी नेटवर्क, आईआईएम, आईआईएसईआर, एम्स जैसे संस्थान और हजारों विश्वविद्यालयों-कॉलेजों की विशाल शैक्षणिक शक्ति है। यह वही भारत है, जिसने सीमित संसाधनों से शुरुआत करके अंतरिक्ष, सूचना-प्रौद्योगिकी, चिकित्सा, फार्मा, स्टार्टअप, डिजिटल पब्लिक इंफ्रास्ट्रक्चर और डीप-टेक नवाचार तक एक विशाल यात्रा तय की है। स्वतंत्रता के बाद लगभग आठ दशकों में भारत ने सचमुच एक विशाल छलांग लगाई है; अब आवश्यकता है कि यह छलांग 2047 तक विकसित, नवाचारी और समावेशी भारत में रूपांतरित हो।

डॉ. सुरेश कुमार पाण्डेय की यह पुस्तक भारत की चुनौतियों को एक अत्यंत विशिष्ट दृष्टि से देखती है। एक प्रतिष्ठित नेत्र-सर्जन के रूप में वे समस्याओं को सतह पर नहीं देखते; वे गहराई में जाकर कारणों को समझने का प्रयास करते हैं। जैसे एक चिकित्सक पहले सावधानी से निरीक्षण करता है, फिर ईमानदारी से निदान करता है और उसके बाद उपचार की दिशा देता है, उसी प्रकार लेखक ने राष्ट्र की समस्याओं को देखा, समझा और विकसित भारत के लिए एक उपचार-सूत्र प्रस्तुत किया है।

इस पुस्तक की सबसे बड़ी शक्ति इसका समाधान-केंद्रित दृष्टिकोण है। इसमें शासन, शिक्षा, स्वास्थ्य, नवाचार, युवा-शक्ति, उद्यमिता, सामाजिक उत्तरदायित्व, नैतिक नेतृत्व और राष्ट्रीय चरित्र जैसे विषयों पर गंभीर चिंतन है। लेखक केवल समस्याओं की चर्चा नहीं करते, बल्कि पाठक को यह सोचने के लिए प्रेरित करते हैं कि वह स्वयं इस परिवर्तन का भाग कैसे बन सकता है।

भारत को 2047 तक सच्चे अर्थों में महाशक्ति बनना है, तो हमें शिक्षा, शोध, विज्ञान, तकनीक, उद्यमिता और नैतिक नेतृत्व में गहरा निवेश करना होगा। हमें ऐसे युवाओं की आवश्यकता है, जो केवल नौकरी खोजने वाले न हों, बल्कि समस्याओं को पहचानकर समाधान बनाने वाले हों। हमें ऐसे संस्थान चाहिए, जो केवल डिग्री न दें, बल्कि जिज्ञासा, नवाचार, चरित्र और राष्ट्र-भावना जगाएँ।

भारत का भविष्य केवल सरकारों की फाइलों में नहीं लिखा जाएगा। वह कक्षाओं, प्रयोगशालाओं, स्टार्टअप्स, अस्पतालों, गाँवों, शहरों, शोध-केंद्रों और करोड़ों जिम्मेदार नागरिकों के दैनिक आचरण में लिखा जाएगा। जब ज्ञान नवाचार

से जुड़ेगा, नवाचार उद्यमिता से जुड़ेगा और उद्यमिता समाजहित से जुड़ेगी, तभी विकसित भारत का सपना साकार होगा।

मुझे विश्वास है कि "ऑपरेशन महाशक्ति भारत 2047" पाठकों को केवल सोचने के लिए नहीं, बल्कि जिम्मेदारी से कार्य करने के लिए प्रेरित करेगी। यह पुस्तक हमें याद दिलाती है कि विकसित भारत किसी एक सरकार, एक संस्था या एक नेता का प्रोजेक्ट नहीं है; यह करोड़ों नागरिकों का साझा संकल्प है।

डॉ. सुरेश कुमार पाण्डेय को इस प्रेरणादायी, समयानुकूल और राष्ट्रहितकारी कृति के लिए मेरी हार्दिक बधाई और शुभकामनाएँ। आशा है कि यह पुस्तक विद्यार्थियों, शिक्षकों, चिकित्सकों, वैज्ञानिकों, उद्यमियों, नीति-निर्माताओं और प्रत्येक जागरूक नागरिक को विकसित, नवाचारी और करुणामय भारत के निर्माण में सार्थक योगदान देने के लिए प्रेरित करेगी।

सादर,

– प्रो. वी. रामगोपाल राव
सीनियर प्रोफेसर एवं वाइस चांसलर
इलेक्ट्रिकल एवं इलेक्ट्रॉनिक्स इंजीनियरिंग विभाग
बिड़ला इंस्टीट्यूट ऑफ टेक्नोलॉजी एंड साइंस, पिलानी कैंपस

प्राक्कथन

–श्री राजेश माहेश्वरी

संस्थापक, एवं निदेशक, एलन करियर इंस्टीट्यूट, कोटा

कुछ पुस्तकें केवल पढ़ी जाती हैं, कुछ पुस्तकें महसूस की जाती हैं, और कुछ विरली पुस्तकें ऐसी होती हैं, जो पाठक की सोच को भीतर तक बदल देती हैं। *"ऑपरेशन महाशक्ति भारत 2047: राष्ट्र की समस्याओं का निदान और विकसित भारत का प्रिस्क्रिप्शन एक नेत्र-सर्जन की कलम से"* ऐसी ही एक विचारोत्तेजक, संवेदनशील और समयानुकूल कृति है।

किसी भी राष्ट्र का भविष्य केवल सरकारों, नीतियों और योजनाओं से नहीं बनता; वह उसके युवाओं के सपनों, शिक्षकों के समर्पण, परिवारों के त्याग, संस्थाओं के चरित्र और नागरिकों के सामूहिक संकल्प से निर्मित होता है। भारत जैसे विशाल और युवा देश के लिए वर्ष 2047 केवल स्वतंत्रता के सौ वर्ष पूर्ण होने की तिथि नहीं है, बल्कि यह हमारी सामूहिक परीक्षा है कि हम अपनी युवा-शक्ति को किस दिशा में ले जाते हैं।

डॉ. सुरेश कुमार पाण्डेय को देश-विदेश में एक प्रतिष्ठित नेत्र-सर्जन के रूप में जाना जाता है। उन्होंने वर्षों तक असंख्य नेत्र रोगियों के जीवन में रोशनी लौटाने का कार्य किया है। लेकिन इस पुस्तक में वे केवल आँखों की रोशनी की बात नहीं करते; वे भारत की सामूहिक दृष्टि की बात करते हैं। जिस सूक्ष्म दृष्टि से एक नेत्र-सर्जन आँख की सबसे महीन परत को देखता है, उसी संवेदनशील दृष्टि से डॉ. पाण्डेय ने राष्ट्र की चुनौतियों को देखा है, उनका निदान किया है और विकसित भारत के लिए एक स्पष्ट उपचार-सूत्र प्रस्तुत किया है।

एक शिक्षाविद् के रूप में मैंने बहुत निकट से देखा है कि भारत की युवा-शक्ति में कितनी अद्‌भुत ऊर्जा, प्रतिभा और संभावना छिपी हुई है। एलन की यात्रा भी इसी विश्वास से आरंभ हुई थी। एक छोटे-से कमरे में कुछ विद्यार्थियों के साथ शुरू हुआ यह प्रयास आज देश के लाखों विद्यार्थियों के सपनों से जुड़ चुका है। यह केवल एक कोचिंग संस्थान की यात्रा नहीं, बल्कि उस विश्वास की यात्रा है कि यदि विद्यार्थी को सही मार्गदर्शन, अनुशासन, वातावरण और प्रेरणा मिले, तो वह असंभव दिखने वाली ऊँचाइयों को भी छू सकता है।

वर्षों से एलन ने मेडिकल और इंजीनियरिंग प्रवेश परीक्षाओं की तैयारी करने वाले विद्यार्थियों को दिशा दी है, असंख्य परिवारों के सपनों को संबल दिया है और हजारों शिक्षकों, कर्मचारियों तथा सहयोगी परिवारों को रोजगार, सम्मान और जीवन की स्थिरता भी प्रदान की है। शिक्षा जब केवल परीक्षा पास कराने का साधन नहीं रहती, बल्कि राष्ट्र-निर्माण का माध्यम बन जाती है, तब उसका प्रभाव एक पीढ़ी तक सीमित नहीं रहता; वह आने वाली पीढ़ियों तक गूँजता है।

भारत 2047 में अपनी स्वतंत्रता के सौ वर्ष पूर्ण करेगा। यह केवल एक तारीख नहीं, बल्कि एक राष्ट्रीय संकल्प है। इस संकल्प के सामने हमें स्वयं से कुछ कठिन प्रश्न पूछने होंगे। क्या हम अपने युवाओं को केवल डिग्री दे रहे हैं या दिशा भी दे रहे हैं? क्या हम उन्हें केवल प्रतियोगिता के लिए तैयार कर रहे हैं या जीवन, चरित्र और राष्ट्र-निर्माण के लिए भी प्रेरित कर रहे हैं?

डॉ. पाण्डेय की यह पुस्तक इन्हीं प्रश्नों को पूरी ईमानदारी से हमारे सामने रखती है। इसमें राष्ट्रभक्ति का भाव है, लेकिन केवल भावुकता नहीं। इसमें समस्याओं की पहचान है, लेकिन केवल शिकायत नहीं। इसमें विकसित भारत का स्वप्न है, लेकिन केवल कल्पना नहीं; इसमें समाधान है, संकल्प है और सहभागिता का स्पष्ट आह्वान है।

मुझे विशेष रूप से यह बात प्रभावित करती है कि लेखक ने शिक्षा, स्वास्थ्य, जनसंख्या, भ्रष्टाचार, असमानता, युवाओं के भविष्य, नैतिक नेतृत्व और नागरिक उत्तरदायित्व जैसे विषयों पर गंभीर, व्यावहारिक और समाधान-केंद्रित चिंतन प्रस्तुत किया है। यह पुस्तक हमें याद दिलाती है कि भारत की सबसे बड़ी शक्ति सिर्फ उसके संसाधन ही नहीं, बल्कि उसके जागरूक, शिक्षित, स्वस्थ और संस्कारित नागरिक भी हैं।

मैं भारत के विद्यार्थियों और युवाओं से विशेष आग्रह करना चाहूँगा कि वे इस पुस्तक को केवल पढ़ें नहीं, बल्कि इसके विचारों को अपने जीवन से जोड़ें। भारत का

भविष्य किसी एक नेता, एक संस्था या एक सरकार से नहीं बनेगा। वह तब बनेगा, जब करोड़ों युवा अपने व्यक्तिगत सपनों को राष्ट्र के सपनों से जोड़ेंगे।

मुझे विश्वास है कि "ऑपरेशन महाशक्ति भारत 2047" केवल एक पुस्तक नहीं, बल्कि एक विचार-यात्रा है। यह पाठक को यह सोचने के लिए प्रेरित करती है कि भारत हमें क्या दे सकता है, और उससे भी अधिक महत्वपूर्ण यह है कि हम भारत को क्या दे सकते हैं।

डॉ. सुरेश कुमार पाण्डेय को इस प्रेरणादायी, समयानुकूल और राष्ट्रहितकारी कृति के लिए मेरी हार्दिक बधाई और शुभकामनाएँ।

आइए, हम मिलकर ऐसा भारत बनाएँ जहाँ हर विद्यार्थी को अवसर मिले, हर युवा को दिशा मिले, हर प्रतिभा को सम्मान मिले और हर नागरिक विकसित भारत के निर्माण में अपना योगदान दे।

सादर,

– श्री राजेश माहेश्वरी

संस्थापक एवं निदेशक, एलन करियर इंस्टीट्यूट, कोटा

भूमिका

1947 से 2047 तकः एक नेत्र-सर्जन का राष्ट्र के नागरिकों को पत्र

"डॉक्टर साहब, मेरी आँख का यह मोतियाबिंद तो आप कुछ ही मिनटों में निकाल देंगे। पर इस 148 करोड़ की आबादी वाले महान देश की आँखों पर जो मोतियाबिंद चढ़ गया है-नीट जैसी परीक्षाओं के पेपर लीक का अंधकार, लालफीताशाही की धुंध, भ्रष्टाचार का जाला, व्यवस्था की लाचारी और आम आदमी की थकी हुई उम्मीद-उसे कौन हटाएगा, बेटा?"

यह प्रश्न किसी मंच से नहीं उठा था। यह किसी टीवी बहस की चीख-पुकार नहीं थी। यह प्रश्न मुझसे एक सत्तर वर्षीय वृद्ध महिला ने मेरी ओपीडी में, एक बिल्कुल सामान्य दिन, एक साधारण-सी कुर्सी पर बैठकर पूछा था। कमरा वही था, रोग वही था, जाँच वही थी, पर उस दिन शब्दों ने मेरे भीतर कुछ बदल दिया।

उनकी आँखों में पका हुआ सफेद मोतियाबिंद था। उनकी भौतिक दृष्टि धुँधली हो चुकी थी, पर उनकी सोच की रोशनी आश्चर्यजनक रूप से साफ थी। उनकी आंतरिक दृष्टि में ऐसी तीक्ष्णता थी, जो कई बार महँगे चश्मों, ऊँचे पदों, वातानुकूलित कमरों और बड़ी-बड़ी डिग्रियों के बाद भी दुर्लभ रहती है।

मैं कुछ क्षणों के लिए निःशब्द रह गया।

मेरे हाथ, जो पिछले तीन दशकों में लाखों आँखों से अंधकार की परत हटाने का सौभाग्य पा चुके थे, उस क्षण जैसे ठहर गए। मुझे लगा, यह प्रश्न उस वृद्ध महिला ने नहीं, बल्कि समय की गहराइयों से मेरे दिवंगत दादाजी ने मेरी अंतरात्मा से पूछा है। वही प्रश्न, जो शायद इस देश का हर सच्चा नागरिक अपने मन के किसी शांत कोने में लिए घूमता है, पर जिसे शब्द देने का साहस नहीं जुटा पाता।

ठीक उसी क्षण, मेरी ओपीडी की उस छोटी-सी जगह में, इस पुस्तक के विचार का जन्म हुआ।

एक अधूरे स्वप्न की महान विरासत

मेरी इस वैचारिक यात्रा की शुरुआत मुझसे नहीं होती। यह कहानी शुरू होती है एक ऐसे सपने से, जो मेरे जन्म से बहुत पहले जन्मा था। एक ऐसा सपना, जिसे एक स्वतंत्रता सेनानी ने अपनी आँखों में पवित्र ज्वाला की तरह सँजोया था। एक ऐसा सपना, जो 15 अगस्त 1947 को भारत की राजनीतिक स्वतंत्रता के साथ समाप्त नहीं हुआ, बल्कि आने वाली पीढ़ियों के लिए एक अधूरा संकल्प बनकर रह गया।

उस सपने के स्वामी थे मेरे दादाजी, स्वर्गीय डॉ. कामता प्रसाद पाण्डेय।

वे पेशे से नेत्र-चिकित्सक, पर हृदय से राष्ट्रभक्त थे। सन् 1937 का वह कठिन समय था, जब गाँवों में डॉक्टर मिलना भी चमत्कार जैसा था। पक्के घर, बिजली, शौचालय और पक्की सड़कें सामान्य जीवन का हिस्सा नहीं थीं। उसी दौर में उन्होंने भिवानी (हरियाणा) के किशन लाल जालान नेत्र चिकित्सालय में डॉ. पी. डी. गिरिधर से आँखों का इलाज सीखा। वे सीमित संसाधनों में मोतियाबिंद का निःशुल्क ऑपरेशन करते और ऑपरेशन के एक माह बाद मरीज को प्लस बारह नंबर का मोटा एफेकिक चश्मा पहनाते। उस समय आँख में कृत्रिम लेंस प्रत्यारोपित करने की आधुनिक सुविधा उपलब्ध नहीं थी।

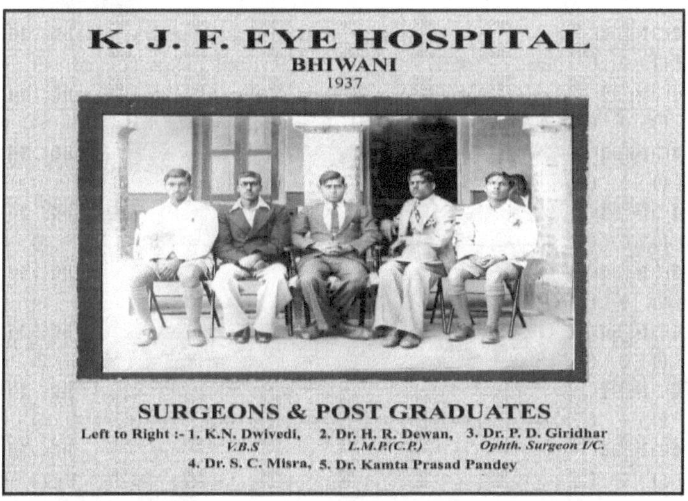

जब कोई ग्रामीण उस मोटे चश्मे के पीछे से पहली बार फिर से दुनिया को साफ देखता, तो उसके चेहरे पर जो मुस्कान आती, वही दादाजी की सबसे बड़ी कमाई थी। उन्होंने अनगिनत नेत्र-रोगियों की आँखों से अंधकार हटाया, पर उनकी चिंता केवल किसी एक व्यक्ति की दृष्टि तक सीमित नहीं थी। वे उस राष्ट्र की दृष्टि को लेकर बेचैन थे, जिसके लिए उन्होंने स्वतंत्रता-संग्राम में भाग लिया था।

वर्ष 1942 के भारत छोड़ो आंदोलन में, जब देश आजादी की पुकार से गूँज रहा था, दादाजी बलिया के ऐतिहासिक *"बागी बलिया"* आंदोलन से जुड़े। वही बलिया, जहाँ भारत के महान स्वतंत्रता संग्राम सैनानी **श्री चित्तू पांडे** को इतिहास ने *"बलिया का शेर"* कहा। दादाजी के एक हाथ में सेवा का संस्कार था, दूसरे हाथ में राष्ट्र-निर्माण का स्वप्न। वे नेत्र रोगियों की आँखों का इलाज करते थे, पर साथ ही एक ऐसे भारत का सपना देखते थे, जो केवल स्वतंत्र ही नहीं, बल्कि समृद्ध, शिक्षित, न्यायपूर्ण और विश्व का पथप्रदर्शक हो।

दादाजी अक्सर कहा करते थे, *"बेटा, 1947 में हमें राजनीतिक आजादी मिली है। पर असली आजादी उस दिन मिलेगी, जब भारत फिर से ज्ञान, चरित्र, समृद्धि और मानवता के क्षेत्र में विश्व का नेतृत्व करेगा। जब वह फिर से वही सोने की चिड़िया, वही ज्ञानी भारत बनेगा। तब तक समझ लेना, 1947 की आजादी अधूरी है।"*

बचपन में मैं इन शब्दों की गहराई नहीं समझ पाता था। पर वे शब्द मेरे भीतर बीज की तरह गिर चुके थे। आज पीछे मुड़कर देखता हूँ, तो लगता है कि इस पुस्तक की शुरुआत उसी दिन हो गई थी, जब मैंने पहली बार दादाजी से राष्ट्र की दृष्टि की बात सुनी थी।

रगों में बहता इतिहासः नगवा से 1857 की गूँज

शायद यह देशभक्ति मेरे रक्त में ही रची-बसी थी। मेरी दादीजी, श्रीमती राम श्रृंगारी देवी, नगवा गाँव की मिट्टी में ही पली, खेली व बड़ी हुईं थीं। बलिया जिले का वह नगवा गाँव, जो प्रथम स्वाधीनता संग्राम के महान क्रांतिकारी, अमर शहीद **श्री मंगल पांडे** की जन्मस्थली है, जिन्होंने वर्ष 1857 में भारत की आजादी की पहली चिंगारी जलाई थी।

बचपन से ही मैंने अपने दादाजी और दादीजी दोनों से आजादी की वे कहानियाँ सुनीं, जिनमें त्याग था, साहस था, पीड़ा थी और मातृभूमि के लिए जीने-मरने का संकल्प था। उन कहानियों ने मेरे भीतर देश के लिए कुछ कर गुजरने का एक ऐसा बीज बो दिया, जिसे कोई विदेशी चकाचौंध कभी धुंधली नहीं कर सकीं।

हर वर्ष स्वतंत्रता दिवस पर जब मोहम्मद रफी साहब की आवाज में "कर चले हम फिदा जान-ओ-तन साथियों, अब तुम्हारे हवाले वतन साथियों" सुनता, तो लगता जैसे यह गीत केवल शहीदों का स्मरण नहीं है। यह दादाजी की पीढ़ी की ओर से हमारी पीढ़ी के नाम लिखा गया एक गंभीर संदेश है।

वतन सचमुच अब देश के करोड़ों जागरूक नागरिकों के हवाले था। पर समय

के साथ एक प्रश्न मन में और गहरा होता गया। क्या हम उस स्वर्णिम भारत का निर्माण कर पाए, जिसका सपना स्वतंत्रता सेनानियों ने देखा था? क्या हमने वर्ष 1947 में मिली स्वतंत्रता को वर्ष 2047 तक पूर्णता की यात्रा पर आगे बढ़ाया? या आज भी वह सपना अधूरा है, उसकी रोशनी धुँधली है, और हमारी राष्ट्रीय दृष्टि पर कोई अनदेखा पर्दा पड़ा हुआ है?

वर्ष 2026: दर्द का अंतहीन चक्र और बलिया की वह माँ

बरसों बाद, जब मैं स्वयं एक नेत्र-सर्जन बन चुका था और लाखों आँखों का उपचार कर चुका था, तब मुझे उसी प्रश्न का सामना फिर से करना पड़ा। जगह थी सुवि नेत्र चिकित्सालय, कोटा की मेरी ओपीडी। सामने बैठी थीं वही सत्तर वर्षीय वृद्ध महिला, जिनका प्रश्न इस भूमिका की पहली पंक्ति में दर्ज है।

संयोग देखिए, वे भी बलिया उत्तर प्रदेश से थीं। उसी बलिया से, जहाँ कभी मेरे दादाजी ने आजादी की लड़ाई में भाग लिया था। वे अपनी पोती के पास कोटा आई थीं। उनकी पोती नीट परीक्षा की अनिश्चितताओं और पेपर-लीक जैसी परिस्थितियों के बाद 21 जून 2026 को पुनः होने वाली नीट परीक्षा की तैयारी कर रही थी। उस वृद्ध माँ की आँख में पका हुआ सफेद मोतियाबिंद था, पर मन में देश की व्यवस्था को लेकर उससे भी गहरी पीड़ा थी।

जाँच के बाद मैंने कहा, "माँजी, घबराइए मत। ऑपरेशन हो जाएगा। फिर आप सब कुछ पहले की तरह साफ-साफ देख पाएँगी।"

वे क्षण भर मुस्कुराई, पर उस मुस्कान में चमक नहीं थी। उसमें एक भारी उदासी थी। फिर उन्होंने सीधे मेरी आँखों में देखते हुए कहा, *"डॉक्टर साहब, मेरी एक आँख का मोतियाबिंद तो आप निकाल देंगे। पर इस देश की दोनों आँखों पर जो पर्दा पड़ा है, उसे कौन हटाएगा? हर साल पेपर लीक होते हैं, बच्चे टूटते हैं, परिवार बिखरते हैं, और व्यवस्था बस बयान देती रहती है। क्या हमारी आने वाली पीढ़ियों की आँखों में भी यही धुंध रहेगी?"*

फिर उनकी आवाज काँप गई। वे बोलीं, "मेरी पोती को आशीर्वाद दीजिए कि यह भी आपकी तरह आँखों की डॉक्टर बने। पर सिर्फ लोगों की आँखें ही नहीं, इस देश की दृष्टि भी साफ करे। वर्ष 2047 तक स्वर्णिम भारत के महायज्ञ में अपनी आहुति दे सके।"

उस क्षण समय जैसे ठहर गया। मेरे हाथ स्लिट-लैंप बायोमाइक्रोस्कोप पर रुक गए। मुझे लगा, मेरे दादाजी का अधूरा प्रश्न उस वृद्ध माँ की आवाज में फिर से जीवित हो उठा है।

एक प्रश्न। दो पीढ़ियाँ। एक सपना। और एक अधूरा उत्तर।

शायद उसी क्षण मैंने तय किया कि मैं इस राष्ट्र के नागरिकों के नाम एक पत्र लिखूँगा। ऑपरेशन महाशक्ति भारत 2047 नामक यह पुस्तक वही 'पत्र' है।

वह कुर्सी, जिसने मुझे मेरा भारत दिखाया

मेरी ओपीडी की वह साधारण कुर्सी मेरे लिए केवल मरीजों के बैठने की जगह नहीं रही। पिछले तीस वर्षों में उस एक कुर्सी पर बीस लाख से अधिक नेत्र रोगी आए और मुझसे नेत्र उपचार करवाकर चले गए। धीरे-धीरे वह कुर्सी इस देश के सुख-दुख, संघर्ष, उम्मीद और टूटन का एक जीवंत रंगमंच बन गई।

उस कुर्सी पर वह किसान बैठा, जिसके हाथों पर मिट्टी और पसीने की गहरी लकीरें थीं। उसकी आँख का ऑपरेशन इसलिए टलता रहा, क्योंकि पिछली फसल सूख गई थी और पूरी कमाई कर्ज चुकाने में चली गई थी। वह धीरे से बोला था, "आँख के ऑपरेशन के बारे में तो अगली फसल आने पर सोचेंगे, डॉक्टर साहब।"

उसी कुर्सी पर वह बूढ़ी विधवा बैठी, जिसकी पेंशन की फाइल किसी बाबू की मेज पर महीनों धूल खाती रही। उसी कुर्सी पर वह विद्यार्थी बैठा, जिसकी आँखें कोचिंग की किताबों में रात-रात भर जागकर थक चुकी थीं, और जिसके मन में अगले पेपर-लीक का अनकहा डर पल रहा था। उसने वर्षों मेहनत की थी, पर एक सुबह अखबार में पढ़ा कि उसका पर्चा तो परीक्षा से पहले ही बिक चुका था।

मैं उनकी आँखों का उपचार करता रहा, पर धीरे-धीरे मुझे अनुभूति हुई कि मैं केवल मोतियाबिंद और अन्य नेत्र-रोगों को ही नहीं देख रहा, बल्कि रोगियों की आँखों के माध्यम से समूचे भारतवर्ष को देख रहा हूँ।

एक डॉक्टर की कुर्सी दुनिया की सबसे ईमानदार जगहों में से एक होती है। यहाँ मनुष्य अपना पद, अपना मुखौटा और अपना झूठ, सब दरवाजे के बाहर छोड़ आता है। उस कुर्सी पर बैठे हर इंसान ने, अनजाने में ही, मुझे बताया कि यह देश भीतर से कैसा महसूस कर रहा है। और हाँ जो मैंने देखा, उसने मुझे कई रातों तक चैन से सोने नहीं दिया।

मेरी यात्राः लालटेन के मद्धम प्रकाश से दुनिया के आधुनिक मंचों तक

मेरी यह दृष्टि किसी बंद कमरे में, केवल किताबें पढ़कर नहीं बनी। इसके पीछे एक लंबी यात्रा है।

मेरा जन्म रावतभाटा तहसील के "मोहना" नामक एक छोटे से गाँव में वर्ष 1968 में हुआ। बचपन में वहाँ उस दौरान पक्की सड़कें, शौचालय एवं बिजली

नहीं थी। मैंने केरोसिन की लालटेन की उस मद्धम, काँपती रोशनी में पढ़ाई की, जो हवा के हल्के झोंके से भी डगमगा जाती थी। शायद संघर्ष की उसी रोशनी ने मुझे मेरी पहली सीख दी कि यदि संकल्प मजबूत हो, तो सबसे कमजोर रोशनी में भी पढ़ा जा सकता है, और अँधेरे में भी अपनी किस्मत लिखी जा सकती है।

उस लालटेन की लौ के पीछे हमेशा मेरे दादाजी की छवि दृश्यमान होती, प्रेरित करती रहती थी। वे बिना बिजली, बिना सड़कों वाले दौर में भी अंधत्व से पीड़ित हजारों नेत्र रोगियों की आँखों में रोशनी निःशुल्क मोतियाबिन्द ऑपरेशन के माध्यम से लौटाते रहे। शायद उनकी उसी छवि ने मुझे नेत्र-चिकित्सा की ओर खींचा।

उसी लालटेन के साए से निकलकर, बिना किसी कोचिंग के, मैंने प्री-मेडिकल टेस्ट पास किया। नेताजी सुभाष चंद्र बोस मेडिकल कॉलेज, जबलपुर से डॉक्टरी की शुरुआत हुई। पीजीआईएमईआर, चंडीगढ़ में नेत्र रोग विज्ञान में कठोर प्रशिक्षण ने मुझे तराशा। इसके बाद अमेरिका के स्टॉर्म आई इंस्टीट्यूट और जॉन ए. मोरन आई सेंटर जैसे प्रतिष्ठित नेत्र-संस्थानों तथा ऑस्ट्रेलिया के सिडनी आई हॉस्पिटल जैसी उत्कृष्ट संस्थाओं में काम करने का अवसर मिला।

फिर 2006 में मैंने और मेरी जीवन-संगिनी डॉ. विदुषी शर्मा ने एक बड़ा निर्णय लिया। हमने विदेश की सुविधाओं भरी जिंदगी छोड़कर अपने वतन (भारत) लौटने का फैसला किया और कोटा में सुवि आई इंस्टीट्यूट एवं लेसिक लेजर सेंटर की नींव रखी। यह निर्णय केवल पेशेवर विकल्प नहीं था। यह भीतर के संस्कार की पुकार थी कि रोशनी वहीं लौटानी चाहिए, जहाँ अंधेरा सबसे गहरा हो।

विगत तीस वर्षों में मुझे चौबीस से अधिक देशों को करीब से देखने का अवसर मिला। मैंने सिंगापुर देखा, जो कभी दलदली द्वीप था और आज अनुशासन व समृद्धि का प्रतीक है। मैंने जापान देखा, जो विनाश की राख से उठकर आर्थिक शक्ति बना। मैंने इजराइल देखा, जिसने रेगिस्तान में तकनीक से फूल खिला दिए। हर बार भारत लौटते हुए मन में एक ही प्रश्न उठता था: अगर वे कर सकते हैं, तो मेरा भारत क्यों नहीं?

उन देशों के पास हमसे अधिक संसाधन नहीं थे, पर दो अमूल्य शक्तियाँ अवश्य थीं, राष्ट्र के भविष्य की स्पष्ट दृष्टि और उसे साकार करने की अडिग इच्छाशक्ति।

वह चुभता विरोधाभास, जो चैन से सोने नहीं देता

आज हम गर्व से कहते हैं कि भारत विश्व की सबसे बड़ी अर्थव्यवस्थाओं में शामिल है। हमारे वैज्ञानिकों ने चन्द्रयान-3 के माध्यम से चंद्रमा के दक्षिणी ध्रुवीय

क्षेत्र में भारत की अमिट उपस्थिति दर्ज कर विश्व को अपनी वैज्ञानिक सामर्थ्य का परिचय दिया। सिलिकॉन वैली की अत्याधुनिक प्रयोगशालाओं से लेकर विश्व के प्रतिष्ठित चिकित्सालयों तक भारतीय प्रतिभा अपनी मेधा, परिश्रम और नवाचार की उज्ज्वल छाप छोड़ रही है। इन उपलब्धियों को देखकर एक भारतीय के रूप में मेरा हृदय गौरव से भर उठता है और मेरा मस्तक गर्व से ऊँचा हो जाता है।

ऑपरेशन सिंदूर: राष्ट्रीय संकल्प से सिद्धि तक

इसी आत्मविश्वासी भारत की निर्णायक झलक मई 2025 में 'ऑपरेशन सिंदूर' के रूप में सामने आई। पहलगाम आतंकी हमले के बाद भारतीय सशस्त्र बलों ने स्पष्ट लक्ष्य, सटीक तैयारी और त्रि-सेवा समन्वय के साथ आतंकवादी ढाँचों पर कार्रवाई की। राष्ट्र को इसकी जानकारी देते समय भारत की दो जांबाज बेटियाँ, *भारतीय सेना की कर्नल सोफिया कुरैशी* और *भारतीय वायुसेना की विंग कमांडर व्योमिका सिंह*, जिस संयम, स्पष्टता और निर्भीकता से सामने आईं, वे नारी-शक्ति, सैन्य दक्षता और नए राष्ट्रीय आत्मविश्वास की जीवंत प्रतीक बन गईं। ऑपरेशन सिंदूर ने सिद्ध किया कि बड़ा संकल्प तभी परिणाम देता है, जब लक्ष्य स्पष्ट हो, तैयारी वैज्ञानिक हो, नेतृत्व दृढ़ हो और क्रियान्वयन समयबद्ध हो।

'ऑपरेशन महाशक्ति भारत 2047' को भी यही सूत्र अपनाना होगा: समस्याओं की पहचान, सटीक रणनीति, संस्थागत समन्वय और परिणाम तक अडिग प्रतिबद्धता। सीमा पर सुरक्षित तथा भीतर से शिक्षित, स्वस्थ, न्यायपूर्ण और आत्मनिर्भर भारत ही सच्ची महाशक्ति बनेगा।

लेकिन एक सर्जन और चिकित्सक का काम केवल चमकता हुआ चेहरा देखना नहीं होता। उसका दायित्व त्वचा के नीचे छिपे संक्रमण को भी पहचानना होता है। जब मैं इस राष्ट्रीय चमक के पार देखता हूँ, तो वही दर्दनाक वास्तविकता सामने आती है, जिसकी ओर उस वृद्ध माँ और मेरे दादाजी ने संकेत किया था।

वही भारत, जो चंद्रमा को छू रहा है, उसके किसी गाँव के विद्यालय में आज भी बेटियों के लिए सम्मानजनक शौचालय नहीं है। वही देश, जो विश्व की फार्मेसी कहलाता है, उसके किसी प्राथमिक स्वास्थ्य केंद्र में गर्भवती माँ को बुनियादी चिकित्सा सुविधा नहीं मिलती। वही देश, जो प्रतिवर्ष लाखों युवाओं को डिग्रियाँ प्रदान करता है, उसके लाखों युवा कौशल और पर्याप्त अवसरों के अभाव में भटकते रहते हैं।

हम अंतरिक्ष यान लेकर चंद्रमा तक पहुँच गए, लेकिन धरती पर पहली तेज वर्षा आज भी हमारे महानगरों की सड़कों को जलमग्न कर देती है।

यह केवल धन की कमी नहीं है। यह प्रतिभा का अभाव भी नहीं है। यह क्रियान्वयन की धुँधली दृष्टि है। यह नीयत, नीति और निष्पादन के बीच उपस्थित वह गहरी खाई है, जो हमारी अपार संभावनाओं को अपेक्षित परिणामों तक पहुँचने से रोक देती है।

यही विरोधाभास इस पुस्तक की जड़ है। संभवतः यही वह धुंध है, जिसके बारे में दादाजी कहा करते थे कि वास्तविक स्वतंत्रता तब तक अधूरी है, जब तक राष्ट्र की दृष्टि पूरी तरह स्पष्ट नहीं हो जाती।

एक बहुत जरूरी सफाई: यह पुस्तक क्या 'नहीं' है

इससे पहले कि आप इस वैचारिक यात्रा में आगे बढ़ें, मुझे एक बात स्पष्ट कर देनी है। यह पुस्तक किसी राजनीतिक दल का घोषणापत्र नहीं है। यह न किसी सरकार की अंधी प्रशंसा है, न किसी विपक्ष की प्रायोजित निंदा है। मैं न दाएँ पंथ का हूँ, न बाएँ पंथ का हूँ। मैं बस अपने देश के साथ खड़ा हूँ।

मैं पेशे से डॉक्टर हूँ, और एक सच्चे चिकित्सक की निष्ठा अपने मरीज के प्रति होती है। इस पुस्तक में मेरा मरीज कोई एक व्यक्ति नहीं है। मेरा मरीज मेरा अपना महान देश, भारतवर्ष है।

मैं अपनी मातृभूमि से गहरा प्रेम करता हूँ। और हाँ प्रेम का सबसे सच्चा रूप अंधी प्रशंसा नहीं, बल्कि कमियों को स्वीकार कर उन्हें सुधारने की सच्ची तड़प है। एक ईमानदार डॉक्टर मरीज को खुश करने के लिए मीठा झूठ नहीं बोलता। वह सही उपचार के लिए कड़वा सच भी सामने रखता है, ताकि रोगी बच सके, ठीक हो सके और फिर से स्वस्थ जीवन जी सके।

मैं इस महान राष्ट्र की उपलब्धियों का प्रशंसक हूँ, पर उसके साथ-साथ मैं इस राष्ट्र का जिम्मेदार चिकित्सक भी बनना चाहता हूँ। क्योंकि प्रशंसक केवल तालियाँ बजाता है; चिकित्सक बीमारी पहचानता है, दवा लिखता है, घाव साफ करता है और जीवन बचाता है।

इसलिए यह पुस्तक सिर्फ कमियों का पुलिंदा नहीं है। यह उम्मीद का रोडमैप है। इसमें राष्ट्रीय बीमारियों का निदान है, और हर निदान के साथ एक स्पष्ट प्रिस्क्रिप्शन भी है।

मैंने कलम क्यों उठाई?

लेखन मेरे लिए नया क्षेत्र नहीं है। इससे पहले भी मैंने युवाओं और चिकित्सकों के लिए पुस्तकें लिखी हैं, अपने जीवन-संघर्ष के अनुभव साझा किए हैं, और स्वस्थ जीवन के सूत्र पाठकों तक पहुँचाए हैं।

पर यह पुस्तक उन सबसे अलग है। यह मेरे भीतर के अनुभवी डॉक्टर की नहीं, मेरे भीतर के व्यथित लेकिन आशावान नागरिक की पुकार है।

ओपीडी में बैठते-बैठते मुझे एक दिन गहराई से एहसास हुआ कि एक नेत्र-सर्जन के रूप में मैं हर दिन कुछ रोगियों की आँखों की रोशनी लौटा सकता हूँ। पर यदि इस पूरे राष्ट्र की सामूहिक दृष्टि धुँधली रह गई, यदि व्यवस्था ही मोतियाबिंद से पीड़ित रही, तो मेरी हर व्यक्तिगत नेत्र-सर्जरी कहीं न कहीं अधूरी रह जाएगी।

इसलिए मैं चाहता हूँ कि राष्ट्र-निर्माण का यह बड़ा ऑपरेशन अकेले मेरा न रहे। मैं चाहता हूँ कि इस देश का हर युवा, हर विद्यार्थी, हर जागरूक नागरिक और इस पुस्तक का हर पाठक इस वैचारिक ऑपरेशन थिएटर में मेरे साथ खड़ा हो।

महाशक्ति भारत का भविष्य केवल संसद भवन या मंत्रालयों के गलियारों में नहीं लिखा जाएगा। वर्ष 2047 का स्वर्णिम भारत विद्यार्थी की कक्षा में, किसान के खेत में, वैज्ञानिक की प्रयोगशाला में, व्यापारी की ईमानदारी में, डॉक्टर की करुणा में और नागरिक के चरित्र में लिखा जाएगा। सबसे बढ़कर, वह उस आवाज में लिखा जाएगा, जो अकेले और अँधेरे में भी सही काम करने को कहती है।

जरा सोचिए, यदि हर जिले और हर मोहल्ले में नेत्र-जाँच शिविरों की तरह राष्ट्रीय दृष्टि शिविर लगें, जहाँ विद्यार्थी, किसान, शिक्षक, अधिकारी, डॉक्टर, व्यापारी और आम नागरिक अपने-अपने क्षेत्र की एक समस्या को गोद लें और उसका समाधान खोजें, तो क्या वर्ष 2047 तक इस देश की दिशा नहीं बदल सकती? यही सामूहिक शक्ति इस पुस्तक की आत्मा है।

अंत में, आपसे एक वादा

मैं इस भूमिका का अंत किसी खोखले दावे से नहीं करूँगा। मैं बस इतना कहूँगा कि इस पुस्तक का हर पन्ना मेरे पिछले तीस वर्षों के अनुभव, बीस लाख से अधिक नेत्र रोगियों की अनकही कहानियों, और एक भारतीय की गहरी पीड़ा तथा उससे भी गहरी आशा की भट्टी में तपकर निकला है।

मैं चाहता हूँ कि इसे पढ़ते हुए आप कई बार रुकें। ठहरें। सोचें। कभी आपकी आँखें नम हों, कभी व्यवस्था के प्रति आक्रोश से आपकी मुट्ठियाँ भिंच जाएँ, और कभी देश की क्षमता को देखकर आपका सीना गर्व से भर उठे। पर सबसे बढ़कर, जब आप इस पुस्तक का अंतिम पन्ना बंद करें, तो आपके मन में एक ही विचार गूँजे:

हाँ, मेरे भारत की समस्याएँ बहुत बड़ी हैं, पर मेरे भारत की संभावनाएँ उनसे

कहीं अधिक बड़ी हैं। और यह बदलाव किसी और के आने से नहीं, मुझसे, आपसे और हम सबके इसी क्षण से शुरू होगा।

शायद किसी दिन मैं उस वृद्ध माँ के प्रश्न का और अपने दादाजी के अधूरे सपने का एक साथ उत्तर दे पाऊँगा: "हाँ माँजी, हाँ दादाजी, आने वाले बीस-इक्कीस वर्षों में हम 148 करोड़ भारतीयों के सामूहिक प्रयासों से वर्ष 2047 तक इस देश की आँखों पर पड़ा धुंधला पर्दा हटा सकते हैं। हम प्राचीन भारत का खोया हुआ गौरव ससम्मान लौटा सकते हैं। बस, हम सबको मिलकर अपनी-अपनी जिम्मेदारी निभाते हुए आज और अभी से यह राष्ट्रीय ऑपरेशन शुरू करना होगा।"

मेरी इस पुस्तक "ऑपरेशन महाशक्ति भारत 2047: राष्ट्र की समस्याओं का निदान और विकसित भारत का प्रिस्क्रिप्शन, एक नेत्र-सर्जन की कलम से" का यही पवित्र उद्देश्य है। बीमारी पहचानी जा चुकी है। राष्ट्र का निदान हो चुका है। अब बातों से आगे बढ़कर इस प्रिस्क्रिप्शन को जमीन पर लागू करने का समय है।

आइए, महाशक्ति भारत 2047 के इस ऐतिहासिक ऑपरेशन की शुरुआत करें।

मैं पेशे से एक नेत्र-सर्जन हूँ। मेरा धर्म अँधेरे को चीरकर रोशनी लाना है। इस पुस्तक के माध्यम से मैं अपने राष्ट्र की आँखों में वही साफ, स्पष्ट और बेदाग रोशनी लौटाना चाहता हूँ, जिसका सपना मेरे दादाजी ने देखा था। ताकि वर्ष 2047 में हम सभी भारतीय दुनिया की आँखों में आँखें डालकर गर्व से कह सकें:

अब 1947 अधूरा नहीं रहा।

अब हमारी स्वतंत्रता सम्पूर्ण हुई।

क्योंकि राजनीतिक स्वतंत्रता हमें 1947 में लंबे संघर्ष और अनगिनत शहादतों की कीमत चुकाकर मिली थी। लेकिन महाशक्ति भारत की गौरवशाली यात्रा हमें 2047 तक अपने कर्म, ईमानदारी, अनुशासन, अथक प्रयास और अदम्य साहस से पूरी करनी है, ताकि हम आने वाली पीढ़ियों को एक उज्ज्वल, सुरक्षित, समृद्ध और विश्व का नेतृत्व करने वाला भारत सौंप सकें।

जय हिंद!

–डॉ. सुरेश कुमार पाण्डेय

प्रस्तावना
आई सर्जन की डायरी सेः वह दिन, जब मैंने भारत को बीमार देखा

"मैं तीस वर्षों से आँखों का इलाज कर रहा हूँ। पर एक सुबह मुझे अनुभूति हुई कि सबसे बड़ा मरीज मेरी ऑपरेशन टेबल पर नहीं, मेरे चारों ओर खड़ा है।"

– डॉ. सुरेश कुमार पाण्डेय

कोटा का वह दिन सुबह छह बजे शुरू हुआ था, जब सूरज अभी पूरी तरह जागा भी नहीं था। क्षितिज पर उसकी सुनहरी किरणें धीरे-धीरे फैल रही थीं, मानो रात और दिन के बीच कोई मौन संवाद चल रहा हो। पर शहर जाग चुका था नहीं, जागा ही नहीं था, बेतहाशा दौड़ रहा था।

मैं अपनी रोज की साइकिल पर था, और सड़क के दोनों ओर कोचिंग विद्यार्थियों की अंतहीन कतारें थीं–सोलह, सत्रह, अठारह साल की उम्र के बच्चे, जिनकी पीठ पर भारी बस्ते थे, हाथों में नोट्स, कानों में इयरफोन, और चेहरों पर तनाव। पर इन सबसे ज्यादा जो चीज मुझे ठहरने पर मजबूर कर गई, वह थी उनकी आँखों में सपनों का भी, और भय का भी, एक साथ तैरता एक अजीब-सा मिश्रण था।

मैंने पैडल मारना धीमा कर दिया, और अपनी साइकिल को शहर के एक प्रमुख कोचिंग संस्थान के केंपस के पास लगभग रोक ही दिया। एक नेत्र-सर्जन होने के नाते लोगों की आँखों में बहुत ध्यान से झाँकना मेरी आदत है, क्योंकि मैंने जाना है कि आँखें कभी झूठ नहीं बोलतीं। होंठ चुप रह सकते हैं, शब्द अभिनय कर सकते हैं, पर आँखें नहीं–वे हमेशा सच बोलती हैं। उस सुबह भी वे सच बोल रही थीं, और जो सच मैंने देखा, उसने मुझे भीतर तक बेचैन कर दिया।

पिछले बीस वर्षों के दौरान कोटा में कार्य करते समय मैंने देश के कोने-कोने से आए हजारों कोचिंग विद्यार्थियों से उनकी रूचि, करियर आदि विषयों पर विस्तृत चर्चा एवं भविष्य की योजनाओं पर बातचीत की है और जितना उनके भीतर झाँका,

उतना ही चकित होता गया। कोचिंग विद्यार्थियों में से कुछ ही सचमुच डॉक्टर बनना चाहते थे, कुछ इंजीनियर, तो कुछ विदेश जाकर मल्टीनेशनल कम्पनियों में काम करना चाहते थे। आश्चर्य की बात यह है कि अधिकांश कोचिंग विद्यार्थियों की आँखों में मुझे उनका अपना सपना दिखाई ही नहीं दिया। एक कोचिंग छात्र की उँगलियाँ बातचीत के बीच भी मेज पर किसी अनसुनी धुन पर थिरकती रहीं, उसका मन संगीत में बसता था, पर वह कोटा आकर भौतिकी के सूत्र रट रहा था। एक छात्रा की आँखें तब चमक उठीं, जब उसने बताया कि उसे रंगों और केनवास से प्यार है; किसी और को कैमरे के लेंस से दुनिया देखने का शौक़ था, तो कोई मैदान में मेराथन दौड़ने और जीतने के सपने देखता था। कुछ ऐसे भी थे, जो क़लम और पत्रकारिता के जरिए इस देश को एक नई दिशा देना चाहते थे, सच कहने का साहस उनकी बातों में झलकता था। पर ये सब अपने भीतर की उस आवाज को दबाए, यहाँ कोटा में आकर किसी और ही दौड़ में शामिल थे।

जब मैंने उन सबसे बात करके आगे देखा, तो उनकी जगह मुझे वहाँ किसी और का सपना दिखा–किसी पिता का सपना, जिसने अपनी इकलौती जमीन बेचकर बेटे को नीट की तैयारी कर डॉक्टर बनने हेतु कोटा भेजा था; किसी माँ का सपना, जिसने अपने गहने गिरवी रखकर बच्चे का भविष्य ख़रीदा था; किसी परिवार की अपेक्षाएँ, किसी समाज की तुलना, और किसी अनकहे डर की छाया। तभी मेरे भीतर एक प्रश्न बिजली की तरह कौंध गया–क्या हम अपने बच्चों को भविष्य दे रहे हैं, या उनसे उनका अपना भविष्य छीन रहे हैं?

उन कोचिंग विद्यार्थियों से बातचीत करके मैं आगे तो बढ़ गया, लेकिन उनका प्रश्न मेरे भीतर कहीं ठहर गया। धीरे-धीरे मुझे अनुभूति हुई कि यह पीड़ा केवल उन बच्चों की नहीं, केवल शिक्षा-व्यवस्था की भी नहीं, बल्कि राष्ट्र की जड़ों में उतर चुकी एक कहीं अधिक गहरी और व्यापक समस्या का संकेत है।

मैं रोज ऑपरेशन थिएटर में मोतियाबिंद निकालता हूँ–धुँधला हो चुका लेंस ऑपरेशन द्वारा हटाता हूँ, नया कृत्रिम लेंस प्रत्यारोपित करता हूँ, और कुछ ही मिनटों में मरीज की दुनिया बदल जाती है; जो धुँधलापन था वह साफ हो जाता है, जो रोशनी खो गयी थी, वह पुनः लौट आती है। लेकिन उस सुबह, कोटा की सड़कों पर, मैंने एक ऐसा मोतियाबिंद देखा जिसे किसी फेको सर्जरी अथवा फेमटो सेकण्ड लेजर पद्धति से नहीं हटाया जा सकता था। वह किसी एक आँख में नहीं वरन् एक समूचे युवा राष्ट्र की आँखों पर एवं पूरे शिक्षा तंत्र की दृष्टि पर जमा था।

तभी, पहली बार, मुझे भारत एक राष्ट्र नहीं, बल्कि एक मरीज लगा–एक

विशाल मरीज, जिसकी प्रतिभा अद्भुत है, जिसकी ऊर्जा अपार है, जिसकी संभावनाएँ असीम हैं, पर जो भीतर ही भीतर अनेक रोगों से जूझ रहा है।

जब मैंने ध्यान से देखना शुरू किया, तो मुझे हर ओर बीमारी दिखाई देने लगी। भ्रष्टाचार मुझे हर अंग में फैलते कैंसर-सा लगा; जातिवाद वह ऑटो-इम्यून रोग जान पड़ा, जिसमें शरीर अपनी ही कोशिकाओं पर हमला कर बैठता है; नौकरशाही विकास की जाम हुई धमनी थी, न्याय-व्यवस्था वेंटिलेटर पर पड़ा इंसाफ था, बेरोजगारी युवाशक्ति का मौन रक्तस्राव प्रतीत हुआ, और महिलाओं की उपेक्षा मानो आधे शरीर का लकवा जान पड़ा। इन सबके बीच शिक्षा–राष्ट्र का निकट-दृष्टि दोष (मायोपिया), जिसकी वजह से हम वर्तमान का 'नंबर' तो साफ देख पा रहे थे, पर भविष्य धुँधला हो चुका था।

उसी क्षण मैंने एक निर्णय लिया कि मैं केवल आँखों का सर्जन बनकर नहीं रहूँगा, बल्कि उस संवाद की शुरुआत करूँगा जो भारत की दृष्टि को फिर से स्पष्ट कर सके। यह पुस्तक उसी संवाद का परिणाम है। यह किसी राजनीतिक दल के पक्ष या विपक्ष की पुस्तक नहीं है, न ही किसी विचारधारा का घोषणापत्र; यह एक डॉक्टर की केस-शीट है, एक राष्ट्र का मेडिकल रिकॉर्ड–एक ईमानदार निदान, और एक साहसिक प्रिस्क्रिप्शन है।

चिकित्सा-विज्ञान ने मुझे एक बात सिखाई है कि हर बीमारी का इलाज संभव है, बशर्ते हम उसकी मौजूदगी स्वीकार करने, उनके सटीक उपचार करवाने का साहस रखें। इसीलिए मैं पूरे विश्वास के साथ कहता हूँ, भारत बीमार है, पर लाइलाज नहीं; भारत घायल है, पर पराजित नहीं; भारत थका हुआ है, पर उसने हार नहीं मानी है। मुझे विश्वास है कि जिस दिन इस राष्ट्र की आँखों से भ्रम, भय, भ्रष्टाचार और उदासीनता की यह धुंध हटेगी, उस दिन भारत केवल खुद को साफ नहीं देखेगा, बल्कि पूरी दुनिया को देखने का एक नया तरीका देगा। शायद वर्ष 2047 में, जब हम आजादी के सौ वर्ष पूरे करेंगे, हमारी अगली पीढ़ियाँ पीछे मुड़कर कहेंगी, "उन्होंने केवल भारत का सपना नहीं देखा था; उन्होंने उसे साकार करने का साहस भी किया था।"

पर उससे पहले एक बात स्मरण रखिए, इस विशाल राष्ट्र की आँखों पर छाए राष्ट्रीय मोतियाबिंद को कोई एक नेत्र-सर्जन नहीं हटा सकता। इसे दूर करने के लिए आपको, मुझे और भारत के प्रत्येक जागरूक नागरिक को मिलकर राष्ट्र-निर्माण का सर्जन बनना होगा।

दोपहर के दो बजे–एक नन्ही-सी जान

उसी दिन, दोपहर के दो बजे, मैं सुवि नेत्र चिकित्सालय के ऑपरेशन थिएटर

में था। जर्मनी से आयातित अत्याधुनिक ल्यूमेरा माइक्रोस्कोप की तेज सफेद रोशनी, सर्जिकल औजारों की हल्की खनखनाहट, और उस रोशनी के ठीक नीचे–एक नन्ही-सी जान। नाम था प्रिया। उम्र–चार साल।

जन्म से ही प्रिया की दोनों आँखों में जन्मजात मोतियाबिंद (कंजेनिटल कैटरैक्ट) था। वह इस दुनिया में रोशनी के बीच आई थी, पर उसने यह दुनिया कभी साफ देखी ही नहीं थी। उसके लिए उसकी माँ का चेहरा एक धुंधला साया था, पिता का हाथ एक अस्पष्ट आकृति, आसमान का नीला रंग बस एक अनुमान और उसके लिए हर सुबह भी एक अंधेरी शाम जैसी थी।

उसके पिता दिहाड़ी मजदूर थे, और वे अपनी बेटी के आँखों के इलाज के लिए काफी भटके थे। झोलाछापों के दरवाजे खटखटाए, सरकारी अस्पतालों की लंबी लाइनों में घंटों खड़े रहे, फॉर्म भरे, तारीख़ें लीं। फिर तारीखों पर तारीख लेते हुए व्यवस्था की अंतहीन भूलभुलैया ने उन्हें थका दिया, और इसी थकान में चार साल बीत गए। चार साल–एक बच्ची ने अपनी माँ का चेहरा चार साल तक साफ नहीं देखा, सिर्फ इसलिए कि व्यवस्था को फुर्सत नहीं थी।

"प्रिया की बीमारी आँख में थी, पर उसका असली रोग व्यवस्था में था। उसके मोतियाबिंद का ऑपरेशन सिर्फ बीस मिनट का था, पर उस बीस मिनट के मुकाम तक पहुँचने में, उसे चार साल लग गए।"

वह बीस मिनट, जिसने सब बदल दिया

मैंने सुवि नेत्र चिकित्सालय, कोटा के ऑपरेशन थियेटर में अपनी टीम के साथ ऑपरेशन की तैयारी की, माइक्रोस्कोप सेट किया। टीम तैयार थी। निश्चेतना विशेषज्ञ डॉ. विजय गोयल प्रिया को बेहोश करने की पूरी तैयारी कर चुके थे। बीस मिनट की फेकोइमल्सिफिकेशन सर्जरी के जरिए, वह धुंधला, अपारदर्शी लेंस–जिसने चार वर्षों तक एक बच्ची की पूरी दुनिया को धुँधलेपन (अँधेरे) में कैद कर रखा था–हटाया, और उसकी जगह एक नया पारदर्शी कृत्रिम इंट्राओकुलर लेंस प्रत्यारोपित किया। फिर आँख पर पट्टी बाँधी और रात भर का इंतजार किया।

अगली सुबह, जब प्रिया की आँख से पट्टी हटाई गई, तो सुवि नेत्र चिकित्सालय की ओपीडी में एक अजीब-सी ख़ामोशी छा गई।

सब रुक गए– नर्स, ऑप्टोमेट्रिस्ट, ओपीडी असिस्टेंट, और मैं स्वयं।

प्रिया ने अपनी पलकें एक बार, दो बार झपकाई। कमरे की रोशनी उसकी आँखों में उतरी, शायद पहली बार इतनी साफ, इतनी उजली, इतनी स्पष्ट। फिर उसने अपनी माँ को देखा। पहली बार। बिना किसी धुँधलके के। एकदम साफ।

प्रिया कुछ बोली नहीं, बस देखती रही, जैसे यक़ीन ही न हो रहा हो कि जो धुंध थी, वह सच में हट गई। फिर उसके नन्हे होंठों पर एक मुस्कान आई, वह मुस्कान, जो शब्दों से नहीं, आत्मा से निकलती है।

प्रिया के माता-पिता फूट-फूटकर रोने लगे। उन्हें विश्वास ही नहीं हो पा रहा था कि उनकी इकलौती बेटी को अब स्पष्ट दिखने लगा है। पिता ने प्रिया को गोद में उठा लिया, और प्यार से उसे पारले-जी बिस्किट का पैकेट दिखाया और प्रिया ने उस पैकेट को तुरंत अपने नन्हें हाथों से पकड़ लिया। उस छोटे-से दृश्य में, मानो एक पूरी दुनिया सिमट आई थी। फिर प्रिया के माता-पिता दोनों मेरे पैरों में गिर पड़े, और हमारी टीम द्वारा किए गए उस निःशुल्क नेत्र ऑपरेशन के लिए, आँसुओं से भीगी आवाज में, बार-बार धन्यवाद देने लगे।

मेरी आँखें (जो बीस साल से, हजारों नेत्र-ऑपरेशन में कभी-कभी ही नम होती थीं) उस दिन, उस भाव-पूर्ण दृश्य को देखकर भर आई। चिकित्सालय में मौजूद बाक़ी मरीज और उनके परिजन भी उस पल को देखकर भावुक हो उठे।

“मैंने अपने जीवन में हजारों लोगों की खोई हुई रोशनी लौटाई है, और हर बार लगा कि डॉक्टर होने का इससे बड़ा आनन्द कोई नहीं। पर उस दिन समझ आया कि असली चमत्कार केवल अंधकार मिटाना नहीं, बल्कि किसी को जीवन में पहली बार अपनी माँ का चेहरा, आसमान का रंग और अपनी दुनिया की सुंदरता दिखा देना है।”

उस क्षण मैं केवल एक नेत्र-सर्जन नहीं था; मैं एक पिता, एक नागरिक और एक भारतीय था। मेरे मन में बिजली-सा एक प्रश्न कौंधा: यदि बीस मिनट की नेत्र-सर्जरी एक बच्ची के जीवन की दिशा बदल सकती है, तो क्या दूरदर्शी नेतृत्व, सटीक निदान, सामूहिक संकल्प और साहसिक निर्णय किसी राष्ट्र की सोई हुई नियति को जागृत नहीं कर सकते?

उस एक सवाल ने यह पुस्तक लिखवाई।

जब मैंने भारत को मरीज की तरह देखा

उस दिन के बाद से मैं भारत को एक नेत्र-सर्जन की नजर से देखता हूँ। भारत, ठीक प्रिया जैसा ही है—असीम ऊर्जा से भरा, संभावनाओं से लबालब, भरा हुआ है। पर मोतियाबिंद की एक मोटी धुंध में क़ैद, जो उसे न अपनी क्षमता देखने देती है, न उस पर कुछ कर गुजरने देती है।

जरा सोचिए। हम दुनिया की पाँचवीं सबसे बड़ी अर्थव्यवस्था हैं, फिर भी मानव

विकास के पैमाने पर बहुत पीछे चल रहे हैं। हम हर साल लाखों इंजीनियर बनाते हैं, फिर भी उनमें से एक बड़ा हिस्सा नौकरी के लायक हुनर नहीं रखता। हमारे वैज्ञानिक चन्द्रयान-3 के माध्यम से चाँद के दक्षिणी ध्रुव पर तिरंगा फहराने में सफल हुए, फिर भी करोड़ों बच्चे ऐसे स्कूलों में पढ़ते हैं, जहाँ शौचालय तक नहीं है। हम "दुनिया की फार्मेसी" कहलाते हैं, फिर भी हमारे गाँव के स्वास्थ्य केंद्र में एक गर्भवती माँ के लिए बुनियादी सुविधा नहीं है।

यह "फिर भी" क्यों है? मेरे तीस साल के अनुभव में, इसका एक ही जवाब है–राष्ट्र की दृष्टि की धुंध।

"भारत की त्रासदी यह नहीं कि वह दृष्टिबाधित है। त्रासदी यह है कि उसके पास आँखें हैं, क्षमता है, सपने हैं, पर एक धुंध है, जो उसे अपना ही चेहरा नहीं देखने देती।"

पाँच परतों का राष्ट्रीय मोतियाबिंद

यह धुंध रातोंरात नहीं जमी। मोतियाबिंद की तरह, यह धीरे-धीरे, परत-दर-परत बनी: पहली, **भ्रष्टाचार की परत,** जो अक्सर ईमानदारी को ही कठिन राह दिखा देती है। दूसरी, **शिक्षा के संकट की परत,** जो रट्टू तोता बनकर रटने को समझने पर, और डिग्री को हुनर पर थोप देती है। तीसरी, **स्वास्थ्य की उपेक्षा की परत,** जिसमें एक गरीब परिवार, एक ही बीमारी से, पूरी जिंदगी की कमाई गँवा बैठता है। चौथी, **जातिवाद की परत,** जो प्रतिभा को, उसके जन्म से पहले ही, खाँचों में बाँट देती है। पाँचवीं, **अल्पकालिक राजनीति की परत,** जो अक्सर अगले पच्चीस साल के बजाय, अगले चुनाव तक ही देख पाती है।

ये पाँच परतें मिलकर एक ऐसा राष्ट्रीय मोतियाबिंद बनाती हैं, जो भारत को उसका अपना चेहरा स्पष्ट रूप से नहीं देखने देता।

चौबीस देश, एक ही सबक

मुझे चौबीस देशों को देखने का सौभाग्य मिला है, और हर देश ने मुझे एक ही पाठ पढ़ाया, सिर्फ संसाधनों से राष्ट्र विकसित नहीं बनते, वरन् स्पष्ट दृष्टि से बनते हैं।

वर्ष 1965 में सिंगापुर की प्रति-व्यक्ति आय भारत से भी कम थी; वह एक छोटा-सा दलदली द्वीप था, जहाँ न तेल था, न खनिज थे। बस एक चीज थी: एक स्पष्ट दृष्टि, अडिग संकल्प और अटूट अनुशासन। आज सिंगापुर दुनिया के सबसे समृद्ध देशों में गिना जाता है। जापान 1945 में हिरोशिमा एवं नागासाकी की राख पर

खड़ा था, पर चंद दशकों के भीतर वह दुनिया की दूसरी सबसे बड़ी अर्थव्यवस्था बन गया। दक्षिण कोरिया, जो 1960 में एक गरीब, युद्ध से टूटा देश था, आज सेमीकंडक्टर, स्मार्टफोन और गाड़ियों का वैश्विक केंद्र है। हमारे पड़ौसी देश चीन ने तो, कुछ ही दशकों में, करोड़ों लोगों को गरीबी की रेखा से बाहर निकाल दिया।

उन सबका रहस्य न संसाधन था, न विदेशी मदद—सिर्फ तीन चीजें थीं: सही निदान, साहसी इलाज, और अटूट अनुशासन।

"यह प्रगति की उड़ान 148 करोड़ जनसंख्या वाले उस भारत के लिए यह क्यों संभव नहीं, जिसके पास दुनिया का सबसे बड़ा युवा-बल है, जिसके डॉक्टर दुनिया भर के अस्पताल चलाते हैं, और जिसके वैज्ञानिक चाँद छूते हैं? भारत महाशक्ति बन सकता है। एक समृद्ध देश जरूर बन सकता है। पर पहले आँखों से राष्ट्रीय मोतियाबिन्द की यह धुंध हटानी होगी।"

भारत की सबसे बड़ी बाधा—राष्ट्रीय मोतियाबिंद की यह धुंध

आज भारत के सामने कोई ऐसा बाहरी दुश्मन नहीं है, जो उसे महाशक्ति बनने से रोक सके।

रोक रही है तो बस वह धुंध, जो हम सभी 148 करोड़ देशवासियों की अपनी सामूहिक आँखों पर सदियों से बनती आई है। राष्ट्रीय मोतियाबिंद कि यह धुंध किसी एक सरकार, किसी एक नेता, या किसी एक दल की देन नहीं है। यह हम सबकी सोच, हमारी आदतों, हमारी चुप्पी, और हमारे "चलता है" वाले रवैये आदि का सामूहिक परिणाम है।

इसीलिए, राष्ट्रीय मोतियाबिंद की इस धुंध को पूरी तरह साफ करने एवं हटाने का साहस न कोई नेता अकेले जुटा सकता है, न कोई सरकार पूरा कर सकती है।

"यह साहस हमें खुद, अपने भीतर से, आज और अभी जुटाना होगा।"

यह पुस्तक क्या है ?

'ऑपरेशन महाशक्ति भारत 2047: राष्ट्र की समस्याओं का निदान और विकसित भारत का प्रिस्क्रिप्शन एक नेत्र सर्जन की कलम से' नामक यह पुस्तक किसी राजनेता की आत्मकथा नहीं है, न किसी दल का घोषणा पत्र, न किसी अर्थशास्त्री की नीरस थ्योरी है।

यह एक नेत्र-सर्जन का राष्ट्रीय चिकित्सा-बुलेटिन है, जिसमें निदान है, इलाज है, और वह प्रिस्क्रिप्शन है, जो कड़वा है, पर जीवनदायी है।

यह पुस्तक आपको शायद चैन से न बैठने दे। यह आपके कुछ सुखद भ्रम तोड़ सकती है, आपको असहज कर सकती है, और आपके "चलता है" वाले रवैये को चुनौती दे सकती है। पर यह आपको वही बताएगी, जो एक सच्चा डॉक्टर अपने मरीज को बताता है, यानि कि वह कड़वा सच, ताकि रोगी की जान बच सके।

इस पुस्तक को पढ़िए, पर सिर्फ पढ़कर मत रखिए। सोचिए, महसूस कीजिए, और फिर कुछ कीजिए। क्योंकि दिनांक 15 अगस्त 2047, कैलेंडर की एक तारीख़ नहीं है, यह एक परीक्षा है, जो हम सब दे रहे हैं। अभी। आज। इसी पल।

प्रिया, वह चार साल की बच्ची, जिसने पहली बार अपनी माँ को देखा था वह अभी भी इंतजार में है। इस बार, उसे अपने देश की आँखें खुलने का इंतजार हैं।

दिनांक 15 अगस्त 2047 को, जब भारत अपनी स्वतंत्रता के सौ वर्ष पूरे करेगा, तब पूरी दुनिया हमारे महान राष्ट्र की ओर देख रही होगी।

उस दिन दुनिया क्या देखेगी?

क्या वह एक ऐसा भारत देखेगी, जिसने अपनी आँखों पर जमी धुंध हटा दी है? एक ऐसा भारत, जिसने प्रिया की तरह पहली बार अपनी वास्तविक शक्ति, अपनी सभ्यता, अपनी क्षमता और अपने भविष्य को स्पष्ट रूप से देख लिया है?

या फिर वह एक ऐसा भारत देखेगी, जो अब भी भ्रष्टाचार, शिक्षा-संकट, स्वास्थ्य-असमानता, जातीय विभाजनों और अल्पकालिक सोच के धुँधलेपन रूपी राष्ट्रीय मोतियाबिंद के पीछे संघर्ष कर रहा है?

उस प्रश्न का उत्तर भविष्य नहीं देगा।

उस उत्तर को हम सभी, हम, आप, मिलकर लिखेंगे।

आज।

यहीं।

अभी।

अपने निर्णयों से। अपने कर्मों से। अपने चरित्र से।

इतिहास अपने आप नहीं बदलता। उसे बदलते हैं वे लोग, जो अपने समय की धुंध को पहचानने और उसे हटाने का साहस रखते हैं।

वर्ष 2047 का भारत किसी संसद भवन, किसी मंत्रालय या किसी नीति-पत्र में नहीं लिखा जा रहा हैं। वह इस क्षण, आपकी कक्षा में, आपकी प्रयोगशाला में, आपके खेत में, आपके व्यवसाय में, आपके कार्य में और सबसे बढ़कर, आपके चरित्र में लिखा जा रहा है।

'ऑपरेशन महाशक्ति भारत 2047' केवल एक पुस्तक नहीं है।

यह एक प्रश्न है, क्या हम कर सकते हैं? यह एक चेतावनी है, अब और देर नहीं। यह एक आह्वान है, उठिए, जागिए, और रुकिए मत।

सबसे बढ़कर, यह एक राष्ट्रीय प्रिस्क्रिप्शन है।

राष्ट्र की समस्याओं का डायग्नोसिस हो चुका है। अब उपचार प्रारम्भ करने का समय है।

आइए, भारत की आँखों से यह धुंध हटाएँ।

"भारत की स्वतंत्रता हमें 1947 में लंबे संघर्ष और अनगिनत शहादतों से मिली थी। महाशक्ति भारत की वह गौरवशाली यात्रा हमें 2047 तक, अपने शानदार कर्मों, अथक प्रयासों और अदम्य साहस से, इस देश की भावी पीढ़ियों के लिए राह प्रशस्त करते हुए, पूरी करनी है।"

सुरेश कुमार पाण्डेय

– डॉ. सुरेश कुमार पाण्डेय

विश्व प्रसिद्ध नेत्र-सर्जन • राष्ट्र-चिंतक • प्रेरक वक्ता • लेखक • साइक्लिस्ट

निदेशक, सुवि आई इंस्टीट्यूट एवं लेसिक लेजर सेंटर, कोटा (राजस्थान)

खंड एक

राष्ट्र का निदान,

बीमारी की पहचानः हम कहाँ खड़े हैं?

अध्याय 1
ऑपरेशन थिएटर में भारत
एक नेत्र-सर्जन का राष्ट्रीय डायग्नोसिस

"भारत की असली बीमारी संसाधनों की कमी नहीं है। बीमारी यह है कि करोड़ों नागरिक व्यवस्था की विफलता को ही अपनी नियति मान चुके हैं। जब तक यह मानसिकता नहीं बदलती, कोई भी सरकार, कोई भी नीति, कोई भी बजट इस देश को महाशक्ति नहीं बना सकता।"

– डॉ. सुरेश कुमार पाण्डेय

जब कोई अति-गंभीर, मरणासन्न मरीज अस्पताल की इमरजेंसी में लाया जाता है, तो अस्पताल की इंटेनसिव केयर यूनिट में कार्यरत एक अनुभवी डॉक्टर सबसे पहले क्या करता है?

वह मरीज के कपड़े नहीं देखता, उम्र नहीं पूछता, नाम नहीं जानता। उसकी नजर सीधे मॉनिटर पर जाती है—जहाँ हार्ट रेट, ब्लड प्रेशर और ऑक्सीजन की रेखाएँ ऊपर-नीचे होती हैं। क्योंकि वह मॉनिटर झूठ नहीं बोलता। मरीज चाहे लाख

कहे कि "मैं ठीक हूँ", लेकिन मॉनिटर पर चल रही वे रेखाएँ सच्चाई बता देती हैं।

मैं एक नेत्र-सर्जन हूँ। तीस साल से रोगियों का नेत्र परीक्षण कर रहा हूँ, आँखों में झाँकता हूँ, जाँचों के माध्यम से नेत्रों की परतें देख रहा हूँ। पर पिछले कुछ वर्षों में मैंने एक नई आँख ''भारत की आँख'' देखना सीखा है। जो मुझे उसमें दिखा, वह मुझे रात को सोने नहीं देता।

इसलिए आज, 2026 के इस निर्णायक मुहाने पर, मैं अपने भारत को उसी इमरजेंसी की मेज पर लिटाना चाहता हूँ, और उसका पहला राष्ट्रीय चिकित्सा-बुलेटिन जारी करना चाहता हूँ। पर इससे पहले, यह समझना जरूरी है कि यह मरीज आख़िर है कौन।

यह मरीज कोई साधारण मरीज नहीं है

भारतवर्ष – एक महान देश, यह वह भूमि है, जिसने दुनिया को शून्य दिया। जब यूरोप के लोग गिनती के लिए पत्थर घिस रहे थे, तब आर्यभट्ट यहाँ बैठकर खगोल की गणनाएँ कर रहे थे, और बता रहे थे कि पृथ्वी अपनी धुरी पर घूमती है। यह वह देश है, जहाँ महर्षि सुश्रुत ने ढाई हजार साल पहले शल्य चिकित्सा (सर्जरी) के वे सिद्धांत लिखे, जिन्हें आज का आधुनिक मेडिकल साइंस धीरे-धीरे फिर से खोज रहा है–यही कारण है कि उन्हें "सर्जरी का जनक" कहा जाता है। यह वह महान, गौरवशाली राष्ट्र है, जहाँ तक्षशिला और नालंदा में दुनिया भर के विद्यार्थी पढ़ने आते थे, जब यूरोप में पहला विश्वविद्यालय खुलने में अभी सदियाँ बाक़ी थीं।

यह वह सभ्यता है, जिसने दुनिया को योग दिया, आयुर्वेद दिया, दशमलव प्रणाली दी, और वह दर्शन दिया, जिसे आज पूरी दुनिया "माइंडफुलनेस" कहकर अपना रही है। यहीं चरक ने चिकित्सा का वह ग्रंथ रचा, जो सदियों तक दुनिया का मार्गदर्शक रहा। यहीं चाणक्य ने अर्थशास्त्र और राजनीति का वह शास्त्र लिखा, जिसे आज भी प्रबंधन के विद्यार्थी पढ़ते हैं। यहीं, हजारों साल पहले, आचार्य पिंगल ने अपने "छंद-शास्त्र" में लघु और गुरु (छोटे और लंबे) अक्षरों के क्रम को गिनने की जो विधि रची, उसमें दो ही प्रतीकों से किसी भी क्रम को व्यक्त करने का वही मूल विचार छिपा था, जिसे आज हम "बाइनरी" (द्विआधारी) गणित कहते हैं, वही गणित, जिस पर आज की पूरी कंप्यूटर-दुनिया खड़ी है। हमारे व्यापारी कभी दुनिया भर के समुद्रों में व्यापार करते थे, और भारत "सोने की चिड़िया" कहलाता था।

"यह मरीज कोई गुमनाम, साधारण रोगी नहीं है। यह वह बूढ़ा योद्धा है, जिसने कभी पूरी दुनिया को ज्ञान की रोशनी दी थी, वही भारत, जो कभी

'विश्वगुरु' एवं 'सोने की चिड़िया' कहा जाता था। आज वह बीमार है, पर मूर्छित नहीं है; थका है, पर हारा नहीं है।"

वर्ष 1947 में, जब भारत ने औपनिवेशिक दासता की बेड़ियाँ तोड़ीं, तब हमें जो राष्ट्र-देह विरासत में मिली, वह सदियों की पराधीनता, शोषण और विभाजन के घावों से जर्जर थी। सन् 1700 में वैश्विक अर्थव्यवस्था में भारत की हिस्सेदारी लगभग सत्ताईस प्रतिशत थी, जो अंग्रेजी शासन के अंत तक घटकर मात्र तीन प्रतिशत रह गई। दो शताब्दियों में भारत की आर्थिक शक्ति अपने पूर्व स्तर के लगभग एक-नवें हिस्से तक सिमट चुकी थी।

वर्ष 1943 का बंगाल अकाल, जिसमें लाखों लोगों ने भूख और अभाव के कारण प्राण गंवाए, केवल प्राकृतिक विपदा नहीं, बल्कि औपनिवेशिक नीतियों और प्रशासनिक विफलताओं से उपजी एक भीषण मानवीय त्रासदी थी। इसके बाद हुए रक्तरंजित विभाजन ने भारत की देह ही नहीं, उसकी आत्मा को भी गहरे घाव दिए और एक करोड़ से अधिक लोगों को अपने घर, अपनी जमीन और अपनी जड़ों से विस्थापित कर दिया।

दिनांक 15 अगस्त 1947 को स्वतंत्रता का सूर्योदय अवश्य हुआ, पर भारत-रूपी रोगी उस दिन इतिहास के ऑपरेशन टेबल पर अत्यंत गंभीर अवस्था में पड़ा था।

"जिस सभ्यता ने कभी संसार को शून्य, गणना और ज्ञान का प्रकाश दिया था, स्वतंत्रता के उस क्षण उसे अपनी ही साँसें गिननी पड़ रही थीं।"

फिर इस मरीज ने जो किया, वह चमत्कार था

सदियों की गुलामी की बेड़ियाँ तोड़ने के बाद, इस जर्जर अवस्था से उठकर हमने जो हासिल किया, वह किसी चमत्कार से कम नहीं।

वर्ष 1947 में औसत जीवन-प्रत्याशा मात्र बत्तीस वर्ष थी; आज सत्तर पार है, भारतवासियों एक ही पीढ़ी में हमने अपनी औसत उम्र लगभग दोगुनी कर ली। साक्षरता दर बारह प्रतिशत से बढ़कर सतहत्तर प्रतिशत के पार है। हमने हरित क्रांति से भूख को जीता, श्वेत क्रांति से दुनिया के सबसे बड़े दुग्ध-उत्पादक बने, और चेचक (स्मॉलपॉक्स) तथा पोलियो जैसे रोगों को जड़ से मिटाया। हमारे वैज्ञानिकों ने चंद्रयान-3 से चाँद के उस दक्षिणी ध्रुव पर अपना परचम लहराया, जहाँ अमेरिका, रूस और चीन भी नहीं पहुँच पाए। मंगलयान को हमने उतने बजट में भेजा, जितने में हॉलीवुड की एक स्पेस फिल्म बनती है। आज हम दुनिया की पाँचवीं सबसे बड़ी अर्थव्यवस्था हैं, और तीसरी बनने की दौड़ में हैं।

यह सब देखकर मन गर्व से भर जाता है।

पर एक नेत्र-सर्जन का काम सिर्फ बाहर की चमक देखना नहीं, परतें हटाकर भीतर झाँकना है। जब मैं भीतर झाँकता हूँ, तो एक गहरा, बेचैन करने वाला सत्य सामने आता है।

"हम चाँद के दक्षिणी ध्रुव पर चंद्रयान-3 पहुंचाने वाला राष्ट्र तो बन गए, पर जमीन पर आज भी पहली ही बारिश हमारे महानगरों की सड़कों को डुबो देती है। यह विकास नहीं, यह व्यवस्था का मोतियाबिंद है।"

एक डॉक्टर हमेशा विरोधाभास खोजता है

जब मरीज का दिल तेज धड़के, पर हाथ-पैर ठंडे पड़ें, तो डॉक्टर समझ जाता है कि खून शरीर के आख़िरी छोर तक नहीं पहुँच रहा। भारत का यही सच है।

हमारा देश चार ट्रिलियन डॉलर से बड़ी अर्थव्यवस्था हैं, फिर भी करोड़ों युवा डिग्री लेकर बेरोजगार घूम रहे हैं। उनके पास डिग्री है, कौशल नहीं है। हम "दुनिया की फार्मेसी" हैं, हमारी बनाई वैक्सीन ने सौ से अधिक देशों में करोड़ों जानें बचाई, फिर भी हमारे गाँव के प्राथमिक स्वास्थ्य केंद्र में एक गर्भवती महिला के लिए बुनियादी सुविधाएँ नहीं हैं। हम सिलिकॉन वैली को बेहतरीन इंजीनियर और सीईओ देते हैं, फिर भी हमारा अन्नदाता किसान अपनी फसल का सही दाम पाने सड़क पर उतरता है। हम दुनिया का सबसे बड़ा लोकतंत्र हैं, फिर भी मानव विकास सूचकांक में बहुत पीछे हैं, कुछ पड़ोसियों से भी नीचे हैं।

यह विरोधाभास क्यों है? इसका जवाब भी चिकित्सा-विज्ञान में ही छिपा है।

मेडिसिन में एक स्थिति होती है, जिसे इस्कीमिया (रक्त-प्रवाह में रुकावट) कहा जाता है। इसे सरल भाषा में समझिए: हमारे शरीर में खून, नसों (सूक्ष्म रक्त वाहिकाओं) के जरिए, हर अंग तक ऑक्सीजन और भोजन पहुँचाता है। पर अगर कोई नस सिकुड़ जाए, या उसमें रुकावट आ जाए, तो उसके आगे वाले अंग तक खून पहुँचना बंद हो जाता है और वह अंग चुपचाप, बिना किसी शोर के, मरने लगता है।

भारत आज इसी "आर्थिक इस्कीमिया" का शिकार है। देश में पैसा (खून) बन तो रहा है, पर वह कुछ ही हाथों में सिमटकर रह जाता है, और समाज के आख़िरी आदमी तक नहीं पहुँच पाता। मुंबई में एक ओर दुनिया का सबसे महँगा घर **एंटीलिया** है; और उसी की छाया में एशिया की सबसे बड़ी झुग्गी बस्तियों में से एक **धारावी** है। खून बन रहा है भरपूर, पर वह शरीर के अंतिम छोर तक नहीं पहुँच रहा।

"भारत में खून की कमी नहीं है, बँटवारे की बीमारी है। संपत्ति बन रही है, पर वह राष्ट्र-देह के आख़िरी छोर तक नहीं पहुँच रही है।"

मोतियाबिंद की तरह, यह रोग रातोंरात नहीं बना

एक नेत्र-सर्जन के नाते, मैं रोज देखता हूँ कि मोतियाबिंद कैसे बनता है। यह रातोंरात नहीं आता। आँख के लेंस का प्रोटीन धीरे-धीरे अपनी पारदर्शिता खोने लगता है। पहले आँख के सामने हल्की धुंध आती है, फिर रंग फीके पड़ने लगते हैं, फिर चेहरे अस्पष्ट होने लगते हैं, फिर रास्ते धुँधला जाते हैं, और एक दिन पूरा अँधेरा छा जाता है। सरल भाषा में इसे समझते है। आँख के भीतर जो प्राकृतिक लेंस होता है, जो साफ शीशे की तरह होना चाहिए, वह धीरे-धीरे धुँधले, दूधिया रंग में बदल जाता है, और रोशनी को भीतर आने से रोक देता है।

स्वतंत्रता के बाद, हमारे तंत्र में भी ठीक यही हुआ। "बाबू कल्चर" की परत जमती गई, भाई-भतीजावाद (नेपोटिज्म) की परत जमती गई, वोट-बैंक की राजनीति की परत जमती गई और जो व्यवस्था कभी साफ, पारदर्शी शीशे जैसी होनी चाहिए थी, वह धीरे-धीरे एक अपारदर्शी, धुँधली दीवार में बदल गई।

आज आम आदमी छोटा-सा लोन लेने जाए, तो उसे अपनी ईमानदारी साबित करने के लिए अनेक कागज देने पड़ते हैं; पर रसूख़दार हजारों करोड़ का कर्ज लेकर देश छोड़ भागे, तो नियम अपने-आप झुक जाते हैं।

एक नेत्र-सर्जन की डायरी – रामदीन जी, और वह वाक्य, जो आज भी गूँजता है

मेरे क्लिनिक में हर सप्ताह सैकड़ों रोगी आते हैं, लेकिन उनमें से कुछ अपने व्यक्तित्व, संघर्ष और जीवन-कथा से मन-मस्तिष्क पर ऐसी अमिट छाप छोड़ जाते हैं, जो समय के साथ भी धुँधली नहीं पड़ती। सीताबाड़ी, तहसील शाहबाद, जिला बारां से आए रामदीन जी चंदेले ऐसे ही एक विशिष्ट रोगी थे।

रामदीन जी लगभग सत्तर वर्ष के सेवानिवृत्त प्राथमिक विद्यालय शिक्षक थे। उनके चेहरे पर खेतों की धूप, जीवन-संघर्ष और समय की गहरी रेखाएँ अंकित थीं, जबकि आँखों पर मोतियाबिंद की सफेद धुंध छा चुकी थी, जिसने कई महीनों से उनकी दुनिया को लगभग अँधेरे में डुबो रखा था।

मैंने उनकी आँख का ऑपरेशन किया। अगली सुबह जब पट्टी खोलकर उनका नेत्र-परीक्षण किया, तो वे अचानक फूट-फूटकर रोने लगे। पहले मुझे लगा कि दृष्टि लौट आने की खुशी आँसुओं के रूप में बह रही है, पर शीघ्र ही समझ

आया कि वे आँसू केवल खुशी के नहीं थे। उनके भीतर वर्षों से दबा कोई गहरा दर्द उस क्षण बाहर आ रहा था।

उन्होंने काँपती आवाज में कहा, *"डॉक्टर साहब, यह मोतियाबिंद का तो आपने सफल ऑपरेशन सम्पन्न कर दिया। पर समस्याओं के समूह के रूप में एक मोतियाबिंद और है, जो किसी भी सर्जन से नहीं हटाया जाता है। मेरा इकलौता बेटा एम.ए. तक पढ़-लिखकर भी बेरोजगार है, मेरी फसल का दाम बिचौलिए खा जाते हैं, और मेरी पेंशन की फाइल बरसों से दफ्तर में पड़ी है। हम तो ऐसे ही जीते-मरते रहेंगे, डॉक्टर साहब। यही हमारी किस्मत है।"*

वह एक वाक्य मेरे भीतर तक जोर से सुनाई दिया गया। क्योंकि वह सिर्फ रामदीन जी की आवाज नहीं थी, वह करोड़ों भारतीयों की वह थकी हुई स्वीकृति थी, जिसने व्यवस्था की विफलता देश के नागरिकों ने अपनी नियति मान लिया है।

"भारत की सबसे ख़तरनाक बीमारी कोई आँकड़ा नहीं है। वह है वह वाक्य 'यही हमारी किस्मत है।' यह वह संक्रमण है, जो एक राष्ट्र की इच्छाशक्ति को भीतर से खा जाता है।"

उस दिन मुझे समझ आया कि असली रोग गरीबी, भ्रष्टाचार या बेरोजगारी ही नहीं है। असली रोग देश के करोड़ों लोगों की वह मानसिकता है, जो इन सबको "किस्मत" या "ईश्वर की इच्छा" मानकर चुपचाप स्वीकार कर लेती है। कोई भी दक्ष चिकित्सक उस मरीज को नहीं बचा सकता, जो खुद जीना ही न चाहे।

निदान पूरा हुआ – अब समाधान की राह

यह है हमारा प्रारंभिक डायग्नोसिस। एक मरीज, जो असाधारण क्षमता रखता है, जिसने चमत्कारी रिकवरी दिखाई है, पर जिसकी नसों में एक मौन इस्कीमिया (यानी विकास का खून हर नागरिक तक नहीं पहुँच रहा) है, जिसकी आँखों पर एक राष्ट्रीय मोतियाबिंद (यानी व्यवस्था की धुँधली परतें) है, और जिसके मन में "यही किस्मत है" का संक्रमण फैल चुका है।

यहाँ मैं एक बात स्पष्ट कर दूँ–मैंने पाठकों को निराश करने हेतु यह पुस्तक नहीं लिखी है। एक डॉक्टर के नाते मैं जानता हूँ कि सही निदान (डायग्नोसिस) ही आधा इलाज है। इस मरीज का निदान अब हमारे सामने है। आने वाले अध्यायों में हम इस महान राष्ट्र भारत की राष्ट्र-देह के एक-एक अंग की जाँच करेंगे, भ्रष्टाचार का कैंसर, जातिवाद का ऑटोइम्यून रोग, नौकरशाही की जाम धमनी, और फिर दुनिया की सर्वश्रेष्ठ शल्यशालाओं से सीखकर, 2047 के लिए एक ऐसा प्रिस्क्रिप्शन तैयार करेंगे, जो भारत रूपी इस मरीज को एक अजेय महाशक्ति में बदल दे।

"हम इस महान राष्ट्र को इमरजेंसी की मेज पर इसलिए नहीं लिटा रहे कि उसकी कमियाँ गिनाएँ। हम, भारत के नागरिक, आत्ममंथन के उस क्षण में खड़े हैं, जहाँ हर एक को अपनी भूमिका निभानी है। हम मिलकर वह ऑपरेशन शुरू करना चाहते हैं, जो हमारे भारत को फिर से दौड़ने, उड़ने, और दुनिया का नेतृत्व करने लायक बना दे–ताकि यह राष्ट्र फिर से स्वर्णिम भारत, सशक्त भारत, सुसंस्कृत भारत बनकर, पूरे विश्व को राह दिखा सके।"

- ***सोचिए***

रामदीन जी का वह वाक्य– "यही हमारी किस्मत है" –क्या आपने कभी अपने आसपास, या अपने भीतर, यह आवाज सुनी है? हम कितनी बार व्यवस्था की किसी विफलता को "ऐसा तो चलता ही है" कहकर स्वीकार कर लेते हैं?

- ***चर्चा कीजिए***

अपने परिवार या मित्रों के साथ एक सवाल पर बात कीजिए: भारत के पास प्रतिभा, संसाधन और लोकतंत्र, सब कुछ है। फिर भी हमारा राष्ट्र पीछे क्यों है? समस्या नीयत की है, या व्यवस्था की, या हमारी अपनी मानसिकता की?

- ***कार्रवाई कीजिए***

इस सप्ताह सिर्फ एक काम कीजिए, कोई एक ऐसी छोटी व्यवस्थागत विफलता, जिसे आप "किस्मत" मानकर स्वीकार कर लेते थे (एक टूटी सड़क, एक अनुपस्थित शिक्षक, एक रिश्वत की माँग), उसके ख़िलाफ एक ठोस कदम उठाइए, एक शिकायत, एक आवाज, एक सवाल। याद रखिए, व्यवस्था की विफलता-रूपी इस मोतियाबिंद को हटाने की शुरुआत यहीं से, आपके इस एक छोटे कदम से ही होती है।

***Rx* डॉ. सुरेश कुमार पाण्डेय का प्रिस्क्रिप्शन:**

इस अध्याय से पाँच संजीवनी सूत्र

पहला सूत्र – सत्य की स्वीकार्यता: किसी भी इलाज का पहला कदम यह स्वीकारना है कि बीमारी है। आर्थिक विकास के जश्न के बीच यह मत भूलिए कि हमारे तंत्र में आज भी ढाँचागत मोतियाबिंद है। जो सच से मुँह मोड़ता है, वह इलाज का हकदार नहीं।

दूसरा सूत्र – “किस्मत” की मानसिकता का त्याग: राष्ट्र-निर्माण की सबसे बड़ी बाधा कोई नीति नहीं, वह “यही हमारी किस्मत है” वाली थकी हुई स्वीकृति है। इसे जड़ से उखाड़ना होगा, क्योंकि जो राष्ट्र अपनी विफलता को नियति मान ले, वह कभी उठ नहीं सकता।

तीसरा सूत्र – राजनीतिक दर्दनाशक दवाओं से बचें: मुफ्त की रेवड़ियाँ और अर्थव्यवस्था के लिए दर्दनाशक हैं, अस्थायी राहत देती हैं, बीमारी को भीतर बढ़ाती हैं। नागरिकों को शिक्षा, स्वास्थ्य, रोजगार और बुनियादी ढाँचा रूपी स्थायी इलाज माँगना चाहिए।

चौथा सूत्र – इस्कीमिया का इलाज, यानी असमानता को पाटना: जब तक विकास का खून रामदीन जी जैसे अंतिम नागरिक तक नहीं पहुँचता, तब तक कोई भी जीडीपी का आँकड़ा हमें सच्ची महाशक्ति नहीं बना सकता। समावेशी विकास ही एकमात्र रास्ता है।

पाँचवाँ सूत्र – नागरिक चेतना का जागरण: एक लोकतंत्र में, मरीज के स्वस्थ होने की सबसे बड़ी जिम्मेदारी खुद मरीज की इच्छाशक्ति पर है। “प्रजा” की मानसिकता छोड़कर “जिम्मेदार नागरिक” बनना होगा, क्योंकि वह रोगी, जो खुद अपनी दवा न खाए, चिकित्सक के निर्देशों का पालन नहीं करें, कभी ठीक नहीं होता।

अध्याय 2

भ्रष्टाचारः हर अंग में फैला कैंसर

जब बीमारी एक अंग से पूरे शरीर में फैल जाए

"भ्रष्टाचार जब कागजों पर होता है, तो वह सिर्फ घोटाला लगता है। लेकिन जब वह पुलों, सड़कों, स्कूलों, अस्पतालों और सरकारी संस्थाओं में प्रवेश करता है, तो वह फाइलों पर नहीं, आम आदमी की जिंदगी, बच्चों के भविष्य और परिवारों की सुरक्षा पर हस्ताक्षर करता है।"

– डॉ. सुरेश कुमार पाण्डेय

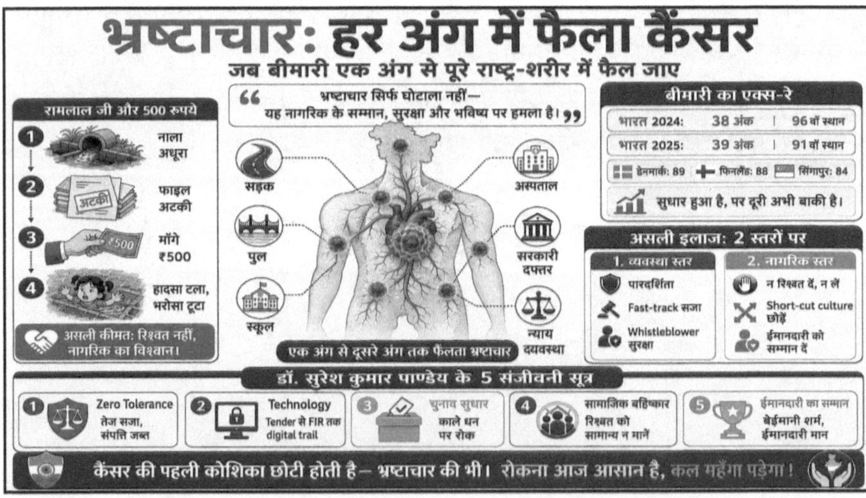

कुछ बीमारियाँ एक जगह रहती हैं। कुछ बीमारियाँ फैलती हैं–एक अंग से दूसरे अंग में, चुपचाप, जब तक पूरे शरीर को अपनी चपेट में न ले लें। मेडिकल साइंस में इस फैलने वाली प्रक्रिया को "मेटास्टेसिस" कहते हैं और यही मेटास्टेसिस कैंसर को इतना ख़तरनाक बनाता है।

भ्रष्टाचार भारत की राष्ट्र-देह का ठीक यही कैंसर है। यह किसी एक दफ्तर, किसी एक विभाग, किसी एक नेता तक सीमित नहीं रहा, यह जन्म के प्रमाणपत्र से लेकर मृत्यु के प्रमाणपत्र तक, हर अंग में फैल चुका है।

पर इससे पहले कि मैं आपको आँकड़े दिखाऊँ, मैं आपको रामलाल जी से मिलवाना चाहता हूँ।

एक नागरिक की कहानी, रामलाल जी और वे पाँच सौ रुपये

यह यह कहानी उन हजारों छोटी-छोटी घटनाओं जैसी है, जो हमारे नगर निगमों और सरकारी दफ्तरों की फाइलों के बीच चुपचाप दब जाती हैं। नाम बदला हुआ है, लेकिन इसकी पीड़ा हमारे देश के असंख्य नागरिकों की साझा पीड़ा है। रामलाल जी बैरवा, एक सेवानिवृत्त प्राथमिक विद्यालय शिक्षक थे। जीवन भर बच्चों को ईमानदारी, अनुशासन और सत्य का पाठ पढ़ाया था। शहर की एक पुरानी बस्ती में उनका छोटा-सा मकान था, जहाँ वे अपनी पत्नी, बेटे और छह वर्ष की पोती के साथ रहते थे। सीमित पेंशन थी, साधारण जीवन था, लेकिन आत्मसम्मान बहुत बड़ा था।

उनके घर के सामने वर्षों से एक नाला अधूरा और खुला पड़ा था। हर बारिश में वह भर जाता, गंदा पानी सड़क पर फैल जाता और कई बार घरों के भीतर तक घुस आता। बदबू, मच्छर और बीमारी का डर अलग था। रामलाल जी ने नगर निगम में बार-बार शिकायत की। कभी कहा गया, "फाइल इंजीनियर साहब के पास है।" कभी, "टेंडर पास नहीं हुआ।" और कभी, "अगले सप्ताह काम शुरू हो जाएगा।" सप्ताह महीनों में बदलते गए। एक दिन दफ्तर के बाहर खड़े एक व्यक्ति ने धीरे से कहा, "बाबूजी, पाँच सौ रुपये दे दीजिए। आपकी फाइल जल्दी आगे बढ़ जाएगी।" रामलाल जी का चेहरा उतर गया। उन्होंने पूरी जिंदगी अपने विद्यार्थियों को सिखाया था कि रिश्वत देना और लेना दोनों गलत हैं। उन्होंने पैसे देने से मना कर दिया और कहा, "मैंने पूरी नौकरी ईमानदारी से की है। अपने ही शहर में नाला साफ करवाने के लिए रिश्वत क्यों दूँ?"

फाइल फिर वहीं पड़ी रही। कुछ सप्ताह बाद तेज बारिश हुई। नाला पानी से भर गया। सड़क और नाले का अंतर दिखाई देना बंद हो गया। उसी शाम उनकी छह वर्ष की पोती घर के बाहर खेलते हुए फिसलकर नाले में गिर गई। पड़ोसियों ने समय रहते उसे बाहर निकाल लिया। उसकी जान बच गई, लेकिन उस दिन रामलाल जी के भीतर कुछ टूट गया। अगले दिन वे फिर नगर निगम पहुँचे। इस बार उनके हाथ में पुरानी शिकायतों की रसीदें थीं और आँखों में आँसू। उन्होंने अधिकारी से केवल इतना कहा, "साहब, कल मेरी पोती बच गई। लेकिन जिस दिन किसी का बच्चा नहीं बचेगा, उस दिन जिम्मेदार कौन होगा? बारिश, नाला या वह फाइल, जो पाँच सौ रुपये के इंतजार में मेज पर पड़ी रही?"

जरा रुककर सोचिए। उस कर्मचारी के लिए पाँच सौ रुपये शायद मामूली रकम थी। लेकिन रामलाल जी के लिए उसकी कीमत थी, अपने आत्मसम्मान और अपने परिवार की सुरक्षा के बीच चुनाव। भ्रष्टाचार हमेशा करोड़ों के घोटाले के रूप में नहीं आता। कभी वह पाँच सौ रुपये की माँग बनकर किसी फाइल को रोक देता है, कभी टूटी सड़क की मरम्मत टाल देता है, कभी किसी नाले को साफ नहीं होने देता और कभी किसी नागरिक को उसके अपने अधिकार के लिए भी याचक बना देता है।

"भ्रष्टाचार की असली कीमत रिश्वत की रकम से नहीं आँकी जा सकती। उसकी असली कीमत कभी किसी नागरिक का आत्मसम्मान होती है, कभी उसका अधिकार, कभी उसका भविष्य और कभी उसकी जान।"

बीमारी कितनी गहरी है – आँकड़ों का एक्स-रे

अब भ्रष्टाचार की इस बीमारी का एक्स-रे ठोस आँकड़ों के आईने में देखिए। ट्रांसपेरेंसी इंटरनेशनल हर साल ''भ्रष्टाचार-धारणा सूचकांक'' जारी करता है, जो सार्वजनिक क्षेत्र में भ्रष्टाचार की धारणा को 0 से 100 के पैमाने पर मापता है। यहाँ 0 का अर्थ है अत्यंत भ्रष्ट व्यवस्था और 100 का अर्थ है अत्यंत स्वच्छ व्यवस्था। यह सूचकांक भ्रष्टाचार की पूरी बीमारी नहीं दिखाता, लेकिन किसी एक्स-रे की तरह यह बता देता है कि रोग कितना गहरा है।

भारत इस सूचकांक में वर्षों से मध्य के आसपास अटका हुआ है। वर्ष 2024 में भारत 38 अंकों के साथ 96वें स्थान पर था, जबकि 2025 में स्थिति थोड़ी सुधरकर 39 अंक और 91वाँ स्थान हुई। यह सुधार स्वागत योग्य है, लेकिन चिंता की बात यह है कि हमारा स्कोर अब भी वैश्विक औसत से नीचे है और पिछले एक दशक से लगभग इसी दायरे में घूमता रहा है।

अब इसकी तुलना उन देशों से कीजिए, जिन्होंने भ्रष्टाचार को काफी हद तक नियंत्रित कर व्यवस्था में भरोसा पैदा किया है। वर्ष 2025 के सूचकांक में डेनमार्क 89, फिनलैंड 88 और सिंगापुर 84 अंकों के साथ दुनिया के सबसे स्वच्छ देशों में शामिल हैं। यानी सिंगापुर 84 पर खड़ा है और भारत 39 पर। यह 45 अंकों का फासला केवल आँकड़ों का अंतर नहीं है; यह व्यवस्था, अनुशासन, पारदर्शिता और इच्छाशक्ति का आईना है। यह हमें आईना दिखाती है कि भारत में कमी संसाधनों की नहीं, बल्कि कठोर व्यवस्था, नागरिक अनुशासन, पारदर्शी प्रक्रियाओं और राजनीतिक-प्रशासनिक इच्छाशक्ति की है।

चिकित्सक होने के नाते मैं अच्छी तरह जानता हूँ कि एक सच्चा डॉक्टर मरीज को केवल बीमारी का भय नहीं दिखाता। वह बीमारी की गंभीरता भी बताता है, जांच की रिपोर्ट भी समझाता है, और उपचार की राह भी दिखाता है। ठीक उसी तरह, एक लेखक के रूप में मेरा भी दायित्व है कि मैं भारत में भ्रष्टाचार की कठोर सच्चाई लिखते समय केवल निराशा का चित्र न बनाऊँ, बल्कि उन सकारात्मक बदलावों को भी सामने रखूँ, जो इस बीमारी से लड़ने की उम्मीद जगाते हैं।

यह स्वीकार करना होगा कि हमारे देश भारत ने हाल के वर्षों में भ्रष्टाचार नियंत्रण की दिशा में कुछ प्रभावी और लक्षित कदम उठाए हैं। आधार और डायरेक्ट बेनिफिट ट्रांसफर ने बिचौलियों के बड़े नेटवर्क को काफी हद तक कमजोर किया है। पहले अक्सर कहा जाता था कि ऊपर से भेजा गया एक रुपया जमीन तक पहुँचते-पहुँचते कुछ पैसों में सिमट जाता है। अब तकनीक ने इस रिसाव को काफी हद तक रोकने में महत्वपूर्ण भूमिका निभाई है।

फेसलेस टैक्स असेसमेंट, ऑनलाइन सरकारी पोर्टल और डिजिटल भुगतान ने मानवीय हस्तक्षेप को कम किया है। और हाँ यह बात स्पष्ट है कि जहाँ अनावश्यक मानवीय हस्तक्षेप घटता है, वहाँ रिश्वत के अवसर भी अपने-आप कम होने लगते हैं।

कह सकते हैं कि जहाँ इंसानी मेज होती है, वहाँ लालच की गुंजाइश बनी रहती है; और जहाँ वह मेज ही हट जाती है, वहाँ भ्रष्टाचार की साँसें अपने-आप धीमी पड़ने लगती हैं।

ये बदलाव निश्चय ही आशा जगाते हैं, लेकिन इन्हें अंतिम उपचार नहीं कहा जा सकता। ये प्रयास कीमोथेरेपी की तरह हैं, जो ट्यूमर की रफ्तार को धीमा तो करती है, लेकिन उसे जड़ से समाप्त नहीं कर पाती। वर्ष 2047 के विकसित भारत के लिए हमें इससे आगे बढ़ना होगा। अब जरूरत केवल दवा की नहीं, बल्कि साहसिक, निर्णायक और गहरी सर्जरी की है। भ्रष्टाचार के ट्यूमर को केवल नियंत्रित करना पर्याप्त नहीं होगा; उसे जड़ से निकालना होगा।

विश्व की शल्यशाला से एक झलक

राष्ट्र-निर्माण के इस ऑपरेशन में हमें उन देशों से सीखना होगा जो इस कैंसर से उबर चुके हैं। सिंगापुर के संस्थापक **ली कुआन यू** ने एक ऐसे देश की कमान सँभाली थी, जो कभी भ्रष्टाचार में गहरे डूबा था। उन्होंने जो किया, वह इतिहास में स्वर्णाक्षरों में लिखा गया। उन्होंने अपने ही क़रीबी साथियों तक को भ्रष्टाचार

के मामलों में नहीं बख्शा, और यह स्थापित किया कि क़ानून सबके लिए बराबर है, चाहे वह कितने ही ऊँचे पद पर क्यों न हो। आज वही सिंगापुर भ्रष्टाचार-धारणा सूचकांक में दुनिया के तीन सबसे शीर्ष देशों में गिना जाता है।

मुझे आज भी अपनी एक विदेश-यात्रा का वह क्षण याद है, जब मैंने एक बुजुर्ग टैक्सी ड्राइवर से पूछा "क्या यहाँ ट्रेफिक पुलिस अथवा ट्रेफिक अधिकारी कभी रिश्वत माँगते हैं?" उसने रियर-व्यू मिरर से मुझे ऐसे देखा, जैसे मैंने किसी दूसरे ग्रह की बात पूछ ली हो। मुस्कुराते हुए बोला "सर, यहाँ तो रिश्वत का सवाल ही पैदा नहीं होता। अगर मैं देने की कोशिश करूँ, या कोई अधिकारी माँग ले, तो कुछ ही घंटों में हम दोनों जेल में होंगे। हमारे यहाँ क़ानून अंधा नहीं है, वह बहुत तेज नजर रखता है।"

उस एक वाक्य ने मुझे रामलाल जी की याद दिला दी। फर्क़ सिर्फ व्यवस्था का था, एक जगह क़ानून का डर बेईमान को था, दूसरी जगह क़ानून का बोझ ईमानदार पर था।

असली इलाज – दो स्तरों पर

इस कैंसर का इलाज सिर्फ ऊपर से नहीं हो सकता; इसे दो स्तरों पर लड़ना होगा। पहला स्तर व्यवस्था का है। जहाँ इंसानी हस्तक्षेप ख़त्म होगा, वहाँ भ्रष्टाचार अपने-आप सिकुड़ेगा। हर सरकारी प्रक्रिया (टेंडर से लेकर एफआईआर तक) को तकनीक से जोड़कर पारदर्शी और फेसलेस बनाना होगा। भ्रष्टाचार के मामलों के लिए अलग फास्ट-ट्रैक अदालतें हों, जहाँ फैसला सालों में नहीं, महीनों में आए। और जो ईमानदार व्यक्ति भ्रष्टाचार के ख़िलाफ आवाज उठाए (व्हिसलब्लोअर), उसे सजा नहीं, संरक्षण मिले।

पर दूसरा स्तर इससे भी गहरा है और यह किसी सरकार के बस का नहीं। यह है नागरिक की नैतिक चेतना। आज विडंबना यह है कि जो रिश्वत नहीं देता, उसे समाज "सिद्धांतवादी मूर्ख" समझता है। हमें यह सोच बदलनी होगी।

"भ्रष्टाचार ताली की तरह है जो एक हाथ से नहीं बजती। जिस दिन देने वाला हाथ रुक जाएगा, लेने वाला हाथ अपने-आप ख़ाली रह जाएगा।"

क्योंकि सच यह है कि भ्रष्टाचार की ताली एक हाथ से नहीं बजती। हर बार जब हम लाइन तोड़ने के लिए, काम जल्दी कराने के लिए, या नियम से बचने के लिए "थोड़ा-सा" दे देते हैं। हम उस कैंसर की कोशिका को एक दिन और जीने की मोहलत दे देते हैं।

एक नेत्र-सर्जन का संदेश

मैं चाहता हूँ कि इस देश का कोई और रामलाल जी पाँच सौ रुपये की रिश्वत के अभाव में अपनी पोती की जिन्दगी दाँव पर नहीं लगाए। यह सपना तभी सच होगा, जब 148 करोड़ की इस राष्ट्र-देह की हर कोशिका (यानी हर नागरिक) यह ठान ले कि वह न रिश्वत देगा, न रिश्वत लेगा।

क्योंकि एक ऐसा देश जहाँ न्याय, स्वास्थ्य और शिक्षा बिकाऊ हों, वह कागजों पर अमीर जरूर हो सकता है, पर महान कभी नहीं बन सकता।

"कैंसर का इलाज तब आसान होता है, जब वह एक कोशिका तक सीमित हो। मुश्किल तब होता है, जब हम उसे फैलने तक अनदेखा करें। भ्रष्टाचार भी ठीक ऐसा ही है और हर 'चलता है' उसे फैलने (मेटास्टेसिस) की एक और इजाजत है।"

▪ *सोचिए*

रामलाल जी की कहानी पढ़ते हुए आपका मन क्रोध से भरा। पर एक ईमानदार सवाल खुद से पूछिए: क्या हमने कभी किसी काम को जल्दी कराने के लिए, या किसी नियम से बचने के लिए, खुद वह "छोटी-सी सुविधा शुल्क" नहीं दी? कैंसर की पहली कोशिका हमेशा "छोटी" ही होती है।

▪ *चर्चा कीजिए*

अपने परिवार या मित्रों से एक सवाल पर बात कीजिए: अगर रिश्वत देना और लेना, दोनों अपराध हैं, तो हमारे समाज में सिर्फ लेने वाले को बुरा, और देने वाले को "मजबूर" क्यों माना जाता है? क्या यह सोच भ्रष्टाचार को जिंदा रखने में मदद नहीं करती?

▪ *कार्यवाही कीजिए*

इस महीने एक संकल्प लीजिए, किसी एक काम के लिए रिश्वत या "सुविधा शुल्क" नहीं दूँगा/दूँगी, भले ही उसमें थोड़ा समय ज्यादा लगे। जहाँ संभव हो, उस सरकारी सेवा का ऑनलाइन/पारदर्शी विकल्प इस्तेमाल कीजिए। याद रखिए, कैंसर की एक कोशिका को बढ़ने से रोकना, पूरे ट्यूमर का इलाज करने से कहीं आसान है।

***Rx* डॉ. सुरेश कुमार पाण्डेय का प्रिस्क्रिप्शनः**

इस अध्याय से पाँच संजीवनी सूत्र

पहला सूत्र – जीरो टॉलरेंस की कीमोथेरेपीः भ्रष्टाचार के मामलों के लिए अलग फास्ट-ट्रैक अदालतें बनें, जहाँ फैसला महीनों में आए। भ्रष्ट पाए जाने वाले की संपत्ति जब्त करने का कड़ा प्रावधान हो, क्योंकि यही एकमात्र असली डर है, जो इस बीमारी को जड़ से रोक सकता है।

दूसरा सूत्र – तकनीक की रोबोटिक सर्जरीः जहाँ इंसान होगा, वहाँ लालच होगा – यह मानव स्वभाव है। इसलिए हर सरकारी प्रक्रिया को, टेंडर से एफआईआर तक, तकनीक से जोड़कर पारदर्शी और फेसलेस बनाइए; क्योंकि जहाँ इंसानी मेज ख़त्म होती है, वहाँ रिश्वत अपने-आप दम तोड़ देती है।

तीसरा सूत्र – चुनाव-सुधार की बायपास सर्जरीः जब तक चुनाव-प्रणाली से काले धन और अपारदर्शी फंडिंग का गठजोड़ नहीं टूटेगा, तब तक छोटा भ्रष्टाचार कभी ख़त्म नहीं होगा। राजनीतिक चंदे को पूरी तरह पारदर्शी बनाना होगा, ताकि एक ईमानदार व्यक्ति भी बिना किसी बड़े "इन्वेस्टर" के चुनाव लड़ सके।

चौथा सूत्र – "सुविधा शुल्क" का सामाजिक बहिष्कारः आम नागरिक को समझना होगा कि छोटी रिश्वत देकर काम निकलवाना "शॉर्टकट" नहीं, राष्ट्र के साथ विश्वासघात है। हमें भ्रष्ट व्यक्ति को सामाजिक रूप से अस्वीकार करने की संस्कृति बनानी होगी।

पाँचवाँ सूत्र – ईमानदारी को सम्मान, बेईमानी को शर्मः सबसे गहरा इलाज सोच का है। हमें वह समाज बनाना होगा, जहाँ ईमानदार व्यक्ति "मूर्ख" नहीं, नायक माना जाए और रिश्वत देने वाले को भी उतनी ही शर्म आए, जितनी लेने वाले को।

अध्याय 3

जातिवाद: प्रतिभा का दम घोंटता रोग

जब शरीर अपनी ही कोशिकाओं पर हमला कर दे

"माइक्रोस्कोप के नीचे कॉर्निया का कोई सरनेम नहीं होता, खून की कोई जाति नहीं होती और दर्द का कोई धर्म नहीं होता। फिर यह कैसी त्रासदी है कि बीमारी जहाँ सबको बराबर मानती है, वहीं समाज अवसर और सम्मान का बँटवारा जन्म और सरनेम से करता है।"

– डॉ. सुरेश कुमार पाण्डेय

तीस साल से मैं हर रंग की, हर उम्र की, हर तबके की आँखें देख रहा हूँ। इन तीस सालों में एक सच्चाई को बार-बार जिया है: नेत्र परीक्षण हेतु उपयोग की जाने वाली मशीन स्लिट लेंप बायो-माइक्रोस्कोप के नीचे सब आँख एक जैसी हैं। कॉर्निया का कोई धर्म नहीं होता, रेटिना की कोई जाति नहीं होती, ऑप्टिक नर्व कोई सरनेम नहीं पहचानती।

पर जब मैं ऑपरेशन थिएटर से बाहर निकलकर इस देश को देखता हूँ, तो एक गहरा दर्द होता है, क्योंकि बाहर वह बराबरी नहीं है, जो मेरे माइक्रोस्कोप में

दिखती है। बाहर, एक इंसान की कीमत अक्सर उसके कौशल से नहीं, उसकी जाति, उसके सरनेम से तय होती है।

इससे पहले कि मैं आगे बढ़ूँ, मैं आपको एक ऐसी सच्ची घटना याद दिलाना चाहता हूँ, जिसने कुछ साल पहले पूरे देश की आत्मा को झकझोर दिया था।

एक घटना, जिसने पूरे देश को सोचने पर मजबूर किया

फरवरी 2023 की बात है। देश के सबसे प्रतिष्ठित संस्थानों में से एक, आईआईटी मुम्बई में, अहमदाबाद से आया एक अठारह साल का होनहार विद्यार्थी, **दर्शन सोलंकी,** बी.टेक (केमिकल) के पहले ही वर्ष में, अपनी जान दे बैठा।

दर्शन एक वंचित (अनुसूचित जाति) समुदाय से था। वह अपने परिवार की उम्मीद था, वह बच्चा, जो देश के सर्वोच्च इंजीनियरिंग संस्थान तक अपनी मेहनत के बल पर पहुँचा था। पर उसके परिवार के अनुसार, कैंपस में जब कुछ सहपाठियों को उसकी जाति का पता चला, तो उनका व्यवहार बदल गया, और वह धीरे-धीरे मायूसी से पीड़ित होकर अकेला पड़ता गया।

इस मामले की जाँच हुई, पुलिस की एक विशेष जाँच टीम (SIT) बैठी, और मामला अदालत तक पहुँचा। आई.आई.टी. मुम्बई, संस्थान की आंतरिक समिति ने सीधे जातिगत भेदभाव से इनकार किया, और शैक्षणिक तनाव को एक कारण बताया; जबकि परिवार आज भी मानता है कि असली वजह वह भेदभाव और अलगाव था, जो दर्शन ने महसूस किया। सच जो भी रहा हो (और वह अदालत तय करेगी) पर एक बात निर्विवाद है: इस घटना ने पूरे देश में एक जरूरी और दर्दनाक बहस छेड़ दी कि क्या हमारे सबसे ऊँचे, सबसे "आधुनिक" संस्थानों में

भी, जातिवाद (सरनेम) का वह पुराना ठप्पा आज भी किसी होनहार बच्चे का पीछा करता है?

मैं किसी एक व्यक्ति को दोषी नहीं ठहरा रहा हूँ। यह मेरा काम नहीं है, न मेरा अधिकार है। पर एक डॉक्टर के नाते, और एक पिता के नाते, यह घटना मुझे एक गहरा सवाल दे गई।

"जातिवाद किसी की पुतला नहीं जलाता, वह किसी की आत्मा को अंधा कर देता है। और कभी-कभी, वह एक होनहार जिंदगी को, उसके खिलने से पहले ही छीन लेता है।"

ऐसी हर घटना सिर्फ एक परिवार की त्रासदी नहीं, वह राष्ट्र की एक खोई हुई साँस है। एक ऐसी प्रतिभा, जिसकी कौशल, प्रतिभा भविष्य में देश के काम आ सकता था, पर जिसे जन्म के एक ठप्पे के बोझ ने दबा दिया।

(यह एक संवेदनशील विषय है। यदि आप, या आपका कोई परिचित, मानसिक तनाव या ऐसे किसी संकट से जूझ रहे हों, तो कृपया किसी भरोसेमंद व्यक्ति, या किसी पेशेवर मानसिक-स्वास्थ्य हेल्पलाइन से जरूर संपर्क करें। आप अकेले नहीं हैं।)

ऑटोइम्यून रोग – जब शरीर अपना ही दुश्मन बन जाए

मेडिकल साइंस में बीमारियों का एक बेहद जटिल समूह होता है जिसे ऑटोइम्यून रोग (ऑटोइम्यून डिजीज) कहा जाता है। इसे सरल भाषा में समझिए: हमारे शरीर में इम्यून सिस्टम नामक एक रक्षा-प्रणाली होती है, इसका काम बाहरी वायरस और बैक्टीरिया से लड़कर हमें बचाना है। यह हमारी सेना है। पर ऑटोइम्यून रोग में यह सेना भ्रमित हो जाती है, और दुश्मन को पहचानने के बजाय अपने ही शरीर के स्वस्थ अंगों जैसे जोड़ों पर, त्वचा पर, किडनी पर हमला कर देती है। रूमेटॉइड अर्थराइटिस और ल्यूपस इसी तरह के रोग हैं। इस बीमारी में शरीर को बाहर से किसी शत्रु की जरूरत नहीं होती वरन् वह अपने ही अंगों को खाकर, भीतर से नष्ट होने लगता है।

जातिवाद भारत के राष्ट्रीय शरीर का ठीक यही ऑटोइम्यून रोग है। यहाँ राष्ट्र-रूपी शरीर अपनी ही संतानों को, अपने ही नागरिकों को "पराया" मानकर उनकी प्रतिभा का गला घोंट देता है। बाहर से कोई दुश्मन नहीं आता बल्कि हम खुद, अपने ही हाथों, अपने एक बड़े हिस्से को कमजोर करते जाते हैं।

"जातिवाद कोई बाहरी हमला नहीं है। यह एक आत्मघाती बीमारी है,

जिसमें राष्ट्र अपने ही प्रतिभाशाली अंगों को 'नीच' कहकर काट फेंकता है, और फिर हैरान होता है कि वह दौड़ में पीछे क्यों रह गया।"

बीमारी कितनी गहरी है – आँकड़ों का एक्स-रे

यह सिर्फ भावना की बात नहीं है, बल्कि आँकड़े इसकी पुष्टि करते हैं। राष्ट्रीय परिवार स्वास्थ्य सर्वेक्षण (एनएफएचएस-5) के अनुसार, अनुसूचित जाति और अनुसूचित जनजाति के बच्चों में माध्यमिक शिक्षा पूरी करने की दर (लगभग दो-तिहाई) आज भी सामान्य वर्ग (लगभग चार-पाँचवाँ हिस्सा) से काफी पीछे है। यानी जातिवाद (सरनेम) का ठप्पा आज भी पढ़ाई की राह में एक दीवार है।

जातिवाद की यह दीवार ऊँची शिक्षा में और मोटी हो जाती है। सरकारी आँकड़ों के अनुसार, हाल के कुछ वर्षों में देश के सर्वोच्च संस्थानों (आई.आई.टी. और आई.आई.एम. आदि) से हजारों अनुसूचित जाति, जनजाति और अन्य पिछड़े वर्ग के विद्यार्थियों ने बीच में ही पढ़ाई छोड़ दी। इनमें से कई ने आर्थिक कारणों से, और कई ने उस मानसिक दबाव के कारण, जो उन्हें झेलना पड़ा। रिपोर्ट में एक और चौंकाने वाला तथ्य सामने आया। इन्हीं शीर्ष संस्थानों में अध्यापकों (फैकल्टी) में इन वंचित वर्गों का प्रतिनिधित्व बमुश्किल कुछ ही प्रतिशत है, जबकि ये समुदाय मिलकर देश की आबादी का एक बड़ा हिस्सा हैं।

जरा सोचिए हर वह विद्यार्थी, जो बीच में पढ़ाई छोड़ता है, वह सिर्फ एक व्यक्ति की हार नहीं; वह राष्ट्र की एक खोई हुई साँस है।

"भारत के पास दुनिया की सबसे बड़ी मानव-पूँजी (ह्यूमन रिसोर्स) है। पर अगर हम इसके एक बड़े हिस्से को सिर्फ इसलिए पीछे धकेल दें कि वह 'पिछड़ी अथवा निचली' जाति में पैदा हुआ तो हम अपनी ही आधी प्रतिभा कुएँ में फेंक रहे हैं।"

कल्पना कीजिए कि कितने आइंस्टाइन खेतों में मजदूरी करते हुए गुमनाम रह गए होंगे, कितने रामानुजन गाँव की धूल में दफन हो गए होंगे, सिर्फ इसलिए कि उन्हें वह मंच कभी नहीं मिला, जो सवर्ण समाज को विरासत में मिलता है।

सदियों पुरानी जातिवाद की इस गंभीर समस्या की जड़ तक पहुंचना जरूरी है।

एक चिकित्सक का फर्ज है कि वह बीमारी का डायग्नोसिस पूरी ईमानदारी से करे किसी एक पक्ष को खुश करने के लिए नहीं। इसलिए मैं दो सच एक साथ रखूँगा।

पहला सचः सदियों तक एक बड़े वर्ग को शिक्षा, संपत्ति और सम्मान से वंचित रखा गया। यह ऐतिहासिक अन्याय वास्तविक है। इसकी भरपाई के लिए संविधान-निर्माताओं ने सकारात्मक कदम (आरक्षण) उठाए, ताकि सदियों से दबे हुए वंचित वर्ग को समाज की मुख्यधारा में लाया जा सके। यह एक जरूरी और न्यायसंगत "सर्जरी" थी, और इसने करोड़ों लोगों को ऊपर उठाया है।

दूसरा सचः एक डॉक्टर के नाते मैं जानता हूँ कि कोई भी दवा, अगर सही खुराक और सही समय-सीमा से ज्यादा चले, तो उसके साइड-इफेक्ट शुरू हो सकते हैं। आज जरूरत इस बात की है कि लाभ उस अंतिम पंक्ति के वंचित परिवार तक पहुँचे, जिसे वाक़ई इसकी जरूरत है, न कि बार-बार उसी समूह की समृद्ध "क्रीमी लेयर" तक। यह कोई राजनीतिक राय नहीं वरन् यह एक चिकित्सकीय सिद्धांत है कि दवा रोग की जड़ पर लगनी चाहिए, उस हिस्से पर नहीं, जो पहले ही स्वस्थ हो चुका है।

"मैं एक डॉक्टर हूँ, राजनीतिज्ञ नहीं। इसलिए मेरा निष्कर्ष सीधा है, चाहे आरक्षण हो या कोई और नीति, उसका अंतिम लक्ष्य एक ही होना चाहिएः एक ऐसा भारत, जहाँ किसी बच्चे का भविष्य उसके जन्म से नहीं, उसके कौशल और मेहनत से तय हो।"

जिस दिन जाति अप्रासंगिक हो जाएगी, उस दिन आरक्षण की जरूरत भी अपने-आप समाप्त हो जाएगी। असली मंजिल वही है और इसे हर पक्ष को ईमानदारी से स्वीकार करना होगा।

विश्व की शल्यशाला से एक झलक

जब ली कुआन यू ने सिंगापुर की कमान सँभाली, तो वहाँ भी चीनी, मलय और भारतीय समुदायों के बीच गहरी दरारें थीं। कभी-कभी खूनी दंगे तक होते थे। उन्होंने एक स्पष्ट सिद्धांत **मेरिटोक्रेसी** अपनाया। यानी पद और अवसर धर्म, नस्ल या रंग से नहीं, सिर्फ योग्यता से मिलेंगे। साथ ही उन्होंने जातीय भेदभाव पर कड़ी सजा का प्रावधान किया और यह भी सुनिश्चित किया कि कोई समुदाय पीछे न छूटे। सरकारी आवास में हर समुदाय का अनुपात तय किया, ताकि लोग घुलें-मिलें, बँटें नहीं।

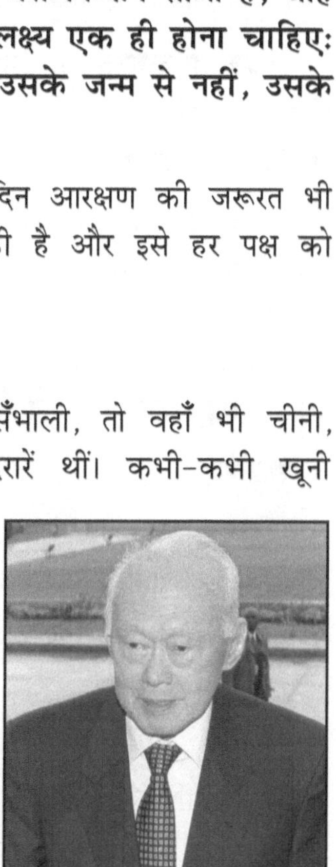

परिणाम चौकाने वाले रहे, जो देश कभी गृहयुद्ध की कगार पर था, वह कुछ ही दशकों में दुनिया के सबसे समृद्ध और एकजुट समाजों में गिना जाने लगा। सबक यह नहीं कि हम सिंगापुर की नक़ल करें सबक यह है कि जब "मेरिट" को शासन का आधार बनाया जाता है, तो "ब्रेन ड्रेन" अपने-आप "ब्रेन गेन" में बदल जाता है।

इलाज – यह मेरे और आपके हाथ में है

इस ऑटोइम्यून रोग का सबसे शक्तिशाली इलाज कोई कानून नहीं वरन् हर घर की परवरिश है। एक डॉक्टर के नाते मैं जानता हूँ कि ऑटोइम्यून रोग का इलाज शरीर की रक्षा-प्रणाली को फिर से "प्रशिक्षित" करने से होता है। जातिवाद का इलाज भी अगली पीढ़ी की परवरिश से शुरू होगा।

क्योंकि सच यह है कि कोई बच्चा जातिवादी पैदा नहीं होता। वह जातिवाद घर के भोजन की मेज पर, बड़ों की बातचीत में, और "वे लोग ऐसे ही होते हैं" जैसे एक वाक्य में सीखता है।

"बच्चा नफरत के साथ पैदा नहीं होता। उसे नफरत (डिस्क्रीमिनेशन) सिखाई जाती है और जो डिस्क्रीमिनेशन सिखाया जा सकता है, उसे मिटाया भी जा सकता है।"

जिस दिन हम अपने बच्चों को यह सिखाना बंद कर देंगे कि इंसान की कीमत उसके सरनेम से तय होती है, उसी दिन यह बीमारी अगली पीढ़ी तक पहुँचना बंद कर देगी। भारत के 148 करोड़ की इस राष्ट्र-देह को स्वस्थ होने के लिए किसी विदेशी दवा की जरूरत नहीं है, सिर्फ इस एक सच को अपनाने की जरूरत है कि हर खून का रंग लाल है।

- ***सोचिए***

दर्शन जैसी घटनाएँ, जहाँ एक होनहार बच्चा "नंबर" से जीतकर भी, "नाम" के बोझ तले हार जाता है। क्या ये शर्मनाक घटनाएँ हमारे समाज के उस गहरे रोग की ओर इशारा नहीं करतीं? क्या कभी हमने, अनजाने में ही सही, किसी को उसके सरनेम से आँका है?

- ***चर्चा कीजिए***

अपने परिवार के साथ एक कठिन, पर जरूरी सवाल पर बात कीजिए: अगर हमारा लक्ष्य एक ऐसा भारत है, जहाँ जाति अप्रासंगिक हो, तो हम उस मंजिल

तक कैसे पहुँचें जहाँ कि न किसी के साथ अन्याय हो, और न ही प्रतिभा को जन्म के आधार पर आँका जाए?

▪ *कार्रवाई कीजिए*

इस सप्ताह एक संकल्प लीजिए। अपने घर में, अपने बच्चों के सामने, कभी किसी इंसान को उसकी जाति या सरनेम से न आँकेंगे, न ऐसी कोई बात कहेंगे। जहाँ संभव हो, किसी वंचित, होनहार बच्चे की पढ़ाई में एक छोटी-सी मदद कीजिए–एक किताब, एक घंटे की पढ़ाई, एक प्रोत्साहन आदि। याद रखिए, हर बचाई हुई प्रतिभा, राष्ट्र की एक लौटी हुई साँस है।

Rx डॉ. सुरेश कुमार पाण्डेय का प्रिस्क्रिप्शनः

इस अध्याय से पाँच संजीवनी सूत्र

पहला सूत्र – परवरिश की इम्युनोथेरेपीः ऑटोइम्यून रोग का इलाज रक्षा-प्रणाली को फिर से प्रशिक्षित करने से होता है। जातिवाद का इलाज भी अगली पीढ़ी की परवरिश से शुरू होगा। हर माता-पिता का संकल्प हो कि मेरा बच्चा इंसान को सरनेम से नहीं, चरित्र और कौशल से पहचानेगा।

दूसरा सूत्र – मेरिट को ऑक्सीजन, जन्म को नहींः राष्ट्र की हर संस्था में अवसर का आधार योग्यता हो। प्रतिभा को जन्म के ठप्पे से आजाद कीजिए, क्योंकि हर दबी हुई प्रतिभा राष्ट्र की एक खोई हुई साँस है।

तीसरा सूत्र – दवा सही जगह, सही खुराकः सकारात्मक कदमों (आरक्षण) का लाभ उस अंतिम पंक्ति के परिवार तक पहुँचे, जिसे वाक़ई जरूरत है, न कि बार-बार उसी समूह की संपन्न परत तक। दवा रोग की जड़ पर लगनी चाहिए, स्वस्थ हो चुके हिस्से पर नहीं।

चौथा सूत्र – सामाजिक मेलजोल की सर्जरीः दूरियाँ नफरत को पालती हैं, नजदीकियाँ उसे मिटाती हैं। शिक्षा, आवास और कार्यस्थल पर ऐसा माहौल बने, जहाँ हर समुदाय घुले-मिले, क्योंकि जो साथ खाता-पढ़ता है, वह एक-दूसरे को "पराया" नहीं मान पाता।

पाँचवाँ सूत्र – असली मंजिल याद रखिएः हर नीति का अंतिम लक्ष्य एक ही हो, एक ऐसा भारत, जहाँ जाति अप्रासंगिक हो जाए। जिस दिन किसी बच्चे का भविष्य उसकी जाति (सरनेम) से नहीं, उसके कौशल और मेहनत से तय होगा, उस दिन यह राष्ट्र अपनी पूरी प्रतिभा के साथ साँस लेगा।

अध्याय 4

जनसंख्या: राष्ट्र का उच्च रक्तचाप

वह दबाव जो दिखता नहीं, पर भीतर पकता रहता है

"डॉक्टर उच्च रक्तचाप यानी हाइपरटेंशन को "साइलेंट किलर" कहते हैं। यह बिना दर्द, बिना शोर वर्षों तक भीतर दबाव बढ़ाता रहता है और एक दिन अचानक नस फटने, स्ट्रोक या हृदय संकट का कारण बन जाता है। भारत की जनसंख्या भी ऐसा ही मौन दबाव है। शिक्षा, कौशल और अवसर मिले तो यही सबसे बड़ी शक्ति बनेगी; अनदेखी हुई तो यही दबाव सामाजिक विस्फोट में बदल सकता है।"

– डॉ. सुरेश कुमार पाण्डेय

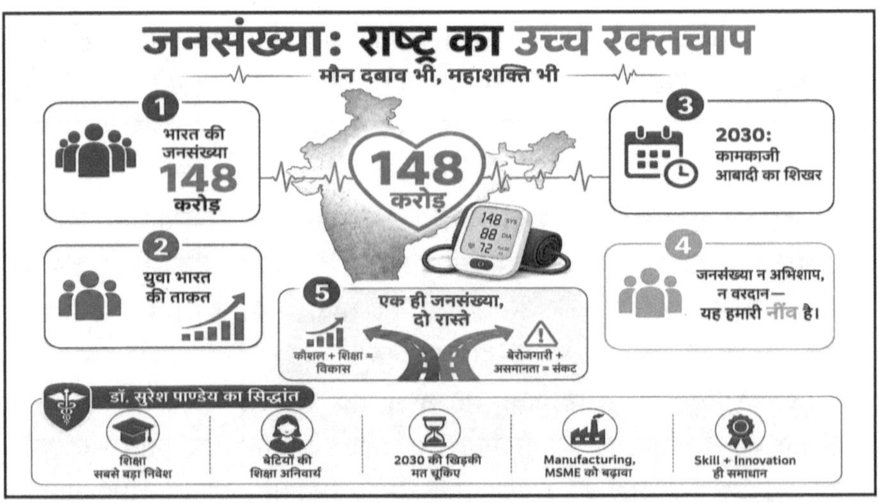

अप्रैल 2023 में, एक ख़ामोश-सी ख़बर आई व दुनिया का संतुलन हमेशा के लिए बदल गया। भारत ने चीन को पीछे छोड़कर, दुनिया के सबसे अधिक आबादी वाले देश का "ख़िताब" अपने नाम कर लिया। लगभग 148 करोड़ लोग। यानी, अगर हम सब एक क़तार में खड़े हो जाएँ, तो वह क़तार धरती से चाँद तक, फिर वापस चाँद से धरती तक कई बार पहुँच जाए।

लगभग 148 करोड़ की जनसंख्या, अब सवाल यह है कि यह एक डराने वाली या एक गर्व करने वाली ख़बर है? यह हमारी सबसे बड़ी कमजोरी है, या हमारी सबसे बड़ी ताक़त है?

एक नेत्र-सर्जन के नाते, मैं इसका जवाब अपने पेशे से देता हूँ। मैं हर नेत्र सर्जरी से पहले मरीज का ब्लड प्रेशर जरूर देखता हूँ। क्योंकि मैंने सीखा है कि आँख के पर्दे (रेटिना) की सबसे नाजुक रक्त-वाहिकाएँ सबसे पहले बता देती हैं कि शरीर में हाइपरटेंशन का दुष्प्रभाव कितना है। रेटिना की जाँच करते हुए, मैं अक्सर बता सकता हूँ कि रोगी का ब्लड प्रेशर कितने वर्षों से अनियंत्रित है, भले ही मरीज को खुद इसका कोई अंदाजा न हो।

जब मैं भारत के "रेटिना" में झाँकता हूँ, तो मुझे वही चेतावनी के निशान दिखते हैं। पर इससे पहले कि मैं आपको आँकड़े दिखाऊँ, मुझे तीन भाइयों की एक कहानी याद आती है।

एक नेत्र-सर्जन की डायरी – तीन भाई, एक ही गाँव, तीन अलग नियति

कुछ साल पहले, एक ही परिवार के तीन भाई, अलग-अलग समय पर, मेरी ओपीडी में आए। एक ही गाँव की मिट्टी, एक ही माँ की गोद, पर तीन बिल्कुल अलग जिंदगियाँ।

सबसे बड़ा भाई अनपढ़ रह गया था। पिता के पास इतने बच्चे थे कि किसी एक को ठीक से पढ़ाना मुश्किल था। वह दिहाड़ी मजदूरी करता था, उसके शरीर एवं आँखों में वर्षों की धूप व थकान दृष्टिगोचर थी। मँझला भाई आठवीं तक पढ़ा था। शहर में एक छोटी-सी दुकान चला रहा था; बस इतना ही, कि गुजारा हो रहा था।

सबसे छोटा भाई की कहानी अलग थी। जब तक वह बड़ा हुआ, परिवार ने ठान लिया था कि चाहे जो हो, इसे जरूर पढ़ाएँगे। वह कम्प्यूटर इंजीनियर बना, आज एक बड़ी मल्टीनेशनल कंपनी में है, उसी ने अपने दोनों बड़े भाइयों का इलाज कराया।

तीनों एक ही "कच्चे माल" से बने थे। फ़र्क़ सिर्फ इतना था कि किसे "तराशा" गया, किसे नहीं।

"जनसंख्या न अभिशाप है, न वरदान है, यह एक कच्चा माल है। कुशल हाथों में यह दुनिया का सबसे बड़ा इंजन है; अकुशल हाथों में, सबसे बड़ा बोझ।"

उस दिन मुझे समझ आया कि भारत की पूरी जनसंख्या की कहानी, इन्हीं तीन भाइयों के उदाहरण में छिपी है।

पहले एक भ्रम तोड़ें – आबादी अभिशाप है या वरदान?

दशकों से हमें सिखाया गया कि भारत की सबसे बड़ी समस्या उसकी आबादी है, "इतने लोग, इतने मुँह, इतनी भूख।" पर एक डॉक्टर के नाते मैं कहूँगा कि शरीर में खून का ज्यादा होना, अपने-आप में बीमारी नहीं है। बीमारी तब बनती है, जब वह खून सही जगह न पहुँचे, या उसका दबाव नसों के सँभालने की क्षमता से बाहर हो जाए।

आज भारत लगभग 148 करोड़ की आबादी के साथ दुनिया का सबसे बड़ा देश है। पर असली ताक़त संख्या में नहीं, उसके ढाँचे में है। हमारी औसत आयु (मीडियन एज) मात्र लगभग 29 वर्ष है। जबकि चीन की औसत आयु लगभग 39 वर्ष एवं जापान की लगभग 48 वर्ष है। यानी जब दुनिया के बड़े देश बूढ़े हो रहे हैं, तब भारत जवान है।

जरा इस फर्क़ को महसूस कीजिए। जिस उम्र में कई विकसित देशों का औसत नागरिक रिटायरमेंट व घुटनों के दर्द की सोच रहा होता है, उस उम्र में भारत का औसत नागरिक अपने करियर के, अपने सपनों के सबसे ऊर्जावान दौर में होता है। हमारी लगभग दो-तिहाई आबादी कामकाजी उम्र की है, 65 प्रतिशत से ज्यादा लोग 35 साल से कम के हैं। अर्थशास्त्री इसे "डेमोग्राफिक डिविडेंड" (जनसांख्यिकीय लाभांश) कहते हैं यानि कि एक ऐसा सुनहरा दौर, जब काम करने वाले लोग, आश्रितों (बच्चों एवं बुजुर्गों) से कहीं ज्यादा होते हैं।

"दुनिया बूढ़ी हो रही है, भारत जवान है। पर जवानी एक खिड़की है, जो हमेशा खुली नहीं रहती, जो राष्ट्र इस खिड़की से समय रहते नहीं कूदता, वह बूढ़ा होकर पछताता है।"

कब "डिविडेंड" बन जाता है "डिजास्टर"

यहीं असली ख़तरा छिपा है। डेमोग्राफिक डिविडेंड एक समय-सीमा वाला उपहार है, ठीक उस फल की तरह, जो सही समय पर खा लिया जाए तो अमृत है, और पेड़ पर ही पड़ा रह जाए तो सड़ जाता है।

विशेषज्ञों के अनुसार, भारत की कामकाजी आबादी का अनुपात 2030 के आसपास अपने शिखर (लगभग 69 प्रतिशत) पर होगा। उसके बाद यह खिड़की धीरे-धीरे बंद होने लगेगी, और हमारी औसत आयु (मीडियम एज) 2036 तक बढ़कर लगभग 36 वर्ष हो जाएगी। यानी हमारे पास यह सुनहरा अवसर सिर्फ कुछ ही दशकों का है यह एक ऐसी घड़ी है, जिसकी सुई लगातार आगे बढ़ रही है।

अगर इस दौरान हमने अपने युवाओं को शिक्षा, कौशल और रोजगार दे दिया, तो यह आबादी राष्ट्र को आसमान तक ले जाएगी। पर अगर वही युवा बेरोजगार, अकुशल और निराश रह गया, तो यही डिविडेंड एक "डेमोग्राफिक डिजास्टर" में बदल जाएगा।

यह कोई काल्पनिक डर नहीं है। हर साल लगभग 1.2 करोड़ युवा हमारी श्रम-शक्ति में जुड़ते हैं, पर उनके लिए उतनी अच्छी नौकरियाँ पैदा नहीं हो पा रहीं। जब यह हताशा, बेरोजगारी और बार-बार होने वाले पेपर-लीक से उपजी नाराजगी युवाओं के धैर्य की सीमा पार करती है, तो वह किसी न किसी रूप में फूट पड़ती है। हाल ही में हमने देखा कि कैसे यही आक्रोश नामक "कॉकरोच जनता पार्टी" (Cockroach Janta Party) एक व्यंग्यात्मक युवा-आंदोलन के रूप में सामने आया, जिससे चंद ही दिनों में लाखों युवा जुड़ गए। इसे किसी एक दल या नेता से जोड़कर मत देखिए। इसका असली संदेश यही है कि एक पूरी पीढ़ी, अब अपने भविष्य के सवालों पर चुप नहीं रहना चाहती। यह हमारे राष्ट्रीय रक्तचाप का सबसे साफ, सबसे डरावना लक्षण है।

"एक भूखा, बेरोजगार एवं हताश युवा-समूह किसी भी राष्ट्र के लिए सबसे बड़ा दबाव है, यही वह दबाव है, जो अपराध, पलायन, असंतोष जैसी अनगिनत समस्याओं को जन्म देता है।"

एक जरूरी संतुलन – आबादी पर ईमानदार नजर

यहाँ एक बात ईमानदारी से कहनी होगी, क्योंकि यह विषय अक्सर भावनाओं एवं पूर्वाग्रहों में उलझ जाता है। आबादी का सवाल किसी एक धर्म, जाति या समुदाय की ओर उँगली उठाने का बहाना नहीं है।

एक डॉक्टर के नाते मैं एक वैज्ञानिक तथ्य के बारे में उल्लेख करना चाहूँगा। जैसे-जैसे शिक्षा (ख़ासकर बेटियों की शिक्षा) व स्वास्थ्य-सुविधाएँ बेहतर होती हैं, वैसे-वैसे जन्म-दर अपने-आप संतुलित हो जाती है। सबसे बड़ी बात, जो शायद आपको हैरान कर दे कि भारत की कुल प्रजनन दर (फर्टिलिटी रेट) अब लगभग 2.0 पर आ चुकी है। मसलन हम पहले ही उस संतुलन-बिंदु पर पहुँच चुके हैं, जहाँ आबादी अब "विस्फोट" की ओर नहीं, बल्कि स्थिरता की ओर बढ़ रही है।

इसलिए असली सवाल "कितने लोग" का नहीं, "कैसे लोग", कितने शिक्षित, कितने कुशल, कितने स्वस्थ व्यक्तियों का है। हमारा रक्तचाप सिर्फ जनसंख्या से नहीं, बल्कि असमानता एवं बेरोजगारी से बढ़ रहा है।

"भारत की समस्या यह नहीं कि लोग बहुत हैं। समस्या यह है कि उन युवाओं को रोजगार के अवसर देते हुए उन युवाओं को उनमें छिपी अपार प्रतिभा को, हम तराशने में पीछे रह गए है।"

इलाज – दबाव को ताक़त में बदलना

उच्च रक्तचाप (हाइपरटेंशन) का इलाज दवा से शुरू होता है, पर असली इलाज जीवनशैली बदलने में है। हमारे राष्ट्रीय हाइपरटेंशन का इलाज भी यही है, दबाव को ताक़त में बदलना।

पहला इलाज – कौशल (स्किल) की दवा। हमें हर युवा को सिर्फ डिग्री नहीं, हुनर देना होगा, ताकि वह नौकरी पाने या नौकरी पैदा करने लायक बने।

दूसरा इलाज – बेटियों की शिक्षा एवं महिला स्वास्थ्य में निवेश, जो जन्म-दर को स्वाभाविक रूप से संतुलित करता है, एक पूरी पीढ़ी को ऊपर उठाता है।

तीसरा इलाज – रोजगार के अवसर, ख़ासकर निर्माण (मैन्युफैक्चरिंग) जैसे छोटे उद्यमों में, क्योंकि अकेला सेवा-क्षेत्र इतने हाथों को काम नहीं दे सकता।

देश की 148 करोड़ की आबादी का यह दबाव, अगर सही नसों में बहे, तो यह दुनिया का सबसे शक्तिशाली इंजन बन सकता है।

"दुनिया के पास तेल है, सोना है, जमीन है। हमारे पास उससे भी बड़ी दौलत करोड़ों जवान सपने है, बस उन्हें जलने से पहले, जोतना सीखना होगा।"

▪ *सोचिए*

तीन भाइयों की कहानी में, फर्क़ प्रतिभा का नहीं सिर्फ अवसर का था। जरा सोचिए कि हमारे अपने आसपास कितने ऐसे "सबसे बड़े भाई" हैं, जिनकी प्रतिभा सिर्फ इसलिए दब गई, क्योंकि उन्हें तराशने वाला कोई नहीं मिला?

▪ *चर्चा कीजिए*

अपने परिवार या मित्रों से बात कीजिए: क्या भारत की बड़ी आबादी वाक़ई हमारी कमजोरी है, या हमारी सबसे बड़ी ताक़त, बशर्ते हम उसे शिक्षित एवं कुशल बना सकें? इस "कौशल" की जिम्मेदारी सिर्फ सरकार की है, या हमारी भी है?

▪ *कार्रवाई कीजिए*

इस वर्ष एक संकल्प लीजिए, किसी एक युवा या बच्चे को कोई एक उपयोगी कौशल सिखाने में मदद कीजिए: कंप्यूटर, अंग्रेजी, कोई हुनर, या बस सही

करियर-सलाह। याद रखिए कि हर तराशा हुआ युवा, राष्ट्र के रक्तचाप को ताक़त में बदलने वाली एक स्वस्थ धड़कन है।

Rx डॉ. सुरेश कुमार पाण्डेय का प्रिस्क्रिप्शनः

इस अध्याय से पाँच संजीवनी सूत्र

पहला सूत्र – संख्या नहीं, गुणवत्ता पर ध्यानः 148 करोड़ की संख्या पर गर्व या चिंता करने के बजाय, उस मानव-पूँजी की गुणवत्ता पर ध्यान दीजिए। एक शिक्षित, स्वस्थ एवं कुशल आबादी ही राष्ट्र का असली धन है, कमजोर शरीर, अकुशल मन कभी महाशक्ति नहीं बनाते।

दूसरा सूत्र – खिड़की बंद होने से पहले कूदिएः डेमोग्राफिक डिविडेंड की खिड़की 2030 के आसपास शिखर पर होगी, फिर बंद होने लगेगी। यह अगले कुछ दशकों का "गोल्डन आवर" है, इसे चूकना, एक पूरी पीढ़ी का चूकना है।

तीसरा सूत्र – डिग्री नहीं, स्किलः हर युवा को पारंपरिक पढ़ाई के साथ, कम से कम एक व्यावहारिक, बाजार-योग्य कौशल अवश्य सीखना चाहिए। एक अकुशल हाथ वाला देश कभी सुपरपावर नहीं बनता।

चौथा सूत्र – बेटियों की शिक्षा, सबसे बड़ी दवाः महिला शिक्षा स्वास्थ्य में निवेश, जन्म-दर को संतुलित करने एक पूरी पीढ़ी को ऊपर उठाने का सबसे कारगर इलाज है, यह उँगली उठाने का नहीं, सशक्त बनाने का विषय है।

पाँचवाँ सूत्र – रोजगार की नसें चौड़ी कीजिएः हर साल जुड़ते करोड़ों युवाओं के लिए सिर्फ सेवा-क्षेत्र काफी नहीं। निर्माण, छोटे उद्यम एवं उद्यमशीलता को बढ़ावा देकर ही इस जनसंख्या दबाव को विस्फोट बनने से रोका जा सकता है।

अध्याय 5

अर्थव्यवस्था: राष्ट्र का मेटाबॉलिज्म

जब शरीर भोजन तो खूब खाए, पर सब अंगों तक ऊर्जा न पहुँचा पाए

"एक राष्ट्र की अर्थव्यवस्था उसके शरीर के मेटाबॉलिज्म जैसी है। प्रश्न यह नहीं कि वह कितना कमाता है वरन् सवाल यह है कि वह कमाई, हर नागरिक की थाली तक, ऊर्जा बनकर पहुँचती है या नहीं।"

– डॉ. सुरेश कुमार पाण्डेय

जरा एक आँकड़े से शुरू करते हैं, जो आपको गर्व से भर देगा। अंतरराष्ट्रीय मुद्रा कोष के नवीनतम आँकड़ों के अनुसार, भारत लगभग 4.15 ट्रिलियन अमेरिकी डॉलर की अनुमानित जीडीपी के साथ विश्व की छठी सबसे बड़ी अर्थव्यवस्था है और 6.4 प्रतिशत की अनुमानित विकास दर के साथ प्रमुख वैश्विक अर्थव्यवस्थाओं में सबसे तेज गति से आगे बढ़ने वाले देशों में शामिल है। वर्ष 1991 में, जब हमारे पास विदेशी मुद्रा भंडार कुछ ही हफ्तों का बचा था, और हमें अपना सोना तक गिरवी रखना पड़ा था, तब हम दुनिया में सत्रहवें स्थान पर थे।

सत्रहवें स्थान से पाँचवें स्थान तक का यह सफर किसी चमत्कार से कम नहीं है। भारत आज दुनिया की सबसे तेजी से बढ़ती बड़ी अर्थव्यवस्था है और आने वाले वर्षों में जापान और जर्मनी को पीछे छोड़ने की राह पर है।

"यह वही भारत है, जिसे कभी दुनिया ने एक कमजोर, बीमार अर्थव्यवस्था मानकर ख़ारिज कर दिया था। आज वही भारत, दुनिया के विकास का एक इंजन बन रहा है।"

पर अब, एक नेत्र-सर्जन के नाते, मैं आपको दूसरा आँकड़ा दिखाता हूँ, जो रात को चैन से सोने नहीं देता।

दुनिया की कुल आबादी का लगभग 18 प्रतिशत हिस्सा भारत में रहता है। वैश्विक जीडीपी में हमारी हिस्सेदारी सिर्फ लगभग 3 प्रतिशत है, जबकि चीन की हिस्सेदारी लगभग 17 प्रतिशत है। यानी दुनिया का हर छठा इंसान भारतीय है, पर दुनिया की हर सौ रुपये की कमाई में से सिर्फ तीन रुपये हमारे पास आते हैं।

बड़ी अर्थव्यवस्था, पर छोटी हिस्सेदारी नामक यह विरोधाभास ही इस अध्याय का विषय है और हाँ इसे समझने के लिए, हमें शरीर के एक बेहद बुनियादी तंत्र, मेटाबॉलिज्म, को समझना होगा।

अर्थव्यवस्था - राष्ट्र का चयापचय (मेटाबॉलिज्म)

मेटाबॉलिज्म को सरल भाषा में समझिए। हम जो भोजन खाते हैं, वह सीधे ऊर्जा नहीं बन जाता। हमारे शरीर में चयापचय (मेटाबॉलिज्म) एक पूरी प्रक्रिया चलती है, जो उस भोजन को तोड़कर, उसे ऊर्जा में बदलती है और फिर उस ऊर्जा को खून के जरिए मस्तिष्क से लेकर, पैर के अँगूठे तक, शरीर के हर अंग तक पहुँचाती है।

एक स्वस्थ शरीर वह है जिसका मेटाबॉलिज्म तेज और संतुलित हो, जो भरपूर ऊर्जा बनाए, और उसे समान रूप से बाँटे। एक बीमार मेटाबॉलिज्म में दो तरह की गड़बड़ियाँ होती हैं: या तो शरीर पर्याप्त ऊर्जा बना ही नहीं पाता (कमजोरी), या फिर वह ऊर्जा बनाता तो है, पर उसे कुछ ही अंगों में जमा कर देता है, जैसे एक जगह मोटापा, और बाक़ी शरीर कुपोषित रह जाता है।

भारत की अर्थव्यवस्था आज ठीक इसी "असंतुलित मेटाबॉलिज्म" का शिकार है। हम ऊर्जा (दौलत) तो खूब बना रहे हैं। छठी सबसे बड़ी अर्थव्यवस्था इसका सबूत है। पर वह ऊर्जा कुछ ही महानगरों, कुछ ही उद्योगों, कुछ ही हाथों में जमा हो रही है और देश के अंतिम छोर तक, हर नागरिक की थाली तक, पूरी तरह नहीं पहुँच रही है।

"छठीं सबसे बड़ी अर्थव्यवस्था होना, शरीर का कुल वजन बढ़ने जैसा है। पर असली सेहत वजन से नहीं, इस बात से नापी जाती है कि वह ऊर्जा शरीर के हर कोने तक पहुँच रही है या नहीं।"

बीमारी कितनी गहरी है – आँकड़ों का एक्स-रे

अब इस मेटाबॉलिज्म का एक्स-रे देखिए।

पहली गड़बड़ी – **कमजोर "मांसपेशियाँ" (मैन्युफैक्चरिंग):** किसी भी मजबूत अर्थव्यवस्था की रीढ़ उसका विनिर्माण (मैन्युफैक्चरिंग) होता है जो देश के नागरिकों को असली, टिकाऊ रोजगार देता है। पर भारत में विनिर्माण क्षेत्र का जीडीपी में योगदान आज भी लगभग 17 प्रतिशत के आसपास ही है, जबकि सरकार का लक्ष्य इसे 25 प्रतिशत तक ले जाना है। चीन, दक्षिण कोरिया और जापान जैसे देश इसी "मांसपेशी" के दम पर आर्थिक महाशक्ति बने।

दूसरी गड़बड़ी – **असंतुलन:** भारत सीधे खेती (पहली अवस्था) से छलाँग लगाकर सेवा-क्षेत्र (आईटी, सॉफ्टवेयर) में पहुँच गया, और बीच की वह विनिर्माण-सीढ़ी अधूरी छोड़ दी। नतीजा यह हुआ कि सेवा-क्षेत्र अकेले जीडीपी का लगभग 55 प्रतिशत है, जबकि खेती, जिस पर देश की लगभग आधी आबादी निर्भर है, उसका योगदान घटकर लगभग 16-20 प्रतिशत रह गया है। यानी आधी आबादी, राष्ट्रीय आय के सिर्फ पाँचवें हिस्से पर गुजारा कर रही है।

तीसरी गड़बड़ी – **"मध्य-आय के जाल" का ख़तरा:** यह सबसे बड़ा ख़तरा है। दुनिया में कई देश एक ख़ास स्तर तक तो तेजी से बढ़े, पर फिर वहीं अटक गए, न गरीब रहे, न पूरी तरह अमीर बन पाए। इसे अर्थशास्त्री "मध्य-आय का जाल" (मिडिल इनकम ट्रैप) कहते हैं। भारत का असली इम्तिहान यही है कि वह 2047 तक इस जाल को पार करके, एक "उच्च-आय वाला विकसित राष्ट्र" बन सके। भारत सरकार का घोषित लक्ष्य भी यही है कि वर्ष 2047 तक, आजादी की शताब्दी पर, उच्च-आय वाले राष्ट्र का दर्जा हासिल करना।

"भारत एक धावक की तरह है, जिसने शानदार शुरुआत की। परन्तु असली परीक्षा अब है। 'मध्य-आय के जाल' की वह दीवार, जिसके पार बहुत कम देश पहुँच पाते हैं, ठीक हमारे सामने खड़ी है।"

एक संतुलित नजर – मेटाबॉलिज्म तेज भी हो रहा है

इन पंक्तियों के लेखक के रूप में मैं पूरी तस्वीर दिखाना आवश्यक समझता

हूँ। यह भी सच है कि भारत देश रूपी इस मरीज का मेटाबॉलिज्म हाल के वर्षों में तेज हुआ है।

"मेक इन इंडिया" और उत्पादन-आधारित प्रोत्साहन (प्रोडक्शन लिंक्ड इंसेंटिव) जैसी योजनाओं ने ख़ासकर मोबाइल, इलेक्ट्रॉनिक्स और दवा-उद्योग में विनिर्माण को नई गति दी है। सरकार ने 2035 तक विनिर्माण का जीडीपी-योगदान 25 प्रतिशत तक ले जाने का लक्ष्य रखा है। भारत का "डिजिटल पब्लिक इंफ्रास्ट्रक्चर" (आधार, यूपीआई) दुनिया भर के लिए एक मिसाल बन गया है। आज भारत में हर महीने अरबों डिजिटल लेन-देन होते हैं, जो दुनिया में सबसे ज्यादा हैं। विदेशी निवेश (एफ.डी.आई.) में भी भारत आज दुनिया के सबसे आकर्षक ठिकानों में से एक है। और भारत की डिजिटल अर्थव्यवस्था 2029-30 तक जीडीपी का लगभग 20 प्रतिशत बनने की राह पर है, जो समग्र अर्थव्यवस्था से दोगुनी रफ्तार से बढ़ रही है। ये उम्मीद जगाने वाले संकेत हैं। पर ये अभी शुरुआत भर हैं। मेटाबॉलिज्म तेज करना एक बात है; उसे संतुलित बनाना यानी ऊर्जा को हर अंग तक पहुँचाना, आज भी एक बड़ी चुनौती है।

एक नेत्र-सर्जन की डायरी – वह दर्जी, जिसकी "ऊर्जा" अटक गई

कुछ साल पहले, एक मध्यम आयु का व्यक्ति, पेशे से एक छोटा दर्जी, मेरी ओपीडी में आया। उसकी आँखों में मोतियाबिंद की शुरुआत हो चुकी थी, जो उसके काम (कपड़ों की बारीक सिलाई) को मुश्किल बना रही थीं।

बातों-बातों में उसने जो बताया, वह मेरे मन में गहरी छाप छोड़ गया। उसने कहा, "डॉक्टर साहब, मेरा बेटा कंप्यूटर इंजीनियरिंग पढ़ रहा है। मैं चाहता हूँ कि वह अपना कपड़े बनाने का एक छोटा कारख़ाना खोले। पर हमें बैंक से कर्ज नहीं मिलता, बिजली महँगी है, और इतने सरकारी कागज भरने पड़ते हैं कि हिम्मत टूट जाती है। तो वह भी आख़िर में किसी विदेशी कंपनी में नौकरी कर लेगा। हम सामान बनाने वाले नहीं, बस सामान बेचने और ख़रीदने वाले रह गए हैं, साहब।"

उस दर्जी की बात में भारत की पूरी आर्थिक कहानी छिपी थी। हमारे पास मेहनती हाथ, होनहार दिमाग के रूप में ऊर्जा है। पर हमारी व्यवस्था उस ऊर्जा को "उत्पादन" (कुछ बनाने) में बदलने के बजाय, अक्सर रोक देती है। एक राष्ट्र, जो सिर्फ बेचता-ख़रीदता है, पर बनाता कम है, उसका मेटाबॉलिज्म कभी पूरी तरह स्वस्थ नहीं हो सकता।

"भारत को 'बेचने वालों का देश' नहीं, 'बनाने वालों का देश' बनना होगा। क्योंकि असली ताक़त उपभोग में नहीं, उत्पादन में है।"

इलाज – मेटाबॉलिज्म को तेज भी, और संतुलित भी करना होगा

इस बीमारी का इलाज दो तरफा है, ऊर्जा को बढ़ाना भी, और उसे हर अंग तक पहुँचाना भी।

पहला – विनिर्माण की मांसपेशियाँ मजबूत करना। भारत को "बनाने वालों का देश" बनना होगा। छोटे और मँझोले उद्योगों (एमएसएमई), (जो सबसे ज्यादा रोजगार देते हैं) के लिए कर्ज आसान हो, बिजली सस्ती हो, और सरकारी कागजी जाल (रेड-टेप) कम हो। उस दर्जी के बेटे को कारख़ाना खोलना, नौकरी ढूँढने जितना ही आसान लगना चाहिए।

दूसरा – कौशल (स्किल) में निवेश। हमारे पास दुनिया का सबसे बड़ा युवा-बल है। यह युवा बल तभी "ऊर्जा" बनेगा, जब उसके पास हुनर हो। सिर्फ डिग्री ही नहीं, कौशल (स्किल) भी हो, क्योंकि यही असली पूँजी है।

तीसरा – ऊर्जा का समान बँटवारा। विकास सिर्फ चंद महानगरों में नहीं, छोटे शहरों और गाँवों तक पहुँचे। जब तक देश का अंतिम नागरिक इस विकास की ऊर्जा महसूस नहीं करता, तब तक जीडीपी का कोई भी आँकड़ा अधूरा है।

चौथा – "मध्य-आय के जाल" से बचना। इसके लिए चाहिए–नवाचार (इनोवेशन), अनुसंधान एवं विकास (रिसर्च एण्ड डवलपमेंट) में भारी निवेश, और उच्च-मूल्य वाले उत्पाद बनाना (सिर्फ सस्ता श्रम बेचना नहीं)। हमें "मेक इन इंडिया" से आगे बढ़कर, "इन्वेंट इन इंडिया" (भारत में आविष्कार) की ओर जाना होगा।

पाँचवाँ – आत्मनिर्भरता, पर खुलेपन के साथ। आत्मनिर्भर बनना जरूरी है, पर दुनिया से कटकर नहीं। एक स्वस्थ शरीर बाहरी पोषण भी लेता है, और अपनी ऊर्जा भी बनाता है। हमें ऐसी अर्थव्यवस्था चाहिए, जो दुनिया से व्यापार करे, पर उसके सामने हाथ न फैलाए। संतुलन ही कुंजी है।

▪ *सोचिए*

अपना फोन, अपने कपड़े, अपने घर का सामान, आप जो भी सामान रोज इस्तेमाल करते हैं, जरा देखिए, उनमें से कितने "मेड इन इंडिया" हैं, और कितने आयातित? एक राष्ट्र की आर्थिक सेहत, उसके नागरिकों की इन्हीं छोटी-छोटी ख़रीद में छिपी होती है।

▪ *चर्चा कीजिए*

अपने परिवार या मित्रों के साथ इस सवाल पर बात कीजिए: भारत आईटी और सॉफ्टवेयर में तो दुनिया में आगे है, पर बड़े पैमाने पर सामान बनाने (मैन्युफैक्चरिंग) में चीन से इतना पीछे क्यों रह गया? और इसे बदलने के लिए क्या करना होगा?

▪ *कार्रवाई कीजिए*

इस महीने एक छोटा-सा संकल्प लीजिए। जहाँ तक संभव हो, और गुणवत्ता बराबर हो, वहाँ किसी स्थानीय, भारतीय निर्माता या छोटे कारीगर का बनाया सामान चुनिए। याद रखिए कि आपका हर रुपया एक "वोट" है; वह तय करता है कि देश की ऊर्जा किस दिशा में बहेगी।

Rx डॉ. सुरेश कुमार पाण्डेय का प्रिस्क्रिप्शन:

इस अध्याय से पाँच संजीवनी सूत्र

पहला सूत्र – विनिर्माण की मांसपेशियाँ बनाएँ: एक राष्ट्र सिर्फ सेवाओं से महाशक्ति नहीं बनता; उसे सामान बनाना (मैन्युफैक्चरिंग) आना चाहिए। एमएसएमई को सस्ता कर्ज, सस्ती बिजली और कम कागजी जाल देकर, भारत को "बनाने वालों का देश" बनाइए।

दूसरा सूत्र – कौशल ही असली पूँजी है: सबसे बड़ा युवा-बल तभी ताक़त बनेगा, जब उसके पास हुनर हो। शिक्षा को डिग्री-केंद्रित से कौशल-केंद्रित बनाना होगा।

तीसरा सूत्र – ऊर्जा हर अंग तक पहुँचे: विकास का लाभ चंद महानगरों में न सिमटे, बल्कि छोटे शहरों, क़स्बों और गाँवों तक पहुँचे – क्योंकि असंतुलित मेटाबॉलिज्म, चाहे कितना ही तेज हो, अंततः बीमारी ही लाता है।

चौथा सूत्र – "मध्य-आय के जाल" से बचें: सस्ता श्रम बेचने से आगे बढ़कर, नवाचार और अनुसंधान (रिसर्च एडं डवलपमेंट) में निवेश कीजिए। "मेक इन इंडिया" से "इन्वेंट इन इंडिया" की ओर बढ़िए।

पाँचवाँ सूत्र – आत्मनिर्भरता, पर खुलेपन के साथ: आत्मनिर्भर बनना जरूरी है, पर दुनिया से कटकर नहीं। दुनिया से व्यापार कीजिए, पर उसके सामने हाथ मत फैलाइए क्योंकि संतुलन ही स्वस्थ मेटाबॉलिज्म की कुंजी है।

अध्याय 6

अन्नदाता का संकटः राष्ट्र की अनदेखी नाड़ी

जब पूरे शरीर को पोषण देने वाला पाचन-तंत्र खुद भूखा रह जाए

"विडंबना देखिए कि जो हाथ पूरे देश का पेट भरते हैं, वही हाथ अक्सर खुद ख़ाली रह जाते हैं। यह सिर्फ किसान का संकट नहीं; यह उस पाचन-तंत्र का संकट है, जो पूरे राष्ट्र-शरीर को जीवित रखता है।"

– डॉ. सुरेश कुमार पाण्डेय

वह चिट्ठी, जो एक पिता ने अपने बेटे के नाम छोड़ी

कुछ साल पहले, महाराष्ट्र के विदर्भ से एक ख़बर आई थी, जिसका एक-एक शब्द आज भी हमारे पूरे तंत्र के मुँह पर एक तमाचा है।

एक छोटा किसान था। मात्र डेढ़ एकड़ जमीन, और उस पर पिछली तीन फसलों की मार–कभी सूखा, कभी ओले, कभी बेमौसम बारिश का कहर। साहूकार का कर्ज बढ़ते-बढ़ते पहाड़ बन चुका था। उसकी बेटी बारहवीं में थी, डॉक्टर बनना चाहती थी। एक रात उसने अपने पिता से पूछा था, "बाबूजी, मेरी पढ़ाई तो

नहीं रुकेगी न?" पिता ने मुस्कुराकर कहा, "बिटिया जब तक मैं जिंदा हूँ, तेरी पढ़ाई नहीं रुकेगी।"

पर भीतर ही भीतर, उस पिता का, उस किसान का हौंसला पूरी तरह से टूट चुका था। जब वह किसान इस दुनिया को अलविदा कह गया, तो पीछे अपने बेटे के नाम एक चिट्ठी छोड़ गया। उसमें लिखा था, *"बेटा, पढ़-लिखकर बड़ा आदमी बनना। पर खेती कभी मत करना। मुझे माफ कर देना क्योंकि कर्ज की रोटी अब और नहीं निगली जाती।"*

वह किसान, वह आदमी, इस दुनिया से अकेला नहीं गया। एक बेटी का सपना, एक पत्नी का सहारा, और हाँ एक पूरे गाँव का भरोसा उसके साथ गया। पर हमारे लिए वह सिर्फ अगली सुबह के अख़बार में छपा एक "दुःखद समाचार" बनकर रह गया, जिसे हम पढ़कर, चाय का घूँट पीकर, भूल गए।

एक नेत्र-सर्जन के नाते मैं एक बात जानता हूँ कि शरीर का कोई भी अंग बिना असहनीय पीड़ा के, खुद को नष्ट नहीं करता। और हाँ जब किसी राष्ट्र का "पाचन-तंत्र" यानि कि उसका अन्नदाता, इस हद तक आत्महत्या करने की गहन पीड़ा में पहुँच जाए, तो समझ लीजिए कि बीमारी सिर्फ उस एक अंग की नहीं; पूरे शरीर की है।

वे आँकड़े, जो हमारी नींद उड़ा देते हैं

वह अकेली कहानी नहीं थी। वह एक मूक संकट (साइलेंट क्राईसिस) का सिर्फ एक चेहरा थी।

राष्ट्रीय अपराध रिकॉर्ड ब्यूरो (NCRB) के अनुसार, 2022 में खेती से जुड़े 11,290 किसानों ने आत्महत्या की। इसका अर्थ है कि औसतन हर बीते घंटे, इस देश का कम-से-कम एक अन्नदाता जिंदगी से हार मान रहा था। यह किसी एक बुरे साल की बात नहीं। वर्ष 1995 से 2023 के बीच, भारत में लगभग 3 लाख 94 हजार किसानों और कृषि-मजदूरों ने आत्महत्या की, यानी हर साल औसतन लगभग 13,600 जिंदगियाँ असमय ही काल कलवित हो गई।

इस संख्या को शब्दों में पढ़िए, *तीन लाख चौरानबे हजार।* यह किसी बड़े शहर की पूरी आबादी जितनी है। यह एक मौन संकट है, एक अनदेखा युद्ध है, जो हर दिन हमारे खेतों में लड़ा जा रहा है। सबसे दुःखद बात यह है कि असली संख्या इससे कहीं ज्यादा है, क्योंकि बहुत-सी मौतें दर्ज ही नहीं होतीं है। कभी सामाजिक शर्म के डर से, तो कभी इसलिए कि खेती करने वाली महिला को "किसान" गिना ही नहीं जाता।

यह राष्ट्र–शरीर का सबसे गहरा, सबसे अनदेखा घाव है और इसका दर्द मैंने अपनी ओपीडी की कुर्सी पर, बहुत क़रीब से महसूस किया है।

ओपीडी की वह डायरी: "आँख का इलाज अगली फसल पर, अगर वह बची तो"

मृत्यु के इन भयावह आँकड़ों के बीच, जो किसान जिंदा बच जाते हैं, वे किस हाल में जी रहे हैं? इसका जवाब मुझे अपनी ही ओपीडी में मिला।

मेरे सामने एक अधेड़ किसान बैठे थे। उनकी आँखों में मोतियाबिंद की सफेद धुंध थी, और आवाज में एक डर, जो पैसे का नहीं, अपने परिवार के भविष्य का था।

मैंने उनके कंधे पर हाथ रखते हुए कहा– "आप चिंता मत कीजिए, हम देख लेंगे। पर ऑपरेशन जरूरी है, वरना रोशनी हमेशा के लिए जा सकती है।"

उनने सिर झुका लिया। फिर धीरे से बोले– " डॉक्टर साहब, इस बार फसल ओलों में बर्बाद हो गई। साहूकार का कर्ज सिर पर है। बेटी की शादी है। आँख का ऑपरेशन... वह तो अब अगली फसल पर ही हो पाएगा, अगर वह फसल बची तो।"

मैं चुप रह गया। मेरे सामने सिर्फ एक मरीज नहीं बैठा था। मेरे सामने वह इंसान बैठा था, जो अन्नदाता के रूप में पूरे देश का पेट भरता है। पर अपनी आँखों की रोशनी तक के लिए, आसमान की ओर, अगली बारिश की ओर ताक रहा था। उनके लिए अपनी आँख की रोशनी भी, अपनी फसल के बाद की प्राथमिकता थी।

उस दिन मुझे एहसास हुआ कि वे लाखों आँकड़े, असल में ऐसे ही करोड़ों चेहरे हैं और हर चेहरे के पीछे एक परिवार, एक बेटी की शादी, एक अधूरा सपना है और भारत का सबसे गहरा घाव, इन्हीं खेतों में रिस रहा है।

कृषि – राष्ट्र का पाचन-तंत्र

इसे एक चिकित्सक की नजर से समझिए। हमारे शरीर में पाचन–तंत्र (डाइजेस्टिव सिस्टम) वह व्यवस्था है, जो भोजन को पचाकर, उससे पोषण निकालकर, पूरे शरीर को जीवित रखती है। मस्तिष्क कितना ही तेज हो, हृदय कितना ही मजबूत परन्तु यदि अगर पाचन–तंत्र विफल हो जाए, तो पूरा शरीर भूख से क्षीण हो जाएगा।

कृषि भारत का ठीक यही पाचन–तंत्र है। यह वह तंत्र है, जो 148 करोड़ से अधिक देशवासियों की थाली भरता है। पर सबसे बड़ी विडंबना यह है कि यही पाचन–तंत्र, जो सबको पोषण देता है, आज खुद कुपोषित, कमजोर और उपेक्षित पड़ा है।

"एक राष्ट्र अपने वैज्ञानिकों और इंजीनियरों पर गर्व करता है और करना भी चाहिए। पर वह भूल जाता है कि अगर किसान एक मौसम भी खेती करना बंद कर दे, तो सबसे ऊँची इमारत में बैठा सबसे बड़ा अफसर भी भूखा रह जाएगा।"

रोग का निदान – पाँच गहरे घाव

इस पाचन-तंत्र के पाँच गहरे घाव हैं, जिन्हें एक-एक करके समझना जरूरी है।

पहला घाव – लागत से कम दाम। अक्सर किसान को अपनी फसल का वह दाम भी नहीं मिलता, जितनी उसकी लागत होती है। न्यूनतम समर्थन मूल्य (मिनिमम सेल प्राइस) की घोषणा तो होती है, पर जमीन पर हर किसान, हर फसल तक उसका लाभ नहीं पहुँचता। नतीजा यह कि एक किसान गेहूँ उगाता है, पर कभी-कभी अपने घर की रोटी तक के लिए जूझता है।

दूसरा घाव – बिचौलियों का शोषण। खेत से लेकर आपकी थाली तक, फसल बिचौलिया, व्यापारी, थोक विक्रेता, खुदरा विक्रेता आदि के हाथों से गुजरती है। मुनाफे का बड़ा हिस्सा इन्हीं के पास रह जाता है। नतीजा यह होता है जो टमाटर किसान पाँच रुपये किलो बेचता है, वही टमाटर आपको चालीस रुपये किलो मिलता है। न किसान संतुष्ट होता है न उपभोक्ता खुश होता है।

तीसरा घाव – पानी का संकट। भूजल का स्तर ख़तरनाक रूप से गिर रहा है। पंजाब, हरियाणा, राजस्थान जैसे राज्यों में, जहाँ हरित क्रांति की शुरुआत हुई थी, वहीं अब धान-गेहूँ की खेती के लिए पानी ख़त्म होता जा रहा है। हम भविष्य का पानी, आज उधार लेकर खेती कर रहे हैं और यह उधार कभी नहीं चुकता।

यह पानी का संकट कितना जानलेवा हो सकता है, यह महाराष्ट्र के बुलढाणा के कैलाश नागरे की कहानी बताती है। वे कोई हारे हुए किसान नहीं थे, बल्कि इतने मेहनती और प्रगतिशील कि 2020 में राज्य सरकार ने उन्हें **"आदर्श युवा शेतकरी पुरस्कार"** से सम्मानित किया था। अपने इलाके के 14 गाँवों के लिए, वे खड़कपूर्णा जलाशय से सिंचाई के पानी की माँग वर्षों से उठा रहे थे। उन्होंने हर लोकतांत्रिक रास्ता आजमाया, अर्जियाँ दीं, गुहार लगाई, यहाँ तक कि एक लंबी भूख हड़ताल भी की। पर व्यवस्था ने समय रहते उनकी एक न सुनी। मार्च 2025 में, होली के दिन, पानी की उसी कमी और फसल की बर्बादी से टूटकर, यह "सम्मानित किसान" हमेशा के लिए इस संसार को छोड़कर अनन्त यात्रा पर पर निकल गए। उनकी पत्नी सुशीला उस कभी न मिटने वाले उस दर्द को याद करते हुए एक ही बात कहती है कि यदि सरकार ने समय रहते सुन लिया होता, तो शायद

वे आज जिंदा होते। जरा सोचिए, जिस किसान को राज्य ने खुद "आदर्श" कहकर पुरस्कृत किया, अगर उसकी जायज पुकार तक नहीं सुनी गई, तो उस साधारण किसान की कौन सुनेगा, जिसके पास न पुरस्कार है, न आवाज है?

चौथा घाव – कर्ज का बोझ। यह सबसे दर्दनाक है। भारत के लगभग आधे कृषि-परिवार कर्ज में डूबे हैं और छोटे, सीमांत किसानों में तो यह अनुपात और भी ज्यादा है। ओले, सूखा या बाढ़ से जब फसल बर्बाद होती है तो यही कर्ज, अक्सर एक अनौपचारिक साहूकार के जरिए, किसान के लिए एक जानलेवा फंदा बन जाता है। यहीं से वे आँकड़े जन्म लेते हैं, जिनसे हमने यह अध्याय शुरू किया था। और हाँ एक किसान की ऐसी असमय विदाई सिर्फ एक मौत नहीं होती है वरन् उसके साथ एक पूरा परिवार, कभी-कभी एक पूरा गाँव, अपना सहारा खो देता है।

पाँचवाँ घाव – बेहद छोटी जोत। यह जड़ की समस्या है। भारत के लगभग 86 प्रतिशत किसान, छोटे और सीमांत किसान हैं एवं उनके पास दो हेक्टेयर से भी कम जमीन है। इतनी छोटी जोत पर, आधुनिक, मुनाफे वाली खेती लगभग असंभव है, और एक छोटा किसान खेती से मुश्किल से कुछ हजार रुपये महीना ही कमा पाता है।

"भारत में किसान 'अन्नदाता' कहलाता है, हम उसे भगवान का दर्जा देते हैं। पर हमारी व्यवस्था उसके साथ अक्सर एक भिखारी जैसा सलूक करती है। यही वह पाखंड है, जिसे हमें सबसे पहले तोड़ना होगा।"

एक संतुलित नजर – पाचन-तंत्र में दम अभी बाक़ी है

पर एक जिम्मेदार डॉक्टर कभी अपने मरीज के स्वस्थ्य होने की उम्मीद नहीं तोड़ता है। तस्वीर पूरी तरह अँधेरी नहीं है। यह वही देश है, जिसने 1960 के दशक में, "हरित क्रांति" के जरिए, भूख और अकाल को हराया और एक भूखे, आयात पर निर्भर देश से, एक अन्न-निर्यातक देश बन गया। आज भारत दुनिया का दूसरा सबसे बड़ा कृषि-उत्पादक है।

"श्वेत क्रांति" से हम दुनिया के सबसे बड़े दूध-उत्पादक बने; "पीली क्रांति" ने तिलहन की ओर क़दम बढ़ाए। और आज किसान-उत्पादक संगठन (फार्मर प्रोड्यूसर ऑर्गनाइजेशन), डिजिटल मंडियाँ (e-NAM), और सीधे बैंक खातों में पहुँचने वाली सहायता (पीएम-किसान) आदि, इस पाचन-तंत्र में नई जान फूँकने की कोशिशें हैं। यानी यह तंत्र थका जरूर है, पर मरा नहीं; बस इसे सही पोषण और सही इलाज चाहिए।

विश्व की शल्यशाला से एक झलक

दुनिया के कई देशों ने दिखाया है कि छोटी जोत और कम पानी के बावजूद, खेती को समृद्ध बनाया जा सकता है।

इजराइल – रेगिस्तान का वह देश, जिसने "ड्रिप इरिगेशन" (बूँद-बूँद सिंचाई) का आविष्कार किया, और बंजर रेत में भी फूल खिला दिए। उन्होंने पानी की हर बूँद को सोने जैसा क़ीमती माना, और दिखाया कि कम पानी में भी ज्यादा फसल संभव है।

नीदरलैंड – एक छोटा-सा देश, जो आकार में हमारे एक राजस्थान राज्य जितना भी नहीं है। पर "सटीक खेती" (प्रिसीजन फार्मिंग) और तकनीक के दम पर, वह आज दुनिया का दूसरा सबसे बड़ा कृषि-निर्यातक है। उन्होंने साबित किया कि खेती "पिछड़ापन" नहीं, एक उच्च-तकनीक उद्योग हो सकती है।

वियतनाम – जिसने किसान-सहकारी मॉडल और सामूहिक खेती के जरिए, अपने छोटे किसानों को संगठित किया, और कॉफी व चावल का एक बड़ा वैश्विक निर्यातक बन गया।

सबक स्पष्ट है कि समस्या छोटी जोत या कम पानी नहीं है वरन् असली चुनौती पुरानी सोच और सही व्यवस्था का अभाव है।

इलाज – पाचन-तंत्र को फिर से स्वस्थ बनाना

इस संकट का इलाज पाँच स्तरों पर करना होगा।

पहला – दाम की सुरक्षा। किसान को उसकी लागत से ज्यादा, एक उचित और भरोसेमंद दाम मिलने की गारंटी हो। स्वामीनाथन आयोग की वह सिफारिश कि किसान को उसकी लागत के ऊपर कम-से-कम 50 प्रतिशत मुनाफा मिले, यह एक गंभीर और ईमानदार प्रयास की आवश्यकता पर बल देती है।

दूसरा – बिचौलियों को हटाना। किसान-उत्पादक संगठनों (Farmer Producer Organization) के जरिए, छोटे किसान संगठित होकर, सीधे बाजार और कंपनियों को अपनी फसल बेच सकें, ताकि मुनाफा बिचौलियों के बजाय, किसान की जेब में जाए।

तीसरा – पानी का सही इस्तेमाल। इजराइल की तरह "ड्रिप इरिगेशन" और वर्षा-जल संचयन (रेनवाटर हार्वेस्टिंग) को हर खेत तक पहुँचाने हेतु हमें प्रयास करने होंगे। किसानों को धान-गेहूँ के अलावा, कम पानी वाली, ज्यादा मुनाफे वाली फसलों (फल, सब्जियाँ, दालें) की ओर प्रोत्साहित करना होगा। कैलाश

नागरे जैसी त्रासदियाँ हमें याद दिलाती हैं कि सिंचाई का पानी किसान के लिए "सुविधा" नहीं, "जीवनरेखा" है।

चौथा – भरोसेमंद फसल बीमा। फसल-बीमा को इतना सरल और भरोसेमंद बनाना कि जब ओले या सूखा फसल छीन ले, तो किसान को समय पर, पूरा मुआवजा मिले और वह कर्ज के उस जानलेवा फंदे में न फँसे।

पाँचवाँ – खेत से मंडी तक बुनियादी ढाँचा। कोल्ड स्टोरेज, गोदाम, और अच्छी सड़कें बनें जिससे किसान की फसल खेत में, या ढुलाई में सड़कर बर्बाद न हो। हमारे यहाँ हर साल लाखों टन अनाज और सब्जियाँ, सिर्फ भंडारण की कमी से सड़ जाती हैं।

- ***सोचिए***

जब आप अगली बार भोजन की थाली के सामने बैठें, तो एक पल रुककर सोचिए, यह चावल, यह रोटी, यह सब्जी, किसी न किसी किसान के पसीने से आपकी थाली तक पहुँची है। क्या जिस इंसान ने यह पोषण दिया, वह खुद उतना ही पोषित, उतना ही सुरक्षित है?

- ***चर्चा कीजिए***

अपने परिवार या मित्रों के साथ इस सवाल पर बात कीजिए: हम इंजीनियर और डॉक्टर बनने के सपने तो अपने बच्चों को दिखाते हैं, पर "किसान" बनने का सपना कोई क्यों नहीं देखता? और हाँ जब तक खेती को एक सम्मानजनक, मुनाफे वाला पेशा नहीं बनाया जाता, तब तक यह संकट कैसे हल होगा?

- ***कार्रवाई कीजिए***

इस सप्ताह तीन छोटे, ठोस काम कीजिए। पहला–जहाँ संभव हो, किसी स्थानीय किसान-बाजार से, या सीधे किसी किसान से सब्जियाँ और फल ख़रीदिए, ताकि आपका पैसा बिचौलियों के बजाय, सीधे अन्नदाता तक पहुँचे। दूसरा–भोजन की बर्बादी रोकिए, क्योंकि हर बर्बाद किया गया दाना, किसी किसान के श्रम का अपमान है। और तीसरा–एक बार किसी किसान से, उसकी अपनी जुबान में, उसकी समस्या सुनिए; आपको वही दिखेगा, जो मुझे मेरी ओपीडी में दिखा था।

Rx डॉ. सुरेश कुमार पाण्डेय का प्रिस्क्रिप्शन:

इस अध्याय से पाँच संजीवनी सूत्र

पहला सूत्र – उचित दाम की गारंटी: किसान को उसकी लागत से

ज्यादा, एक भरोसेमंद दाम मिले। स्वामीनाथन आयोग की सिफारिशों पर एक ईमानदार, गंभीर अमल – किसान की आय-सुरक्षा की पहली शर्त है।

दूसरा सूत्र – किसान को संगठित कीजिए: अकेला छोटा किसान कमजोर है, पर संगठित किसान शक्तिशाली। किसान-उत्पादक संगठनों (फार्मर प्रोड्यूसर ऑर्गनाइजेशन) के जरिए बिचौलियों को हटाइए, ताकि मुनाफा किसान की जेब में जाए।

तीसरा सूत्र – हर बूँद बचाइए: ड्रिप इरिगेशन, वर्षा-जल संचयन और फसल-विविधता को हर खेत तक पहुँचाइए। गिरते भूजल को बचाना, अगली पीढ़ी की खेती को बचाना है।

चौथा सूत्र – भरोसेमंद बीमा-कवच: फसल बीमा को इतना सरल और त्वरित बनाइए कि आपदा के समय किसान को कर्ज के फंदे की ओर न जाना पड़े। यह उसकी सुरक्षा-जाल (सेफ्टी नेट) है।

पाँचवाँ सूत्र – खेत से थाली तक का पुल बनाइए: कोल्ड स्टोरेज, गोदाम और सड़कों में निवेश कीजिए। उत्पादन बढ़ाना आधा काम है; उस उपज को बिना बर्बादी, सही दाम पर बाजार तक पहुँचाना भी उतना ही महत्वपूर्ण है।

अध्याय 7

बुनियादी ढाँचा: राष्ट्र की वे नसें, जो आज भी जाम हैं

जब शरीर का ढाँचा कमजोर हो, तो सबसे तेज दिमाग भी कुछ नहीं कर पाता

"एक राष्ट्र का बुनियादी ढाँचा उसकी हड्डियाँ और नसें हैं। दिमाग कितना ही तेज हो, इरादे कितने ही नेक हों लेकिन, हड्डियाँ जर्जर हो व नसें जाम हों, तो शरीर एक क़दम भी आगे नहीं बढ़ सकता।"

– डॉ. सुरेश कुमार पाण्डेय

दो भारत, एक ही घाव

मैं आपके सामने दो सच्ची तस्वीरें रखना चाहता हूँ, एक गाँव की, एक शहर की। दोनों एक ही बीमारी का एक्स-रे हैं।

पहली तस्वीर – एक गाँव, जहाँ सड़क ही नहीं थी। ओडिशा के बोलांगीर जिले की एक आदिवासी बस्ती। एक गर्भवती महिला, सीमा धरुआ, को

प्रसव-पीड़ा शुरू हुई। परिवार ने एम्बुलेंस बुलाई, पर वह बस्ती तक पहुँच ही नहीं सकी क्योंकि वहाँ तक कोई पक्की, चलने लायक सड़क ही नहीं थी। मजबूरी में, गाँव वालों ने उस तड़पती हुई गभर्वती माँ को एक झोली (कपड़े के झूले) में डालकर, डेढ़ किलोमीटर से ज्यादा कीचड़-भरे रास्ते पर कंधों पर उठाकर, एम्बुलेंस तक पहुँचाया। पर इस देरी की क़ीमत मासूम जानों से चुकानी पड़ी, उसके दोनों जुड़वाँ नवजात शिशु नहीं बच सके। गाँव वालों का कहना था कि वे वर्षों से एक सड़क की गुहार लगा रहे थे, पर किसी ने नहीं सुनी।

जरा आँखें बंद करके सोचिए, उस माँ की पीड़ा उस कीचड़-भरे सन्नाटे में कैसे गूँजी होगी? वह सिर्फ एक टूटा रास्ता नहीं था; वह एक रुकी हुई नस थी, जिसने दो अजन्मे शिशुओं के भविष्य की साँसें घोंट दीं।

दूसरी तस्वीर – एक शहर, जहाँ सड़क तो थी, पर वह भी काम न आई। नवंबर 2025 की एक रात, बेंगलुरु, वह शहर, जिसे दुनिया "भारत की सिलिकॉन वैली" कहती है। आनंद, मूल रूप से कर्नाटक राज्य के चिक्कबल्लापुर जिले के चिंतामणि के रहने वाले एक 33 वर्षीय युवा सॉफ्टवेयर इंजीनियर थे। उनकी शादी को महज दो साल हुए थे; घर पर एक नन्हा शिशु और पत्नी उनके लौटने का इंतजार कर रहे थे। उस रात एक सड़क दुर्घटना में वे घायल हो गए। राहगीरों ने तुरंत एम्बुलेंस बुलाई। पर रास्ते में एक गलत ढंग से बने "मैजिक बॉक्स" (छोटे अंडरपास) में, एम्बुलेंस का ऊपरी हिस्सा फँस गया। लगभग दस मिनट तक उसे निकालने की कोशिश होती रही; जीवन और मृत्यु के बीच का वह "गोल्डन आवर" एक कंक्रीट के जाम में फँसकर रह गया। आख़िरकार उनके साथी ने एक गुजरती कार से उन्हें अस्पताल पहुँचाया, पर तब तक बहुत देर हो चुकी थी।

एक गाँव में एम्बुलेंस पहुँच ही न सकी; एक शहर में एम्बुलेंस फँसकर रह गई। एक माँ ने अपने नवजात खोए; एक पत्नी ने अपना पति खोया। ये दो अलग कहानियाँ नहीं हैं, ये एक ही बीमारी के दो लक्षण हैं। और एक नेत्र-सर्जन के नाते, मैं इसे राष्ट्र-शरीर की "जाम नसों" के रूप में देखता हूँ।

"सीमा के वे जुड़वाँ बच्चे, और आनंद, एक गाँव में, एक शहर में, हमें एक ही सवाल दे गए: हम ऐसा भारत क्यों बना रहे हैं, जहाँ एक एम्बुलेंस तक अपना काम नहीं कर पाती? इसका जवाब हम तब तक नहीं दे पाएँगे, जब तक बुनियादी ढाँचे को 'विलासिता' नहीं, बल्कि 'जीवनरेखा' मानना शुरू नहीं करेंगे।"

ओपीडी की कुर्सी से: रुकी हुई नसों का दर्द

एक नेत्र-सर्जन के नाते, अपनी ओपीडी में बीस लाख से अधिक मरीजों की आँखें जाँचने और एक लाख से ज्यादा सफल नेत्र शल्य चिकित्साएँ करने के बाद, मैं रोज इस ढाँचागत बीमारी के लक्षण देखता हूँ।

कई बार मेरे सामने एक ऐसा मरीज बैठा होता है, जिसकी आँख की रोशनी सिर्फ इसलिए ख़तरे में पड़ गई, क्योंकि वह किसी सुदूर गाँव से शहर के अस्पताल तक पहुँचने में कई घंटों का थका देने वाला सफर तय कर रहा था। उसकी आँख तो ठीक की जा सकती थी, पर उसे अस्पताल तक लाने वाली "नस" (सड़क) ही टूटी हुई थी।

सीमा के जुड़वाँ बच्चे हों या बेंगलुरु के आनंद, दोनों की उनकी मौत किसी बीमारी से नहीं हुई। उनकी मौत एक "सिस्टम फेल्योर" से हुई।

बुनियादी ढाँचा – राष्ट्र की हड्डियाँ और नसें

इसे एक चिकित्सक की नजर से समझिए। हमारे शरीर में हड्डियाँ हमें एक ढाँचा देती हैं, सीधा खड़ा रखती हैं; और नसें (रक्त-वाहिकाएँ) ऑक्सीजन और पोषण को हर अंग तक पहुँचाती हैं। अगर हड्डियाँ कमजोर हों, या नसें जाम हो जाएँ, तो दिमाग कितना ही तेज हो, दिल कितना ही मजबूत हो, शरीर लाचार हो जाता है।

बुनियादी ढाँचा जैसे, सड़कें, रेल, बिजली, पानी, शहर, राष्ट्र-शरीर का ठीक यही ढाँचा और यही नस-तंत्र है। यह वह आधार है, जिस पर बाक़ी सब कुछ टिका होता है। एक देश के इंजीनियर, डॉक्टर, उद्यमी, किसान, सब कितने ही प्रतिभाशाली क्यों न हों, अगर सड़कें जाम हैं, बिजली अनियमित है, और पानी प्रदूषित है, तो वह सारी प्रतिभा अपनी पूरी ऊर्जा नहीं दे पाती।

"भारत के पास तेज दिमाग है, मजबूत हृदय है, मेहनती हाथ हैं। पर उसकी नसें जगह-जगह जाम हैं। और जब तक ये नसें खुलेंगी नहीं, तब तक देश का यह विशाल शरीर (देश) अपनी पूरी रफ्तार से दौड़ नहीं पाएगा।"

रोग का निदान – पाँच जाम नसें

इस बीमारी की पाँच प्रमुख "जाम नसें" हैं।

पहली – शहरों का दम घुटना। हमारे महानगर अपनी ही सफलता के बोझ तले कराह रहे हैं। बेंगलुरु में हजारों आईटी पेशेवर, जो दुनिया के लिए कोड लिखते

हैं, उनके कई घंटे रोज सिर्फ ट्रैफिक में बीत जाते हैं। मुंबई की लाइफलाइन, कही जाने वाली लोकल ट्रेनें, क्षमता से कई गुना ज्यादा बोझ ढोती हैं। दिल्ली हर सर्दी में जहरीली हवा की चादर ओढ़ लेती है, जहां सांस लेना भी मुश्किल हो जाता है। देश की राजधानी नई दिल्ली सहित भारत के अनेक शहर (गुरूग्राम, मुम्बई, बैंगलूरू, हैदराबाद आदि), पहली ही तेज बारिश में, घुटनों तक पानी में डूब जाते हैं। यह अनियोजित, बेतरतीब शहरीकरण का नतीजा है।

दूसरी – गाँवों की अधूरी सड़कें। शहर तो फिर भी जुड़े हैं; पर आज भी देश के अनेक गाँव ऐसे हैं, जहाँ हर मौसम में चलने लायक पक्की सड़क नहीं है। और हाँ जब सड़क नहीं होती, तो सिर्फ आवाजाही नहीं रुकती, एक गर्भवती माँ समय पर अस्पताल नहीं पहुँच पाती (जैसा सीमा धरुआ के साथ हुआ), एक बच्चा स्कूल नहीं जा पाता, एक किसान अपनी फसल मंडी तक नहीं ले जा पाता। एक लापता सड़क, असल में लापता जिंदगियों की क़ीमत वसूलती है।

तीसरी – बिजली का असमान प्रवाह। बिजली पहुँची तो लगभग हर गाँव तक, पर भरोसेमंद, चौबीसों घंटे बिजली आज भी एक बहुत बड़ी चुनौती है। कई जगह उद्योगों को बिजली मिलती है, पर घरों को बिजली कटौती झेलनी पड़ती है; कई गाँवों में दिन में बिजली रहती है, पर रात में गायब हो जाती है। और हाँ बिना भरोसेमंद बिजली के, न कोई कारख़ाना चल सकता है, न कोई बच्चा रात में पढ़ सकता है।

चौथी – पानी का संकट। "हर घर नल-जल" का सपना बड़ा और सुंदर है, पर जमीन पर अब भी करोड़ों लोग साफ पीने के पानी के लिए जूझते हैं। कहीं पानी पहुँचता ही नहीं, और कहीं जो पहुँचता है, वह प्रदूषित होता है, जो अपने साथ अनेक बीमारियाँ लाता है, जिससे अनेक बार जीवन ही संकट में पड़ जाता है।

पाँचवीं – शहरी नियोजन का अभाव। हमारे शहर योजना से नहीं, अफरा-तफरी में बढ़े हैं। अनियोजित कॉलोनियाँ, बेतरतीब झुग्गियाँ, सँकरी गलियाँ होने से न तो एम्बुलेंस आसानी से पहुँच सकती, न दमकल की गाड़ी पहुँच पाती है। आनंद की दुःखद कहानी, इसी अनियोजित विकास का एक दर्दनाक प्रतीक है।

"हम चाँद पर चन्द्रयान-3 उतार सकते हैं, पर अपने शहरों को एक तेज बारिश से नहीं बचा पाते, और अपने गाँवों तक एक पक्की सड़क नहीं पहुँचा पाते। यह विरोधाभास ही हमारी सबसे बड़ी चुनौती है, और सबसे बड़ा अवसर भी।"

एक संतुलित नजर – कुछ नसें खुलने भी लगी हैं

एक संतुलित लेखक के रूप में मुझे पूरी तस्वीर दिखाना आवश्यक है। सच यह है कि हाल के वर्षों में, भारत ने अपनी कुछ "नसों" को खोलने में उल्लेखनीय काम किया है।

देश में राजमार्गों (हाईवे) के निर्माण की रफ्तार पहले से कई गुना बढ़ी है। नए एक्सप्रेस-वे, जो शहरों के बीच की दूरी को घंटों में समेट रहे हैं। हवाई अड्डों का जाल, जो अब छोटे शहरों तक फैल रहा है और हवाई यात्रा, जो कभी रईसों का शौक़ थी, अब एक आम आदमी की पहुँच में आ रही है। मेट्रो रेल, जो एक के बाद एक शहर की जीवन-रेखा बन रही है। डिजिटल बुनियादी ढाँचा, सस्ता इंटरनेट, यूपीआई, जिसने गाँव-गाँव को एक नई गति दी है।

ये उम्मीद जगाने वाले संकेत हैं, परन्तु हमें शहरी नियोजन, जल-प्रबंधन, और गाँवों की आख़िरी मील की कनेक्टिविटी में अभी भी बहुत लंबा रास्ता तय करना है।

विश्व की शल्यशाला से एक झलक

बुनियादी ढाँचे के मामले में, दुनिया हमें तीन साफ सबक देती है।

जापान – जिसकी बुलेट ट्रेन (शिंकानसेन) दुनिया भर में अनुशासन और सटीकता की मिसाल है। दशकों से चल रही इस रेल-व्यवस्था में देरी का औसत, सेकंडों में नापा जाता है। यह सिखाता है कि बुनियादी ढाँचा सिर्फ बनाना काफी नहीं वरन उसे पूर्ण अनुशासन और रख-रखाव के साथ चलाना भी जरूरी है।

सिंगापुर – जिसका शहरी नियोजन और सार्वजनिक परिवहन दुनिया में सर्वश्रेष्ठ माना जाता है। एक छोटे-से द्वीप पर, उन्होंने यह दिखाया कि सोच-समझकर बनाया गया देश, अपने हर नागरिक को साफ हवा, हरियाली, और सुगम आवाजाही दे सकता है। उन्होंने पहले योजना बनाई, फिर शहर बसाया लेकिन हमने अक्सर इसका उल्टा किया।

चीन – जिसने "निर्माण-चमत्कार" कर कुछ ही दशकों में, हाई-स्पीड रेल और नए शहरों का एक अभूतपूर्व जाल खड़ा कर दिया। इसके साथ एक चेतावनी भी है कि चीन ने यह रफ्तार अक्सर भारी क़र्ज, और कई जगह बिना जरूरत के "भूतिया शहर" (घोस्ट सिटीज) बनाकर हासिल की। सबक यह है कि निर्माण तेज हो, पर समझदारी और जरूरत के साथ, सिर्फ दिखावे के लिए नहीं हो।

सबक स्पष्ट है कि हमें चीन की रफ्तार, जापान का अनुशासन, और सिंगापुर का नियोजन इन तीनों से सीखना है, पर अपनी जरूरतों के अनुसार, अपना रास्ता स्वयं बनाना है।

इलाज – जाम नसों को खोलना

इस बीमारी का इलाज पाँच स्तरों पर करना होगा।

पहला – एक दीर्घकालिक राष्ट्रीय रोडमैप। बुनियादी ढाँचा अगले चुनाव के लिए नहीं, अगली पीढ़ी के लिए बनता है। इसलिए एक स्पष्ट, दस-पंद्रह साल का "राष्ट्रीय बुनियादी ढाँचा रोडमैप" हो, जो सरकारें बदलने पर भी न रुके।

दूसरा – सार्वजनिक-निजी भागीदारी (पीपीपी) में सुधार। सरकार अकेले इतना बड़ा काम नहीं कर सकती। पूरी पारदर्शिता के साथ निजी क्षेत्र की पूँजी और कुशलता को जोड़ना होगा, ताकि परियोजनाएँ निश्चित समय पर, और बिना भ्रष्टाचार के पूरी हों।

तीसरा – "स्मार्ट सिटी" को नारा नहीं, हक़ीक़त बनाना। असली स्मार्ट सिटी वह नहीं, जहाँ बस कुछ कैमरे और वाई-फाई लगे हों; असली स्मार्ट सिटी वह है, जहाँ बारिश में पानी न भरे, ट्रैफिक सुगम हो, और एम्बुलेंस या दमकल वाहन हर गली तक बेरोक पहुँच सके।

चौथा – हाई-स्पीड रेल और सार्वजनिक परिवहन का विस्तार। आनंद जैसी असमय मौतें तभी रुकेंगी, जब हमारे शहरों में मजबूत, तेज, और सुरक्षित सार्वजनिक परिवहन हो, ताकि सड़कों का बोझ घटे। और गति के साथ-साथ, जापान जैसी सुरक्षा और अनुशासन भी हो।

पाँचवाँ – गाँव-गाँव तक डिजिटल और भौतिक कनेक्टिविटी। हर गाँव तक हर मौसम वाली पक्की सड़क, और हर गाँव तक ऑप्टिकल फाइबर (तेज इंटरनेट), ताकि अवसरों की वह "डिजिटल खाई" (डिजिटल डिवाइड) मिट सके, जो गाँव और शहर को बाँटती है। सीमा धरुआ जैसी माँओं के लिए, एक पक्की सड़क किसी भी "स्मार्ट" तकनीक से बड़ी जरूरत है।

- ***सोचिए***

आनंद और सीमा की कहानियाँ पढ़ते हुए आपका मन भारी हुआ। पर एक सवाल खुद से पूछिए: हम एक शहर या गाँव की "तरक्की" को किससे नापते हैं, उसकी ऊँची इमारतों और मॉल से, या इस बात से कि वहाँ एक एम्बुलेंस, संकट के समय, हर नागरिक तक समय पर पहुँच सकती है या नहीं? असली विकास का पैमाना क्या होना चाहिए?

- ***चर्चा कीजिए***

अपने परिवार या मित्रों के साथ इस सवाल पर बात कीजिए: हम नई परियोजनाओं (सड़क, पुल, इमारत) का उद्घाटन तो बड़े उत्साह से करते हैं, पर

उनके रख-रखाव (मेंटेनेंस) की ओर ध्यान क्यों नहीं देते? जापान की तरह, क्या हमें "बनाने" से ज्यादा "बनाए रखने" की संस्कृति नहीं अपनानी चाहिए?

- ***कार्रवाई कीजिए***

इस महीने कुछ छोटे क़दम उठाइए। पहला, अपने मोहल्ले या गाँव की किसी एक बुनियादी समस्या (टूटी सड़क, खुला मैनहोल, जलभराव) को, संबंधित नगर-निगम ऐप या पोर्टल पर रिपोर्ट कीजिए। दूसरा, जब भी कोई एम्बुलेंस हॉर्न बजाए, तुरंत अपना वाहन साइड कर उसे रास्ता दीजिए; यह छोटा-सा क़दम किसी के जीवन-मरण का फैसला कर सकता है। एक जिम्मेदार नागरिक की एक छोटी-सी आवाज, कई बार एक बड़ा हादसा रोक सकती है।

Rx डॉ. सुरेश कुमार पाण्डेय का प्रिस्क्रिप्शन:

इस अध्याय से पाँच संजीवनी सूत्र

पहला सूत्र – पीढ़ियों के लिए योजना बनाइए: बुनियादी ढाँचा अगले चुनाव के लिए नहीं, अगली पीढ़ी के लिए बनता है। एक स्पष्ट, दीर्घकालिक राष्ट्रीय रोडमैप हो, जो सरकारें बदलने पर भी न रुके।

दूसरा सूत्र – सबको साथ लीजिए (पीपीपी): सरकार अकेले यह बोझ नहीं उठा सकती। निजी पूँजी और कुशलता को, पूरी पारदर्शिता के साथ जोड़िए, ताकि परियोजनाएँ समय पर और बिना भ्रष्टाचार के पूरी हों।

तीसरा सूत्र – स्मार्ट सिटी को हक़ीक़त बनाइए: असली स्मार्ट सिटी वह है, जहाँ बारिश में पानी न भरे, और एम्बुलेंस या दमकल वाहन हर गली तक पहुँच सके, सिर्फ कैमरे और वाई-फाई लगाना स्मार्ट होना नहीं है।

चौथा सूत्र – गति के साथ सुरक्षा भी: हाई-स्पीड रेल और सार्वजनिक परिवहन का विस्तार कीजिए, पर जापान की तरह – पूर्ण सुरक्षा और अनुशासन के साथ। तेजी, सुरक्षा की क़ीमत पर नहीं होनी चाहिए।

पाँचवाँ सूत्र – आख़िरी गाँव तक पहुँचिए: हर गाँव तक पक्की सड़क और ऑप्टिकल फाइबर पहुँचाइए। विकास तभी पूरा है, जब वह देश के अंतिम छोर, अंतिम गाँव, अंतिम नागरिक तक पहुँचे, और "डिजिटल डिवाइड (डिजिटल खाई)" मिट जाए।

अध्याय 8

असमानता: रुका हुआ राष्ट्रीय रक्त-प्रवाह

जब खून भरपूर हो, पर शरीर के अंतिम छोर तक न पहुँचे

"एक राष्ट्र की अमीरी इस बात से नहीं नापी जाती कि उसके सबसे ऊँचे महल कितने ऊँचे हैं, बल्कि इस बात से कि उसकी सबसे नीची झुग्गी कितनी नीची है।"

— डॉ. सुरेश कुमार पाण्डेय

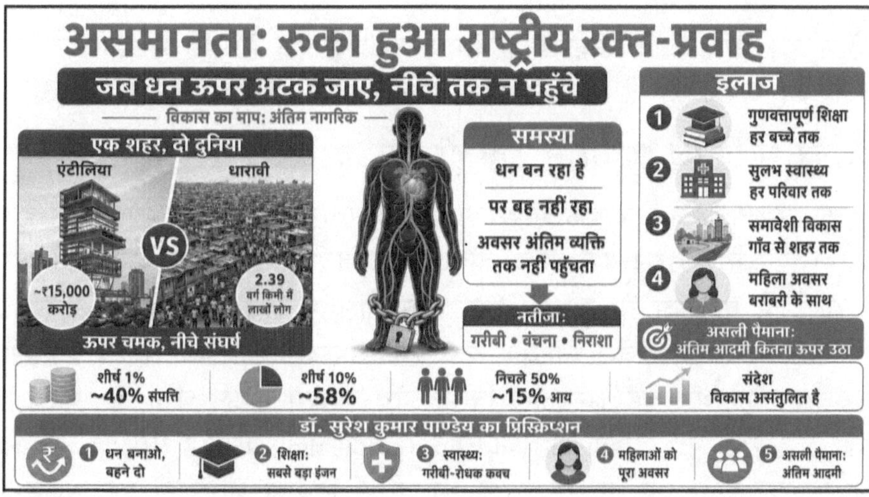

मुंबई में **'एंटीलिया'** नामक एक ऐसी इमारत खड़ी है, जो देश के सुप्रसिद्ध उद्योगपति मुकेश अंबानी का निवास है। इसकी अनुमानित कीमत लगभग 15 हजार करोड़ रुपये बताई जाती है। यह दुनिया के सबसे महंगे निजी घरों में से एक माना जाता है। एंटीलिया में कई मंजिलें केवल गाड़ियाँ खड़ी करने के लिए हैं और इसके संचालन के लिए सैकड़ों कर्मचारियों की टीम काम करती है। लेकिन इसी मुंबई में, कुछ ही दूरी पर, **'धारावी'** भी बसती है जो एशिया की सबसे चर्चित और सबसे घनी झुग्गी-बस्तियों में से एक है। लगभग 2.39 वर्ग किलोमीटर में फैले इस क्षेत्र में लाखों लोग रहते हैं। यहाँ कई परिवार एक छोटे-से कमरे में

अपनी पूरी जिंदगी समेटे रहते हैं। साझा शौचालय की कतार, तंग गलियाँ, सीमित पानी और रोजमर्रा के संघर्ष उनके जीवन का हिस्सा हैं। *एक ओर आकाश को छूती संपन्नता है, दूसरी ओर जमीन पर सिमटी हुई जिंदगी। एक ही शहर। एक ही आसमान। पर बीच में ऐसी खाई, जो किसी समुद्र से भी चौड़ी लगती है।*

एक नेत्र-सर्जन के नाते, मेरी जिंदगी का बड़ा हिस्सा रक्त-वाहिकाओं को देखते बीता है। आँख का रेटिना शरीर का एकमात्र ऐसा हिस्सा है, जहाँ डॉक्टर अपनी आँख से, यानी बिना चीरा लगाए, रेटिना की सूक्ष्म नसों (रक्त वाहिकाओं) को सीधे देख सकतें हैं। इन नसों ने मुझे एक गहरा सबक सिखाया है: शरीर में खून का बनना काफी नहीं; असली सवाल यह है कि वह खून हर कोशिका तक, शरीर के आख़िरी छोर तक, पहुँच रहा है या नहीं।

क्योंकि अगर खून किसी एक हिस्से में जमा हो जाए, बाक़ी अंगों तक न पहुँचे, तो शरीर बीमार पड़ जाता है, चाहे खून कुल मिलाकर कितना ही ज्यादा क्यों न हो। भारत आज ठीक इसी बीमारी से जूझ रहा है। इसे समझने के लिए, मैं आपको अपनी डायरी के एक पन्ने पर ले चलता हूँ।

एक नेत्र-सर्जन की डायरी – एक ही दिन, दो अलग दुनियाएँ

कुछ साल पहले मुझे एक मेडिकल कॉन्फ्रेंस के सिलसिले में मुंबई जाना हुआ। एक ही दिन में मैंने इस देश के दो चेहरे देखे, जिन्हें मैं आज तक भूल नहीं पाया।

सुबह मैं कोलाबा स्थित एक निजी अस्पताल में लाईव नेत्र सर्जरी करने हेतु उपस्थित था। लाईव सर्जरी के बाद वहाँ एक संपन्न परिवार के सदस्य की आँख की जाँच होनी थी। वह अस्पताल किसी पाँच-सितारा होटल जैसा था, काँच की दीवारें, जिनसे समुद्र दिखता था। बातचीत में पता चला कि नेत्र परीक्षण हेतु आये रोगी का घर शहर की उन गगनचुंबी इमारतों में से एक था, जहाँ एक फ्लैट की कीमत इतनी थी कि उतने में पूरा गाँव बस सकता था।

उसी दिन शाम को, एक स्थानीय नेत्र-चिकित्सक मुझे एक धर्मार्थ नेत्र-शिविर में अपनी सेवाएँ देने के लिए ले गए, जो शहर की एक बड़ी झुग्गी बस्ती के पास लगा था। वहाँ मैंने एक बुजुर्ग महिला को देखा, जो मोतियाबिंद से लगभग अंधी हो चुकी थी। उसने बताया कि वह दो साल से ऑपरेशन के लिए पैसे जोड़ रही थी, पर हर बार घर का कोई-न-कोई ख़र्च आ जाता, पैसे ख़त्म हो जाते। दो साल, वह सिर्फ इसलिए अँधेरे में जी रही थी, क्योंकि उसके पास वह छोटी-सी रकम नहीं थी, जो शायद सुबह वाले परिवार के एक वक्त के खाने से भी कम थी।

एक ही शहर। एक ही दिन। पर दो अलग दुनियाएँ।

"मैंने एक ही दिन में दो भारत देखे – एक, जो दुनिया का सबसे महँगा घर ख़रीद सकता है; दूसरा, जो आँख की रोशनी तक नहीं ख़रीद सकता। दोनों, एक ही तिरंगे के नीचे साँस ले रहे थे।"

इस्कीमिया – जब रक्त-प्रवाह रुक जाए

मेडिकल साइंस में एक स्थिति होती है, जिसे "इस्कीमिया" कहते हैं। इसे सरल भाषा में समझिए: हमारे शरीर में खून नसों (रक्त वाहिकाओं) के जरिए हर अंग तक ऑक्सीजन भोजन पहुँचाता है। पर अगर किसी नस में रुकावट आ जाए, तो उसके आगे वाले हिस्से तक खून पहुँचना बंद हो जाता है। नतीजा? रक्त प्रवाह से वंचित वह हिस्सा, चाहे शरीर में खून कुल मिलाकर कितना भी हो, धीरे-धीरे रक्त संचार के अभाव में नष्ट होने लगता है।

असमानता राष्ट्र-देह का यही इस्कीमिया है। देश में दौलत (यानी खून) खूब बन रही है, पर यह पूँजी कुछ ही हाथों में जमा होकर रुक गई है, समाज के आख़िरी आदमी तक उसका प्रवाह रुक गया है। ऊपरी हिस्सा फूल रहा है, निचला हिस्सा सूख रहा है।

"भारत में दौलत की कमी नहीं है, उसके बहाव की कमी है। खून भरपूर बन रहा है, पर वह राष्ट्र-देह के पैरों तक नहीं पहुँच रहा।"

बीमारी कितनी गहरी है – आँकड़ों का एक्स-रे

अब इस रुकावट का एक्स-रे देखिए, ये आँकड़े झकझोर देने वाले हैं। विश्व असमानता रिपोर्ट (वर्ल्ड इनइक्वेलिटी रिपोर्ट) के अनुसार, भारत में सबसे अमीर 1 प्रतिशत लोगों के पास देश की कुल संपत्ति का लगभग 40 प्रतिशत हिस्सा है, जो 1961 के बाद का सबसे ऊँचा स्तर है। दूसरी ओर, आय (इनकम) के मामले में देखें तो ऊपरी 10 प्रतिशत कमाने वाले राष्ट्रीय आय का लगभग 58 प्रतिशत ले जाते हैं, जबकि नीचे की आधी आबादी लगभग 70 करोड़ से ज्यादा लोगों को सिर्फ लगभग 15 प्रतिशत मिलता है।

जरा इस एक तथ्य पर गौर कीजिए कि देश के सबसे अमीर 1 प्रतिशत लोगों के पास, नीचे की पूरी 50 प्रतिशत आबादी से भी ज्यादा संपत्ति है। यानी कुछ हजार लोगों के एक हाथ में, 70 करोड़ लोगों के दूसरे हाथ से ज्यादा दौलत है।

सबसे चौंकाने वाली बात खुद दुनिया के सबसे प्रतिष्ठित अर्थशास्त्रियों द्वारा बताई गई है। नोबेल-विजेता थॉमस पिकेटी समेत शोधकर्ताओं के एक अध्ययन के अनुसार, भारत में आय की असमानता आज ब्रिटिश राज के दौर से भी अधिक

है। उन्होंने इसे एक विशेष नाम दिया, **“बिलियनेयर राज”**, जो उनके शब्दों में, **“ब्रिटिश राज”** से भी अधिक असमान है। यानी जिस आर्थिक गुलामी से हम लड़े थे, उसका एक नया रूप, आजादी के बाद, हमारे अपने ही भीतर पनप गया।

जरा रुककर सोचिए: देश में अरबपतियों (बिलियनेयर) की संख्या तेजी से बढ़ रही है, यह एक हद तक गर्व की बात है कि हमारे उद्यमी दुनिया से मुक़ाबला कर रहे हैं। पर साथ ही, करोड़ों लोग आज भी एक अस्पताल के बिल भर से, गरीबी रेखा के नीचे चले जाते हैं। यही विरोधाभास हमारा ‘राष्ट्रीय इस्कीमिया’ है।

“जब किसी देश में अरबपतियों की गिनती एवं भूखों की गिनती, दोनों एक साथ बढ़ें, तो समझ लीजिए कि उसका रक्त-प्रवाह कहीं रुक गया है।”

एक संतुलित नजर - अमीरी दुश्मन नहीं, रुकावट दुश्मन है

यहाँ मैं एक बात बहुत साफ कर देना चाहता हूँ, क्योंकि यह विषय अक्सर गलत समझा जाता है। असमानता की बात करने का मतलब अमीरी या सफलता का विरोध करना नहीं है। एक डॉक्टर के नाते मैं जानता हूँ कि शरीर में खून का बनना जरूरी है, दौलत का पैदा होना एक स्वस्थ अर्थव्यवस्था की निशानी है। उद्यमी, उद्योगपति व धन-सृजन करने वाले लोग राष्ट्र की संपत्ति हैं, बोझ नहीं।

मैं किसी की मेहनत से कमाई दौलत को छीनने की बात नहीं कर रहा हूँ। वह तो गलत होगा, ठीक वैसे ही जैसे किसी स्वस्थ अंग से खून निकालकर बीमार अंग में डालना। समस्या दौलत के “बनने” में नहीं, उसके “रुकने” में है। समस्या तब है, जब अवसर सिर्फ ऊपर वालों तक सीमित रह जाएँ, जब एक गरीब का होनहार बच्चा सिर्फ इसलिए पीछे रह जाए, कि उसके पास अच्छी शिक्षा, अच्छी नौकरी पाने के सही मौक़े नहीं थे। असली बीमारी आय की असमानता से ज्यादा, अवसरों की असमानता है।

“भारत की सबसे बड़ी गरीबी केवल धन की कमी नहीं, अवसरों की असमानता है। कोई राष्ट्र तब सचमुच बीमार पड़ जाता है, जब किसी बच्चे का भविष्य उसकी प्रतिभा, परिश्रम और सपनों से नहीं, बल्कि उसके माता-पिता के बैंक-बैलेंस से तय होने लगे।”

इलाज – रक्त-प्रवाह को फिर से खोलना

इस्कीमिया का इलाज सिर्फ खून बढ़ाना नहीं वरन रुकावट हटाकर प्रवाह को हर अंग तक पहुँचाना है। राष्ट्रीय असमानता का इलाज भी यही है।

पहला इलाज – गुणवत्तापूर्ण शिक्षा का प्रवाह। सबसे बड़ा "समानता-इंजन" शिक्षा है। जब हर बच्चे को, चाहे वह झुग्गी का हो या बंगले का, एक जैसी अच्छी शिक्षा मिले, तो अवसर अपने-आप उपलब्ध होने लगते हैं।

दूसरा इलाज – सबके लिए सुलभ स्वास्थ्य। जब एक बीमारी किसी परिवार को गरीबी में न धकेले, तभी रक्त-प्रवाह बना रहता है।

तीसरा इलाज – समावेशी विकास, यानी ऐसा विकास, जो सिर्फ कुछ शहरों कुछ हाथों तक सीमित न रहे, बल्कि गाँव-गाँव, हर वर्ग तक पहुँचे।

सबसे जरूरी – महिलाओं को बराबरी का अवसर। एक चौंकाने वाला आँकड़ा यह है कि हमारी श्रम-शक्ति में महिलाओं की भागीदारी लंबे समय तक बेहद कम रही है। सोचिए, अगर राष्ट्र-देह का आधा हिस्सा ही रक्त-प्रवाह से वंचित हो, तो वह शरीर पूरी ताक़त से कैसे दौड़ेगा?

"विकास का असली पैमाना यह नहीं कि शिखर कितना ऊँचा है, बल्कि यह कि नींव में खड़ा आख़िरी आदमी कितना ऊपर उठा।"

लगभग 148 करोड़ की इस राष्ट्र-देह में दौलत का बनना जरूरी है, पर उससे भी जरूरी है उसका निर्बाध रूप से प्रवाहित होना। क्योंकि जो दौलत (पूँजी) बहती है, वह पूरे शरीर (राष्ट्र) को जीवन देती है; जो पूँजी रुक जाती है, वह एक जगह जमकर इस्कीमिया उत्पन्न करने लगती है।

- ***सोचिए***

मुंबई की उस बुजुर्ग महिला एवं उस संपन्न परिवार के बीच की दूरी – क्या वह सिर्फ पैसे की दूरी थी, या अवसरों की? क्या हमारे अपने शहर, अपने मोहल्ले में भी ऐसी ही दो दुनियाएँ, एक ही आसमान के नीचे, साथ-साथ साँस नहीं ले रहीं?

- ***चर्चा कीजिए***

अपने परिवार या मित्रों से बात कीजिए कि क्या असमानता मिटाने का मतलब अमीरों को नीचे खींचना है, या गरीबों को ऊपर उठाने के लिए सबको समान अवसर देना? इन दोनों में फर्क़ क्यों जरूरी है?

- ***कार्रवाई कीजिए***

इस वर्ष एक संकल्प लीजिए, अपने आसपास के किसी एक वंचित बच्चे या परिवार को "अवसर" देने में मदद कीजिए: किसी की फीस में थोड़ा सहयोग, किसी को मुफ्त पढ़ाई, या किसी जरूरतमंद को सही दिशा। याद रखिए कि असमानता की दीवार सरकारें नहीं, करोड़ों छोटे-छोटे "अवसर-पुल" गिराते हैं।

Rx डॉ. सुरेश कुमार पाण्डेय का प्रिस्क्रिप्शन:

इस अध्याय से पाँच संजीवनी सूत्र

पहला सूत्र – दौलत बनाओ, पर बहने भी दो: अमीरी दुश्मन नहीं वरन, रुकावट दुश्मन है। धन-सृजन को प्रोत्साहन दीजिए, पर साथ ही यह सुनिश्चित कीजिए कि उसका प्रवाह समाज के आख़िरी आदमी तक पहुँचे। रुकी हुई दौलत राष्ट्र-देह में इस्कीमिया पैदा करती है।

दूसरा सूत्र – शिक्षा, सबसे बड़ा समानता-इंजन: अवसरों की असमानता मिटाने का सबसे शक्तिशाली माध्यम है, हर बच्चे के लिए एक जैसी गुणवत्तापूर्ण शिक्षा। जब शिक्षा बराबर होगी, अवसर अपने-आप बहने लगेंगे।

तीसरा सूत्र – स्वास्थ्य को गरीबी का कारण मत बनने दीजिए: सुलभ सस्ता स्वास्थ्य हर नागरिक का अधिकार हो, ताकि कोई बीमारी किसी परिवार को गरीबी रेखा के नीचे न धकेले, क्योंकि एक बीमारी से उजड़ा परिवार, रुके हुए रक्त-प्रवाह का सबसे दर्दनाक उदाहरण है।

चौथा सूत्र – आधी आबादी को रक्त-प्रवाह दीजिए: महिलाओं की कम श्रम-भागीदारी राष्ट्र-देह के आधे हिस्से का इस्कीमिया है। उन्हें शिक्षा, सुरक्षा बराबरी का अवसर देना, असमानता मिटाने का सबसे बड़ा इलाज है।

पाँचवाँ सूत्र – असली पैमाना: आख़िरी आदमी: राष्ट्र की प्रगति शिखर की ऊँचाई से नहीं, नींव में खड़े आख़िरी आदमी की उन्नति से नापिए। जिस दिन सबसे कमजोर नागरिक भी ऊपर उठने लगेगा, उस दिन पूरी राष्ट्र-देह स्वस्थ होगी।

अध्याय 9

शिक्षा का राष्ट्रीय निकट-दृष्टि दोष (मायोपिया)

जब आँखें तो खुली हों, पर दूर का भविष्य धुंधला दिखे

"मायोपिया में आँख पास की चीज साफ देखती है, पर दूर की दृष्टि धुंधली हो जाती है। हमारी शिक्षा व्यवस्था को भी राष्ट्रीय मायोपिया नामक रोग लग गया है, वह अगली परीक्षा का नंबर तो साफ देखती है, पर बच्चे का पूरा भविष्य धुंधला हो जाता है।"

– डॉ. सुरेश कुमार पाण्डेय

मेरे पास हर हफ्ते दर्जनों कोचिंग विद्यार्थी आते हैं, जिनकी नन्ही आँखों पर उम्र से कहीं ज्यादा मोटे चश्मे चढ़े होते हैं। उनमें से ज्यादातर को एक ही रोग होता है, मायोपिया, यानी निकट-दृष्टि दोष।

इसे सरल भाषा में समझिए: ऐसी आँख पास की चीजें तो साफ देख लेती है, पर दूर की चीजें धुंधली पड़ जाती हैं। बच्चा ब्लैकबोर्ड नहीं पढ़ पाता, दूर खड़े दोस्त को नहीं पहचानता। पर इस रोग का सबसे ख़तरनाक पहलू यह है कि बच्चे

को अक्सर पता ही नहीं चलता कि उसकी दुनिया धुंधली है। क्योंकि उसने कभी साफ देखा ही नहीं, इसलिए वह इसी धुंध को "सामान्य" मान लेता है।

पिछले कुछ वर्षों में, एक नेत्र-सर्जन के नाते, मुझे एक बेचैन करने वाला एहसास हुआ कि यही मायोपिया नामक रोग हमारी पूरी शिक्षा-व्यवस्था को लग चुका है। वह "पास", यानी अगली परीक्षा, अगला नंबर, अगली रैंक, तो बहुत साफ देखती है। पर "दूर" यानी बच्चे का असली भविष्य, उसकी सोचने की क्षमता, उसका चरित्र, सब धुंधला पड़ चुका है। सबसे दुखद बात यह है कि हमें इस धुंध की आदत-सी पड़ गई है।

इस धुंध की असली कीमत क्या होती है, यह मुझे एक बच्ची ने सिखाया।

एक नेत्र-सर्जन की डायरी – कोटा की वह बेटी

शिक्षा की काशी कहे जाने वाले कोटा शहर में, हर साल लाखों बच्चे देश भर से, अपने सपनों का, अक्सर अपने माता-पिता के सपनों का, बोझ कंधों पर उठाए आते हैं। इसी शहर में, उन तमाम कोचिंग संस्थानों के बीच, हमारा सुवि आई इंस्टीट्यूट है। यहाँ, हर दिन, किताबों में थकी हुई न जाने कितनी आँखें मेरे सामने नेत्र परीक्षण की प्रक्रिया से गुजरती हैं।

ऐसे ही एक दिन, मोतिहारी (बिहार) से नीट कोचिंग हेतु कोटा पहुंची एक माँ अपनी सत्रह साल की बेटी को मेरे पास लेकर आई।

शिकायत मामूली-सी थी कि बेटी को अक्सर सिरदर्द रहता है, पढ़ते-पढ़ते आँखें धुँधला जाती हैं। माँ को लगा, शायद बेटी की आंखों के चश्मे का नंबर बढ़ गया है। एक नेत्र-सर्जन के नाते, मेरे लिए यह एक रोजमर्रा की शिकायत थी।

मैंने आँखों की पूरी जाँच की। रिपोर्ट सामान्य थी उसकी आँखें बिल्कुल ठीक थीं एवं चश्में का नम्बर भी ठीक था।

सिरदर्द का कारण जानने के लिए जब मैंने उस कोचिंग छात्रा से उसकी नींद, उसकी रूचि एवं उसके कोटा आकर नीट की कोचिंग करके चिकित्सक बनने के बारे में पूछा, तो उसने मुझे जो बताया, वह किसी मशीन की रिपोर्ट में दर्ज नहीं होता। उस बच्ची की आँखों के पीछे एक गहरी थकान थी, एक अनकहा डर, एक ऐसी ख़ामोशी, जो किसी सत्रह साल की बच्ची की आँखों में नहीं, बल्कि किसी थके हुए बूढ़े की आँखों में होनी चाहिए। उसका सिरदर्द आँखों से नहीं आ रहा था। वह कहीं से, कहीं बहुत गहरे मानसिक तनाव के कारण आ रहा था।

मैंने आँखों की जाँच करने की मशीनें एक तरफ रखीं, शांतिपूर्वक बस उसकी बात ध्यान से सुनी।

संपूर्ण बातचीत के बाद असली रोग सामने आया। वह रोज चौदह-पंद्रह घंटे पढ़ रही थी। उसकी नींद अधूरी रहती थी। हर पल, एक ही डर के साये में जीती थी-"अगर नीट परीक्षा में वांछित रैंक नहीं आई, तो?" उसकी आँखों की वह थकान किसी आँख की बीमारी नहीं थी; वह उस बोझ की थकान थी, जो हमारी पूरी व्यवस्था ने, चुपचाप, उसके नन्हे कंधों पर लाद दिया था।

जाते-जाते, दरवाजे पर रुककर, उसने बेहद धीमी आवाज में जो कहा, वह आज तक मेरे कानों में गूँजता है

"डॉक्टर पाण्डेय सर, मुझे डॉक्टर नहीं बनना था। मुझे तो चित्र बनाना (पेंटिंग करना) अच्छा लगता है। मैं अमृता शेरगिल, नंदलाल बोस, राजा रवि वर्मा की तरह एक आर्टिस्ट बनना चाहती थी; अपने रंगों से दुनिया को कुछ कहना चाहती थी। परंतु मेरे माता-पिता एवं सभी परिजनों ने कहा, पेंटिग में कुछ नहीं रखा है..."

मेरे पास उस पल कोई जवाब नहीं था। मैं सोचता रहा कि किसने तय किया कि "पेंटिग में कुछ नहीं रखा है"? वही रंग, जिन्हें यह बच्ची "बेकार" समझकर छोड़ने पर मजबूर थी, उन्हीं रंगों ने अमृता शेरगिल को भारतीय कला की धड़कन बनाया, नंदलाल बोस को राष्ट्र का गौरव बनाया, राजा रवि वर्मा को घर-घर पहुँचा दिया।

क्योंकि उसकी आँखों का इलाज तो मेरे पास था लेकिन पर उस बच्ची के उस मारे गए सपने का इलाज, मेरे पास शायद नहीं था।

"हम बच्चों को रैंक देना सिखाते हैं, रास्ता नहीं। नंबर देना सिखाते हैं, नजरिया नहीं। फिर हैरान होते हैं कि वे थके हुए, डरे हुए, दिशाहीन क्यों हैं।"

उस दिन मुझे समझ आया कि उस कोचिंग छात्रा की आँखों में कोई दोष नहीं था। दोष उस व्यवस्था की दृष्टि में था, जो उसे वह बनने नहीं दे रही थी, जो वह बनना चाहती थी; उसे वह बनने पर मजबूर कर रही थी, जिसमें उसकी कभी रूचि थी ही नहीं।

बीमारी कितनी गहरी है – आँकड़ों का एक्स-रे

यह सिर्फ एक बच्ची की कहानी नहीं, यही कहानी यह करोड़ों विद्यार्थियों की है। आँकड़े इसकी पुष्टि करते हैं।

'असर' रिपोर्ट (एनुअल स्टेटस ऑफ एजुकेशन रिपोर्ट-ASER, यानी वार्षिक शिक्षा स्थिति रिपोर्ट), जो गैर-सरकारी संस्था 'प्रथम' हर साल जारी करती है, जो ग्रामीण भारत का सबसे बड़ा शिक्षा-सर्वेक्षण है, एक चौंकाने वाला सच बताती है:

कक्षा 5 के लगभग आधे बच्चे ही कक्षा 2 के स्तर की किताब धाराप्रवाह पढ़ पाते हैं। यानी पाँच साल स्कूल जाने के बाद भी, आधे बच्चे तीन साल पीछे के स्तर पर अटके हैं।

गणित की हालत भी चिंताजनक है, कक्षा 8 तक पहुँचने पर भी बहुत-से बच्चे साधारण भाग (डिवीजन) जैसे बुनियादी सवाल हल नहीं कर पाते। जरा सोचिए, हम बच्चे को आठ साल स्कूल भेजते हैं, वह बुनियादी जोड़-घटाव-भाग में ही अटका रह जाता है।

(एक दिलचस्प बात यह है कि इस रिपोर्ट का नाम ही 'असर' है। पर यह हर साल हमें वही 'असर' दिखाती है, जो हमारी शिक्षा-व्यवस्था बच्चों के भविष्य पर छोड़ पा रही है या नहीं छोड़ पा रही है।)

पर यहाँ एक अच्छी ख़बर भी है जिसे यहां साझा करना प्रांसगिक होगा। 'असर 2024' दिखाती है कि कोविड-19 के बाद सरकारी स्कूलों में पढ़ाई का स्तर सुधरा है एवं कई राज्यों में बच्चों की पढ़ने की क्षमता बेहतर हुई है। इसका श्रेय बुनियादी शिक्षा पर नए सिरे से दिए गए ध्यान को जाता है। यानी जब नीयत दिशा सही हो तो इलाज भी संभव है।

राष्ट्रीय मायोपिया नामक यह निकट दृष्टि-दोष ऊपरी शिक्षा तक पीछा करता है। उद्योग जगत बार-बार कहता है कि हर साल निकलने वाले लाखों स्नातकों एवं इंजीनियरों में से एक बड़ा हिस्सा सीधे नौकरी के लायक "हुनर" नहीं रखता–उन्हें फिर से प्रशिक्षित करना पड़ता है। यानी डिग्री तो है, पर दृष्टि नहीं।

"हर वर्ष हम लाखों युवाओं के हाथों में डिग्रियाँ तो थमा देते हैं, लेकिन उनमें से एक बड़ी संख्या के पास वह व्यावहारिक कौशल नहीं होता, जिसकी उद्योगों, संस्थानों और बदलते रोजगार-बाजार को आवश्यकता है। हमारी सबसे बड़ी भूल यह रही कि हमने 'पढ़ने', 'रटने' और वास्तव में 'सीखने' को एक ही समझ लिया। डिग्री ज्ञान का प्रमाणपत्र हो सकती है, क्षमता का नहीं; राष्ट्र का भविष्य तभी बदलेगा, जब शिक्षा स्मरण-शक्ति नहीं, समझ, कौशल, सृजनशीलता और समस्या-समाधान की शक्ति विकसित करेगी।"

बीमारी की जड़ – रटना बनाम समझना

इस राष्ट्रीय मायोपिया की जड़ कहाँ है? एक डॉक्टर हमेशा लक्षण से जड़ तक जाता है, यहाँ जड़ साफ है: हमारी व्यवस्था ने "रटने" को "सीखना" मान लिया।

हमारे स्कूल बच्चे को सवाल का जवाब याद कराते हैं, पर सवाल पूछना नहीं सिखाते। वे बताते हैं कि "क्या" सोचना है, पर यह नहीं सिखाते कि "कैसे"

सोचना है। एक बच्चा, जो दस किताबें रटकर परीक्षा में टॉप कर सकता है, वही बच्चा जिंदगी की एक नई समस्या के सामने खुद को असहाय पाता है, क्योंकि उसे जवाब रटना तो सिखाया गया, पर सोचना नहीं।

"दुनिया उस इंसान को इनाम देती है, जो नए सवाल पूछता है, पर हमारी परीक्षाएँ उस इंसान को इनाम देती हैं, जो पुराने जवाब रटता है। यहीं हमारी शिक्षा की दृष्टि धुंधला जाती है।"

इस अंधी दौड़ की सबसे बड़ी कीमत बच्चे का बचपन, उसकी सहजता और उसका मन चुकाता है। हर बच्चे को एक ही साँचे में ढालने की कोशिश में हम उन असंख्य विशिष्ट प्रतिभाओं को कुचल देते हैं, जो कलाकार, खिलाड़ी, कारीगर, संगीतकार, चित्रकार, लेखक या नवप्रवर्तक बन सकती थीं। प्रत्येक प्रतिभा का मूल्य केवल इसलिए कम नहीं हो जाता कि वह 'डॉक्टर-इंजीनियर' के तय साँचे में फिट नहीं बैठती। शिक्षा का उद्देश्य बच्चों को एक जैसा बनाना नहीं, बल्कि उनके भीतर छिपी अद्वितीय क्षमता को पहचानकर उसे खिलने का अवसर देना है।

एक संतुलित नजर – शिक्षक दोषी नहीं, व्यवस्था बीमार है

यहाँ एक बात स्पष्ट कर दूँ, क्योंकि दोष मढ़ना आसान, पर अन्यायपूर्ण है। इस नेशनल मायोपिया रोग के लिए हमारे शिक्षक दोषी नहीं हैं। मैं ऐसे सैकड़ों समर्पित शिक्षकों को जानता हूँ, जो जर्जर हो चुकी स्कूल की इमारतों, टूटी कुर्सियों, अधूरे संसाधनों के बीच भी बच्चों का भविष्य गढ़ते हैं। दोष "सिस्टम" का है, एक ऐसी व्यवस्था का है, जो शिक्षक को भी एक मशीन बना देती है, जिसे "कोर्स पूरा कराना है", चाहे बच्चा समझे या न समझे।

यह भी ईमानदारी से कहना होगा कि बदलाव शुरू हो चुका है। नई शिक्षा नीति, बुनियादी समझ, कौशल एवं स्किल डवलपमेंट पर जोर देती है, यह सही दिशा है। पर नीति कागज पर लिखने, जमीन पर उतारने में बड़ा फासला होता है, जिसे हमें मिलकर कम करना है।

इलाज – कॉर्निया ट्रांसप्लांट जैसा है

एक नेत्र-सर्जन के नाते मैं जानता हूँ कि जब आँख की धुंधली पारदर्शी पुतली (कॉर्निया) रोशनी नहीं आने देती, तो हम कभी-कभी कॉर्निया ट्रांसप्लांट करते हैं, पुरानी, धुंधली हो चुकी कॉर्निया की परत को हटाकर नई, साफ परत प्रत्यारोपित करते हैं, तो दुनिया फिर साफ दिखने लगती है। हमारी शिक्षा को भी ऐसे ही एक विशेष ट्रांसप्लांट की जरूरत है।

पहला इलाज – रटने की जगह समझ। बच्चे को जवाब रटना नहीं, सोचना सिखाइए; "क्या" नहीं, "क्यों" "कैसे" सिखाइए।

दूसरा इलाज – हर प्रतिभा का सम्मान। हर बच्चे को डॉक्टर-इंजीनियर बनाने की जिद छोड़कर, उसकी अपनी प्रतिभा को पहचानने निखारने दीजिए, कलाकार, खिलाड़ी, कारीगर, संगीतकार, चित्रकार आदि सब राष्ट्र के लिए उतने ही जरूरी हैं।

तीसरा इलाज – डिग्री के साथ हुनर (स्किल)। हर युवा को किताबी पढ़ाई के साथ कम से कम एक व्यावहारिक, बाजार-योग्य कौशल जरूर मिले।

"शिक्षा वह नहीं, जो बच्चे के दिमाग को तथ्यों से भर दे, शिक्षा वह है, जो उसके भीतर सोचने की लौ जला दे। पहला एक बर्तन भरता है; दूसरा एक मशाल जलाता है।"

लगभग 148 करोड़ की इस राष्ट्र-देह का असली ख़ज़ाना उसके बच्चों का दिमाग है। अगर हमने उस मस्तिष्क की दृष्टि साफ कर दी, उसे रटने वाला नहीं, सोचने वाला बना दिया, तो यही बच्चे 2047 के विकसित भारत के निर्माता बनेंगे।

- ***सोचिए***

कोटा की उस कोचिंग छात्रा की बात, "मुझे चित्र बनाना अच्छा लगता है, पर सबने कहा उसमें कुछ नहीं रखा", क्या हमने भी कभी किसी बच्चे का सपना सिर्फ इसलिए कुचला है, क्योंकि वह हमारे "सफलता के साँचे" में फिट नहीं बैठता था?

- ***चर्चा कीजिए***

अपने परिवार में बात कीजिए: हम अपने बच्चों से क्या चाहते हैं कि वे अच्छे नंबर लाएँ, या कि वे अच्छा सोचना सीखें? अगर इन दोनों में से एक चुनना पड़े, तो हम क्या चुनेंगे और क्यों?

- ***कार्रवाई कीजिए***

इस महीने एक काम कीजिए—अपने घर के या आसपास के किसी बच्चे से, उसके नंबरों के बारे में पूछने के बजाय, यह पूछिए कि "आज तुमने कुछ नया क्या सीखा?" या "तुम्हें सबसे ज्यादा क्या करना पसंद है?" उसकी उस रुचि को थोड़ा प्रोत्साहन दीजिए। दृष्टि बदलने की शुरुआत एक छोटे सवाल से होती है।

Rx डॉ. सुरेश कुमार पाण्डेय का प्रिस्क्रिप्शनः

इस अध्याय से पाँच संजीवनी सूत्र

पहला सूत्र – रटने का चश्मा उतारिएः बच्चे को जवाब रटाना बंद कीजिए, सोचना सिखाइए। हर पाठ में "क्या" के साथ "क्यों" "कैसे" जोड़िए – क्योंकि दुनिया उन्हें इनाम देती है, जो सवाल पूछते हैं, उन्हें नहीं जो जवाब रटते हैं।

दूसरा सूत्र – हर प्रतिभा को रोशनीः हर बच्चे को एक ही साँचे (डॉक्टर-इंजीनियर) में ढालने की जिद छोड़िए। कलाकार, खिलाड़ी, कारीगर, संगीतकार – हर प्रतिभा राष्ट्र की पूँजी है। बच्चे को वह बनने दीजिए, जिसमें उसकी गहन रूची एवं पैशन हैं।

तीसरा सूत्र – डिग्री नहीं, दृष्टि हुनरः सिर्फ कागज की डिग्री बेकार है, अगर साथ में हुनर न हो। हर युवा को पढ़ाई के साथ कम से कम एक व्यावहारिक, रोजगार-योग्य कौशल (स्किल) अवश्य मिले।

चौथा सूत्र – शिक्षक को सम्मान शक्तिः व्यवस्था शिक्षक को "कोर्स पूरा कराने वाली मशीन" न बनाए। उन्हें प्रशिक्षण, सम्मान स्वतंत्रता दीजिए, क्योंकि एक प्रेरित शिक्षक ही एक पूरी पीढ़ी की दृष्टि बदल सकता है।

पाँचवाँ सूत्र – बच्चे का मन भी सेहत हैः नंबरों की अंधी दौड़ बच्चे के मन को थका देती है। बच्चों की पढ़ाई के साथ उनकी नींद, उनका शारीरिक एवं मानसिक स्वास्थ्य भी उतना ही जरूरी है, क्योंकि थका हुआ मन कभी-भी उज्जवल भविष्य नहीं देख सकता।

खंड दो
गहरी बीमारियाँ
(तंत्र के रोग)

अध्याय 10

राजनीतिः राष्ट्र-सेवा या सत्ता-उद्योग?

जब राष्ट्र का धड़कता हृदय ही बीमार पड़ जाए

"हृदय शरीर का सबसे बड़ा सेवक है, वह दिन-रात बिना रुके हर अंग तक खून पहुँचाता है, खुद के लिए कुछ नहीं रखता। राजनीति को राष्ट्र का यही हृदय होना चाहिए था, एक सेवक, पर जब हृदय खुद के लिए खून जमा करने लगे, तो पूरा शरीर बीमार पड़ जाता है।"

– डॉ. सुरेश कुमार पाण्डेय

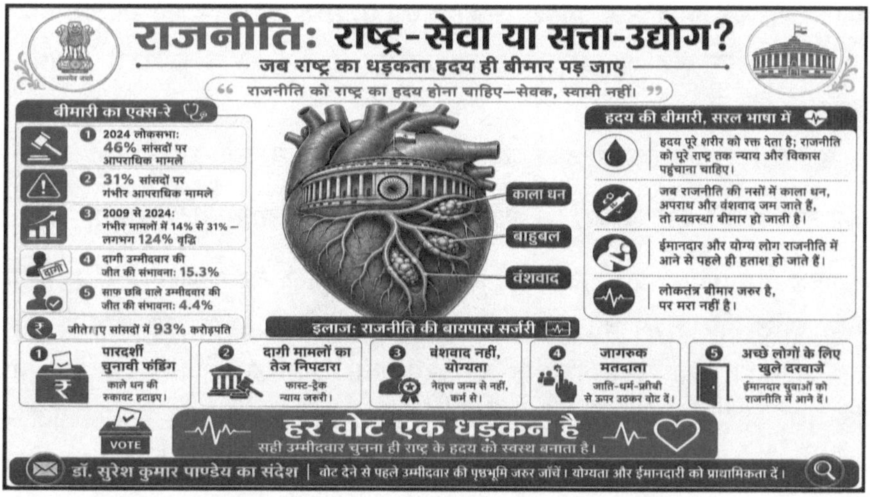

जरा एक पल के लिए कल्पना कीजिए: आप एक अस्पताल में भर्ती हैं, आपकी जिंदगी एक बेहद नाजुक ऑपरेशन पर टिकी है। ऑपरेशन थिएटर में सर्जन आता है, आपको पता चलता है कि सर्जन (चिकित्सक) के ख़िलाफ देश की विभिन्न अदालतों में अत्यंत गंभीर अपराध के मुक़दमे चल रहे हैं। आप क्या करेंगे? निश्चित रूप से, आप उस सर्जन के हाथ में अपनी जान, अपना शरीर कभी नहीं सौंपेंगे।

अब एक सच सुनिए, जो इससे भी ज्यादा डराने वाला है। हमारी सबसे बड़ी पंचायत (लोकसभा) में, जहाँ 148 करोड़ लोगों के भविष्य का "ऑपरेशन" होता है, 2024 में चुने गए हर दो में से लगभग एक सांसद (46 प्रतिशत) पर कोई-न-कोई आपराधिक मुक़दमा घोषित है।

यानी जिस सर्जन को हम अपने शरीर उपचार अथवा ऑपरेशन के लिए नहीं चुनते, ठीक वैसे ही लोगों को हम बार-बार अपने राष्ट्र के लिए चुन लेते हैं। यही हमारी सबसे गहरी विडंबना है।

एक नेत्र-सर्जन के नाते, हर डॉक्टर की तरह, मैंने भी मेडिकल कॉलेज में सबसे पहले हृदय (हार्ट) के बारे में पढ़ा, क्योंकि वही वह अंग है, जिस पर बाक़ी पूरा शरीर निर्भर करता है। हृदय एक अद्‌भुत सेवक है: वह दिन-रात, एक पल रुके बिना, शरीर के हर कोने तक (मस्तिष्क से लेकर पैर के अंगूठे तक) खून पहुँचाता है। सबसे बड़ी बात, जो खून वह पंप करता है, उसमें से अपने लिए कुछ नहीं रखता; वह सबसे आख़िर में, सबसे थोड़ा अपने लिए लेता है।

राजनीति को किसी राष्ट्र का यही हृदय होना चाहिए था– एक निःस्वार्थ सेवक, जो देश के हर कोने तक न्याय, विकास एवं सुविधा का खून पहुँचाए। पर आज, जब मैं इस राष्ट्र-देह के हृदय की जाँच करता हूँ, तो मुझे एक गहरी बीमारी के लक्षण दिखते हैं।

पर इससे पहले कि मैं आगे बढ़ूँ, मुझे एक नौजवान की कहानी याद आती है।

एक नेत्र-सर्जन की डायरी – वह नौजवान, जो "बदलना" चाहता था

कुछ वर्ष पहले बारां जिले की शाहाबाद तहसील के कृपालपुर गाँव से एक युवक दृष्टि और चश्मे की जाँच कराने मेरी ओपीडी में आया। बातचीत के दौरान पता चला कि वह उच्च शिक्षित था और एक प्रतिष्ठित नौकरी छोड़कर अपने गाँव तथा आसपास के क्षेत्र में सार्थक परिवर्तन लाने का संकल्प लेकर लौटा था। उसकी आँखों में केवल उत्साह नहीं, बल्कि समाज के लिए कुछ कर गुजरने की वही निर्मल चमक थी, जो किसी सच्चे जनसेवक की पहचान होती है।

उसने बताया कि सड़कें, स्कूल, पानी, अस्पताल व पर्यावरण संरक्षण आदि बुनियादी मुद्‌दों के लिए वह स्थानीय स्तर पर चुनाव लड़ना चाहता था। कुछ महीनों बाद वह दोबारा आया, इस बार उसकी आँखों की वह चमक बुझ चुकी थी। मैंने पूछा, "क्या हुआ?"

उसने थकी हुई आवाज में कहा, "डॉक्टर साहब, मैंने सोचा था राजनीति सेवा है। पर वहाँ घुसते ही समझ आया कि यह तो एक उद्योग (इंडस्ट्री) है। चुनाव लड़ने

के लिए इतना पैसा चाहिए, इतने 'समझौते' करने पड़ते हैं, कि ईमानदार आदमी के लिए वहाँ जगह ही नहीं बचती है। चुनाव लड़ने से पहले ही मैं हार गया हूँ।"

"हमारी राजनीति की सबसे बड़ी त्रासदी यह नहीं कि बुरे लोग उसमें आ गए। त्रासदी यह है कि हमने अच्छे लोगों के लिए उसके दरवाजे इतने महँगे एवं मुश्किल कर दिए, कि वे राजनीति की चौखट से ही निराश होकर लौट जाते हैं।"

उस दिन मुझे समझ आया कि राष्ट्र के हृदय की असली बीमारी क्या है, वह ईमानदार खून को शरीर के भीतर आने ही नहीं देती।

बीमारी कितनी गहरी है – आँकड़ों का एक्स-रे

यह सिर्फ एक नौजवान की निराशा नहीं, आँकड़े इस बीमारी की गहराई दिखाते हैं। मैं जानबूझकर ऐसे आँकड़े साझा कर रहा हूँ, जो किसी एक दल की नहीं, पूरी व्यवस्था की तस्वीर दिखाएँ।

एसोसिएशन फॉर डेमोक्रेटिक रिफॉर्म्स के विश्लेषण के अनुसार, 2024 में चुने गए लोकसभा सांसदों में से लगभग 46 प्रतिशत पर कोई-न-कोई आपराधिक मुक़दमा घोषित था। लगभग 31 प्रतिशत पर गंभीर आपराधिक मामले जैसे हत्या, हत्या का प्रयास, अपहरण, महिलाओं के विरुद्ध अपराध, आदि दर्ज थे। चिंता की बात यह कि यह आँकड़ा लगातार बढ़ रहा है। वर्ष 2009 में गंभीर मामलों वाले सांसद लगभग 14 प्रतिशत थे, जो 2024 में बढ़कर 31 प्रतिशत हो गए; यानी एक दशक में 124 प्रतिशत की वृद्धि हुई है।

यह किसी एक या किसी विशेष पार्टी की समस्या नहीं है, यही सबसे जरूरी बात है। एसोसिएशन फॉर डेमोक्रेटिक रिफॉर्म्स के अनुसार, गंभीर अपराधिक मामलों की यह बीमारी लगभग हर बड़े दल में मौजूद है; सत्ता पक्ष हो या विपक्ष, राष्ट्रीय दल हों या क्षेत्रीय, आपराधिक पृष्ठभूमि वाले जनप्रतिनिधियों का अनुपात हर जगह चिंताजनक रूप से ऊँचा है। इस बीमारी ने राजनीति की पूरी पिच को, हर रंग की जर्सी को, एक-सा संक्रमित कर रखा है।

सबसे चौंकाने वाला आँकड़ा यह है कि वर्ष 2024 में जिस उम्मीदवार पर आपराधिक मामला घोषित था, उसके जीतने की संभावना लगभग 15.3 प्रतिशत थी, जबकि साफ छवि वाले उम्मीदवार के जीतने की संभावना सिर्फ 4.4 प्रतिशत थी। यानी हमारी राजनीतिक व्यवस्था में, "दाग" अक्सर हार नहीं, बल्कि जीत का बेहतर टिकट बन गया है। यह एक ऐसी अजीब परीक्षा है, जिसमें फेल होने वाला टॉप कर रहा है, पास होने वाला बहुत पीछे छूट रहा है।

"जब किसी देश में साफ छवि वाले उम्मीदवार की जीत की संभावना, दागी उम्मीदवार से तीन गुना कम हो तो समस्या सिर्फ नेताओं में नहीं, उस चुनावी बीमारी में है, जिसने पूरे राजनीतिक तंत्र को जकड़ लिया है।"

दूसरा गंभीर पहलू है राजनीति में धन का बढ़ता प्रभाव। एसोसिएशन फॉर डेमोक्रेटिक रिफॉर्म्स के आँकड़ों के अनुसार, वर्ष 2024 में निर्वाचित लगभग 93 प्रतिशत सांसद करोड़पति थे। ऐसे में यह स्वाभाविक प्रश्न उठता है कि जिस सदन के अधिकांश सदस्य आर्थिक रूप से अत्यंत संपन्न हों, वह उस आम भारतीय की भूख, असुरक्षा और संघर्ष को कितनी गहराई से अनुभव कर पाएगा, जो प्रतिदिन कमाता है और उसी कमाई से अपने परिवार का चूल्हा जलाता है। जनप्रतिनिधित्व केवल जनता के लिए निर्णय लेने का अधिकार नहीं, बल्कि उसके दर्द को भीतर तक महसूस करने की संवेदनशीलता भी है। अन्यथा यह स्थिति उस व्यक्ति जैसी हो जाती है, जो भूखे मनुष्य की रोटी की पुकार सुनकर उसे किसी महँगे व्यंजन की सलाह दे।

हृदय की बीमारी – सरल भाषा में

इस रोग को एक डॉक्टर की नजर से समझिए। हृदय की सबसे आम गंभीर बीमारी तब होती है, जब उसकी अपनी रक्त-वाहिकाओं (कोरोनरी आर्टरीज) में रुकावट आ जाती है। इसे सरल भाषा में समझिए: हृदय पूरे शरीर को तो खून भेजता है, पर खुद हृदय की मांसपेशी को भी बिना रोके खून चाहिए, जो उसकी अपनी छोटी नसों से आता है। जब इन नसों में चर्बी जमने से रुकावट हो जाती है, तो हृदय की मांसपेशी का एक हिस्सा खून से वंचित होने लगता है, इसे ही हम हार्ट अटैक कहते हैं।

हमारी राजनीति में यही "रुकावट" है, काला धन, बाहुबल, वंशवाद की चर्बी, जो ईमानदार योग्य लोगों को व्यवस्था में प्रवेश ही नहीं करने देती। हृदय बाहर से धड़कता दिखता है, पर भीतर उसकी अपनी नसें (रक्त वाहिकाएं) बंद होती जा रही हैं।

"वंशवाद राजनीति का वह गंभीर रोग है, जिसमें नेतृत्व योग्यता, संघर्ष और जनसेवा से नहीं, बल्कि जन्म और परिवार से निर्धारित होने लगता है। यह ठीक वैसा ही है, जैसे किसी अस्पताल में मुख्य सर्जन केवल इसलिए नियुक्त कर दिया जाए कि वह पिछले सर्जन का पुत्र है, न कि इसलिए कि उसने आवश्यक मेडिकल शिक्षा, शल्य-प्रशिक्षण और चिकित्सकीय दक्षता

अर्जित की है। जिस प्रकार अयोग्य हाथों में ऑपरेशन रोगी का जीवन संकट में डाल सकता है, उसी प्रकार अयोग्य नेतृत्व पूरे राष्ट्र के भविष्य को खतरे में डाल सकता है।"

एक संतुलित नजर – पूरा हृदय बीमार नहीं है

यहाँ एक संवेदनशील लेखक होने के नाते मुझे संतुलन बनाना जरूरी है, क्योंकि सिर्फ निराशा फैलाना अनुचित होगी।

पहली बात – सब नेता बेईमान नहीं हैं। मैंने इस देश में ऐसे अनेक जनप्रतिनिधि देखे हैं, जिन्होंने अपना पूरा जीवन जनता जनार्दन की सच्ची सेवा में लगाया, जो साधारण जीवन जीते हैं, जिनके कारण ही यह लोकतंत्र अब भी साँस ले रहा है। हर दागी चेहरे के बीच, कुछ ऐसे दीपक भी हैं, जो अँधेरे से लड़ रहे हैं। उन सबको एक ही तराजू में तौलना घोर अन्याय होगा।

दूसरी बात – हमारा लोकतंत्र, अपनी तमाम बीमारियों, जटिलताओं के बावजूद, एक मिसाल, एक चमत्कार है। जिस देश में इतनी भाषाएँ, धर्म व जातियाँ हों, वहाँ हर पाँच साल में करोड़ों लोग शांतिपूर्वक, बिना खून बहाए, अपनी सरकार बदल देते हैं, यह दुनिया के लिए एक मिसाल है। हमारा वोट, हमारी सबसे बड़ी ताक़त, आज भी जिंदा है।

तीसरी बात – यह बीमारी लाइलाज नहीं। चुनाव सुधार, पारदर्शिता एवं जागरूक मतदाता, ये तीनों मिलकर इस हृदय की हर बंद नस को फिर से खोल सकते हैं।

"लोकतंत्र बीमार जरूर है, पर मरा नहीं है। जो हृदय धड़क रहा है, उसका इलाज हमेशा संभव है।"

इलाज – हृदय की बायपास सर्जरी

जब हृदय की नसें पूरी तरह बंद हो जाएँ, तो हम बायपास सर्जरी करते हैं – रुकावट के आर-पार एक नया, साफ रास्ता बनाते हैं, ताकि खून फिर बहने लगे। हमारी राजनीति को भी ऐसी ही बायपास सर्जरी चाहिए।

पहला रास्ता – चुनावी फंडिंग में पूरी पारदर्शिता, ताकि काले धन की चर्बी हृदय की नसों में जमा न हो सके, एक ईमानदार व्यक्ति भी बिना किसी बड़े "निवेशक" के चुनाव लड़ सके।

दूसरा रास्ता – आपराधिक पृष्ठभूमि वाले उम्मीदवारों के मामलों का तेज समयबद्ध निपटारा हो, ताकि "अपराध या दाग" राजनीति में जीत का टिकट न बने।

तीसरा रास्ता – यह सबसे शक्तिशाली है – जागरूक मतदाता। क्योंकि अंततः हृदय में कौन-सा खून जाएगा, यह हम देश के जागरुक मतदाता ही तय करते हैं।

"नेता आसमान से नहीं उतरते, वे हमारे बीच से, हमारे ही वोट से चुने जाते हैं। इसलिए जिस दिन मतदाता जाति, धर्म एवं मुफ्त के लालच (फ्री बी) से ऊपर उठकर सिर्फ 'योग्यता' 'ईमानदारी' को वोट देगा, उस दिन राष्ट्र का हृदय अपने-आप स्वस्थ होने लगेगा।"

इस विशाल राष्ट्र-देह का हृदय तभी स्वस्थ होगा, जब हम सभी नागरिक, यह समझ लेंगे कि हर वोट एक धड़कन है। एक गलत धड़कन, पूरे शरीर को बीमार कर सकती है।

- ***सोचिए***

उस नौजवान की बुझी आँखें, जिसने कहा "राजनीति सेवा नहीं, उद्योग बन गई है", क्या हम भी, एक समाज के रूप में, अच्छे लोगों के लिए राजनीति के दरवाजे बंद करने के दोषी हैं? पिछली बार वोट देते समय, हमने उम्मीदवार की "योग्यता" देखी थी, या उसकी "जाति/पार्टी/मुफ्त के वादे" आदि के आधार पर ही वोट दिया था?

- ***चर्चा कीजिए***

अपने परिवार मित्रों से एक सवाल पर बात कीजिए: अगर साफ छवि वाले उम्मीदवार के जीतने की संभावना दागी (अपराधी) उम्मीदवार से कम है, तो दोष किसका ज्यादा है, नेताओं का, या उन्हें चुनने वाले हम सभी मतदाताओं का?

- ***कार्रवाई कीजिए***

अगले चुनाव में, चाहे वह नगरपालिका का हो या विधानसभा अथवा लोकसभा का हो, सिर्फ एक काम कीजिए: वोट देने से पहले अपने उम्मीदवार की पृष्ठभूमि जाँचिए, एसोसिएशन फॉर डेमोक्रेटिक रिफॉर्म्स जैसी संस्थाओं के आँकड़े अब सबके लिए उपलब्ध हैं। जाति-धर्म-लालच से ऊपर उठकर सिर्फ योग्यता एवं ईमानदारी को वोट दीजिए। एक जागरूक वोट, राष्ट्र के हृदय की एक स्वस्थ धड़कन है।

Rx डॉ. सुरेश कुमार पाण्डेय का प्रिस्क्रिप्शन:

इस अध्याय से पाँच संजीवनी सूत्र

पहला सूत्र – चुनावी फंडिंग की एंजियोप्लास्टी: राजनीति में काले

धन की चर्बी ही सबसे बड़ी रुकावट है। राजनीतिक चंदे को पूरी तरह पारदर्शी बनाइए, ताकि ईमानदार व्यक्ति भी बिना किसी बड़े "निवेशक" के हृदय में प्रवेश कर सके।

दूसरा सूत्र – दाग का तेज इलाजः आपराधिक पृष्ठभूमि वाले जनप्रतिनिधियों के मुक़दमों का निपटारा तय समय-सीमा में, फास्ट-ट्रैक अदालतों में हो। जब "दाग" सजा दिलाएगा, तभी वह जीत का टिकट बनना बंद करेगा।

तीसरा सूत्र – वंशवाद नहीं, योग्यताः नेतृत्व जन्म से नहीं, योग्यता जमीनी सेवा से तय हो। हर दल के भीतर लोकतंत्र हो, ताकि एक साधारण कार्यकर्ता भी शीर्ष तक पहुँच सके।

चौथा सूत्र – जागरूक मतदाता, सबसे बड़ी दवाः हृदय में कौन-सा खून जाएगा, यह मतदाता तय करता है। जाति, धर्म एवं मुफ्त के लालच से ऊपर उठकर सिर्फ योग्यता को वोट देना, यही सबसे शक्तिशाली इलाज है।

पाँचवाँ सूत्र – अच्छे लोगों के लिए दरवाजे खोलिएः एक समाज के रूप में हमें ईमानदार, योग्य युवाओं को राजनीति में आने के लिए प्रोत्साहित करना होगा, हतोत्साहित नहीं। क्योंकि अगर अच्छे लोग राजनीति से दूर रहेंगे, तो हृदय में ख़राब खून ही बहता रहेगा।

अध्याय 11

नौकरशाही: विकास की जाम हुई धमनी

जब शरीर की मुख्य नली में ही रक्त का थक्का जम जाए

"फाइलें वे मरीज हैं, जो दफ्तरों के वेटिंग-रूम में बरसों इलाज का इंतजार करते-करते दम तोड़ देती हैं और उनके साथ करोड़ों लोगों के सपने दम तोड़ देते हैं।"

– डॉ. सुरेश कुमार पाण्डेय

एक फाइल को एक मेज से दूसरी मेज तक पहुँचने में कितना वक्त लगना चाहिए? कुछ मिनट? कुछ घंटे? अब जरा यह सुनिए, हमारे देश में ऐसी अनगिनत फाइलें हैं, जो एक दफ्तर के एक कमरे से, उसी इमारत के दूसरे कमरे तक पहुँचने में, महीनों लगा देती हैं। कुछ तो ऐसी भी हैं, जो उस सफर में ही "बूढ़ी" होकर दम तोड़ देती हैं, ठीक उस इंसान की तरह, जिसका हक़ वे अपने भीतर लिए बैठी थीं।

एक नेत्र-सर्जन के नाते, मैं जानता हूँ कि शरीर में कुछ धमनियाँ ऐसी होती हैं, जो जीवन-रेखा होती हैं। महाधमनी (एओर्टा), शरीर की सबसे बड़ी रक्त-वाहिका,

हृदय से निकलकर पूरे शरीर को खून बाँटती है। पर अगर महाधमनी (एओर्टा) नामक इसी मुख्य नली में कहीं थक्का (क्लॉट) जम जाए, तो हृदय कितना भी अच्छा खून बनाए, वह शरीर तक पहुँचता ही नहीं।

राष्ट्र की देह में भी यही सच है। राष्ट्र की नीतियाँ चाहे जितनी अच्छी हों, यदि उन्हें जमीन तक पहुँचाने वाली धमनी ही जाम हो, तो विकास का खून आख़िरी आदमी तक कभी नहीं पहुँचता। यह जाम हुई धमनी है, हमारी नौकरशाही, यानी वह विशाल सरकारी तंत्र, जिसे अंग्रेजों ने गर्व से "स्टील फ्रेम" (इस्पात का ढाँचा) कहा था। पर सवाल यह है कि क्या वह इस्पात आज भी मजबूती की निशानी है, या जंग खा चुकी एक ऐसी नली, जिसमें खून बहना बंद हो गया है? पर इससे पहले कि मैं आगे बढ़ूँ, मुझे एक बुजुर्ग की याद आती है, जो जीते-जी अपना पेंशन का हक़ नहीं ले पाये।

एक नेत्र-सर्जन की डायरी – मास्टर साहब की वह पेंशन फाइल

कुछ साल पहले एक गांधी सागर (मध्यप्रदेश) के चेनपुरिया गाँव से एक सेवानिवृत्त स्कूल-शिक्षक मेरे पास नेत्र परीक्षण हेतु आए। उनकी उम्र यही कोई अस्सी के आसपास थी। पूरी जिंदगी उन्होंने गाँव के बच्चों को पढ़ाया था; पूरे इलाके में "मास्टर साहब" के नाम से जाने जाते थे। आँख की जाँच के दौरान उनसे बातचीत हुई, उनकी आपबीती ने मुझे भीतर तक हिला दिया। रिटायर होने के बाद उनकी पेंशन की फाइल किसी दफ्तर में अटक गई थी। एक दस्तख़त, एक मुहर, एक "क्लियरेंस" के लिए वे महीनों से एक टेबल से दूसरी टेबल के चक्कर काट रहे थे। हर बार कोई नया कागज माँगा जाता, कोई नई "कमी" निकाली जाती। बेटा दक्षिण भारत के चैन्नई शहर में नौकरी करता था; वे अकेले, लाठी टेकते, हर महीने उसी दफ्तर जाते और हर बार ख़ाली हाथ लौटते।

उन्होंने दु:खी होकर मुझसे कहा, "डॉक्टर साहब, मैंने जिंदगी भर ईमानदारी से देश के बच्चे पढ़ाए। आज रिटायरमेंट के बाद मैं अपनी पेंशन, अपने ही हक़ के पैसे के लिए, अपने ही देश के दफ्तर में, एक भिखारी की तरह गिड़गिड़ा रहा हूँ।"

कुछ महीने बाद मुझे पता चला कि उनकी पेंशन तो अंततः मंजूर हो गई–पर वे उस पेंशन स्वीकृति के आदेश को देखने के लिए जीवित नहीं रहे।

मास्टर साहब अकेले नहीं हैं। यह त्रासदी इतनी आम है कि अब अदालतों तक को बार-बार दख़ल देना पड़ता है। हाल ही में पंजाब का एक मामला सामने आया, जिसने पूरे तंत्र को आईना दिखाया, एक सरकारी अधिकारी की मृत्यु के बाद, उनके परिवार को पेंशन बक़ाया राशि पाने के लिए पूरे चौंतीस साल इंतजार करना

पड़ा। आख़िरकार, दशकों बाद, उच्च न्यायालय को हस्तक्षेप कर यह आदेश देना पड़ा कि इतनी देरी के लिए परिवार को ब्याज समेत भुगतान किया जाए। अदालत ने यहाँ तक कहा कि "राज्य कोई निजी संस्था नहीं है," उसे अपने नागरिकों का हक़ समय पर चुकाना ही होगा। जरा सोचिए, एक परिवार की एक पूरी पीढ़ी, सिर्फ अपने हक़ के इंतजार में बीत गई।

"भ्रष्टाचार पैसे माँगकर मारता है; पर नौकरशाही की सुस्ती बिना पैसा माँगे ही मार देती है। वह सिर्फ इंतजार करवाती है, इतना लंबा इंतजार, कि मरीज खुद ही थककर हार जाए।"

उस दिन मुझे समझ आया कि एक जाम हुई फाइल सिर्फ कागज नहीं होती, वह किसी इंसान की जिंदगी का रुका हुआ खून होती है।

धमनी में थक्का – सरल भाषा में

लालफीताशाही नामक इस बीमारी को एक डॉक्टर की नजर से समझिए। हमारी रक्त-वाहिकाओं में कभी-कभी थक्का (ब्लड क्लॉट, यानी खून का जमा हुआ लोथड़ा) बन जाता है। इसे सरल भाषा में समझिए कि खून, जिसका काम बहना है, यदि किसी जगह गाढ़ा होकर जम जाता है, उस नली का रास्ता रोक देता है। नतीजा–उसके आगे का हिस्सा खून से वंचित रह जाता है। अगर यह थक्का दिमाग की नस में हो तो लकवा (स्ट्रोक), हृदय की रक्तवाहिकाओं में हो तो हार्ट अटैक हो जाता है। हमारी नौकरशाही में "लालफीताशाही" (रेड-टेपिज्म) ठीक यही थक्का है। हर फाइल को एक मेज से दूसरी मेज, एक विभाग से दूसरे विभाग, एक दस्तख़त से दूसरे दस्तख़त तक रेंगना पड़ता है। हर मेज पर एक नया थक्का, एक नई "औपचारिकता", एक नई "आपत्ति", जमता जाता है, जब तक कि फाइल का बहना-चलना ही रुक न जाए।

"लालफीताशाही वह थक्का है, जो रिश्वत की तरह दिखता नहीं, पर राष्ट्र की धमनियों में चुपचाप जमकर विकास का रक्त-प्रवाह रोक देता है।"

दिलचस्प बात यह है कि "रेड टेप" शब्द खुद अंग्रेजों की देन है, वे सरकारी फाइलों को लाल फीते (लाल कपड़े) से बाँधते थे। आजादी के बाद हमने वह लाल कपड़ा तो बड़े जतन से सँभालकर रख लिया, बस उसे काटने वाली कैंची कहीं खो दी। शायद वह कैंची भी किसी फाइल में, किसी मंजूरी के इंतजार में, आज तक अटकी पड़ी है।

बीमारी कितनी गहरी है – आँकड़ों का एक्स-रे

यह सिर्फ मास्टर साहब की पीड़ा नहीं–आँकड़े इस थक्के की गहराई दिखाते हैं। सबसे चौंकाने वाली तस्वीर हमारी अदालतों की है, जहाँ न्याय की फाइलें सबसे लंबा इंतजार करती हैं। देश की विभिन्न अदालतों में लगभग 4 करोड़ से अधिक मुक़दमे लंबित हैं। इनमें से हजारों मामले तो ऐसे हैं, जो बीस-तीस साल से अधिक समय से चल रहे हैं।

पर यह देरी होती क्यों है? इसकी जड़ में कई थक्के एक साथ जमे हैं। आबादी के अनुपात में हमारे यहाँ जजों की संख्या दुनिया में सबसे कम में से एक है।, बार-बार मिलने वाली "तारीख़ पर तारीख़", अधूरा डिजिटलीकरण, वह पुरानी कागजी प्रक्रिया, जिसमें एक मामूली मामला भी सालों रेंगता है। न्याय मिलता जरूर है लेकिन इतनी देर से कि वह न्याय कम, रोज की भागादौड़ी व थकान का अंत ज्यादा लगता है। एक पुरानी कहावत है, "देर से मिला न्याय, न्याय न मिलने के बराबर है।" हमारी अदालतें रोज इसी कहावत को जीती हैं।

व्यापार निवेश की धमनी भी इसी थक्के से जाम है। विश्व बैंक के अनुसार, "अनुबंध लागू कराने" (एनफोर्सिंग कॉन्ट्रैक्ट्स), यानी कानूनी झगड़ा निपटाने की रफ्तार, के मामले में भारत दुनिया के सबसे पिछड़े देशों में गिना जाता रहा है। इसका सीधा असर देश की तरक्की पर पड़ता है। जब एक उद्यमी को डर हो कि किसी विवाद में फँसने पर उसे न्याय पाने में दस-बीस साल लग जाएँगे, तो वह यहाँ कारख़ाना लगाने से कतराता है। नतीजा क्या हो सकता है कि बड़ी-बड़ी परियोजनाएँ, जो हजारों नौकरियाँ दे सकती थीं, सालों मंजूरियों के जाल में लटकी रहती हैं। एक अनुमान के अनुसार, सिर्फ इस लालफीताशाही, देरी के कारण ही, देश को हर साल अपनी जीडीपी का एक बड़ा हिस्सा गँवाना पड़ता है। यानी वह पैसा, जो स्कूलों, अस्पतालों एवं सड़कों में लग सकता था, फाइलों की धूल में दबकर रह जाता है।

जरा सोचिए कि हर रुकी हुई परियोजना का मतलब है, हजारों रुकी हुई नौकरियाँ; हर लटकी हुई फाइल का मतलब है, किसी मास्टर साहब का रुका हुआ हक़ है।

"किसी देश की प्रगति की रफ्तार केवल उसकी सड़कों की चौड़ाई से नहीं, बल्कि उसकी फाइलों की गति से तय होती है। जहाँ निर्णय फाइलों में रेंगते हैं, वहाँ विकास ठहर जाता है और राष्ट्र दौड़ नहीं सकता।"

एक संतुलित नजर – "स्टील फ्रेम" दुश्मन नहीं है

मेरी लेखनी का यह दायित्व है कि मैं यहाँ एक सही संतुलन स्थापित करूँ,

क्योंकि पूरी नौकरशाही को एक ही तराजू में तौलकर कोसना आसान तो है, पर यह सरासर अन्याय होगा।

पहली बात – यही "स्टील फ्रेम" इस विशाल एवं विविध देश को एक साथ जोड़े रखता है। जब बाढ़ आती है, महामारी फैलती है, या चुनाव कराने होते हैं तो यही नौकरशाह दिन-रात एक करके व्यवस्था सँभालते हैं। मैंने अपनी आँखों से ऐसे अनेक ईमानदार, समर्पित अधिकारी देखे हैं, जो सीमित संसाधनों में भी असाधारण काम करते हैं।

इसका सबसे बड़ा प्रमाण थी, कोविड-19 की वह महामारी, जिसने पूरी दुनिया को घुटनों पर ला दिया था। एक नेत्र-सर्जन एक चिकित्सक के नाते, मैंने वह दौर बहुत क़रीब से देखा। उस संकट में, जब डर हर तरफ था, तो यही "स्टील फ्रेम" चट्टान की तरह अड़िग खड़ा रहा। हमारे डॉक्टरों, नर्सों, पुलिसकर्मियों, आशा आँगनबाड़ी कार्यकर्ताओं, जिला-स्तर के अनगिनत अधिकारियों ने अपनी जान जोखिम में डालकर देश को सँभाला। इसी तंत्र ने दुनिया का सबसे बड़ा टीकाकरण अभियान चलाया और महीनों में करोड़ों लोगों तक कोविड-19 वैक्सीन पहुँचाई, वह भी एक डिजिटल मंच (कोविन) के जरिए, जिसकी मिसाल पूरी दुनिया ने दी। इसी तंत्र ने दुनिया की सबसे बड़ी मुफ्त राशन-व्यवस्था चलाकर यह सुनिश्चित किया कि उस संकट में करोड़ों गरीब परिवार भूखे न सोएँ। भारत ने "वैक्सीन मैत्री" के तहत, दुनिया के सौ से अधिक देशों तक कोविड-19 वैक्सीन पहुँचाई।

यह वही तंत्र है। यानी समस्या "काबिलियत" की नहीं, "व्यवस्था" की है। जब लक्ष्य साफ हो एवं जवाबदेही तय हो, तो यही नौकरशाही चमत्कार कर सकती है। दुनिया का सबसे बड़ा चुनाव, सबसे बड़ा टीकाकरण, सबसे बड़ी राशन-व्यवस्था आदि सब इसी तंत्र ने चलाया।

दूसरी बात – यह जरूरी है कि रोजमर्रा की समस्या व्यक्ति की नहीं, "सिस्टम" की है। यह व्यवस्था अंग्रेजों ने "शासन" के लिए बनाई थी, "सेवा" के लिए नहीं। इसमें नियमों का पालन करने वाला तो इनाम पाता है, पर नतीजे देने वाला नहीं। एक ईमानदार अफसर भी "जोखिम" लेने से डरता है, क्योंकि नियम तोड़कर काम करवाने पर सजा है, पर फाइल को महीनों रोके रखने पर कोई जवाबदेही नहीं। यानी पूरा ढाँचा ही "हाँ" कहने के बजाय "टालने" को सुरक्षित बनाता है। एक पुरानी, कड़वी सच्चाई है, सरकारी दफ्तर में "हाँ" कहने के लिए दस अफसरों के दस्तख़त चाहिए, पर "ना" या "टालने" के लिए एक की चुप्पी ही काफी है।

तीसरी बात – बदलाव शुरू हो चुका है। पिछले कुछ वर्षों में ऑनलाइन सेवाओं, डिजिटल पोर्टलों एवं ऑनलाईन प्रक्रियाओं के सरलीकरण ने कई जगह इस थक्के को घोला है। दिशा सही है, अब बस रफ्तार बढ़ानी है।

"हमारे देश के सभी नौकरशाह बुरे नहीं हैं, वे एक ऐसी मशीन के पुर्जे हैं, जो 'सेवा' के लिए नहीं, 'नियंत्रण' के लिए बनी थी। इलाज हेतु इन पुर्जों को कोसना नहीं है, मशीन को अपडेट करना व नया बनाना है।"

इलाज – थक्का घोलने वाली दवा

जब धमनी में थक्का जम जाए, तो डॉक्टर "क्लॉट-बस्टर" दवा देते हैं, जो थक्के को घोलकर रक्त-प्रवाह फिर से चालू कर देती है। हमारी नौकरशाही को भी ऐसी ही दवा चाहिए।

पहली दवा – तकनीक का क्लॉट-बस्टर। हर सेवा, हर मंजूरी, हर फाइल को ऑनलाइन एवं समयबद्ध बनाइए। जब फाइल इंसानी मेजों के बजाय डिजिटल रास्ते से बहेगी, तो थक्का जमने की जगह ही नहीं बचेगी।

दूसरी दवा – समय-सीमा की जवाबदेही। हर सरकारी काम के लिए एक तय समय-सीमा हो, देरी पर अधिकारी की जवाबदेही तय हो, जैसे कई राज्यों के "सेवा का अधिकार" कानून करते हैं।

तीसरी दवा – नतीजों का इनाम। अफसर का मूल्यांकन इस आधार पर हो कि उन्होंनें कितनी फाइलें "निपटाई" कितनी समस्याएँ "सुलझाई", न कि इस आधार पर कि उनने कितने नियम गिनाए।

लगभग 148 करोड़ जनसंख्या वाले इस राष्ट्र-देह की धमनियाँ तभी साफ होंगी, जब हम इस तंत्र को "शासक" से "सेवक" में बदल देंगे, जनसंख्या वाले जब हर फाइल एक कागज नहीं, वरन एक इंसान की जिंदगी मानी जाए।

"जिस दिन हर सरकारी मेज पर बैठा व्यक्ति यह याद रखेगा कि उसकी टेबल पर पड़ी हर फाइल किसी मास्टर साहब का रुका हुआ हक़ है, उसी दिन यह जाम हुई धमनी फिर से बहने लगेगी।"

▪ *सोचिए*

मास्टर साहब, जो अपने ही हक़ के पैसे देखे बिना चल बसे, क्या यह सिर्फ एक फाइल की देरी थी, या एक पूरी व्यवस्था की संवेदनहीनता? क्या हम सब, कभी-न-कभी, किसी दफ्तर के उसी "इंतजार" से नहीं गुजरे, जहाँ काम होता नहीं, बस "टलता" रहता है?

- ***चर्चा कीजिए***

अपने परिवार या मित्रों से बात कीजिए: अगर एक ईमानदार अफसर भी फाइल जल्दी निपटाने में डरता है (क्योंकि जोखिम लेने पर सजा है, पर टालने पर नहीं), तो असली दोषी कौन है? वह अफसर, या वह "सिस्टम", जो टालने को सुरक्षित बनाता है?

- ***कार्रवाई कीजिए***

इस बार जब आपका कोई सरकारी काम हो, तो पहले उसका ऑनलाइन/डिजिटल विकल्प खोजिए एवं इस्तेमाल कीजिए। अगर कोई सेवा, "सेवा का अधिकार" कानून के तहत आती है, तो उसकी समय-सीमा जानिए एवं शालीनता से उसका हवाला दीजिए। अपने अधिकार जानना, थक्के को घोलने की पहली दवा है।

Rx डॉ. सुरेश कुमार पाण्डेय का प्रिस्क्रिप्शनः

इस अध्याय से पाँच संजीवनी सूत्र

पहला सूत्र – तकनीक का क्लॉट-बस्टरः हर सरकारी सेवा को ऑनलाइन, केसलेस एवं समयबद्ध बनाइए। जहाँ फाइल डिजिटल रास्ते से बहेगी, वहाँ लालफीताशाही का थक्का जमने की जगह ही नहीं बचेगी।

दूसरा सूत्र – समय-सीमा की जवाबदेहीः हर सरकारी काम की एक तय समय-सीमा हो, देरी पर जिम्मेदार अधिकारी की जवाबदेही तय हो। "सेवा का अधिकार" जैसे कानूनों को हर राज्य, हर विभाग में सख़्ती से लागू कीजिए।

तीसरा सूत्र – नियम नहीं, नतीजे का इनामः अफसर का मूल्यांकन इस पर हो कि उसने कितनी समस्याएँ सुलझाई, न कि कितने नियम गिनाए। जो "हाँ" कहकर काम करवाए, उसे इनाम मिले; जो हर फाइल को बेवजह टाले, उससे सवाल हो।

चौथा सूत्र – "शासक" से "सेवक" की सर्जरीः अंग्रेजों की बनाई "नियंत्रण" वाली मानसिकता को "सेवा" वाली मानसिकता में बदलिए। प्रशिक्षण से लेकर पदोन्नति तक, हर स्तर पर यह सिखाया जाए कि नागरिक "प्रजा" नहीं, "मालिक" है।

पाँचवाँ सूत्र – हर फाइल, एक इंसानः सबसे गहरा इलाज संवेदना का है। हर मेज पर बैठे व्यक्ति को यह याद रहे कि उसके सामने पड़ी हर फाइल किसी मास्टर साहब की रुकी हुई जिंदगी है, कागज नहीं, इंसान की जिंदगी हैं।

अध्याय 12

न्याय-व्यवस्था: वेंटिलेटर पर पड़ा इंसाफ

जब इलाज इतनी देर से मिले कि मरीज बच ही न पाए

"देर से मिला न्याय, अन्याय का ही एक सभ्य रूप है। जैसे वेंटिलेटर पर पड़ा वह मरीज, जिसका इलाज तब शुरू हो, जब उसकी साँसें पहले ही थम चुकी हों।"

– डॉ. सुरेश कुमार पाण्डेय

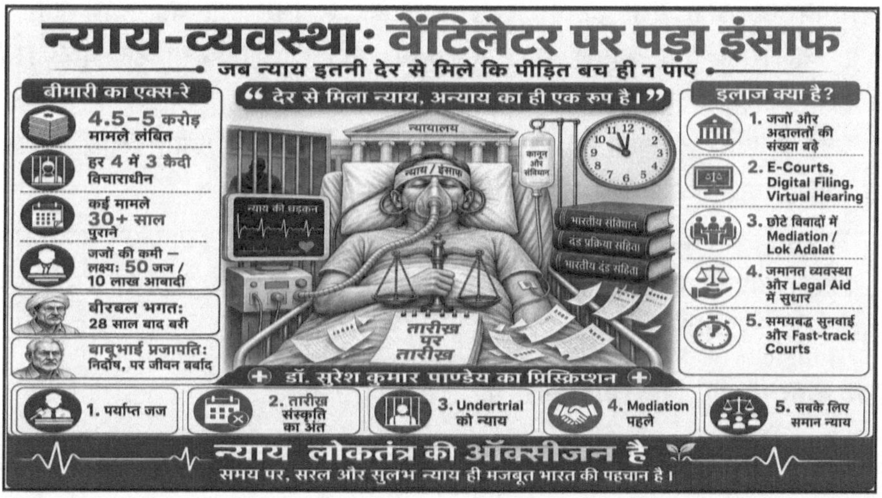

वह आदमी, जो "निर्दोष" साबित हुआ और अगले ही दिन चल बसा

जरा एक पल के लिए सोचिए, एक आदमी, जिसने अपनी पूरी जवानी जेल की सलाखों के पीछे काट दी, आख़िरकार अदालत से "निर्दोष" घोषित होता है। वर्षों बाद उसके चेहरे पर एक मुस्कान लौटती है, ठीक अगले दिन, वह इस दुनिया से चल बसता है।

यह कोई कल्पना नहीं है। गुजरात के एक पूर्व पुलिस-कांस्टेबल, बाबूभाई प्रजापति के साथ ठीक यही हुआ। आरोप था कि उन्होंने एक ट्रक-चालक से

मात्र बीस रुपये की रिश्वत ली थी। वर्ष 1996 में उन्हें इस मामूली-से आरोप में दोषी ठहराया गया। फिर उनकी अपील बीस वर्षों तक अदालतों में लटकी रही, और वे अपनी पूरी जिंदगी इस कानूनी लड़ाई में उलझे रहे। आख़िरकार, लगभग तीन दशक बाद, गुजरात हाईकोर्ट ने उन्हें निर्दोष घोषित किया। पर नियति की क्रूरता देखिए, इस फैसले के ठीक अगले दिन, 64 वर्ष की उम्र में, उनकी मृत्यु हो गई। बीस रुपये का वह आरोप, एक पूरी जिंदगी निगल गया।

एक नेत्र-सर्जन के नाते, मेरी दुनिया में समय ही सब कुछ है। आँख के कुछ रोगों में, जैसे रेटिना की महीन रक्त वाहिकाओं में रक्त प्रवाह का अचानक बंद होना, हमारे पास सिर्फ कुछ मिनटों की "गोल्डन विंडो" होती है। उस खिड़की के भीतर इलाज मिल जाए, तो रोशनी बच जाती है; अगर इलाज सही भी हो, पर देर से मिले – तो वह बेकार है। मरीज की आँख कि रोशनी तब तक हमेशा के लिए समाप्त चुकी होती है।

न्याय भी ठीक ऐसा ही है। न्याय अगर देर से मिले, तो वह न्याय नहीं रह जाता, वह सिर्फ एक कागज का टुकड़ा बन जाता है, जो किसी टूट चुके इंसान के हाथ में थमा दिया जाता है। आज हमारी न्याय-व्यवस्था एक ऐसे ही वेंटिलेटर पर पड़ी है, साँस तो चल रही है, पर इतनी धीमी कि करोड़ों लोग इलाज (न्याय) का इंतजार करते-करते दम तोड़ देते हैं।

बाबूभाई की कहानी अकेली नहीं है। मुझे एक ऐसे ही इंसान की याद आती है, जिसने अपनी पूरी जवानी एक ऐसे जुर्म की सजा में काट दी, जो उसने कभी किया ही नहीं था।

एक कहानी, जो मुझे झकझोर गई

यह कहानी मेरे क्लिनिक की नहीं वरन् यह उस अख़बार की कतरन की है, जिसे पढ़कर मैं देर तक सो नहीं पाया।

उत्तर प्रदेश के देवरिया जिले का एक साधारण व्यक्ति, नाम था बीरबल भगत। वर्ष 1994 में, महज अट्ठाईस साल की उम्र में, एक हत्या के मुक़दमे में आरोपी बनाकर उसे जेल में डाल दिया गया। फिर शुरू हुआ इंतजार – तारीख़ पर तारीख़, सुनवाई पर सुनवाई। उसे जेल की सलाख़ों के पीछे डाल दिया गया, और बाहर उसकी जिंदगी के साल एक-एक कर बीतते गए। उसकी जवानी जेल की सलाख़ों के पीछे ढल गई; और सबसे दर्दनाक बात, उसके अपने परिवार ने ही उससे नाता तोड़ लिया, उसे एक "अपराधी" मानकर अकेला छोड़ दिया। किसी ने एक बार भी उससे जेल में मिलने की जहमत नहीं उठाई।

फिर, पूरे अट्ठाईस साल बाद, अदालत ने फैसला सुनाया कि सबूतों के अभाव में, वह निर्दोष था। अट्ठाईस साल! जिस उम्र में वह जेल गया था, उस उम्र के लोग अब दादा-नाना बन चुके थे। जब उसे रिहाई की ख़बर मिली, तो वह अदालत में ही फूट-फूटकर रो पड़ा, और ऊपरवाले का शुक्रिया अदा करने लगा। अदालत ने उसे "निर्दोष" कहकर रिहा कर दिया, पर उसकी छीनी हुई अट्ठाईस साल की जिंदगी, उसका बिखरा हुआ परिवार, उसके मरे हुए सपने अब कौन लौटाएगा?

"उसे अदालत ने निर्दोष कहा। पर इस फैसले ने उसकी जवानी, उसका परिवार, उसके सपने, कुछ नहीं लौटाया। न्याय आया जरूर, पर वेंटिलेटर बंद होने के बाद।"

बीरबल भगत और बाबूभाई प्रजापति अकेले नहीं हैं। वे उन करोड़ों चेहरों के प्रतिनिधि हैं, जिनके लिए "तारीख़ पर तारीख़" कोई फिल्मी संवाद नहीं, बल्कि उनकी पूरी जिंदगी की त्रासदी है।

वेंटिलेटर और "ब्रेन डेड" – सरल भाषा में

इस बीमारी को एक डॉक्टर की नजर से समझिए। वेंटिलेटर एक ऐसी मशीन है, जो उस मरीज को कृत्रिम साँस देती है, जो खुद साँस नहीं ले पाता। यह जीवन बचाने वाली मशीन है। पर एक स्थिति ऐसी भी आती है, जिसे डॉक्टर "ब्रेन डेड" कहते हैं, यानी मरीज का दिमाग हमेशा के लिए काम करना बंद कर देता है, पर मशीन के सहारे उसका शरीर "चलता हुआ" दिखता रहता है। साँस की आवाज आती है, मॉनिटर पर रेखाएँ चलती हैं, पर असल में जीवन जा चुका होता है।

हमारी न्याय-व्यवस्था आज इसी ख़तरे के क़रीब है। बाहर से वह "चलती हुई" दिखती है, अदालतें खुलती हैं, सुनवाइयाँ होती हैं, फाइलें चलती हैं। पर भीतर, आम आदमी के लिए, "समय पर न्याय" की धड़कन लगभग रुक चुकी है।

"जब इंसाफ की रफ्तार इतनी धीमी हो जाए कि वह एक पीढ़ी में पूरा ही न हो, तो वह न्याय व्यवस्था जिंदा होकर भी, आम आदमी के लिए मृत-समान ही है।"

बीमारी कितनी गहरी है – आँकड़ों का एक्स-रे

यह सिर्फ बीरबल भगत की पीड़ा नहीं, आँकड़े इस वेंटिलेटर की हालत बयान करते हैं। देश की अदालतों में लगभग साढ़े चार से पाँच करोड़ मुक़दमे लंबित हैं। इनमें से कुछ मामले तो तीस साल से भी अधिक पुराने हैं, यानी एक पूरी पीढ़ी न्याय का इंतजार करते-करते गुजर जाती है।

पर सबसे हृदयविदारक तस्वीर हमारी जेलों की है। राष्ट्रीय अपराध रिकॉर्ड ब्यूरो (NCRB) के अनुसार, हमारी जेलों में बंद लगभग तीन-चौथाई कैदी "विचाराधीन" (अंडर-ट्रायल) हैं, यानी वे लोग, जिन पर अभी अपराध साबित ही नहीं हुआ, जिन्हें कानून "निर्दोष" मानता है, जब तक दोष सिद्ध न हो। फिर भी वे सलाख़ों के पीछे हैं, सिर्फ इसलिए कि उनका मुक़दमा सालों से लटका है, या वे जमानत की रकम नहीं भर सके। इनमें से बहुत-से गरीब लोग तो जेल में उससे ज्यादा समय बिता देते हैं, जितनी उस कथित अपराध की अधिकतम सजा होती है।

इस अप्रत्यशित देरी का एक बड़ा कारण जजों की भारी कमी है। भारत में प्रति दस लाख आबादी पर जजों की संख्या आज भी बहुत कम है, जबकि विधि आयोग ने बहुत पहले 50 जज प्रति दस लाख की सिफारिश की थी। यानी जिन्हें न्याय करना है, वे ही इतने कम हैं कि मुक़दमों की लंबी एवं अंतहीन कतार कभी ख़त्म ही नहीं होती।

"हमारी जेलों में बंद हर चार में से लगभग तीन लोग वे हैं, जिन्हें कानून अब भी 'निर्दोष' मानता है। जरा सोचिए, हम 'दोषियों' को सजा देने से पहले, कितने 'निर्दोषों' को सजा दे रहे हैं।"

एक संतुलित नजर – व्यवस्था पंगु है, अंधी नहीं

एक संवेदनशील लेखक होने के नाते मुझे संतुलन बनाना जरूरी है, क्योंकि सिर्फ निराशा फैलाना सच को आधा बताना होगा।

पहली बात – हमारी न्यायपालिका, अपनी तमाम सुस्ती के बावजूद, इस लोकतंत्र का सबसे भरोसेमंद स्तंभ बनी हुई है। यही वह संस्था है, जिसने बार-बार आम नागरिक के मौलिक अधिकारों की रक्षा की है, सत्ता को उसकी सीमा याद दिलाई है, और संविधान की आत्मा को बचाए रखा है। दुनिया भर में हमारी अदालतों के कई ऐतिहासिक फैसलों की मिसाल दी जाती है। बीमारी रफ्तार की है, नीयत या ईमानदारी की नहीं है।

दूसरी बात – दोष किसी एक का नहीं है। जजों की कमी, पुलिस की जाँच में देरी, बार-बार ली जाने वाली "तारीख़ें", पुराने कानून, और खुद मुक़दमेबाजी की हमारी आदत आदि यह सब मिलकर इस जाम को बनाते हैं। एक पुरानी, कड़वी सच्चाई है कि हमारे यहाँ दो पड़ोसी एक दीवार के झगड़े में मुक़दमा शुरू करते हैं, और वह मुक़दमा अक्सर उन दोनों से भी ज्यादा उम्र पा जाता है; फैसला तब आता है, जब झगड़ा करने वाले दोनों जा चुके होते हैं, और लड़ाई उनके बेटे-पोते सँभाल रहे होते हैं। यह पूरी व्यवस्था का रोग है, किसी एक अंग का नहीं।

तीसरी बात – इलाज शुरू हो चुका है। हाल के वर्षों में हजारों फास्ट-ट्रैक अदालतें बनी हैं, ई-कोर्ट और डिजिटल सुनवाई ने रफ्तार बढ़ाई है, और नए आपराधिक कानूनों में समयबद्ध न्याय पर जोर दिया गया है। दिशा सही है, लेकिन अब रफ्तार और संकल्प चाहिए।

"न्यायपालिका हमारे लोकतंत्र की सजग आँख है, जो आज भी सही और गलत के बीच स्पष्ट अंतर देख सकती है। बस इस सजग दृष्टि को मोतियाबिंद ने नहीं, समय की धुंध ने धुँधलाया है, और इस धुंध का उपचार संभव है।"

इलाज – वेंटिलेटर से उठाकर पैरों पर खड़ा करना

जब मरीज वेंटिलेटर पर हो, तो डॉक्टर का लक्ष्य होता है, उसकी जल्द से जल्द खुद की साँस लौटाना, ताकि वह मशीन के सहारे नहीं, अपने दम पर जिए। हमारी न्याय-व्यवस्था को भी ऐसे ही पुनर्जीवन की जरूरत है।

पहला इलाज – जजों और अदालतों की संख्या बढ़ाना। जब न्याय करने वाले ही कम होंगे, तो मुक़दमों की कतार कभी छोटी नहीं होगी। ख़ाली पड़े जजों के पद तुरंत भरने होंगे, और नई अदालतें खोलनी होंगी।

दूसरा इलाज – तकनीक का सहारा। ई-कोर्ट, डिजिटल फाइलिंग और वर्चुअल सुनवाई से उस "तारीख़ पर तारीख़" वाली संस्कृति को तोड़ा जा सकता है।

तीसरा इलाज – मुक़दमे से पहले समझौते (मीडिएशन) को बढ़ावा, ताकि हर छोटा झगड़ा अदालत का बोझ न बने।

चौथा इलाज, सबसे जरूरी – जमानत व्यवस्था में सुधार, ताकि कोई गरीब बीरबल भगत सिर्फ इसलिए जवानी जेल में न गँवाए कि उसके मुक़दमे की सुनवाई बहुत धीमी गति से हो रही थी।

लगभग 148 करोड़ जनसंख्या वाले इस राष्ट्र-देह में न्याय वह ऑक्सीजन है, जिसके बिना लोकतंत्र साँस नहीं ले सकता। जिस प्रकार ऑक्सीजन का प्रवाह रुकते ही शरीर के अंग निष्क्रिय होने लगते हैं, उसी प्रकार न्याय में देरी होते ही समाज का विश्वास और नागरिकों की आशाएँ दम तोड़ने लगती हैं।

न्याय केवल उन लोगों के लिए नहीं होना चाहिए जो महँगे वकीलों का खर्च उठा सकें, बल्कि देश के अंतिम और सबसे कमजोर नागरिक तक समय पर पहुँचना चाहिए। जब किसी निर्दोष की जवानी, अदालतों और जेलों में बीत जाती

है, तो केवल एक व्यक्ति नहीं, पूरा लोकतंत्र हारता है। यदि भारत को 2047 तक एक न्यायपूर्ण महाशक्ति बनना है, तो न्याय की यह जीवनदायिनी ऑक्सीजन बिना भेदभाव और बिना विलंब हर नागरिक तक पहुँचनी ही चाहिए।

"एक अमीर के लिए न्याय एक 'सेवा' है, जिसे वह ख़रीद सकता है; पर एक गरीब के लिए वह एक 'सपना' है, जिसका इंतजार करते-करते अक्सर उसकी जिंदगी ही पूरी हो जाती है। एक महान राष्ट्र वह है, जहाँ न्याय दोनों के लिए एक समान और समय पर हो।"

- ***सोचिए***

बीरबल भगत के अट्ठाईस साल, और बाबूभाई प्रजापति के जीवन की वह आख़िरी रात, जो "निर्दोष" होकर भी छिन गई, क्या इन्हें कोई फैसला, कोई मुआवजा लौटा सकता है? जब हमारी जेलों में हर चार में से लगभग तीन लोग बिना दोष साबित हुए बंद हैं, तो क्या "हर इंसान निर्दोष है, जब तक दोष सिद्ध न हो", यह सिद्धांत सिर्फ किताबों में रह गया है?

- ***चर्चा कीजिए***

अपने परिवार या मित्रों से बात कीजिए: हम कहते हैं "देर से मिला न्याय, न्याय नहीं होता", पर क्या हम खुद, एक समाज के रूप में, छोटी-छोटी बातों पर मुक़दमेबाजी करके अदालतों का बोझ बढ़ाने के दोषी नहीं हैं? न्याय की रफ्तार बढ़ाने में हमारी अपनी क्या भूमिका है?

- ***कार्रवाई कीजिए***

एक नागरिक के नाते दो काम कीजिए: पहला, छोटे-मोटे झगड़ों को बातचीत और समझौते (मीडिएशन) से सुलझाने को प्राथमिकता दीजिए, अदालत को अंतिम विकल्प मानिए। दूसरा, अपने अधिकारों के प्रति जागरूक रहिए, और आसपास किसी जरूरतमंद को मुफ्त कानूनी सहायता (लीगल एड) के बारे में बताइए, क्योंकि हर निर्दोष को बचाना, पूरी व्यवस्था को स्वस्थ करने की दिशा में एक महत्वपूर्ण कदम है।

Rx डॉ. सुरेश कुमार पाण्डेय का प्रिस्क्रिप्शन:

इस अध्याय से पाँच संजीवनी सूत्र

पहला सूत्र – पर्याप्त जज, पर्याप्त अदालतें: जब तक जजों के ख़ाली पद नहीं भरे जाते और उनकी संख्या नहीं बढ़ती, तब तक मुक़दमों की

कतार छोटी नहीं होगी। न्याय की रफ्तार बढ़ाने की पहली शर्त यही है।

दूसरा सूत्र – "तारीख़ पर तारीख़" का अंत: बेवजह की तारीख़ों (एडजर्नमेंट) की संस्कृति न्याय की सबसे बड़ी दुश्मन है। ई-कोर्ट, डिजिटल सुनवाई और समयबद्ध ट्रायल से इस जाम को तोड़ना होगा।

तीसरा सूत्र – विचाराधीन कैदियों को न्याय: जो गरीब सिर्फ जमानत न भर पाने के कारण जेल में बंद हैं, उनके लिए जमानत व्यवस्था में सुधार और मुफ्त कानूनी सहायता जरूरी है। किसी निर्दोष का जेल में एक दिन भी रहना, व्यवस्था की हार है।

चौथा सूत्र – मुक़दमे से पहले समझौता: हर झगड़ा अदालत तक न पहुँचे। मध्यस्थता (मीडिएशन) और लोक अदालतों को बढ़ावा देकर अदालतों का बोझ घटाया जा सकता है, ताकि वे गंभीर मामलों पर ध्यान दे सकें।

पाँचवाँ सूत्र – न्याय, अमीर-गरीब दोनों के लिए समान: न्याय एक ख़रीदी जाने वाली सेवा नहीं, हर नागरिक का मौलिक अधिकार है। एक महान राष्ट्र वह है, जहाँ इंसाफ की रफ्तार इस पर निर्भर न करे कि मुक़दमा लड़ने वाले की जेब में कितना पैसा है।

अध्याय 13

मीडियाः लोकतंत्र की धुँधलाती दृष्टि

जब समाज की आँख पर ही धुंधला चश्मा चढ़ जाए

"स्वस्थ मीडिया लोकतंत्र की आँख है, वह उन अँधेरों में झाँकता है, जिन्हें सत्ता परदे के पीछे छिपाए रखना चाहती है। पर जब यही आँख धुँधली पड़ जाए, बिके हुए चश्मे पहन ले, और शोर को ही सच कहकर बेचने लगे, तो समाज वास्तविकता नहीं, रचा हुआ तमाशा देखने लगता है। तब मीडिया जन-जागरण का दीपक नहीं रह जाता, वह भ्रम फैलाने वाला वही धुआँ बन जाता है, जो दीपक को बुझाकर उसकी जगह ले लेता है।"

– डॉ. सुरेश कुमार पाण्डेय

पुरानी कहावत है- झूठ आधी दुनिया का चक्कर लगा लेता है, जबकि सच अभी अपने जूते ही पहन रहा होता है। पर मोबाइल के इस दौर में तो यह कहावत और भी डरावनी हो उठी है। आज झूठ पैदल नहीं चलता, वह बिजली की रफ्तार से उड़ता है। एक संदेश, एक वीडियो, एक फॉरवर्ड, और पलक झपकते ही वह करोड़ों लोगों तक पहुँच जाता है, जबकि सच अभी अपनी आँखें मलते हुए बिस्तर से उठ भी नहीं पाता।

पर क्या आपने कभी सोचा है कि यह तेज दौड़ता झूठ, कभी-कभी किसी की जान भी ले सकता है?

एक नेत्र-सर्जन के नाते, मेरा सारा काम एक ही चीज के इर्द-गिर्द घूमता है, स्पष्ट दृष्टि। एक स्वस्थ आँख वह है, जो दुनिया को वैसा ही दिखाए, जैसी वह है, न कम, न ज्यादा, न रंग बदलकर। पर कुछ रोग ऐसे होते हैं, जिनमें आँख तो खुली रहती है, पर वह जो दिखाती है, वह असल में होता ही नहीं या जो होता है, उसे बदलकर दिखाती है।

एक राष्ट्र के लिए, उसका मीडिया ठीक वही ''आँख'' है। एक स्वतंत्र, ईमानदार मीडिया वह आँख है, जिससे करोड़ों नागरिक अपने देश दुनिया को देखते हैं। यह आँख तय करती है कि जनता क्या जानेगी, क्या सोचेगी, किस बात पर गुस्सा या खुशी जताएगी। इसीलिए इसे लोकतंत्र का "चौथा स्तंभ" कहा जाता है। पर आज, जब मैं इस आँख की जाँच करता हूँ, तो मुझे एक गहरी चिंता होती है।

पर इससे पहले कि मैं आगे बढ़ूँ, मुझे एक ऐसी घटना याद आती है, जिसने कोरोना-काल में पूरे देश को झकझोर दिया था।

एक सच्ची घटना – पालघर, वह अफवाह जो तीन जिंदगियाँ ले गई

घटना 16 अप्रैल 2020 की है। पूरा देश कोरोना महामारी के कारण लॉकडाउन में बंद था। महाराष्ट्र के पालघर जिले के गडचिंचले गाँव में, मोबाइल फोन के जरिए एक अफवाह आग की तरह फैली कि इलाके में रात के अँधेरे में "चोर," "बच्चा-चोर गिरोह" घूम रहे हैं। डर अविश्वास के उस माहौल में, गाँव वालों ने खुद "पहरेदार" बनकर रास्ते रोक लिए।

उसी रात, एक गाड़ी उस रास्ते से गुजरी। उसमें तीन लोग थे, दो साधु, जिनकी उम्र 70 एवं 35 वर्ष थी एवं उनका 30 वर्षीय ड्राइवर, नीलेश तेलगड़े गाड़ी चला रहे थे। ये तीनों अपने गुरु के अंतिम संस्कार में शामिल होने सूरत जा रहे थे। पर अफवाह से दहशतजदा भीड़ ने उन्हें वही "बच्चा चोर" समझ लिया, जिनकी बात फैली थी।

जो हुआ, वह मानवता को शर्मसार करने वाला था। भीड़ ने उन तीनों पर हमला कर दिया। पुलिस ने बीच-बचाव की कोशिश की, एक वरिष्ठ पुलिस अधिकारी समेत चार पुलिसकर्मी घायल हुए, पर भीड़ का उन्माद इतना भयंकर था कि तीनों निर्दोषों की वहीं जान चली गई।

यहाँ वह तथ्य है, जिसे हर भारतीय को जानना चाहिए: जाँच में सरकार पुलिस ने स्पष्ट किया कि इस घटना में हमलावर एवं पीड़ित, दोनों एक ही समुदाय के थे; गिरफ्तार 100 से अधिक लोगों में कोई बाहरी या किसी "दूसरे" समुदाय का व्यक्ति नहीं था। यानी यह किसी धर्म या समुदाय का झगड़ा नहीं था, यह सिर्फ सिर्फ एक अफवाह एक झूठी ख़बर की उपज थी।

"पालघर की दुर्भाग्यपूर्ण घटना हमें यह नहीं सिखाती कि कौन किसके ख़िलाफ था। यह हमें यह सिखाता है कि एक झूठी ख़बर, एक डरी हुई भीड़ को, चंद मिनटों में हत्यारा बना सकती है क्योंकि उस भीड़ को अंत तक यक़ीन रहता है कि वह 'सही' कर रही थी।"

उस घटना ने मुझे भीतर तक हिला दिया। एक डॉक्टर के नाते मैं जानता हूँ कि अफवाह सिर्फ "गलत सूचना" नहीं होती, यह एक ऐसा संक्रमण है, जो समाज की आँख से उसका विवेक छीन लेता है।

बीमारी कितनी गहरी है – आँकड़ों का एक्स-रे

पालघर कोई इकलौती घटना नहीं थी, यह एक राष्ट्रव्यापी बीमारी का सबसे दर्दनाक लक्षण था। आँकड़े डराने वाले हैं। विश्व आर्थिक मंच (वर्ल्ड इकोनॉमिक फोरम) की 2024 की ग्लोबल रिस्क रिपोर्ट ने भारत को दुनिया का वह देश बताया, जहाँ गलत सूचना (मिस-इनफॉर्मेशन) का जोखिम सबसे अधिक है। जरा इस बात को महसूस कीजिए, आर्थिक संकट, बीमारी, या युद्ध से नहीं; विशेषज्ञों ने अगले दो वर्षों के लिए हमारे देश का सबसे बड़ा ख़तरा "झूठी सूचना" को आँका।

इसके कई कारण हैं। भारत में करोड़ों लोगों के लिए सोशल मीडिया मैसेजिंग ऐप ही ख़बरों का मुख्य स्रोत बन चुके हैं, जहाँ बिना किसी जाँच के, झूठ सच से

तेज दौड़ता है। हमारी कई भाषाएँ, बढ़ता ध्रुवीकरण, भावनाओं को भड़काने वाले संदेश, ये सब मिलकर झूठी सूचनाओं के इस संक्रमण को घातक बना देते हैं।

दूसरी ओर, मीडिया की स्वतंत्रता का सवाल भी है। रिपोर्टर्स विदाउट बॉर्डर्स के विश्व प्रेस स्वतंत्रता सूचकांक में भारत की रैंकिंग हाल के वर्षों में 150 से 160 के आसपास रही है, जिसे चिंता का विषय बताया जाता है। हालाँकि यहाँ संतुलन जरूरी है क्योंकि कई भारतीय विशेषज्ञ इस सूचकांक की पद्धति (मेथोडोलॉजी) पर सवाल भी उठाते हैं, यह तर्क देते हुए कि भारत जैसा विशाल, बहुभाषी जीवंत मीडिया-तंत्र इन धारणा-आधारित आँकड़ों में पूरी तरह नहीं झलकता। सच, हमेशा की तरह, इन दोनों छोरों के बीच कहीं है।

"समस्या यह नहीं कि भारत में बहुत कम ख़बरें विश्वसनीय हैं। समस्या यह है कि बहुत-सी ख़बरें हैं, विशेषकर भरोसेमंद ख़बरें कम एवं शोर बहुत है, एवं विश्वसनीय आवाज कम है जो कई बार अनसुनी रह जाती है।"

दो रोग, एक ही आँख में – सरल भाषा में

एक नेत्र-सर्जन के नाते, मैं इस आँख में दो अलग-अलग रोग देखता हूँ, दोनों को समझना जरूरी है।

पहला रोग है – मोतियाबिंद जैसी "धुंध", यानी सनसनी और टीआरपी (टेलीविजन रेटिंग पॉइंट) की अंधी दौड़। जिस तरह मोतियाबिंद में आँख का प्राकृतिक लेंस धीरे-धीरे धुँधला पड़ जाता है और साफ-से-साफ दृश्य भी धुंध के कोहरे में खो जाता है, ठीक उसी तरह जब मीडिया का ध्येय "सच दिखाना" नहीं, बल्कि "ज्यादा-से-ज्यादा दर्शक खींचना" बन जाता है, तो पूरे समाज की दृष्टि धुँधलाने लगती है। तब शिक्षा, स्वास्थ्य, रोजगार और महँगाई जैसे असली सवाल चुपचाप परदे के पीछे सरक जाते हैं और उनकी जगह चीखती बहसें, सनसनीखेज सुर्खियाँ और तमाशे की भड़कीली चमक ले लेती हैं। दर्शक को लगता है कि वह "सब कुछ" देख रहा है, जबकि असल में वह वही देख रहा होता है, जो उसे दिखाया जा रहा है।

कभी-कभी तो लगता है, हमारे कई न्यूज-चैनल असली ख़बरों से ज्यादा चिंता इस बात की करते हैं कि किसी फिल्मी सितारे ने रात के खाने में क्या खाया, या कौन-सा ज्योतिषी किस ग्रह को जिम्मेदार ठहरा रहा है। जरूरी सवाल, जैसे आपके बच्चे के स्कूल में शिक्षक हैं या नहीं आदि पीछे छूट जाते हैं, शोर आगे आ जाता है।

दूसरा रोग है – रंगांधता (कलर ब्लाइंडनेस) जैसा "पक्षपात।" इसे सरल भाषा में समझिए: रंगांधता में आँख कुछ ख़ास रंगों में फर्क़ नहीं कर पाती है, उसे दुनिया

एक झुकाव के साथ दिखती है। जब मीडिया किसी एक विचारधारा, एक पक्ष, या एक मालिक के "रंग" का चश्मा पहन लेता है, तो वह जनता को सच नहीं, सिर्फ एक पक्ष का "रंग" दिखाता है। जनता को लगता है कि वही पूरी तस्वीर है।

"जब आँख पर रंगीन चश्मा चढ़ जाए, तो दोष दुनिया का नहीं होता है पर देखने वाला यही मानता है कि दुनिया सचमुच उसी रंग की है। यही पक्षपाती मीडिया की सबसे बड़ी त्रासदी है।"

एक संतुलित नजर – आँख अब भी देख सकती है

यहाँ एक परिपक्व चिकित्सक एवं सजग लेखक के नाते मुझे संतुलन बनाना जरूरी लगता है, क्योंकि सिर्फ निराशा लिखना भी अपने आप में एक तरह का असंतुलन ही होगा।

पहली बात – भारतीय मीडिया, अपनी तमाम कमजोरियों के बावजूद, दुनिया के सबसे जीवंत व विविध मीडिया-तंत्रों में से एक है। यहाँ दर्जनों भाषाओं में एक लाख से अधिक अख़बार एवं सैकड़ों न्यूज चैनल हैं। आज भी ऐसे अनेक निडर पत्रकार हैं, जो जान जोखिम में डालकर सच को सामने लाते हैं, भ्रष्टाचार उजागर करते हैं, आख़िरी आदमी की आवाज बनते हैं। इन्हीं की वजह से, यह आँख अब भी देख पाती है।

दूसरी बात – यह सबसे चुभने वाली बात यह है कि सारा दोष सिर्फ "मीडिया" का नहीं, हमारा भी है। मीडिया वही परोसता है, जो हम "खाते" हैं। अगर हम सनसनी, झगड़े, तमाशे को ज्यादा देखेंगे, तो वही ज्यादा दिखाया जाएगा। हमारी "क्लिक", हमारा "फॉरवर्ड", हमारा "व्यू", आदि यही तय करता है कि कौन-सी ख़बर चलेगी। यानी इस आँख का रिमोट कंट्रोल, एक हद तक, हमारे ही हाथ में है।

तीसरी बात – एक नई उम्मीद भी है। आज तकनीक ने हर नागरिक को एक "नागरिक पत्रकार" बना दिया है। स्वतंत्र डिजिटल मंच, फैक्ट-चेकिंग संस्थाएँ, जागरूक पाठक आदि ये मिलकर इस धुंध को छाँट सकते हैं।

"मीडिया की आजादी सिर्फ पत्रकार का अधिकार नहीं वरन वह हर नागरिक के 'सच जानने के अधिकार' की रक्षक है। जिस दिन यह आँख पूरी तरह बंद होगी, उस दिन लोकतंत्र अंधा हो जाएगा।"

इलाज – दृष्टि को फिर साफ करना

इस धुँधलाती दृष्टि का इलाज दो तरफ से करना होगा, व्यवस्था की ओर से, हर नागरिक की ओर से।

व्यवस्था की ओर से, मीडिया की स्वतंत्रता की रक्षा हो, ताकि वह सत्ता के ताक़तवर लोगों से सच पूछ सके; साथ ही, मीडिया के स्वामित्व (ओनरशिप) में पारदर्शिता हो, ताकि जनता जान सके कि कौन-सी ख़बर के पीछे किसका हित है। गलत सूचना फैलाने वालों के विरुद्ध कानून जरूरी है, पर इस संतुलन के साथ कि वह कानून सच बोलने वालों को चुप कराने का हथियार न बन जाए। यह तलवार की धार पर चलना है कि न संक्रमण फैलने दें, न आवाज को दबने दें।

पर सबसे शक्तिशाली इलाज, मीडिया साक्षरता (मीडिया लिटरेसी), यानी सच झूठ में फर्क़ करने की समझ नागरिकों के हाथ में है । हमें खुद, अपने बच्चों को, यह सिखाना होगा कि हर संदेश को आँख मूँदकर सच न मानें, फॉरवर्ड करने से पहले एक बार रुककर सोचें, कम से कम दो-तीन भरोसेमंद स्रोतों से जाँच लें।

लगभग 148 करोड़ की इस राष्ट्र-देह की आँख तभी साफ देखेगी, जब हर नागरिक, सोशल मीडिया पर मैसेज या अफवाह या हर ख़बर के पीछे आँख मूँदकर दौड़ने वाला नहीं वरन् एक सतर्क, सोचने-समझने वाला दर्शक बनेगा।

"फॉरवर्ड करने से पहले एक पल रुककर सोचना, यह आज के युग का सबसे बड़ा राष्ट्रधर्म है। क्योंकि आपकी एक उँगली, या तो सच फैला सकती है, या पालघर जैसी कोई त्रासदी रच सकती है।"

▪ *सोचिए*

पालघर के उन तीन निर्दोषों की मौत, जो एक अफवाह की कीमत थी – क्या हमने भी कभी कोई संदेश, कोई वीडियो, बिना जाँचे आगे नहीं बढ़ाया? क्या हमें यक़ीन है कि हमारी एक "हानिरहित" फॉरवर्ड ने कभी किसी के मन में डर या नफरत का बीज नहीं बोया?

▪ *चर्चा कीजिए*

अपने परिवार मित्रों से बात कीजिए: हम जो ख़बरें रोज देखते हैं, क्या वे हमें "सोचने" पर मजबूर करती हैं, या सिर्फ "गुस्सा/उत्तेजना" जगाती हैं? हम कैसे पहचानें कि कोई ख़बर सच है, या सिर्फ हमारी भावनाओं को भड़काने वाला तमाशा है।?

▪ *कार्रवाई कीजिए*

आज से एक नियम बनाइए, कोई भी संदेश, वीडियो या "ख़बर" फॉरवर्ड करने से पहले एक पल रुकिए खुद से पूछिए: "क्या यह सच है? क्या मैंने इसे किसी

भरोसेमंद स्रोत से जाँचा?" अपने घर के बुजुर्गों व बच्चों को भी यही सिखाइए। एक रुकी हुई झूठी फॉरवर्ड, एक बची हुई जिंदगी हो सकती है।

Rx डॉ. सुरेश कुमार पाण्डेय का प्रिस्क्रिप्शन:

इस अध्याय से पाँच संजीवनी सूत्र

पहला सूत्र – फॉरवर्ड से पहले फिल्टर: हर नागरिक "मीडिया साक्षरता" अपनाए – कोई भी ख़बर आँख मूँदकर सच न माने, फॉरवर्ड करने से पहले भरोसेमंद स्रोतों से जाँचे। यह झूठ की महामारी के विरुद्ध सबसे सस्ता शक्तिशाली टीका है।

दूसरा सूत्र – स्वामित्व में पारदर्शिता: जनता को यह जानने का अधिकार हो कि कौन-सा मीडिया किसके स्वामित्व हित में चल रहा है। पारदर्शी स्वामित्व ही पक्षपात के "रंगीन चश्मे" को पहचानने में मदद करता है।

तीसरा सूत्र – आजादी एवं जिम्मेदारी का संतुलन: मीडिया की स्वतंत्रता की रक्षा जरूरी है, ताकि वह सत्ता से सच पूछ सके; पर साथ ही जिम्मेदारी भी, ताकि वह सनसनी झूठ का कारख़ाना न बने। कानून ऐसा हो, जो संक्रमण रोके, पर आवाज न दबाए।

चौथा सूत्र – टीआरपी नहीं, सच की वापसी: मीडिया को "कितने दर्शक" से ज्यादा "कितना सच" को पैमाना बनाना होगा। दर्शक के नाते हमें भी, सनसनी के बजाय गंभीर, जरूरी ख़बरों को समय सम्मान देना होगा।

पाँचवाँ सूत्र – हर नागरिक, एक जिम्मेदार आँख: लोकतंत्र की दृष्टि सिर्फ पत्रकारों की नहीं, हर नागरिक की जिम्मेदारी है। एक सतर्क, सोचने वाला नागरिक ही मीडिया की इस आँख के धुंधला होने से बचा सकता है।

अध्याय 14

राष्ट्रीय सुरक्षा व सीमाएँ: राष्ट्र की प्रतिरक्षा-प्रणाली

वह अनदेखी सेना, जो शरीर को हर हमले से बचाती है

"शरीर की त्वचा प्रतिरक्षा-प्रणाली रात-दिन, बिना किसी शिकायत के, हर हमले से हमारी रक्षा करती है और हमें इसका एहसास तक नहीं होता। हमारी सेना ठीक यही है: राष्ट्र-देह की वह प्रतिरक्षा-प्रणाली, जिसकी क़ीमत हमें तब समझ आती है, जब वह घायल होती है।"

– डॉ. सुरेश कुमार पाण्डेय

दिनांक 15 जून 2020 एक ऐसी तारीख़, जो शायद आपको याद न हो, लेकिन इस विशेष रात आप अपने कमरे में, एयर कंडीशनर (वातानुकूलन) चलाकर चैन की नींद सो रहे थे, ठीक उसी रात, समुद्र-तल से लगभग 14,000 फुट ऊपर, शून्य से कई डिग्री नीचे के तापमान में, जहाँ साँस लेना भी एक जंग है, हमारी सेना के कुछ नौजवान बेटे एक बर्फ़ीली चोटी पर, नंगे हाथों से दुश्मन से भिड़ रहे थे, ताकि देश की सरहद सुरक्षित रहे।

हम चैन से सोते हैं, क्योंकि कोई हमारे लिए जागता है। हम बेफिक्र होकर जीते हैं, क्योंकि कोई हमारे लिए मरने को तैयार खड़ा है। सबसे दुखद बात यह है कि हमें इसका एहसास तक नहीं होता।

एक नेत्र-सर्जन के नाते, मेरी पूरी दुनिया एक नाजुक संतुलन पर टिकी है कि बाहरी संक्रमण को भीतर न आने देना। ऑपरेशन थिएटर में हम घंटों इसी एक चीज के लिए जूझते हैं: रोगाणुओं को आँख के भीतर घुसने से रोकना। क्योंकि एक बार संक्रमण भीतर पहुँच गया, तो वह पूरी आँख को नष्ट कर सकता है।

हमारा शरीर भी यही करता है। हमारी त्वचा एक दीवार है, हमारी प्रतिरक्षा-प्रणाली (इम्यून सिस्टम) एक अनदेखी सेना, जो दिन-रात, बिना रुके, बाहरी हमलावरों (जीवाणुओं) से हमारी रक्षा करती है। हम चैन से सोते हैं, हँसते हैं, जीते हैं, क्योंकि यह सेना सरहद पर तैनात रहती है। एक राष्ट्र के लिए उसकी सेना सीमा-सुरक्षा ठीक यही प्रतिरक्षा-प्रणाली है। पर हम अक्सर भूल जाते हैं कि हमारी नींद किसी की जागती आँखों की क़ीमत पर आती है। इस क़ीमत को मुझे गलवान घाटी पर घटित उस सच्ची घटना ने दिनांक 15 जून 2020 की उस रात को सिखाया।

एक सच्ची गाथा – गलवान की वह रात, कर्नल संतोष बाबू

दिनांक 15 जून 2020 की रात। पूर्वी लद्दाख की गलवान घाटी, जहाँ तापमान शून्य से नीचे एवं ऑक्सीजन बेहद कम रहती है। समुद्र-तल से लगभग 14,000 फुट की ऊँचाई पर, जहाँ साँस लेना भी एक संघर्ष है। 16 बिहार रेजिमेंट के कमांडिंग ऑफिसर, **कर्नल बी. संतोष बाबू,** अपने जवानों के साथ वहाँ तैनात थे। सीमा पर तनाव चल रहा था। उस रात, अपने इलाके की रक्षा करते हुए, कर्नल बाबू व उनके जवानों का सामना चीन के दुश्मन सैनिकों से हुआ। जो हुआ, वह आधुनिक युद्ध-इतिहास की सबसे क्रूर साहसी रात बन गई एवं उस बर्फीली रात में, बिना गोली चले, हाथों, लाठियों, पत्थरों से गलवान घाटी में एक भीषण संघर्ष लड़ा गया।

कर्नल संतोष बाबू अपने जवानों के साथ आगे बढ़कर लड़े, अपनी आख़िरी साँस तक अपनी चौकी की रक्षा करते रहे। उस रात वे एवं उनके साथी (कुल 20 वीर सैनिक,

एक किसी का बेटा, किसी का पति, किसी का पिता) मातृभूमि की रक्षा में शहीद हो गए।

कृतज्ञ राष्ट्र ने उनके बलिदान को नमन किया। कर्नल संतोष बाबू को मरणोपरांत देश का दूसरा सबसे बड़ा युद्धकालीन सम्मान, **महावीर चक्र**, प्रदान किया गया, उनके कई साथियों को वीर चक्र से नवाजा गया।

"हमारे जांबाज सैनिक ठिठुरती, अँधेरी रातों में दुर्गम सरहदों पर इसलिए डटे रहते हैं, ताकि हम अपने घरों में निश्चिंत होकर सो सकें। कई बार वे जीवित नहीं लौटते, तिरंगे में लिपटकर अमर हो जाते हैं। उनकी सबसे बड़ी अपेक्षा बस इतनी है कि राष्ट्र उनके त्याग को याद रखे, बलिदान का सम्मान करे और उनकी शहादत को कभी न भूले।"

गलवान घाटी में वीर सैनिको की शहादत के इस दु:खद समाचार को जब मैंने यह पढ़ा, तो एक डॉक्टर व एक नागरिक, दोनों के नाते मेरी आँखें नम हो गई। हम चिकित्सक ऑपरेशन थिएटर में या आई.सी.यू. में एक जान मरणासन बचाने के लिए जूझते हैं; ये जवान देश की सरहद की सुरक्षा के लिए अपनी जान दे देते हैं।

वे नाम, जिन्हें भुलाया नहीं जा सकता

गलवान घाटी का संघर्ष कोई अकेली गाथा नहीं है। हमारे इतिहास के हर पन्ने पर ऐसे अनगिनत वीर सैनिक के नाम दर्ज हैं, जिन्होंने हँसते-हँसते अपना सब कुछ इस मातृभूमि पर न्योछावर कर दिया। जरा 1999 के कारगिल युद्ध एवं युद्ध की सबसे कठिन परिस्थिति को याद कीजिए, जब दुश्मन ऊँची, बर्फीली चोटियों पर बैठा था, हमारे जवानों को नीचे से, खुले में, ऊपर चढ़कर लड़ना था। उस

युद्ध में एक नौजवान अफसर थे, **कैप्टन विक्रम बत्रा।** महज चौबीस साल का यह बहादुर, अपनी टुकड़ी का नेतृत्व करते हुए, दुश्मन की कई दुर्गम चौकियों पर तिरंगा फहरा आए। उनका रेडियो कोड था, "शेरशाह।" एक चोटी फतह करने के बाद, उसका वह मशहूर वाक्य, "ये दिल माँगे मोर", आज भी हर भारतीय की रगों में जोश भर देता है। पर एक घायल साथी को बचाते हुए, इस शेर ने अपनी आख़िरी साँस ली। उनका सपना था, युद्ध के बाद लौटकर शादी करना लेकिन वह दूल्हा बनकर नहीं, वरन राष्ट्र का अमर शहीद बनकर लौटे। उन्हें मरणोपरांत देश का सर्वोच्च सम्मान, **परमवीर चक्र**, मिला।

उसी कारगिल युद्ध में, 1/11 गोरखा राइफल्स के लेफ्टिनेंट मनोज कुमार पाण्डेय थे, जिनकी आयु थी सिर्फ चौबीस साल। खालुबार की चोटी पर हमला करते हुए, गोलियों की बौछार के बीच, घायल होने के बावजूद, वे अपनी आख़िरी साँस तक आगे बढ़ते रहे। एक के बाद एक दुश्मन के बंकर तबाह करते रहे। उन्हें भी मरणोपरांत **परमवीर चक्र** से सम्मानित किया गया।

कुछ ऐसे जांबाज सैनिक भी हैं, जो उस अति कठिन संघर्ष से गुजरकर, आज भी हमारे बीच शौर्य की मिशाल बनकर प्रेरित कर रहे हैं। **ग्रेनेडियर योगेंद्र सिंह यादव,** महज उन्नीस साल की उम्र में, टाइगर हिल की उस खूनी चढ़ाई में, अपने शरीर पर पंद्रह से अधिक गोलियाँ खाकर भी, दुश्मन के बंकर तक पहुँचे और उसे ध्वस्त किया। वे परमवीर चक्र पाने वाले सबसे कम उम्र के सैनिकों में से एक हैं।

ये सिर्फ नाम नहीं हैं, ये वे जीवित अमर मशालें हैं, जिनकी रोशनी में हमारा लोकतंत्र साँस लेता है।

"वे जांबाज सैनिक सरहद की रक्षा करते हुए एक अजनबी के लिए मरे, वह अजनबी, आप हैं। एक सैनिक आपको जानता तक नहीं, फिर भी आपके लिए अपनी जान दे देता है। इससे बड़ा त्याग, इस दुनिया में कोई नहीं।"

प्रतिरक्षा-प्रणाली कैसे काम करती है – सरल भाषा में

इस रक्षा-तंत्र को एक डॉक्टर की नजर से समझिए। हमारे शरीर की प्रतिरक्षा-प्रणाली (इम्यून सिस्टम) के पास दो तरह के सिपाही होते हैं। पहले, वे जो सरहद पर तैनात रहते हैं, जैसे त्वचा, कुछ ख़ास कोशिकाएँ (सेल्स), जो हमलावर रोगाणु को भीतर घुसने से रोकती हैं। दूसरे, वे विशेष सैनिक-कोशिकाएँ, जैसे श्वेत रक्त कोशिकाएँ (वाइट ब्लड सेल्स), जो किसी हमलावर के भीतर घुसते ही उस पर टूट पड़ती हैं, उसे नष्ट कर देती हैं।

जब यह प्रणाली मजबूत होती है, तो शरीर स्वस्थ रहता है, हमें पता भी नहीं चलता कि भीतर हर पल एक युद्ध चल रहा है। पर जब यह प्रणाली कमजोर पड़ जाती है, तो छोटे-से-छोटा संक्रमण भी जानलेवा बन जाता है। एक कमजोर प्रतिरक्षा-प्रणाली वाला शरीर, चाहे बाहर से कितना भी बलवान दिखे, भीतर से असुरक्षित होता है।

राष्ट्र भी ऐसा ही है। एक देश चाहे आर्थिक रूप से कितना भी समृद्ध हो,

अगर उसकी सीमाएँ असुरक्षित हैं, उसकी सेना कमजोर है तो वह समृद्धि कभी सुरक्षित नहीं रह सकती।

"एक राष्ट्र की समृद्धि एक सुंदर इमारत है; पर सेना वह नींव है, जिस पर वह इमारत खड़ी है। नींव दिखती नहीं, पर अगर वह हिल जाए, तो सबसे ऊँची इमारत भी ढह जाती है।"

बीमारी चुनौती – आँकड़ों का एक्स-रे

भारत की प्रतिरक्षा-प्रणाली के सामने चुनौतियाँ असाधारण हैं। हमें एक साथ दो सक्रिय कठिन सीमाओं की रखवाली करनी पड़ती है। एक ओर चीन के साथ लगभग 3,488 किलोमीटर लंबी वास्तविक नियंत्रण रेखा (एलएसी), दूसरी ओर पाकिस्तान के साथ तनावपूर्ण सीमा। यानी हमारी सेना को हर पल "दो-मोर्चों" की तैयारी रखनी पड़ती है।

इसी कारण हमारा रक्षा-बजट लगातार बढ़ रहा है। वित्त वर्ष 2024-25 में हमारा रक्षा बजट लगभग 6.81 लाख करोड़ रुपये तक पहुँच गया, जो पिछले साल से लगभग साढ़े नौ प्रतिशत अधिक है। पर यहाँ एक चिंता का पहलू भी है कि इस बजट का एक बहुत बड़ा हिस्सा (आधे से अधिक) वेतन, पेंशन में चला जाता है, आधुनिक हथियारों व तकनीक की ख़रीद (कैपिटल) के लिए अपेक्षाकृत कम बचता है। यह ठीक वैसा ही है, जैसे शरीर की सारी ऊर्जा सिर्फ जिंदा रहने में लग जाए, खुद को मजबूत बनाने के लिए कुछ न बचे।

यदि हम पड़ोसी देशों से तुलना करें तो हमारी चुनौती स्पष्ट दृष्टि गोचर होती है। चीन का रक्षा-बजट हमसे लगभग तीन गुना से भी अधिक (लगभग 245 अरब डॉलर) है, जबकि भारत का लगभग 72-73 अरब डॉलर है। यानी हमें कम संसाधनों में, बहुत बड़ी चुनौती का सामना करना है।

"युद्ध सिर्फ सरहद पर नहीं जीते जाते, वे फैक्ट्रियों, प्रयोगशालाओं, अनुसंधान केंद्रों व देश की जनता जनार्दन के मानसिक हौसलों में भी जीते जाते हैं। जो राष्ट्र अपने हथियार खुद नहीं बनाता, जिस देश के नागरिकों को राष्ट्रभक्ति की भावना नहीं होती वह राष्ट्र अपनी सुरक्षा दूसरों के हाथ गिरवी रख देता है।"

एक संतुलित नजर – ताक़त, पर समझदारी के साथ

यहाँ एक सजग लेखक होने के नाते मुझे संतुलन बनाना जरूरी है।

पहली बात – हमारी प्रतिरक्षा-प्रणाली दुनिया की सबसे सम्मानित सेनाओं में से एक है। हमारे सशस्त्र बल न सिर्फ सीमाओं की रक्षा करते हैं, बल्कि बाढ़, भूकंप, महामारी जैसी हर आपदा में सबसे पहले मदद के लिए पहुँचते हैं। गर्व की बात यह कि भारत अब रक्षा-उत्पादन में आत्मनिर्भर बनने की ओर तेजी से बढ़ रहा है, तेजस लड़ाकू विमान से लेकर स्वदेशी युद्धपोत मिसाइलों तक, "मेक इन इंडिया" अब सिर्फ नारा नहीं, जमीनी हक़ीक़त बन रहा है।

दूसरी बात – सच्ची ताक़त सिर्फ हथियारों में नहीं, समझदारी में भी है। एक अच्छा डॉक्टर जानता है कि शरीर की रक्षा का मतलब हर वक्त बुख़ार चढ़ाए रखना नहीं होता है। कभी-कभी सबसे बड़ी ताक़त संयम, कूटनीति में होती है। एक मजबूत राष्ट्र वह है, जो युद्ध के लिए पूरी तरह तैयार रहे, पर शांति के लिए हमेशा प्रयासरत रहे। ताक़त का मक़सद युद्ध भड़काना नहीं, युद्ध होने से रोकना भी है।

तीसरी बात – राष्ट्रीय सुरक्षा सिर्फ सेना की जिम्मेदारी नहीं। आंतरिक सुरक्षा जैसे साइबर हमले, आतंकवाद, आंतरिक फूट आदि भी उतनी ही बड़ी चुनौती है। इन सबसे लड़ने के लिए एक एकजुट, देश प्रेम से ओतप्रोत जागरूक नागरिक-समाज सबसे बड़ी ढाल है।

"सबसे मजबूत प्रतिरक्षा-प्रणाली वह नहीं, जो हर वक्त लड़ती रहे, बल्कि वह जो इतनी सक्षम हो कि दुश्मन हमला करने से पहले सौ बार सोचे। असली विजय युद्ध जीतने में नहीं, युद्ध को नहीं होने देने एवं युद्ध को कूतनीति के प्रयासों से रोकने में है।"

इलाज – प्रतिरक्षा-प्रणाली को मजबूत बनाना

इस प्रणाली को 2047 तक अजेय बनाने के लिए हमें होने अंतहीन से रोकने के लिए कई स्तरों पर काम करना होगा।

पहला – आत्मनिर्भरता। जब तक हम अपने हथियार, अपनी तकनीक खुद नहीं बनाएँगे, हमारी सुरक्षा अधूरी रहेगी। रक्षा-अनुसंधान स्वदेशी उत्पादन में भारी निवेश जरूरी है।

दूसरा – आधुनिकीकरण। आज के युद्ध ड्रोन, साइबर हमले की तकनीक से एवं अंतरिक्ष में लड़े जा रहे हैं; हमें बजट का बड़ा हिस्सा पुरानी व्यवस्था बनाए रखने के बजाय नई तकनीक पर लगाना होगा।

तीसरा – हमारे सैनिकों उनके परिवारों का कल्याण, क्योंकि एक सैनिक तभी निश्चिंत होकर लड़ सकता है, जब उसे भरोसा हो कि राष्ट्र उसके परिवार का ध्यान रखेगा।

चौथा – हर नागरिक की भागीदारी। 148 करोड़ की इस राष्ट्र-देह की प्रतिरक्षा-प्रणाली सिर्फ सरहद पर खड़े जवान नहीं हैं, वह हम सब हैं। जब हम ईमानदारी से कर देते हैं, स्वदेशी अपनाते हैं, अफवाहों से देश को बाँटने नहीं देते, अपने सैनिकों का सम्मान करते हैं तो हम सब इस प्रतिरक्षा-प्रणाली की कोशिकाएँ बन जाते हैं।

"सैनिक बनकर हर कोई सरहद पर नहीं जा सकता। पर एक जिम्मेदार नागरिक बनकर, हर कोई उस सरहद को भीतर से मजबूत जरूर बना सकता है।"

- ***सोचिए***

कर्नल संतोष बाबू उनके 20 साथी, उस बर्फीली रात में, हमारे लिए शहीद हुए, पर क्या हम उनका नाम तक याद रखते हैं? हम फिल्मी सितारों एवं खिलाड़ियों के नाम तो जानते हैं, पर अपने कितने परमवीरों के नाम जानते हैं? यह किसकी जिम्मेदारी है?

- ***चर्चा कीजिए***

अपने परिवार बच्चों के साथ बात कीजिए: राष्ट्रीय सुरक्षा सिर्फ सेना का काम है, या इसमें एक आम नागरिक की भी कोई भूमिका है? साइबर सुरक्षा, अफवाहों से सतर्कता, राष्ट्रीय एकता आदि, इनमें हमारी क्या जिम्मेदारी है?

- ***कार्रवाई कीजिए***

दो काम कीजिए: पहला, अपने बच्चों को कम से कम पाँच परमवीर चक्र विजेताओं की गाथा सुनाइए, जिससे वे जानें कि उनकी आजादी की क़ीमत किसने चुकाई। दूसरा, किसी शहीद या पूर्व-सैनिक के परिवार के प्रति सम्मान सहयोग का कोई छोटा-सा कदम उठाइए। एक राष्ट्र की प्रतिरक्षा-प्रणाली तभी मजबूत होती है, जब वह अपने रक्षकों को सम्मान देना जानता हो।

Rx डॉ. सुरेश कुमार पाण्डेय का प्रिस्क्रिप्शन:

इस अध्याय से पाँच संजीवनी सूत्र

पहला सूत्र – आत्मनिर्भरता ही असली कवच: जो राष्ट्र अपने हथियार खुद बनाता है, वही सुरक्षित है। रक्षा-अनुसंधान स्वदेशी उत्पादन में भारी निवेश कीजिए, क्योंकि आयातित ताक़त उधार की साँस की तरह है।

दूसरा सूत्र – आधुनिकीकरण, पुरानेपन का इलाजः आज के युद्ध ड्रोन, साइबर तकनीक द्वारा अंतरिक्ष में लड़े जा रहे हैं। बजट का बड़ा हिस्सा पुरानी व्यवस्था बनाए रखने में नहीं, नई तकनीक भविष्य की तैयारी में लगाना होगा।

तीसरा सूत्र – सैनिक का कल्याण, राष्ट्र का धर्मः एक सैनिक तभी निश्चिंत होकर लड़ता है, जब उसे भरोसा हो कि राष्ट्र उसके उसके परिवार के साथ खड़ा है। शहीदों के परिवारों पूर्व-सैनिकों का सम्मान व कल्याण सर्वोच्च प्राथमिकता हो।

चौथा सूत्र – ताक़त के साथ संयमः असली विजय युद्ध जीतने में नहीं, युद्ध को टालने में है। पूरी तरह युद्ध के लिए तैयार रहिए, पर शांति व कूटनीति के लिए हमेशा प्रयासरत रहिए। ताक़त का मक़सद रक्षा है, आक्रमण नहीं।

पाँचवाँ सूत्र – हर नागरिक, एक सैनिक-कोशिकाः राष्ट्रीय सुरक्षा सिर्फ सरहद पर नहीं, भीतर भी लड़ी जाती है। ईमानदार करदाता, सतर्क नागरिक एवं एकजुट समाज, ये सब मिलकर राष्ट्र की प्रतिरक्षा-प्रणाली को भीतर से अजेय बनाते हैं।

अध्याय 15

महिला सुरक्षा व सशक्तिकरण: आधे शरीर का लकवा

जब शरीर का आधा हिस्सा ही काम करना बंद कर दे

"एक राष्ट्र जो अपनी आधी आबादी को डर, बंधन असुरक्षा में रखता है, वह ठीक उस इंसान की तरह है जिसका आधा शरीर लकवे से ग्रस्त हो, वह चल तो सकता है, पर दौड़ कभी नहीं सकता।"

– डॉ. सुरेश कुमार पाण्डेय

ज़रा एक ऐसे धावक की कल्पना कीजिए, जो ओलंपिक के फाइनल में खड़ा है। उसके पास दुनिया का सबसे तेज दिमाग है, सबसे मजबूत फेफड़े हैं, जीतने का अदम्य हौसला लेकिन उसका एक पैर लकवे से बेजान है। सीटी बजती है, दौड़ शुरू होती है, वह एक पैर घसीटते हुए, बाक़ी सब धावकों को आगे निकलते देखता रह जाता है।

यह धावक कोई नहीं – यह हमारा भारत देश है।

एक नेत्र-सर्जन के नाते, मेडिकल साइंस ने मुझे एक गहरी बात सिखाई है: हमारा शरीर समरूपता (सिमिट्री) पर टिका है। दो आँखें, दो हाथ, दो पैर, मस्तिष्क के दो हिस्से, दोनों को मिलकर काम करना होता है। जब किसी इंसान को लकवा (पैरालिसिस) होता है, तो अक्सर शरीर का एक पूरा हिस्सा, एक हाथ, एक पैर, चेहरे का एक तरफ का हिस्सा काम करना बंद कर देता है। ऐसा इंसान जिंदा तो रहता है, पर अपनी पूरी क्षमता से कभी नहीं जी पाता। वह एक हाथ से दुनिया को थामने की कोशिश करता है, जबकि दूसरा हाथ बेबस लटका रहता है।

भारत आज ठीक इसी "आधे लकवे" (हेमीप्लेजिया) का शिकार है। हमारी आधी आबादी, हमारी बहनें, बेटियाँ, माताएँ अगर डर, असुरक्षा के बंधनों में जकड़ी हैं, तो इसका मतलब है कि राष्ट्र-देह का आधा हिस्सा अपनी पूरी ताक़त से काम ही नहीं कर पा रहा।

पर इससे पहले कि मैं आपको आँकड़े दिखाऊँ, मैं आपको एक ऐसी बेटी की सच्ची कहानी सुनाना चाहता हूँ, जिसने विकलांगता को भी हराकर दुनिया को दिखा दिया कि भारत की नारी क्या कर सकती है।

एक सच्ची गाथा – अरुणिमा, जिनने टूटकर भी एवरेस्ट छू लिया

यह कहानी **अरुणिमा सिन्हा** की है जो एक राष्ट्रीय स्तर की वॉलीबॉल खिलाड़ी थीं। वर्ष 2011 में, एक रात वे ट्रेन से सफर कर रही थीं। कुछ बदमाशों ने उनके साथ लूटपाट की कोशिश की, विरोध करने पर उन्हें चलती ट्रेन से बाहर फेंक दिया। वे रेल की पटरी पर जा गिरीं, उसी रात एक दूसरी ट्रेन उनके एक पैर के ऊपर से गुजर गई। उन्होंने असहनीय दर्द में पूरी रात पटरी पर पड़े-पड़े काटी। अगली सुबह जब उन्हें अस्पताल पहुँचाया गया, तो जान बचाने के लिए डॉक्टरों को उनका एक पैर घुटने के नीचे से काटना पड़ा।

एक खिलाड़ी, जिसकी पूरी दुनिया उसके पैरों पर टिकी थी, उसने अपना एक पैर खो दिया। समाज ने मान लिया कि अब उनका खेल में कॅरियर, ख़त्म हो गया। पर अरुणिमा ने ठान लिया कि वे अपनी इस दुःखद त्रासदी को अपनी पहचान नहीं बनने देंगी।

अस्पताल के बिस्तर पर ही उन्होंने एक असंभव-सा माउंट एवरेस्ट को फतह करने का सपना देखा। दिनांक 21 मई 2013 को, एक कृत्रिम पैर (प्रोस्थेटिक लेग) के सहारे, अरुणिमा सिन्हा दुनिया की सबसे ऊँची चोटी, माउंट एवरेस्ट, पर चढ़ने वाली दुनिया की पहली महिला एम्प्यूटी (विच्छेदित अंग वाली) बन गई।

"अरुणिमा सिन्हा ने एक पैर खोया, पर हौसला नहीं। उनसे साबित कर दिया कि कोई भी नारी तब नहीं हारती, जब उसका शरीर टूटता है, वह तभी हारती है, जब समाज उसके सपनों को तोड़ देता है।"

वे बेटियाँ, जिन्होंने हर "असंभव" को संभव कर दिखाया

अरुणिमा सिन्हा अकेली नहीं हैं। इस देश की मिट्टी ने ऐसी अनगिनत बेटियाँ पैदा की हैं, जिन्होंने हर बंधन, हर ताने, हर "लड़की होकर यह नहीं कर सकती" को तोड़कर, इतिहास रच दिया।

जरा **बछेंद्री पाल** को याद कीजिए। उत्तराखंड के एक साधारण, गरीब परिवार में जन्मी वह बेटी, जिसके परिवार ने चाहा था कि वह स्कूल-शिक्षिका बन जाए। पर उसने पहाड़ों से प्रेम किया। तमाम विरोध झेलकर, 1984 में, बछेंद्री पाल माउंट एवरेस्ट फतह करने वाली पहली भारतीय महिला बनीं। रास्ते में आए एक भीषण हिमस्खलन (एवलांच) के बावजूद, (जिसने आधी टीम को लौटने पर मजबूर कर दिया था) वे डटी रहीं। दिनांक 23 मई 1984 को, दुनिया की सबसे ऊँची चोटी को फतह कर पर तिरंगा लहरा दिया।

फिर **मैरी कॉम** को देखिए। मणिपुर के एक किसान परिवार की बेटी, जिसने मुक्केबाजी जैसे "पुरुषों के खेल" को चुना। दुनिया ने कहा कि मुक्केबाजी लड़की का काम नहीं है। पर "मैग्निफिसेंट मैरी" ने छह बार विश्व चैंपियनशिप जीतकर एक ऐसा कीर्तिमान बनाया, जो दुनिया के किसी भी मुक्केबाज ने नहीं छुआ था। तीन बच्चों की माँ बनने के बाद ओलंपिक में पदक भी जीता। उन्होंने साबित किया कि माँ बनना किसी सपने का अंत नहीं, एक नई ताक़त की शुरुआत है।

आसमान से भी आगे, सितारों तक पहुँचने वाली **कल्पना चावला** को कौन भूल सकता है। हरियाणा के करनाल की वह बेटी, जिसने एक छोटे शहर से निकलकर, अंतरिक्ष में उड़ान भरने वाली भारतीय मूल की पहली महिला बनकर, करोड़ों बेटियों की आँखों में यह सपना भर दिया कि कोई भी ऊँचाई उनकी पहुँच से बाहर नहीं हैं।

ये तीन तो सिर्फ उदाहरण हैं। हमारे पास **पी. टी. उषा** हैं, केरल के एक साधारण गाँव से निकलकर, "उड़न परी" बनकर पूरे एशिया को अपनी रफ्तार से नाप देने वाली बेटी के रूप में विश्व प्रसिद्ध हो चुकी है।

हमारे पास **किरण मजूमदार-शॉ** हैं, जिन्होंने एक छोटे-से गैराज से शुरुआत कर, बायोटेक्नोलॉजी की दुनिया में एक साम्राज्य खड़ा किया, उन बन्द दरवाजों को खोला, जो कभी महिलाओं के लिए बंद माने जाते थे।

हमारे पास **सुधा मूर्ति हैं**, जो उस दौर में एक बड़ी कंपनी में पहली महिला इंजीनियर बनीं, जब यह सोचना भी क्रांति था। सुधाा मूर्ति ने आगे चलकर समाज-सेवा व साहित्य से करोड़ों जिंदगियाँ छुईं।

इन सबकी कहानियाँ एक ही सच कहती हैं कि जब एक भारतीय बेटी को मौक़ा हौसला मिलता है, तो वह आसमान को भी छोटा कर देती है। पर सवाल यह है कि हर बेटी को यह मौक़ा क्यों नहीं मिलता? हर अरुणिमा, हर बछेंद्री, इतनी भाग्यशाली क्यों नहीं होती?

बीमारी कितनी गहरी है – आँकड़ों का एक्स-रे

इन उड़ानों के पीछे, करोड़ों बेटियों की एक मौन पीड़ा छिपी है। आँकड़े इस आधे लकवे (हेमीप्लेजिया) की गहराई दिखाते हैं। राष्ट्रीय अपराध रिकॉर्ड ब्यूरो (NCRB) के अनुसार, 2022 में महिलाओं के विरुद्ध अपराध के लगभग 4.45 लाख मामले दर्ज हुए, यानी औसतन हर घंटे लगभग 51 शिकायतें। सबसे चौंकाने वाली बात यह रही कि इनमें से एक बड़ा हिस्सा किसी अजनबी ने नहीं, बल्कि घर के भीतर ही (पति या रिश्तेदारों द्वारा) क्रूरता की गई।

यह आंकड़े हमें आईना दिखाते हैं कि हमारी बेटियाँ अक्सर बाहर ही नहीं, अपने ही घर में असुरक्षित हैं। राष्ट्रीय परिवार स्वास्थ्य सर्वेक्षण (NFHS-5) के अनुसार, भारत में लगभग 32 प्रतिशत विवाहित महिलाओं ने अपने जीवन में किसी-न-किसी रूप में शारीरिक, यौन या भावनात्मक हिंसा झेली है।

पर इस लकवे का सबसे बड़ा आर्थिक लक्षण यह है कि हमारी कार्यशक्ति (वर्कफोर्स) में महिलाओं की भागीदारी लंबे समय तक बेहद कम रही है। संसद में महिलाओं की हिस्सेदारी भी लंबे समय तक केवल लगभग 14 प्रतिशत रही है। यानी देश का आधा हिस्सा, अपनी आर्थिक राजनीतिक "मांसपेशियों" का पूरा इस्तेमाल ही नहीं कर पा रहा है।

"जिस समाज में एक बेटी को रात में अकेले निकलने से पहले सौ बार सोचना पड़े, वह समाज चाहे कितनी भी तरक्की कर ले, पूरी तरह सभ्य नहीं कहला सकता।"

एक संतुलित नजर – लकवे का दूसरा पहलू, उम्मीद की किरण

एक जिम्मेदार लेखक होने के नाते मुझे पूरी तस्वीर दिखानी होगी, क्योंकि सिर्फ अँधेरा दिखाना सच को आधा बताना है।

पहली बात – एक उम्मीद जगाने वाला आँकड़ा यह है कि हाल के वर्षों में लिंगानुपात (सेक्स रेशियो) में सुधार हुआ है। राष्ट्रीय परिवार स्वास्थ्य सर्वेक्षण (NFHS-5) के अनुसार, अब प्रति 1000 पुरुषों पर महिलाओं की संख्या बढ़कर लगभग 1020 हो गई है, यानी "बेटी बचाओ" का संदेश जमीन तक पहुँच रहा है। यह दिखाता है कि लकवाग्रस्त अंग में फिर से धीरे-धीरे जान लौट सकती है।

दूसरी बात – महिलाओं के विरुद्ध अपराध के बढ़ते आँकड़ों का एक पहलू यह भी है कि अब पहले से ज्यादा महिलाएँ आगे आकर रिपोर्ट दर्ज करा रही हैं। महिला हेल्पलाइन, जीरो-एफआईआर, बढ़ती जागरूकता के कारण वह चुप्पी टूट रही है, जो सदियों से अपराध को छिपाती थी। यानी कुछ बढ़ते आँकड़े, बीमारी बढ़ने का नहीं, बल्कि उसके सामने आने का भी संकेत हैं कि बीमारी का सामने आना, इलाज की पहली शर्त है।

तीसरी बात – यह संतुलन के लिए जरूरी है कि सशक्तिकरण का मतलब पुरुष बनाम महिला की लड़ाई नहीं है। एक स्वस्थ शरीर में दायाँ एवं बायाँ हिस्सा प्रतिस्पर्धा नहीं करते, वे सहयोग करते हैं। नारी-सशक्तिकरण का असली अर्थ है कि पूरे समाज (पुरुषों समेत) का मिलकर यह सुनिश्चित करना कि आधा हिस्सा भी पूरी ताक़त से काम करे, ताकि पूरा शरीर दौड़ सके।

"नारी का सशक्तिकरण पुरुष का कमजोर होना नहीं है। यह तो पूरे राष्ट्र-शरीर का दोनों हाथों से ताक़तवर बनना है।"

इलाज – लकवाग्रस्त अंग में फिर जान डालना

लकवे का इलाज फिजियोथेरेपी के माध्यम से धैर्य के साथ, बेजान अंग की माँसपेशियों को धीरे-धीरे फिर से सक्रिय करना होता है। राष्ट्र के इस आधे लकवे का इलाज भी ऐसे ही, कई स्तरों पर करना होगा।

पहला इलाज – सुरक्षा का माहौल। कड़े कानून जरूरी हैं, पर उनका तेजी

से निश्चित अमल उससे भी जरूरी है। जब अपराधी को त्वरित निश्चित सजा का डर होगा, तभी बेटियाँ निडर होकर निकल पाएँगी।

दूसरा इलाज – आर्थिक स्वतंत्रता, क्योंकि एक आत्मनिर्भर महिला सबसे सशक्त होती है; इसलिए शिक्षा, कौशल एवं रोजगार में बराबरी का अवसर सबसे बड़ी दवा है।

तीसरा इलाज – सबसे गहरा, परवरिश। हमें अपने बेटों को यह सिखाना होगा कि वे बेटियों का सम्मान करें, अपनी बेटियों को यह संदेश देना होगा कि वे डरें नहीं, सपनों की उड़ानों को उड़ें।

यदि 148 करोड़ की इस राष्ट्र-देह को महाशक्ति बनना है, तो उसे अपने दोनों हाथों, दोनों पैरों से दौड़ना होगा। एक भी अंग बेजान रहा, तो मंजिल अधूरी रहेगी।

"भारत तब तक महाशक्ति, विश्वगुरु नहीं बन सकता, जब तक उसकी हर बेटी खुद को घर से सड़क तक सुरक्षित व सम्मानित महसूस न करे। यही असली विकसित भारत की पहचान होगी।"

▪ *सोचिए*

अरुणिमा, बछेंद्री, मैरी कॉम, कल्पना, इन्होंने हर बाधा तोड़कर अपने सपनों की चोटी छू ली। पर जरा सोचिए, कितनी अरुणिमाएँ, कितनी कल्पनाएँ सिर्फ इसलिए अपनी चोटी नहीं छू पातीं, क्योंकि उन्हें घर समाज से वह हौसला, वह सुरक्षा, वह अवसर ही नहीं मिलता? इसमें हम सबकी क्या भूमिका है?

▪ *चर्चा कीजिए*

अपने परिवार में एक ईमानदार सवाल पर बात कीजिए: क्या हम अपने घर में बेटे एवं बेटी की परवरिश एक जैसी करते हैं? क्या हम बेटियों को "सँभलकर रहने" की सीख देते हैं, या बेटों को "सम्मान करने" की? असली बदलाव किस सीख से आएगा?

▪ *कार्रवाई कीजिए*

इस सप्ताह दो काम कीजिए: पहला, अपने घर के बेटों को बेटियों का सम्मान करना सिखाइए। यह दुनिया का सबसे शक्तिशाली "सुरक्षा कानून" है। दूसरा, अपने आसपास किसी एक बेटी की शिक्षा या आत्मनिर्भरता में कोई छोटी मदद कीजिए। एक सशक्त बेटी, पूरे राष्ट्र-शरीर में लौटती हुई एक नई जान है।

Rx डॉ. सुरेश कुमार पाण्डेय का प्रिस्क्रिप्शनः

इस अध्याय से पाँच संजीवनी सूत्र

पहला सूत्र – कानून का तेज निश्चित अमलः सिर्फ कड़े कानून काफी नहीं है, उनका त्वरित निश्चित क्रियान्वयन जरूरी है। फास्ट-ट्रैक अदालतें बल्कि सजा का डर ही अपराधी को रोकता है, बेटी को निडर बनाता है।

दूसरा सूत्र – आर्थिक आत्मनिर्भरता, सबसे बड़ी ढालः एक आत्मनिर्भर महिला सबसे सशक्त होती है। शिक्षा, कौशल एवं रोजगार में बराबरी का अवसर देना ही महिला सशक्तिकरण की सबसे प्रभावी दवा है।

तीसरा सूत्र – बेटों की परवरिश बदलिएः सुरक्षा का असली इलाज बेटियों को "सँभलना" सिखाने में नहीं, बेटों को "सम्मान करना" सिखाने में है। हर घर सबसे पहली सबसे बड़ी पाठशाला है।

चौथा सूत्र – चुप्पी तोड़िएः घर के भीतर की हिंसा सबसे बड़ी मौन बीमारी है। इसे "घर की बात" कहकर छिपाना बंद कीजिए, क्योंकि जो बीमारी छिपाई जाती है, वही सबसे गहरी जड़ें जमाती है।

पाँचवाँ सूत्र – सहयोग, प्रतिस्पर्धा नहींः नारी-सशक्तिकरण पुरुष बनाम महिला की जंग नहीं। यह पूरे राष्ट्र-शरीर का दोनों हाथों से मजबूत बनना है। जब आधी आबादी उड़ेगी, तभी पूरा भारत सफलता का आसमान छुएगा।

खंड तीन
सामाजिक व आंतरिक रोग

अध्याय 16

बेरोजगारी: राष्ट्र की ऊर्जा का क्षरण

जब शरीर भोजन तो खाए, पर ऊर्जा में न बदल पाए

"बेरोजगारी सिर्फ ख़ाली जेब का नाम नहीं है। यह एक जवान, सक्षम शरीर का वह दर्द है, जो काम करना चाहता है, पर जिसे काम नहीं मिलता। धीरे-धीरे उसकी ऊर्जा, उसका आत्मविश्वास, उसकी उम्मीद, सब क्षीण होने लगती है।"

– डॉ. सुरेश कुमार पाण्डेय

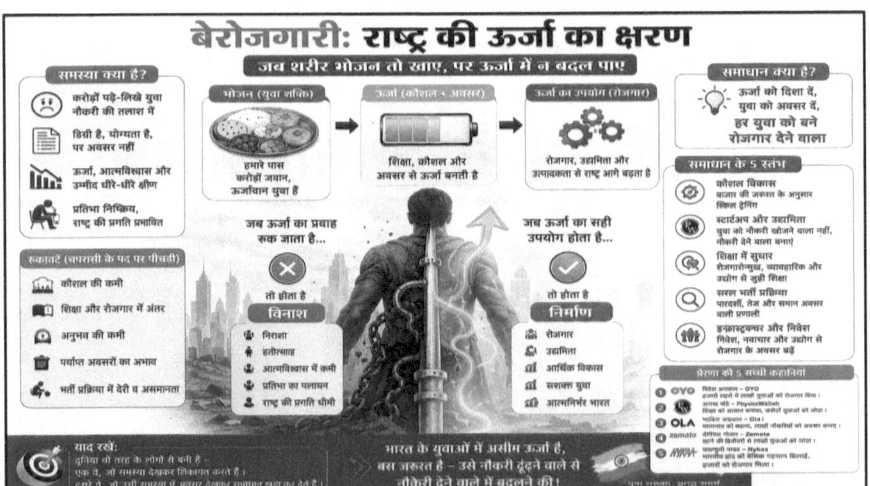

कुछ साल पहले, एक ख़बर ने पूरे देश को झकझोर दिया था। किसी सरकारी विभाग में चपरासी के चंद पदों के लिए आवेदन माँगे गए, ऐसे पद, जिनके लिए योग्यता शायद पाँचवीं या आठवीं पास थी। लाखों आवेदन आए एवं उन आवेदकों में सैकड़ों बी.टेक. इंजीनियर थे, एम.बी.ए. थे, यहाँ तक कि कुछ पीएच.डी. धारी भी थे।

जरा एक पल रुककर इस तस्वीर को महसूस कीजिए कि देश का सबसे पढ़ा-लिखा नौजवान, सालों की मेहनत, लाखों की फीस के बाद, एक चपरासी

की कुर्सी के लिए क़तार में खड़ा है। यह किसी एक युवा की हार नहीं वरन् यह हमारी पूरी शिक्षा व्यवस्था की एक गहरी बीमारी का गम्भीर लक्षण है।

एक नेत्र-सर्जन के नाते, मेडिकल साइंस ने मुझे सिखाया है कि शरीर का असली ईंधन भोजन नहीं वरन् वह ऊर्जा है, जो भोजन से बनती है। हम जो खाते हैं, उसे हमारा शरीर एक जटिल प्रक्रिया (मेटाबॉलिज्म) से ऊर्जा में बदलता है, यही ऊर्जा हमें चलने, सोचने व जीने की ताक़त देती है। पर एक स्थिति ऐसी भी होती है, जिसे डॉक्टर "मेटाबॉलिक डिसऑर्डर" कहते हैं, जहाँ शरीर भोजन तो खूब खाता है, पर उसे ठीक से ऊर्जा में बदल नहीं पाता। नतीजा? व्यक्ति खाता तो है, पर भीतर से कमजोर, थका और निढाल होता जाता है।

भारत आज ठीक इसी "राष्ट्रीय मेटाबॉलिक डिसऑर्डर" का शिकार है। हमारे पास "भोजन" - यानी करोड़ों जवान, ऊर्जावान युवा हैं। पर हम उस ऊर्जा को "काम" में, उत्पादकता में, रोजगार में नहीं बदल पा रहे हैं। जब किसी राष्ट्र के करोड़ों युवाओं की ऊर्जा यूँ ही क्षीण होने लगे, तो यह उसकी सबसे बड़ी त्रासदी होती है।

पर इससे पहले कि मैं आपको आँकड़े बताऊँ, मैं आपको कुछ ऐसे युवाओं की सच्ची कहानियाँ सुनाना चाहता हूँ, जिन्होंने नौकरी ढूँढने के बजाय, नौकरियाँ देने का रास्ता चुना।

पाँच सच्ची गाथाएँ – जिन्होंने "नौकरी माँगने" के बजाय "नौकरी देना" चुना

पहली कहानी – रितेश अग्रवाल (ओयो): यह कहानी ओडिशा के एक छोटे-से शहर रायगढ़ से निकले एक साधारण युवक की है। रितेश कोई बड़े शहर

या रसूख़दार परिवार से नहीं थे। पर उनके पास एक सपना था। किशोरावस्था में ही उन्होंने देखा कि भारत में आम यात्री को साफ, सुरक्षित व किफायती होटल का

कमरा ढूँढने में कितनी मुश्किल होती है। ज्यादातर लोग इस समस्या को देखकर आगे बढ़ जाते, लेकिन रितेश ने इसमें एक अवसर देखा। महज अठारह-उन्नीस साल की उम्र में, बहुत कम संसाधनों के साथ, उन्होंने ओयो (OYO) कंपनी की नींव रखी। शुरू में लोगों ने उन्हें गंभीरता से नहीं लिया कि इतनी कम उम्र का लड़का, इतना बड़ा सपना! पर रितेश डटे रहे, उनका छोटा-सा विचार आज एक विशाल कंपनी बन गया, जो हजारों लोगों को रोजगार देती है।

दूसरी कहानी – अलख पांडे (फिजिक्स वाला): यह कहानी भी दिल छू लेने वाली है। प्रयागराज (इलाहाबाद) के एक साधारण मध्यमवर्गीय परिवार में जन्मे अलख़ पांडे को आर्थिक तंगी के कारण अपनी इंजीनियरिंग की पढ़ाई बीच में ही छोड़नी पड़ी। पर उन्हें भौतिकी (फिजिक्स), पढ़ाने का जुनून था। उन्होंने देखा कि लाखों होनहार बच्चे सिर्फ इसलिए पीछे रह जाते हैं, क्योंकि वे महँगी कोचिंग का ख़र्च नहीं उठा सकते। वर्ष 2016 में, उन्होंने अपने कमरे में एक कैमरा लगाया, एक व्हाइटबोर्ड पर "फिजिक्स वाला" लिखा, यूट्यूब पर मुफ्त पढ़ाना शुरू कर दिया। एक बड़ी कंपनी ने उन्हें करोड़ों के प्रस्ताव से ख़रीदना चाहा जो उन्होंने ठुकरा दिया। आज उनकी कंपनी "फिजिक्स वाला" एक "यूनिकॉर्न" (एक अरब डॉलर से अधिक मूल्य वाली कंपनी) है, जिसने सस्ती, गुणवत्तापूर्ण शिक्षा से लाखों गरीब बच्चों के सपने जिंदा किए एवं सैकड़ों शिक्षकों को रोजगार दिया।

तीसरी कहानी – भाविश अग्रवाल (ओला): एक ख़राब टैक्सी-अनुभव से तंग आकर, इस युवा इंजीनियर ने सोचा कि क्यों न देश को एक भरोसेमंद, तकनीक-आधारित सवारी-सेवा दी जाए। उन्होंने "ओला कैब्स" की नींव रखी, जो लाखों ड्राइवरों की रोजी का सहारा बनी। पर वे यहीं नहीं रुके, उन्होंने भारत को इलेक्ट्रिक वाहन (ई.वी.) क्रांति की ओर मोड़ने के लिए "ओला इलेक्ट्रिक"

शुरू की, देश में ही, बड़े पैमाने पर, इलेक्ट्रिक स्कूटर बनाने वाला एक विशाल कारख़ाना खड़ा किया।

चौथी कहानी – दीपिंदर गोयल (जोमैटो): एक साधारण परिवार से निकले इस युवक ने एक आम-सी समस्या को हल करने की ठानी कि लोग किसी भी रेस्तराँ का मेन्यू (खाना) घर बैठे क्यों न देख कर मँगा सकें? इसी सोच से जन्मा "जोमैटो", जो आज लाखों डिलीवरी-पार्टनरों रेस्तराँ-कर्मियों को रोजगार देता है एवं जिसने यह साबित किया कि एक भारतीय स्टार्टअप, शेयर बाजार में सूचीबद्ध होकर, दुनिया से मुक़ाबला कर सकता है।

पाँचवीं कहानी – फाल्गुनी नायर (नायका): यह कहानी हर उस इंसान के लिए है, जो सोचता है कि "अब बहुत देर हो चुकी है।" फाल्गुनी एक बड़े बैंक में ऊँचे पद पर थीं। पर पचास वर्ष की उम्र में (जिस उम्र में लोग रिटायरमेंट की सोचते हैं) उन्होंने अपनी सुरक्षित, ऊँची नौकरी छोड़कर, सौंदर्य-उत्पादों का एक ऑनलाइन मंच "नायका" (Nykaa) शुरू किया। आज वे भारत की सबसे

सफल स्व-निर्मित (सेल्फ-मेड) अरबपति महिलाओं में से एक हैं जो एक प्रमाण है कि सपनों की, शुरुआत की, कोई उम्र नहीं होती।

"दुनिया दो तरह के लोगों से बनी है—एक वे, जो समस्या देखकर शिकायत करते हैं; दूसरे वे, जो उसी समस्या में भी अवसर देखकर समाधान खड़ा कर देते हैं। एक राष्ट्र की असली ताक़त, दूसरी तरह के लोगों में बसती है।"

इन पाँचों कहानियों में एक साझा सच है: इनमें से ज्यादातर न किसी विश्वस्तरीय युनिवर्सिटी, बिजनेस स्कूल से थे, न किसी रसूख़दार परिवार से ताल्लुक रखते थे। ये सभी साधारण शहरों, साधारण घरों से निकले थे। फर्क़ सिर्फ इतना था कि इन्होंने अपनी "ऊर्जा" को सही दिशा में मोड़ दिया। ये सभी उदाहरण एक गहरा सबक देते हैं कि भारत के युवा में असीम ऊर्जा है, बस उसे "नौकरी ढूँढने वाले" से "नौकरी देने वाले" में बदलने की जरूरत है। पर अफसोस, हर युवा को वह माहौल, वह अवसर नहीं मिलता।

बीमारी कितनी गहरी है – आँकड़ों का एक्स-रे

इन सफलता की चमक के पीछे, करोड़ों युवाओं का संघर्ष छिपा है। यहाँ आँकड़ों को संतुलन के साथ देखना जरूरी है। एक ओर अच्छी ख़बर है कि सरकारी सर्वेक्षण पीरियॉडिक लेबर फोर्स सर्वे (PLFS) सर्वेक्षण के अनुसार, भारत की कुल बेरोजगारी दर हाल के वर्षों में घटकर लगभग 3.2 प्रतिशत रह गई है, जो पहले से बेहतर है। यह सर्वे दिखाता है कि अर्थव्यवस्था रोजगार पैदा कर रही है पर असली चिंता आँकड़ों की गहराई में छिपी है जो है, पढ़े-लिखे युवाओं की बेरोजगारी। यही हमारा "मेटाबॉलिक डिसऑर्डर" है। आँकड़े बताते हैं

कि माध्यमिक शिक्षा या उससे अधिक पढ़े युवाओं में बेरोजगारी दर कहीं ज्यादा (लगभग 6.5 प्रतिशत) है, शहरी युवाओं में तो यह भी ऊँची (13 प्रतिशत से अधिक) रही है। यानी जितना ज्यादा पढ़ा-लिखा युवा, उतनी ज्यादा बेरोजगारी की मार, यह एक चौंकाने वाला विरोधाभास है।

इसका सबसे बड़ा कारण "स्किल मिसमैच", यानी डिग्री हुनर के बीच की खाई है। हमारे युवाओं के पास कागजी डिग्री तो है, पर अक्सर वह हुनर नहीं, जो आज का बाजार – ख़ासकर एआई, आधुनिक निर्माण नई तकनीक के क्षेत्र – माँगता है। इसी कारण, हर साल श्रम-शक्ति में जुड़ते करोड़ों युवाओं में से बहुतों को अपनी योग्यता के अनुरूप काम नहीं मिल पाता।

"बेरोजगारी का सबसे क्रूर रूप वह नहीं, जहाँ अनपढ़ को काम न मिले। वह है, जहाँ एक पढ़ा-लिखा युवा, डिग्रियों का बोझ उठाए, दर-दर भटके, क्योंकि उसकी डिग्री ने उसे 'प्रमाणपत्र' तो दिया, पर 'हुनर' स्किल नहीं दी।"

एक संतुलित नजर – ऊर्जा अब भी भरपूर है

यहाँ एक जिम्मेदार लेखक होने के नाते मुझे पूरी तस्वीर संतुलित रूप में प्रस्तुत करनी होगी।

पहली बात – भारत में ऊर्जा (युवा-शक्ति) की कोई कमी नहीं है। समस्या "उत्पादन" की नहीं, "रूपांतरण" की है, यानी उस ऊर्जा को सही काम में बदलने की। और हाँ यह एक इलाज-योग्य बीमारी है, लाइलाज नहीं। महिला कार्यबल भागीदारी का तेजी से बढ़ना (कुछ वर्षों में लगभग 23 प्रतिशत से बढ़कर 40 प्रतिशत से ऊपर), इस बात का प्रमाण है कि सही दिशा में बदलाव संभव है।

दूसरी बात – यह ऊर्जा, जब उपेक्षित होती है, तो चुप नहीं रहती; वह आवाज बन जाती है। मई 2026 में हमने इसकी एक झलक देखी, जब बेरोजगारी और परीक्षा-व्यवस्था पर युवाओं की हताशा एक अनोखे रूप में फूट पड़ी। सोशल मीडिया पर कॉकरोच जनता पार्टी नामक एक व्यंग्यात्मक युवा-आंदोलन खड़ा हुआ, जिसने एक अपमानजनक टिप्पणी को ही अपनी पहचान का प्रतीक बना लिया। चंद दिनों में उससे लाखों युवा जुड़ गए, और देखते-ही-देखते वह एक राष्ट्रीय चर्चा विषय बन गया। इसे किसी एक दल या नेता से जोड़कर मत देखिए। इसका असली संदेश यह है कि भारत का युवा अब अपने भविष्य के सवालों पर चुप नहीं रहना चाहता। एक स्वस्थ लोकतंत्र में, यह आवाज एक ख़तरा नहीं, बल्कि एक स्वस्थ शरीर का वह लक्षण है, जो दर्द होने पर महसूस करता है। जरूरत इस

बात की है कि हम इस आवाज को सुनें, और इस ऊर्जा को शिकायत से समाधान की ओर, और निराशा से अवसर की ओर मोड़ें।

तीसरी बात – सिर्फ "सरकारी नौकरी" को ही रोजगार मानने की मानसिकता बदलनी होगी। यहाँ मैं एक सच लिखना चाहूँगा कि हमारे यहाँ अक्सर एक नौजवान की पूरी जवानी, बीस-बाईस साल की उम्र से लेकर तीस पार तक, सिर्फ "सरकारी फॉर्म भरने" और "अगली वैकेंसी के इंतजार" में बीत जाती है, मानो सरकारी नौकरी, कोई नौकरी नहीं, ज़िंदगी की सभी समस्याओं को हल करने का सटीक सॉल्यूशन हो! जबकि असली अवसर उद्यमशीलता, स्वरोजगार और निजी क्षेत्र में हैं। रितेश अग्रवाल और अलख पांडे जैसी प्रेरक कहानियाँ दिखाती हैं कि नौकरी "ढूँढने" वाली सोच से "देने" वाली सोच की ओर बढ़ना ही असली समाधान है।

चौथी बात – सरकार और समाज, दोनों इस दिशा में काम कर रहे हैं। स्किल इंडिया, स्टार्टअप इंडिया, और मुद्रा जैसी पहलें युवाओं को हुनर और पूँजी देने की कोशिश हैं। दिशा सही है, लेकिन अब रफ्तार और गहराई चाहिए।

"भारत का भविष्य सरकारी दफ्तरों की फाइलों में नहीं, उसके युवाओं के सपनों और काम करने वाले हाथों में लिखा जाएगा। जरूरत बस इतनी है कि हम उन हाथों को हुनर, और उन सपनों को अवसर दें।"

इलाज – ऊर्जा को सही दिशा में मोड़ना

इस मेटाबॉलिक डिसऑर्डर का इलाज शरीर को सही "एंजाइम" देना है, ताकि वह भोजन को ऊर्जा में बदल सके। राष्ट्र के लिए यह एंजाइम है, कौशल और अवसर है।

पहला इलाज – डिग्री और हुनर की खाई पाटना। शिक्षा को उद्योग की जरूरतों से जोड़ना होगा, ताकि युवा पढ़ाई पूरी करते ही काम के लायक हो।

दूसरा इलाज – उद्यमशीलता को बढ़ावा। हर युवा को नौकरी ढूँढने वाला नहीं, नौकरी देने वाला बनने का सपना और सहारा मिले, आसान कर्ज, सही मार्गदर्शन और जोखिम लेने का साहस।

तीसरा इलाज – निर्माण (मैन्युफैक्चरिंग) और स्थानीय उद्योगों का विस्तार, क्योंकि अकेला सेवा-क्षेत्र इतने हाथों को काम नहीं दे सकता; जमीनी रोजगार, कारखानों और खेतों से जुड़े उद्यमों से आएगा।

लगभग 148 करोड़ से अधिक की इस राष्ट्र-देह की सबसे बड़ी ऊर्जा उसके युवा हैं। अगर हमने इस ऊर्जा को सही दिशा में मोड़ दिया, तो यही ऊर्जा भारत

को 2047 तक दुनिया की सबसे बड़ी आर्थिक शक्ति बना सकती है। यदि यह ऊर्जा यूँ ही क्षीण होती रही, तो यही हमारी सबसे बड़ी राष्ट्रीय क्षति होगी।

"एक बेरोजगार युवा सिर्फ एक व्यक्ति की हार नहीं वरन् वह राष्ट्र की एक जलती हुई मशाल है, जिसे हमने तेल देना भूलकर, बुझने के लिए छोड़ दिया।"

- ***सोचिए***

रितेश, अलख, भाविश, दीपिंदर और फाल्गुनी – इन सबने एक समस्या में अवसर देखकर, हजारों को रोजगार दिया। जरा सोचिए – हमारे आसपास कितने युवा ऐसे हैं, जिनमें वही चिंगारी है, पर सही माहौल और प्रोत्साहन के अभाव में वह चिंगारी बुझ रही है? और इसमें हमारी क्या भूमिका है?

- ***चर्चा कीजिए***

अपने परिवार में बात कीजिए: क्या हम अपने बच्चों को सिर्फ "अच्छी नौकरी" का सपना दिखाते हैं, या "अपना कुछ खड़ा करने" का साहस भी? और क्या एक डिग्री काफी है, या उसके साथ कोई व्यावहारिक हुनर भी जरूरी है?

- ***कार्रवाई कीजिए***

इस वर्ष एक काम कीजिए: अपने या आसपास के किसी एक युवा को सिर्फ "नौकरी की तैयारी" से आगे बढ़कर, कोई एक व्यावहारिक, बाजार-योग्य कौशल सीखने के लिए प्रोत्साहित कीजिए–डिजिटल स्किल, कोई ट्रेड, या उद्यमशीलता की सोच। एक तराशा हुआ युवा, राष्ट्र की ऊर्जा में लौटी हुई एक ज्वलंत चिंगारी है।

Rx डॉ. सुरेश कुमार पाण्डेय का प्रिस्क्रिप्शन:

इस अध्याय से पाँच संजीवनी सूत्र

पहला सूत्र – डिग्री और हुनर की खाई पाटिए: बेरोजगारी का सबसे बड़ा कारण "स्किल मिसमैच" है। शिक्षा को उद्योग की जरूरतों से जोड़िए, ताकि हर युवा पढ़ाई पूरी करते ही काम के लायक बने – सिर्फ प्रमाणपत्र-धारी नहीं, हुनरमंद युवा।

दूसरा सूत्र – नौकरी "माँगने" से "देने" की ओर: हर युवा को उद्यमी बनने का सपना और सहारा दीजिए, आसान कर्ज, मार्गदर्शन और

जोखिम लेने का साहस प्रदान करें। एक उद्यमी सिर्फ अपनी नहीं, दर्जनों की रोजी बनाता है।

तीसरा सूत्र – "सरकारी नौकरी" वाली मानसिकता से आगे: रोजगार का मतलब सिर्फ सरकारी कुर्सी नहीं है। निजी क्षेत्र, स्वरोजगार और उद्यमशीलता में असली और बड़े अवसर हैं। हमें इस सोच को घर-घर पहुँचाना होगा।

चौथा सूत्र – निर्माण और जमीनी उद्योग को ताक़त: अकेला सेवा-क्षेत्र करोड़ों हाथों को काम नहीं दे सकता। मैन्युफैक्चरिंग, छोटे उद्यम और कृषि-आधारित उद्योगों का विस्तार ही व्यापक रोजगार की कुंजी है।

पाँचवाँ सूत्र – हर ऊर्जा को दिशा दीजिए: भारत के युवा में असीम ऊर्जा है – समस्या उत्पादन की नहीं, रूपांतरण की है। इस ऊर्जा को कौशल और अवसर का "एंजाइम" देकर सही दिशा में मोड़िए, और यही ऊर्जा भारत को महाशक्ति बनाने का मार्ग प्रशस्त करेगी।

अध्याय 17

पर्यावरण प्रदूषण: राष्ट्र की साँसों का संकट

जब हवा, पानी एवं मिट्टी—तीनों जहरीले हो जाएँ

"हम बैंक-बैलेंस को राष्ट्र की प्रगति मानते हैं, पर भूल जाते हैं कि साँस की हवा, पीने का पानी एवं खेतों की उर्वरक मिट्टी, किसी बैंक में जमा नहीं होते। जिस दिन ये ख़त्म होंगे, सारी दौलत धरी रह जाएगी।"

– डॉ. सुरेश कुमार पाण्डेय

एक नवजात शिशु, जो आज किसी बड़े भारतीय महानगर में जन्म ले रहा है, उसने अभी ठीक से साँस लेना भी नहीं सीखा, उसके नन्हे फेफड़ों में जहर घुलना शुरू हो चुका है। कई अध्ययन कहते हैं कि हमारे महानगरों में पलने वाले बच्चे की साँसों पर रोज इतना जहर चढ़ता है, मानो वह नवजात भी रोज कई सिगरेट पी रहा हो।

यह सोचकर ही रूह काँप जाती है, ना? पर यही हमारी आज की कड़वी हक़ीक़त है।

एक नेत्र-सर्जन के नाते, मैं इस साँसों के जहर को हर साल अपनी आँखों से देखता हूँ। हर बदलते मौसम में मेरी ओपीडी एक ही तरह के मरीजों से भर जाती है, आँखों में जलन, लगातार पानी आना, लाली होना। ये किसी संक्रमण के मरीज नहीं होते; ये नेत्र एलर्जी, हमारी जहरीली होती हवा व पानी के कारण होते हैं। मैं अक्सर सोचता हूँ, जब प्रदूषण आँखों जैसी सुरक्षित जगह पर इतना सटीक हमला कर रहा है, तो जरा सोचिए, वह हमारे फेफड़ों, हमारे शरीर के भीतर क्या क़हर ढा रहा होगा।

मेडिकल साइंस के माध्यम से हम जानते है कि शरीर तीन चीजों के बिना कुछ ही पलों या दिनों में ख़त्म हो जाता है, हवा (ऑक्सीजन), स्वच्छ पानी व सुपोषण। ये तीनों ही जीवन की सबसे बुनियादी जरूरतें हैं। आज, विकास की अंधी दौड़ में, हम इन्हीं तीनों को जहरीला बना रहे हैं। यह राष्ट्र-देह का सबसे गहरा संकट हमारी सांसों का संकट बन चुका है। इससे पहले कि मैं आपको डराने वाले आँकड़े दिखाऊँ, मैं आपको कुछ ऐसे साधारण भारतीयों की सच्ची कहानियाँ सुनाना चाहता हूँ, जिन्होंने अकेले दम पर प्रकृति की रौनक को वापस लौटा दिया।

पाँच मशालें – जिन्होंने अकेले दम पर प्रकृति की रौनक लौटा दी

पहली कहानी राजस्थान के **राजेंद्र सिंह** की है, जिन्हें दुनिया आज "भारत का जलपुरुष" (वॉटरमैन ऑफ इंडिया) कहती है। वे एक ऐसे इलाके में पहुँचे, जहाँ की नदियाँ सूख चुकी थीं, कुएँ ख़ाली थे, लोग पलायन कर रहे थे। उन्होंने कोई बड़ी मशीन या भारी बजट इस्तेमाल नहीं किया। वरन् उन्होंने गाँव वालों के साथ मिलकर वही पुरानी, पारंपरिक तकनीक अपनाई, बारिश के पानी को रोकने के लिए छोटे-छोटे मिट्टी के बाँध (जोहड़) बनाना। वर्षों की मेहनत से, उन्होंने गाँव वालों ने मिलकर हजारों जोहड़ बनाए, जो नदियाँ दशकों पहले सूख चुकी थीं, वे फिर से बहने लगीं। एक मृत हो चुकी जमीन में फिर से जान लौट आई।

"प्रकृति बंजर नहीं होती वरन् हम उसे बंजर बनाते हैं। अगर एक इंसान ठान ले, तो वही बंजर जमीन फिर से हरी-भरी हो सकती है। प्रकृति बस एक मौक़ा माँगती है।"

दूसरी कहानी असम के **जादव पायेंग** की है, जिन्हें "फॉरेस्ट मैन ऑफ इंडिया" कहा जाता है। किशोरावस्था में उन्होंने देखा कि नदी के एक रेतीले टापू पर, गर्मी के कारण साँप मरे पड़े हैं, क्योंकि वहाँ एक भी पेड़ नहीं था, कोई छाया नहीं थी। उस दृश्य ने उन्हें झकझोर दिया। उन्होंने उस दिन एक संकल्प लिया और रोज, अकेले, एक-एक पेड़ लगाना शुरू किया। दिन बीते, साल बीते, दशक बीते। उस अकेले इंसान ने, बिना किसी सरकारी मदद के, उस बंजर रेतीले टापू को एक घने जंगल में बदल दिया, एक ऐसा जंगल, जो आज सैकड़ों एकड़ में फैला है, जहाँ बाघ, हाथी और गैंडे तक रहते हैं। भारत सरकार ने उन्हें पद्म श्री से सम्मानित किया गया।

"एक आदमी, एक पौधा, एक संकल्प और एक पूरा जंगल खड़ा हो गया। पर्यावरण बचाने के लिए हमें सरकार का इंतजार नहीं करना होगा क्योंकि बदलाव एक पौधे से, हमसे, हमारे दृढ़ संकल्प से, आज से शुरू हो सकता है।"

इस संकल्प की कोई उम्र नहीं होती है, यह तीसरी कहानी सिखाती है। कर्नाटक की एक साधारण, अनपढ़ महिला, **साळुमरादा तिम्मक्का** के अपने कोई संतान नहीं थी। उन्होंने पेड़ों को ही अपनी संतान मान लिया। उन्होंने अपने गाँव के पास एक सड़क के किनारे, बरसों तक, सैकड़ों बरगद के पेड़ लगाए उन्हें अपने बच्चों की तरह पाला और अपनी देखभाल में बड़ा किया। कुल मिलाकर हजारों पेड़। राष्ट्र ने उनकी इस तपस्या को पद्म श्री पुरूस्कार से सम्मानित किया।. हाल ही में,

114 वर्ष की आयु में, इस "वृक्ष माता" ने दुनिया को अलविदा कह दिया पर वे जो हरी-भरी विरासत छोड़ गई हैं, वह सदियों तक साँस लेती रहेगी।

चौथी कहानी कर्नाटक की ही एक असाधारण आदिवासी महिला **तुलसी गौड़ा** की है, जिन्हें "जंगल का चलता-फिरता विश्वकोश" (एनसाइक्लोपीडिया ऑफ फॉरेस्ट) कहा जाता था। उन्होंने कभी स्कूल का मुँह नहीं देखा, पर पेड़ों पौधों का उनका ज्ञान किसी बड़े वैज्ञानिक से कम नहीं था। वे किसी भी पेड़ की "माँ-प्रजाति" तक को पहचान सकती थीं। नंगे पाँव, साधारण पारंपरिक वेश में, उन्होंने अपने जीवन के कई दशक जंगल को समर्पित किए, हजारों पौधे लगाए व उन्हें खाद-पानी देकर बड़ा किया। राष्ट्र ने उन्हें भी पद्म श्री से सम्मानित किया। दिसंबर 2024 में उनका निधन हुआ, पर उनका लगाया हर पेड़ आज भी उनकी कहानी सुनाता है।

पाँचवीं कहानी, लद्दाख की उन बर्फीली ऊँचाइयों से है, जहाँ पानी की एक-एक बूँद क़ीमती है। वहाँ के एक सेवानिवृत्त इंजीनियर, **चेवांग नोरफेल,**

जिन्हें "आइस मैन" या "ग्लेशियर मैन" कहा जाता है, ने एक अनोखी समस्या का अनोखा हल निकाला। लद्दाख के किसानों को वसंत में, बुवाई के ठीक समय पर पानी नहीं मिलता था, क्योंकि असली ग्लेशियर बहुत ऊँचाई पर, देर से पिघलते थे। नोरफेल ने सर्दियों के बेकार बहते पानी को रोककर, गाँव के पास ही "कृत्रिम ग्लेशियर" (आर्टिफिशियल ग्लेशियर) बनाने की तकनीक ईजाद की, ताकि वसंत में, ठीक समय पर, वह बर्फ पिघलकर खेतों को पानी दे। उन्होंने ऐसे कई कृत्रिम ग्लेशियर बनाए, सैकड़ों किसानों की जिंदगी बदल दी।

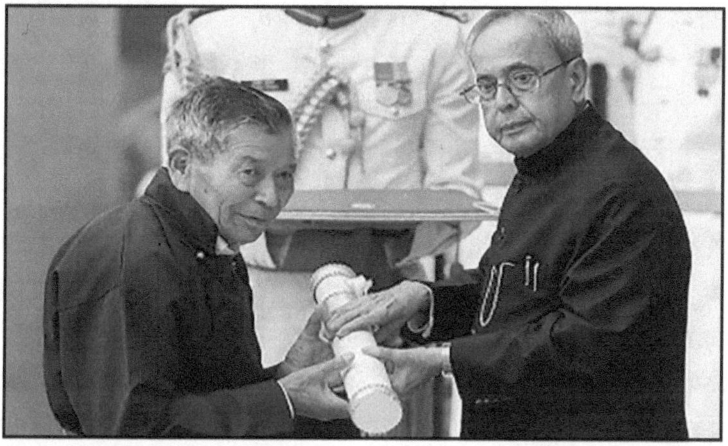

इन पाँचों की कहानियों में एक ही साझा सच है कि इनमें से कोई वैज्ञानिक नहीं था, कोई मंत्री अथवा उद्योगपति नहीं था, अथवा किसी के पास बड़ा बजट नहीं था। एक किसान, एक आदिवासी महिला, एक बूढ़ी माँ, एक इंजीनियर साधारण लोग, लेकिन असाधारण संकल्प के साथ। इन्होंने साबित कर दिया कि प्रकृति को बचाने के लिए सरकार का इंतजार करना जरूरी नहीं, एक संकल्प एवं उसका दृढ़ता से क्रियांवय काफी है।

बीमारी कितनी गहरी है – आँकड़ों का एक्स-रे

ये पाँचों नायक उम्मीद की किरण हैं, पर पूरी तस्वीर बेहद चिंताजनक है। और आँकड़े दम घोंटने वाले हैं। हवा की बात करें तो स्थिति भयावह है। वर्ष 2024 की विश्व वायु गुणवत्ता रिपोर्ट के अनुसार, दुनिया के 20 सबसे प्रदूषित शहरों में से 13 भारत में हैं। नई दिल्ली कई वर्षों से लगातार दुनिया की सबसे प्रदूषित राजध ानी बनी हुई है। इसका सीधा असर हमारी जिंदगी पर पड़ रहा है। *अनुमान है कि वायु प्रदूषण भारत में हर साल लगभग 15 से 20 लाख लोगों की असमय मौत का कारण बनता है, और औसत भारतीय की आयु को लगभग 5 साल तक घटा देता है।*

जरा रुककर सोचिए, हर साल 15 लाख से ज्यादा मौतें, सिर्फ जहरीली व प्रदूषित हवा में साँस लेने से। यह किसी युद्ध या महामारी से कम नहीं, पर इस पर वैसा शोर नहीं मचता, क्योंकि यह मौत धीमी और मौन है।

पानी के प्रदूषण की कहानी भी कम दर्दनाक नहीं है। हमारी कई पवित्र नदियाँ आज औद्योगिक कचरे और सीवेज से इतनी प्रदूषित हो चुकी हैं कि उनका पानी आचमन तो दूर, छूने लायक भी नहीं बचा। एक अध्ययन के अनुसार, जल प्रदूषण भी भारत में हर साल लाखों मौतों से जुड़ा रहा है। भूजल (ग्राउंडवॉटर) का स्तर इतनी तेजी से गिर रहा है कि कई शहर "डे जीरो", यानी उस दिन की ओर बढ़ रहे हैं, जब नल पूरी तरह सूख जाएँगे। नदियों के प्रदूषण का एक दर्द ऐसा भी है, जिस पर हम बात करने से कतराते हैं। क्योंकि वह हमारी आस्था से जुड़ा है। हमारे त्योहार जैसे गणेश उत्सव, दुर्गा पूजा आदि हमारी सबसे सुंदर परंपराएँ हैं, जो लाखों ह्रदयों को जोड़ती हैं, और इन पर हमें गर्व है। पर एक कड़वी सच्चाई यह है कि हाल के दशकों में इन पवित्र मूर्तियों को बनाने का तरीक़ा बदल गया है। कभी ये शुद्ध, घुलनशील मिट्टी से बनती थीं, जो पानी में घुलकर वापस प्रकृति में मिल जाती थीं। पर आज इनमें से बहुत-सी मूर्तियाँ "प्लास्टर ऑफ पेरिस" (पी.ओ.पी.) से बनती हैं, और उन पर लगे रंगों में सीसा (लेड), पारा (मरकरी) और दूसरे जहरीले रसायन होते हैं। जब ये मूर्तियाँ नदियों और तालाबों में विसर्जित होती हैं, तो पी.ओ.पी. पानी में घुलता नहीं है, यह महीनों पड़ा रहता है, और वे जहरीले रंग हमारे जल-स्रोतों, मछलियों, और अंततः हमारी ही पीने की थाली तक पहुँच जाते हैं। जरा सोचिए, जिन देवी-देवताओं को हम प्रथम पूज्य एवं जीवनदाता मानकर पूजते हैं, क्या हम अनजाने में उसी की मूर्ति के जरिए अपनी जीवनदायिनी नदियों को बीमार कर रहे हैं? पर यहाँ भी उम्मीद है, और वह भी हमारी अपनी परंपरा में ही छिपी है। आज देश भर में हजारों परिवार और आयोजक फिर से मिट्टी की (इको-फ्रेंडली) मूर्तियाँ अपना रहे हैं, घर पर ही एक बाल्टी या टब में विसर्जन कर रहे हैं, या कृत्रिम विसर्जन-कुंडों का उपयोग कर रहे हैं। यह आस्था का विरोध नहीं है, वरन् यह आस्था का सबसे शुद्ध रूप है, क्योंकि असली भक्ति वही है, जो उस प्रकृति का भी सम्मान करे, जिसे ईश्वर ने ही रचा है।

"हम अपने बच्चों के लिए बैंक-बैलेंस छोड़ने की होड़ में लगे हैं, पर उन्हें साँस लेने को स्वच्छ हवा, जीने को हरी-भरी प्रकृति और पीने को शुद्ध पानी देना भूलते जा रहे हैं। यह कैसी विरासत होगी, जहाँ तिजोरियाँ धन से भरी हों, पर फेफड़े स्वच्छ हवा के लिए तरसते रहें?"

एक संतुलित नजर – विकास और प्रकृति, दुश्मन नहीं

यहाँ एक सजग लेखक के नाते यहाँ मुझे पूरी और संतुलित तस्वीर रखनी होगी।

पहली बात – कुछ उम्मीद जगाने वाले संकेत भी हैं। वर्ष 2024 में भारत के PM2.5 (हवा के सबसे ख़तरनाक कण) के राष्ट्रीय औसत स्तर में पिछले साल की तुलना में लगभग 7 प्रतिशत की गिरावट आई हैं। भारत ने सौर ऊर्जा (सोलर एनर्जी) में दुनिया के अग्रणी देशों में जगह बनाई है, और स्वच्छ ऊर्जा की ओर तेजी से बढ़ रहा है। यह दिखाता है कि सही दिशा में प्रयास हो रहे हैं।

दूसरी बात – विकास को पर्यावरण का दुश्मन मानना एक भूल है। एक डॉक्टर जानता है कि शरीर को बढ़ना भी है और स्वस्थ भी रहना है और दोनों साथ-साथ चलेंगे। भारत जैसे विकासशील देश को रोजगार, उद्योग और बुनियादी ढाँचा भी चाहिए। समाधान "विकास रोकना" नहीं, बल्कि "सतत विकास" (सस्टेनेबल डेवलपमेंट) है, यानी ऐसा विकास, जो आने वाली पीढ़ियों की स्वच्छ हवा-पानी न छीने।

तीसरी बात – यहाँ दोष-आरोपण की राजनीति से बचना जरूरी है। प्रदूषण न किसी एक राज्य, न किसी एक उद्योग, न किसी एक सरकार, और न किसी एक समुदाय की देन है। इसमें हमारी गाड़ियाँ, हमारा कचरा, हमारी जीवनशैली, हमारी आदतें, हम सबका भी हिस्सा है। इसलिए इसका हल भी सबको मिलकर निकालना होगा।

"प्रकृति को बचाना न दाएँ का मुद्दा है, न बाएँ का – यह हर उस इंसान का मुद्दा है, जिसे साँस लेनी है। जहरीली हवा अमीर-गरीब, हिंदू-मुसलमान, नेता-जनता में फर्क़ नहीं करती है।"

इलाज – साँसों को फिर से शुद्ध करना

इस संकट का इलाज भी, हर बीमारी की तरह, रोकथाम और उपचार – दोनों स्तरों पर है।

पहला इलाज – स्वच्छ ऊर्जा की ओर तेज़ छलाँग। सौर, पवन और अन्य नवीकरणीय ऊर्जा को इतना बढ़ाना होगा कि कोयले, डीज़ल और पेट्रोल पर निर्भरता घटे।

दूसरा इलाज – हरियाली की वापसी। जादव पायेंग, तिम्मक्का और तुलसी गौड़ा की तरह, बड़े पैमाने पर पेड़ लगाना और जंगलों को बचाना, क्योंकि पेड़ ही राष्ट्र के प्राकृतिक "फेफड़े" हैं।

तीसरा इलाज – जल-संरक्षण। राजेंद्र सिंह और चेवांग नोरफेल की तरह, बारिश और बर्फ के पानी को सहेजना, नदियों को साफ करना, और भूजल को बचाना। हमारे त्योहारों को उनकी मूल, प्रकृति-प्रेमी आत्मा की ओर लौटाना होगा। मिट्टी की, इको-फ्रेंडली मूर्तियाँ, और प्रदूषण-रहित विसर्जन की परम्परा पर चलना होगा, ताकि आस्था और नदियाँ, दोनों साथ-साथ जीवित रहें, गतिमान रहें।

चौथा इलाज – कचरा प्रबंधन, ख़ासकर प्लास्टिक व माइक्रो प्लास्टिक का बढ़ता कचरा, जो हमारी मिट्टी और समुद्र को सदियों तक जहरीला बनाए रखता है।

पर सबसे गहरा इलाज हमारी सोच में है। हमें "उपयोग करो और फेंको" (यूज एडं थ्रो) वाली संस्कृति से, अपने पूर्वजों की उस सोच की ओर लौटना होगा, जो प्रकृति को "माँ" मानती थी, मात्र उपभोक्ता का "संसाधन" नहीं।

लगभग 148 करोड़ की जनसंख्या वाले इस राष्ट्र-देह की साँसें तभी शुद्ध होंगी, जब हर नागरिक यह समझ ले कि पर्यावरण कोई "विलासिता" नहीं, बल्कि जीवन का महत्वपूर्ण कर्त्तव्य एवं जीवन की पहली शर्त है।

"एक राष्ट्र चाँद पर पहुँच सकता है, ट्रिलियन डॉलर की अर्थव्यवस्था बन सकता है, पर अगर उसके बच्चों की छुट्टियां खतरनाक वायु प्रदुषण के कारण हो अथवा बच्चे मास्क पहनकर स्कूल जाएँ, तो वह प्रगति नहीं, एक सुंदर पैकेट में लिपटी हुई असफलता है।"

- ***सोचिए***

राजेंद्र सिंह ने सूखी नदी लौटा दी, जादव पायेंग ने बंजर जमीन पर जंगल उगा दिया, और तिम्मक्का जैसी एक बूढ़ी माँ ने सैकड़ों पेड़ों को अपनी संतान बना लिया। ये सब इन सभी ने अकेले, बिना किसी बड़े संसाधन के सम्पन्न किया। जरा सोचिए, अगर एक अकेला इंसान इतना बड़ा बदलाव ला सकता है, तो हम करोड़ों लोग मिलकर क्या नहीं कर सकते? और हम इसे "सरकार का काम" कहकर क्यों टाल देते हैं?

- ***चर्चा कीजिए***

अपने परिवार में बात कीजिए: हम अपने बच्चों के लिए पैसा, घर, जमीन जोड़ते हैं, पर क्या हम उन्हें साफ हवा और स्वच्छ पानी की विरासत दे पा रहे हैं? और हमारी अपनी रोजमर्रा की कौन-सी आदतें (गाड़ी, बिजली, प्लास्टिक, कचरा आदि) इस संकट को बढ़ा रही हैं?

▪ *कार्रवाई कीजिए*

इस वर्ष तीन छोटे, ठोस काम कीजिए: हर साल कम से कम एक पेड़ लगाइए और उसे बचाइए; अपने घर में पानी और बिजली की बर्बादी रोकिए; और "एक बार इस्तेमाल" (सिंगल यूज प्लास्टिक एवं डिस्पोजेबल प्लास्टिक) को ना कहिए। जब अगला त्योहार आए, तो मिट्टी की, इको फ्रेंडली मूर्ति चुनिए, ताकि आपकी पी. ओ.पी. से बनी मूर्ति आपकी नदी को प्रदूषित न करे। याद रखिए, जादव पायेंग का पूरा जंगल, और तिम्मक्का की बरगद-कतार, सब सिर्फ एक पौधे से शुरू हुए थे।

Rx डॉ. सुरेश कुमार पाण्डेय का प्रिस्क्रिप्शन:

इस अध्याय से पाँच संजीवनी सूत्र

पहला सूत्र – स्वच्छ ऊर्जा की छलाँग: कोयले और पेट्रोल पर निर्भरता घटाकर सौर, पवन और नवीकरणीय ऊर्जा को तेजी से अपनाना होगा। साफ ऊर्जा ही राष्ट्र की साँसों का असली इलाज है।

दूसरा सूत्र – हरियाली ही फेफड़े हैं: पेड़ राष्ट्र के प्राकृतिक फेफड़े हैं। बड़े पैमाने पर वृक्षारोपण और जंगलों की रक्षा को जन-आंदोलन बनाना होगा, जैसा अकेले जादव पायेंग, तिम्मक्का और तुलसी गौड़ा ने कर दिखाया।

तीसरा सूत्र – हर बूँद, हर नदी बचाइए: वर्षा-जल संरक्षण, नदियों की सफाई और भूजल की रक्षा अनिवार्य है। राजेंद्र सिंह का "जोहड़ मॉडल" और चेवांग नोरफेल के "कृत्रिम ग्लेशियर" दिखाते हैं कि देसी ज्ञान से मृत नदियाँ भी जी सकती हैं। अपने त्योहारों को इको-फ्रेंडली बनाकर–मिट्टी की मूर्तियों से–हम आस्था और नदी, दोनों को बचा सकते हैं।

चौथा सूत्र – सतत (सस्टेनेबल) विकास हो: विकास और पर्यावरण दुश्मन नहीं। ऐसा विकास चुनिए, जो रोजगार भी दे और आने वाली पीढ़ियों की हवा-पानी भी न छीने। यही असली प्रगति है।

पाँचवाँ सूत्र – सोच बदलिए: प्रकृति माँ है, संसाधन नहीं: सबसे गहरा इलाज मानसिकता का है। "उपयोग करो और फेंको" (यूज एंड थ्रो) की संस्कृति छोड़कर, प्रकृति को "माँ" मानने की उस भारतीय सोच की ओर लौटना होगा। बदलाव सरकार से नहीं, हमसे, आज से ही शुरू होना चाहिये।

अध्याय 18

मानसिक स्वास्थ्य: एक मौन महामारी

वह बीमारी, जो दिखती नहीं, पर भीतर ही भीतर खा जाती है

"शरीर के घाव दिखते हैं, इसलिए हम उन पर मरहम लगाते हैं। पर मन के घाव दिखते नहीं और जो दिखता नहीं, उसे हम अनदेखा कर देते हैं, जब तक वह नासूर न बन जाए।"

– डॉ. सुरेश कुमार पाण्डेय

वह इंसान, जिसके पास "सब कुछ" था – फिर भी भीतर सब ख़ाली था।

ज़रा एक ऐसे इंसान की कल्पना कीजिए, जिसके पास दुनिया की हर वह उपलब्धि है, जिसका हम सपना देखते हैं, शोहरत, दौलत, सफलता, सुंदरता, और चाहने वालों की एक पूरी दुनिया। बड़ा घर, चमकती गाड़ी, सोशल मीडिया पर करोड़ों फोलोवर्स, बाहर से देखने वाला कहता है, "अरे वाह, क्या शानदार जिंदगी है!" अब कल्पना कीजिए कि एक सुबह वही इंसान उठता है, और उसे लगता है कि भीतर सब कुछ ख़ाली है। मन में एक ऐसी गहरी उदासी, जिसका कोई नाम नहीं, कोई कारण नहीं। जीने की कोई वजह नहीं दिखती।

हम अक्सर सोचते हैं कि दुख गरीबी से आता है, अभाव से आता है, असफलता से आता है। पर अगर "सब कुछ" पा लेने के बाद भी कोई इंसान भीतर से टूट सकता है, तो इसका मतलब है कि यह बीमारी हमारे हालात नहीं देखती। यह सीधे हमारे मन पर वार करती है। यही इस अध्याय का सबसे डरावना सच है। यह मूक मानसिक महामारी न बैंक-बैलेंस, न डिग्री, न शोहरत देखती है। यह किसी को भी, कभी भी अपनी चपेट में ले सकती है।

एक नेत्र-सर्जन के नाते, मेरी पूरी जिंदगी "देखने" और "दिखने" के इर्द-गिर्द बीती है। पर तीस सालों के इस सफर में, बीस लाख से अधिक मरीजों की आँखों में झाँकने के बाद, मैंने एक गहरा सच सीखा है: कुछ सबसे गहरे घाव वे होते हैं, जो किसी आँख को नहीं दिखते। एक मरीज मुस्कुराते हुए मेरे क्लिनिक में आ सकता है, उसकी आँखें बिल्कुल स्वस्थ हो सकती हैं और फिर भी, उसके मन में भीतर एक ऐसा अँधेरा हो सकता है, जिसे कोई जाँच करने वाली मशीन या माइक्रोस्कोप नहीं पकड़ पाता।

मेडिकल साइंस में हम जानते हैं कि कुछ बीमारियाँ लक्षण दिखाकर आती हैं, जैसे बुख़ार, दर्द, सूजन। पर कुछ बीमारियाँ "साइलेंट" होती हैं। वे बिना किसी शोर के, भीतर ही भीतर शरीर, मन, मस्तिष्क को क्षीण करती रहती हैं, और जब पता चलता है, बहुत देर हो चुकी होती है। मानसिक बीमारियाँ–अवसाद (डिप्रेशन), चिंता (एंग्जायटी) एवं तनाव (स्ट्रेस) आदि ऐसी ही मौन महामारियाँ हैं। हमारे समाज में, इस बीमारी के बारे में चर्चा करना एक टेबू माना जाता है। इसलिये ऐसे रोगी अपनी बीमारी को लेकर चुप्पी बनाए रखते हैं।

पर इससे पहले कि मैं आगे बढ़ूँ, मुझे एक ऐसी हस्ती की सच्ची कहानी याद आती है, जिसने अपनी चमक के पीछे मन में छिपे अँधेरे के बारे में बोलकर, लाखों लोगों की चुप्पी तोड़ दी।

एक सच्ची गाथा – जब "सब कुछ" होते हुए भी मन ख़ाली था

यह कहानी हमारी जानी-मानी फिल्म अभिनेत्री **दीपिका पादुकोण** की है।

साल 2014 का समय, दीपिका उस वक्त अपने करियर की बुलंदी पर थीं। उनके पास शोहरत, दौलत, सफलता, चाहने वालों की भीड़ आदि सब कुछ था। बाहर से देखने पर ऐसा लगता था कि एक इंसान को और क्या चाहिए। पर भीतर ही भीतर कुछ टूट रहा था।

उन्होंने बाद में खुद बताया कि एक सुबह वे यूँ ही उठीं, और उन्हें एक अजीब-सा ख़ालीपन महसूस हुआ–एक गहरी मानसिक उदासी, जिसका कोई

कारण नहीं था। पेट में एक अजीब-सी बेचैनी, और मन में एक ऐसा अँधेरा, जिसमें "सब कुछ" होते हुए भी सब कुछ बेमानी लगता था। यह आलस या मामूली उदासी नहीं थी, यह एक बीमारी थी, जिसका नाम है क्लिनिकल डिप्रेशन (नैदानिक अवसाद)।

सबसे साहसी काम दीपिका पादुकोण ने यह किया कि उन्होंने इसे छिपाया नहीं। उन्होंने डॉक्टर से, परिवार से, उचित उपचार से मदद ली। फिर, जब वे इससे उबरीं, तो उन्होंने वह किया, जो बहुत कम लोग करते हैं, उन्होंने सार्वजनिक रूप से अपनी इस लड़ाई के बारे में खुलकर बात की। उन्होंने मानसिक स्वास्थ्य के लिए द लाइव, लव, लाफ, फाउंडेशन (टीएलएलएलएफ) नामक संस्था की नींव रखी, ताकि और लोग अकेले मानसिक अवसाद से न जूझें।

"जब एक ऐसा इंसान, जिसके पास दुनिया की हर 'सफलता' थी, कह सकती है कि 'मैं अवसाद से जूझी हूँ' तो यह साबित होता है कि अवसाद किसी कमजोरी की नहीं, बल्कि एक गम्भीर मानवीय संघर्ष है। इसे छिपाना नहीं, स्वीकार कर, मदद लेना ही असली साहस है।"

उनकी इस हिम्मत ने अनगिनत लोगों को यह एहसास दिलाया कि मदद माँगना शर्म नहीं, समझदारी है।

मन की बीमारी–सरल भाषा में

इस बीमारी को एक डॉक्टर की नजर से समझिए, क्योंकि सबसे बड़ी गलतफहमी इसी समझ की कमी से पैदा होती है।

हमारा मस्तिष्क भी हृदय, फेफड़े या किडनी की तरह शरीर का एक अंग है। जैसे शरीर के दूसरे अंग बीमार पड़ सकते हैं, वैसे ही दिमाग भी, अवसाद, तनाव, चिन्ता आदि मानसिक रोगों से प्रभावित हो सकता है। अवसाद (डिप्रेशन) को सरल भाषा में समझिए: हमारे दिमाग में कुछ रासायनिक संदेशवाहक (केमिकल्स, जैसे सेरोटोनिन और डोपामाइन) होते हैं, जो हमारे मूड और भावनाओं को संतुलित रखते हैं। जब किसी कारण–आनुवंशिकता, लंबा तनाव, या कोई गहरा आघात आदि से इन रसायनों का संतुलन बिगड़ जाता है, तो व्यक्ति लगातार गहरी उदासी,

निराशा और थकान में डूब जाता है। यह "मन की कमजोरी" नहीं है, ठीक वैसे ही जैसे शुगर (डायबिटीज) "इच्छाशक्ति की कमजोरी" नहीं होती।

यही वह बुनियादी बात है, जो हमारा समाज नहीं समझता। हम किसी को कहते हैं–"अरे, थोड़ा खुश रहो", "मन मजबूत करो", "इसमें परेशान होने की क्या बात है?" यह ठीक वैसा ही है, जैसे किसी डायबिटीज के मरीज से कहना कि बिना गोली या इंसुलिन लिये "बस ठान लो कि आपकी शुगर नॉर्मल रहेगी।"

"किसी अवसादग्रस्त व्यक्ति से 'खुश हो जाओ' कहना उतना ही असंवेदनशील है, जितना किसी टूटी टाँग वाले से 'दौड़ लगाओ' कहना। बीमारी को सिर्फ इच्छाशक्ति से नहीं, सहारे और उचित उपचार से ही ठीक किया जा सकता है।"

बीमारी कितनी गहरी है–आँकड़ों का एक्स-रे

दीपिका की कहानी एक चेहरा है, पर इस मौन मानसिक महामारी की गहराई आँकड़ों में छिपी है। और वे चौंकाने वाले हैं। एक बड़े अध्ययन के अनुसार, भारत में लगभग 19.7 करोड़ (यानी लगभग हर सातवाँ भारतीय) किसी-न-किसी रूप के मानसिक विकार से प्रभावित है। यानी यह वह पड़ोसी, वह सहकर्मी, वह सहपाठी, या शायद वह अपना ही कोई, जो रोज "मैं ठीक हूँ" कहकर निकल जाता है।

पर सबसे डरावना आँकड़ा "इलाज की खाई" (ट्रीटमेंट गैप) का है। राष्ट्रीय मानसिक स्वास्थ्य सर्वेक्षण के अनुसार, मानसिक रोग से जूझ रहे लगभग 70 प्रतिशत से 85 प्रतिशत लोगों को कोई औपचारिक इलाज मिलता ही नहीं है। इसके दो बड़े कारण हैं। पहला, सामाजिक कलंक (स्टिग्मा), यानी वह "लोग क्या कहेंगे" वाला डर, जिसके कारण परिवार बीमारी को छिपाते हैं। दूसरा, विशेषज्ञों की भारी कमी। भारत में प्रति एक लाख आबादी पर मात्र लगभग 0.75 मनोचिकित्सक (साइकियाट्रिस्ट) हैं, जबकि विश्व स्वास्थ्य संगठन के मानकों के अनुसार जरूरत इससे कई गुना ज्यादा की है। यानी मरीजों की संख्या बहुत अधिक है, और इलाज करने वाले बहुत कम उपलब्ध है।

इस अनदेखी की सबसे भारी क़ीमत हमारी जानों से चुकती है। नेशनल क्राइम रिकॉर्ड ब्यूरो (NCRB) के अनुसार, 2022 में भारत में 1 लाख 70 हजार से अधिक लोगों ने आत्महत्या की और इनमें एक बड़ा हिस्सा हमारे युवाओं का था। हर एक संख्या के पीछे एक पूरा परिवार है, जो जीवन भर यह सवाल ढोता है, "काश, हमने समय रहते उसके मन की बात सुन ली होती।" विशेषज्ञ मानते हैं

कि असली संख्या इससे भी अधिक है, क्योंकि कलंक के डर से बहुत-से मामले दर्ज ही नहीं होते।

"हमारे यहाँ टूटी हड्डी पर तो सब सहानुभूति जताते हैं, पर टूटे मन को 'पागलपन' या 'नाटक' कह दिया जाता है। यही कलंक, इस बीमारी का सबसे बड़ा हथियार बन जाता है, क्योंकि यह मरीज को मदद माँगने से ही रोक देता है।"

एक संतुलित नजर-अँधेरा गहरा है, पर रोशनी भी है

यहाँ एक ईमानदार डॉक्टर के नाते मुझे पूरी और संतुलित तस्वीर रखनी होगी, क्योंकि इस विषय में निराशा फैलाना सबसे ख़तरनाक होगा।

पहली और सबसे जरूरी बात–मानसिक बीमारियाँ इलाज से ठीक होती हैं। यह कोई स्थायी "सजा" नहीं है। दीपिका की तरह, करोड़ों लोग सही इलाज, थेरेपी, और परिवार के सहयोग से इससे पूरी तरह उबरकर, सामान्य, खुशहाल जिंदगी जीते हैं। यह सबसे बड़ी उम्मीद है, जो हर पाठक तक पहुँचनी चाहिए।

दूसरी बात–हालात बदल रहे हैं। भारत में मानसिक स्वास्थ्य देखभाल अधिनियम (मेंटल हेल्थकेयर एक्ट 2017) ने इलाज को एक कानूनी अधिकार बनाया। सरकार ने टेली-मानस (Tele-MANAS) जैसी मुफ्त हेल्पलाइन शुरू की है, जो फोन पर ही मदद पहुँचाती है। और अब बीमा कंपनियों के लिए मानसिक बीमारी को कवर करना अनिवार्य है। दिशा सही है।

तीसरी बात–नई पीढ़ी इस चुप्पी को तोड़ रही है। आज के युवा, दीपिका जैसी हस्तियों से प्रेरित होकर, मानसिक स्वास्थ्य पर खुलकर बात कर रहे हैं, यह एक बड़ा सकारात्मक बदलाव है।

"मानसिक स्वास्थ्य का इलाज दो दवाओं से होता है–एक, जो डॉक्टर देता है; और दूसरी, जो समाज देता है–वह है बिना जजमेंट के सुनना, और बिना शर्म के अपनापन देना।"

इलाज–मन के घाव पर मरहम

इस मौन महामारी का इलाज भी, हर बीमारी की तरह, कई स्तरों पर है।

पहला और सबसे बड़ा इलाज–चुप्पी और कलंक तोड़ना। हमें मानसिक बीमारी को भी शुगर या ब्लड-प्रेशर की तरह एक सामान्य बीमारी मानना होगा, जिस पर खुलकर बात हो सके।

दूसरा–विशेषज्ञों और सुविधाओं का विस्तार, ख़ासकर गाँवों और छोटे शहरों तक, जहाँ आज कोई मदद उपलब्ध नहीं है।

तीसरा–टेली-मानस जैसी डिजिटल हेल्पलाइनों को घर-घर पहुँचाना, ताकि मदद एक फोन-कॉल दूर हो।

चौथा–स्कूलों और कार्यस्थलों पर मानसिक स्वास्थ्य को प्राथमिकता देना, क्योंकि रोकथाम, इलाज से बेहतर है।

पर सबसे गहरा और सबसे सस्ता इलाज, हम सबके पास है कि एक-दूसरे की बात सुनना। अक्सर एक इंसान को सिर्फ यह जानने की जरूरत होती है कि वह अकेला नहीं है।

लगभग 148 करोड़ से अधिक की इस राष्ट्र-देह का "मस्तिष्क" अगर स्वस्थ नहीं होगा, तो शरीर चाहे कितना भी बलवान दिखे, वह सच में स्वस्थ नहीं कहलाएगा। एक महाशक्ति सिर्फ मजबूत शरीर से नहीं, स्वस्थ और प्रसन्न मन से बनती है।

"अगर आज आपका मन भारी है, तो कृपया यह याद रखिए–यह अँधेरा स्थायी नहीं है, और मदद माँगना हार नहीं, सबसे बड़ी हिम्मत है। बस एक भरोसेमंद इंसान से, या एक डॉक्टर से, बात कीजिए। आपका यह एक क़दम, आपकी पूरी दुनिया बदल सकता है।"

▪ *सोचिए*

दीपिका के पास "सब कुछ" था, फिर भी वे अवसाद से जूझीं–यह हमें क्या सिखाता है? क्या मानसिक स्वास्थ्य सच में "अमीरी-गरीबी" या "सफलता-असफलता" देखता है? और क्या हमने कभी अपने किसी क़रीबी की "मैं ठीक हूँ" वाली मुस्कान के पीछे झाँकने की कोशिश की है?

▪ *चर्चा कीजिए*

अपने परिवार में एक खुली बात कीजिए: क्या हमारे घर में भावनाओं के बारे में खुलकर बात होती है, या हम "मर्द रोते नहीं", "इतना सोचने की क्या बात है" जैसी बातों से उन्हें दबा देते हैं? और हम अपने घर को एक ऐसी सुरक्षित जगह कैसे बना सकते हैं, जहाँ कोई अपना दर्द बिना डर के कह सके?

▪ *कार्रवाई कीजिए*

इस सप्ताह दो छोटे, पर शक्तिशाली काम कीजिए: पहला, अपने किसी ऐसे

परिचित से, जो उदास या अकेला लगता हो, सच्चे मन से पूछिए - "आप कैसे हैं - सच में?" उन्हें बिना कोई सलाह दिए, बिना जज किए, बिना टोके, बस पूरे ध्यान और संवेदना से उनकी बात से सुनिए। दूसरा, अपने परिवार को टेली-मानस जैसी राष्ट्रीय मानसिक स्वास्थ्य हेल्पलाइन के बारे में बताइए, ताकि जरूरत पड़ने पर कोई अकेला न रहे। कभी-कभी, सिर्फ सुना जाना ही, इलाज की पहली खुराक होती है।

Rx डॉ. सुरेश कुमार पाण्डेय का प्रिस्क्रिप्शनः

इस अध्याय से पाँच संजीवनी सूत्र

पहला सूत्र–चुप्पी और कलंक तोड़िएः मानसिक बीमारी को शुगर या ब्लड-प्रेशर की तरह एक सामान्य बीमारी मानिए। "लोग क्या कहेंगे" का डर ही इस महामारी का सबसे बड़ा हत्यारा है और इसे तोड़ना ही पहला इलाज है।

दूसरा सूत्र–मदद माँगना हिम्मत है, कमजोरी नहींः जैसे टूटी हड्डी के लिए डॉक्टर के पास जाते हैं, वैसे ही टूटे मन के लिए विशेषज्ञ की मदद लेना समझदारी है। इलाज से यह बीमारी पूरी तरह ठीक होती है।

तीसरा सूत्र–हर गाँव तक पहुँचे इलाजः विशेषज्ञों की भारी कमी और शहरों तक सीमित सुविधाएँ सबसे बड़ी बाधा हैं। टेली-मानस जैसी डिजिटल हेल्पलाइनों और प्रशिक्षित काउंसलरों को गाँव-गाँव पहुँचाना होगा।

चौथा सूत्र–रोकथाम स्कूल और घर सेः बच्चों को छोटी उम्र से भावनाओं को समझना और व्यक्त करना सिखाइए। स्कूल और कार्यस्थल पर मानसिक स्वास्थ्य को उतनी ही प्राथमिकता मिले, जितनी शारीरिक स्वास्थ्य को।

पाँचवाँ सूत्र–सबसे सस्ती दवाः सुनना और अपनापनः हर इंसान को बस यह जानने की जरूरत है कि वह अकेला नहीं है। बिना जजमेंट के सुनना, और बिना शर्त के अपनापन देना–यह वह दवा है, जो हम सब, मुफ्त में, एक-दूसरे को दे सकते हैं।

सहायता उपलब्ध हैः यदि आप या आपका कोई परिचित मानसिक तनाव, अवसाद या निराशा से जूझ रहा है, तो राष्ट्रीय टेली-मानस हेल्पलाइन (14416) पर 24/7, निःशुल्क, और गोपनीय मदद उपलब्ध है। मदद माँगना, सबसे बड़ी हिम्मत है–आप अकेले नहीं हैं।

अध्याय 19

कर्मण्येवाधिकारस्ते: गीता का वह सूत्र, जिसे भारत भूल गया

जब आस्था प्रेरणा बनने के बजाय बहाना बन जाए

"प्रार्थना करते हुए हाथ सुंदर लगते हैं, लेकिन काम करते हुए हाथ सचमुच पूजनीय बन जाते हैं। क्योंकि कर्म ही असली पूजा है, और ईमानदार श्रम से निकला हर पसीना ईश्वर के चरणों में अर्पित सबसे पवित्र प्रसाद बन जाता है। इसलिए कहा गया है, श्रमेव जयते; अंतत: विजय उन्हीं की होती है, जो हाथ जोड़कर ईश्वर से आशीर्वाद माँगते हैं और फिर उन्हीं हाथों से कर्मभूमि पर अपना कर्तव्य निभाते हैं।"

– डॉ. सुरेश कुमार पाण्डेय

लेखक का स्पष्टीकरण: एक विनम्र निवेदन, *यह अध्याय किसी धर्म, संत, ग्रंथ या पूजा-पद्धति के विरुद्ध नहीं है। इसका उद्देश्य केवल अकर्मण्यता और अंध-भाग्यवाद को चुनौती देना है, जो सच्ची आस्था नहीं, उसकी विकृति है। सच्ची श्रद्धा हमेशा कर्म से जुड़ती है, निष्क्रियता से नहीं। गीता का संदेश भी कर्मयोग ही है। - डॉ. सुरेश कुमार पाण्डेय*

वह "पवित्र राख", जिसने एक आँख को हमेशा के लिए बुझा दिया

क्या एक चुटकी राख किसी की जिंदगी में हमेशा के लिए अँधेरा कर सकती है?

मेरी जिंदगी का एक दिन मुझे आज भी रात में जगा देता है। यह कोई आँकड़ा नहीं, यह मेरे अपने चिकित्सकीय अनुभव का एक चीख़ता हुआ सच है।

सुवि आई इंस्टीट्यूट, कोटा की मेरी ओपीडी में, मध्य प्रदेश के शिवपुरी के पास के इमलीपुरा नामक गाँव से, एक माँ अपने अठारह साल के बेटे को लेकर आई। लड़के की दाहिनी आँख सूजकर लाल हो चुकी थी, और वह दर्द से कराह रहा था। जब मैंने स्लिट लैंप बायोमाइक्रोस्कोप से आँख की जाँच की, तो मेरा दिल बैठ गया। उसकी आँख की पुतली पर कॉर्नियल अल्सर का एक गहरा घाव बन कर परफोरेट (सूक्ष्म छिद्र बनना) हो चुका था।

यह कोई लाइलाज बीमारी नहीं थी। अगर परिवार उसे कुछ दिन पहले ले आता, तो चंद एंटीबायोटिक आई-ड्रॉप्स से, बिना किसी ऑपरेशन के, वह आँख पूरी तरह बच सकती थी।

मैंने उस माँ से पूछा, "आप इतने दिन क्या करते रहे? इसे पहले क्यों नहीं लाए?"

उसका जवाब हमारी सबसे गहरी, सबसे अनदेखी बीमारी का पर्दाफाश था। पिछले कई दिनों से वे उस सूजी हुई आँख में एक "सिद्ध" स्थान की राख (भभूती), कामी और "पवित्र जल" डाल रहे थे। उनका विश्वास था, "डॉक्टर साहब, जो भगवान की मर्जी होगी, वही होगा। भगवान की कृपा होगी एवं भाग्य में होगा तो आँख का जख़्म पवित्र राख़ से तो अपने-आप ठीक हो जाएगा।"

नतीजा? आँख का संक्रमण पूरे कॉर्निया को गला चुका था कि उस कॉर्निया में सूक्ष्म छिद्र होने के कारण उपचार के बाद भी उस होनहार युवा की एक आँख की रोशनी, हमेशा के लिए चली गई।

मैं उस माँ का चेहरा कभी नहीं भूल सकता। उसमें कोई लापरवाही नहीं थी, कोई बुरा इरादा नहीं था, सिर्फ एक अंध विश्वास, अंधी श्रद्धा थी, जिसने इलाज की जगह ले ली थी।

यह सिर्फ एक परिवार की त्रासदी नहीं है। भारत में आज भी अंधेपन के बहुत बड़े हिस्से को "रोका जा सकने वाला अंधापन" (प्रिवेंटेबल ब्लाइंडनेस) कहा जाता है, यानी ऐसी रोशनी, जो समय पर इलाज से बचाई जा सकती थी, पर बचाई नहीं गई। इसकी एक बड़ी वजह यही है कि बीमारी के सबसे क़ीमती

शुरुआती समय में मरीज डॉक्टर के बजाय किसी झाड़-फूक, भभूती, पवित्र जल या चमत्कार का इंतजार करता रहता है। जब वह अस्पताल का दरवाजा खटखटाता है, तब तक अक्सर बहुत देर हो चुकी होती है।

उस दिन मैंने सिर्फ एक आँख को अंधा होते नहीं देखा। बीस लाख से अधिक मरीजों को देखने के अपने तीस साल के अनुभव के साथ, मैंने उस दिन एक पूरे राष्ट्र को उसी "भाग्यवाद" अथवा ''अंध श्रद्धा'' के मोतियाबिंद का शिकार होते देखा।

तब मुझे एहसास हुआ, सबसे ख़तरनाक मोतियाबिंद आँख का नहीं, सोच का होता है।

निदान– एक एनेस्थीसिया, जो दर्द तो मिटाता है, बीमारी नहीं

उस लड़के की आँख का घाव तो मैं देख सकता था। पर उसके परिवार की सोच पर जमा जो अंधविश्वास एवं अकर्मण्य भाग्यवाद का पर्दा था, वह कहीं ज्यादा गहरा और कहीं ज्यादा संक्रामक था। वह पर्दा उस अकेले परिवार पर नहीं, करोड़ों भारतीयों की सामूहिक चेतना पर जम चुका है।

इसका नाम है–अकर्मण्य भाग्यवाद। यह विश्वास कि मेरी जिंदगी की डोर पूरी तरह किसी और के हाथ में है, और मैं बस एक मूक दर्शक हूँ।

एक डॉक्टर के नाते मैं इसे एक ख़ास दवा से जोड़कर देखता हूँ, एनेस्थीसिया, यानी संवेदनहारक। एनेस्थीसिया एक चमत्कार है; यह दर्द मिटा देता है। पर जरा सोचिए–अगर किसी इंसान को हर समय, हर चोट पर एनेस्थीसिया दे दिया जाए, तो? उसका हाथ जल रहा होगा, पर उसे पता ही नहीं चलेगा। उसके भीतर कोई घाव सड़ रहा होगा, और वह आराम से मुस्कुराता रहेगा।

दर्द कोई दुश्मन नहीं है। दर्द तो शरीर का अलार्म है, वह संकेत, जो कहता है: "उठो, कुछ गड़बड़ है, इलाज करो।" जो समाज दर्द महसूस करना ही बंद कर दे, वह इलाज की जरूरत भी भूल जाता है।

"जो हो रहा है, अच्छा हो रहा है", यह वाक्य कई बार राष्ट्र की चेतना पर चढ़ा हुआ एनेस्थीसिया बन जाता है। दर्द रहता है, अन्याय रहता है, विफलता रहती है, बस उन्हें महसूस करने की क्षमता सुन्न पड़ जाती है। भ्रष्ट अधिकारी ने काम रोक दिया? बच्चा परीक्षा में चूक गया? पढ़ा-लिखा युवा बेरोजगार है? हम तुरंत कह देते हैं, "किस्मत", "नसीब", "भाग्य में यही लिखा था।" और इसी एक वाक्य के साथ हम समस्या से लड़ने का साहस, व्यवस्था से सवाल करने की शक्ति और परिवर्तन की संभावना, तीनों को धीरे-धीरे खो देते हैं।"

हर समस्या को "किस्मत" का नाम देकर हम उसके इलाज से मुँह मोड़ लेते हैं। और यही इस रोग की सबसे बड़ी त्रासदी है, यह दर्द नहीं देता, इसलिए कोई इसका इलाज नहीं ढूँढ़ता। जब एक पूरी पीढ़ी मेहनत की जगह चमत्कार का, और संघर्ष की जगह संयोग का इंतजार करने लगे, तो यह राष्ट्र की इच्छाशक्ति का धीरे-धीरे सुन्न पड़ जाना है।

एक संतुलित नजर–आस्था बीमारी नहीं, हमारी सबसे बड़ी ताक़त है

यहाँ एक ईमानदार डॉक्टर के नाते मुझे रुककर, बहुत साफ शब्दों में एक बात कहनी है, क्योंकि अधूरा निदान, खुद एक ख़तरनाक गलती है।

मेरा पूरा विश्वास है कि आस्था या श्रद्धा कोई बीमारी नहीं, बल्कि इस राष्ट्र की सबसे बड़ी शक्तियों में से एक है। यही वह शक्ति है, जिसने सदियों के अंधकार आक्रमणों और विपत्तियों के बीच भी इस सभ्यता की आत्मा को जीवित रखा। यही आस्था टूटे हुए मनुष्य को फिर से खड़ा होने का साहस देती है, निराशा में आशा जगाती है और कठिनतम समय में मन को संबल प्रदान करती है।

भारतवर्ष वही पुण्यभूमि है, जहाँ ऋषियों ने उपनिषदों का अमृत रचा; जहाँ गौत्तम बुद्ध ने करुणा और मध्यम-मार्ग का संदेश दिया; जहाँ भगवान महावीर स्वामी ने अहिंसा को जीवन का सर्वोच्च धर्म बनाया; जहाँ गुरु नानक देव जी ने "किरत करो, नाम जपो, वंड छको", यानी मेहनत करो, ईश्वर को याद करो, और बाँटकर खाओ, का अमर सूत्र दिया। इसी भूमि पर स्वामी विवेकानंद ने पूरी युवा-शक्ति को ललकारा, "उठो, जागो, और तब तक मत रुको, जब तक लक्ष्य प्राप्त न हो जाए।"

जरा ध्यान दीजिए, इनमें से किसी ने भी "बैठ जाओ और प्रतीक्षा करो" नहीं कहा। हर एक ने उठने, जागने, और कर्म करने का आदेश दिया। यही हमारी असली आध्यात्मिक विरासत है।

असली समस्या आस्था नहीं है। समस्या है–आस्था और अकर्मण्यता के बीच का घालमेल। सबसे बड़ी बात, इन दोनों के बीच की रेखा सबसे पहले हमारी अपनी संस्कृति ने ही खींची थी। गीता के सबसे प्रसिद्ध सूत्र "कर्मण्येवाधिकारस्ते मां फलेषु कदाचन" यानि कि तेरा अधिकार सिर्फ कर्म करने पर है।

ध्यान दीजिए, भगवान श्रीकृष्ण ने अर्जुन से यह नहीं कहा था कि "युद्ध भाग्य पर छोड़ दे और बैठ जा।" उन्होंने ठीक उल्टा कहा–"अर्जुन, उठ, गांडीव उठा, कर्म कर, फल की चिंता मत कर।" गीता कर्मयोग का ग्रंथ है, अकर्म का नहीं।

सच्ची आस्था वह है, जो किसान को हल चलाने की शक्ति देती है और फिर

अच्छी फसल की प्रार्थना करती है। नकली भाग्यवाद वह है, जो कहता है "हल छोड़ दे, बारिश भगवान भेज ही देगा।" सच्ची आस्था हाथ जोड़ती है पर हाथ बाँधती नहीं।

वह बारीक रेखा–जहाँ श्रद्धा, "उद्योग" बन जाती है

अब मुझे एक नाजुक, पर जरूरी बात कहनी है और मैं इसे एक डॉक्टर की भाषा में कहूँगा।

आज करोड़ों लोग कथा और प्रवचन की ओर खिंचे चले जा रहे हैं। इसमें बहुत कुछ श्रेष्ठ है जो जीवन में नैतिकता, सद्भाव और शांति लाता है। ऐसे सच्चे संत और मार्गदर्शक इस देश की अनमोल पूँजी हैं, और उनका हृदय से सम्मान होना चाहिए।

पर एक प्रवृत्ति पर हमें सावधान रहना होगा। चिकित्सा में एक शब्द है जिसे **''प्लेसीबो इफेक्ट''** कहा जाता है। मरीज को शक्कर की मीठी गोली दी जाती है, और उसे लगता है कि दवा खा रहा है। मानसिक शांति तो मिल जाती है, पर भीतर बीमारी बढ़ती रहती है।

जब कोई मंच लोगों को सिर्फ "समर्पण" और "संतोष" का वह हिस्सा बार-बार परोसे और गीता का असली, कठिन हिस्सा "कर्म करो" चुपचाप हटा दे तो वह श्रद्धा नहीं, एक मीठी गोली (प्लेसीबो) बेच रहा होता है। जब ऐसी निष्क्रियता एक चमक-दमक से भरपूर, करोड़ों के कारोबार वाला कथा उद्योग बन जाए, तब हमें ठहरकर पूछना चाहिए: यह मंच मुझे कर्मठ बनने को कह रहा है, या निष्क्रिय होकर बैठे रहने को? यह मुझे प्रश्न करना सिखा रहा है, या सिर्फ स्वीकार करना? यह मेरी जेब भर रहा है, या ख़ाली कर रहा है?

यहाँ मेरी आपत्ति किसी व्यक्ति या धर्म से नहीं है, किसी से भी नहीं। मेरी आपत्ति सिर्फ एक चीज से है: अकर्मण्य भाग्यवाद एवं निष्क्रियता के प्रचार से।

जरा हमारे अपने पुरातन ग्रंथों के महानायकों को देखिए। भगवान राम ने रावण से युद्ध किया, बैठकर सिर्फ रामकथा नहीं सुनी। हनुमान जी, जो स्वयं भक्ति की पराकाष्ठा हैं, उन्होंने भी विश्राम का प्रस्ताव ठुकराते हुए कहा था–"राम काज कीन्हे बिनु, मोहि कहाँ विश्राम।" यानी जब तक प्रभु का कार्य पूरा न हो, मुझे विश्राम कहाँ! यह भक्ति का सर्वोच्च रूप है–भक्ति, जो कर्म में बदल जाए। भगवान कृष्ण ने महाभारत में दिशा दी, सिर्फ उपदेश देकर घर नहीं बैठ गए। महाराणा प्रताप ने जंगल की घास की रोटी खाई, पर युद्ध व संघर्ष करना नहीं छोड़ा। आधुनिक युग में, महात्मा गाँधी जी ने सत्य और अहिंसा की आस्था को एक पूरे राष्ट्र के कर्म-यज्ञ में बदल दिया।

इन सब में एक ही सूत्र है, श्रद्धा, जो हाथ पर हाथ रखकर बैठना नहीं, बल्कि उठकर कर्म करना सिखाती है।

"जो मंच आपको 'बैठना' सिखाए, वह आपका मार्गदर्शक नहीं। जो आपको 'उठना' और 'करना' सिखाए, वही सच्चा गुरु है।"

उम्मीद की किरण–वही श्रद्धा, जब कर्म से जुड़ती है

अब जरा उस ताक़त की कल्पना कीजिए, जो तब फूटती है, जब यही गहरी आस्था, अकर्मण्यता से नहीं, कर्म से जुड़ जाए। इसी देश में संत-समाज और धार्मिक संस्थाओं ने सिर्फ प्रवचन नहीं दिए वरन् उन्होंने कर्म के जीवंत संस्थान खड़े किए। स्वामी विवेकानंद द्वारा स्थापित रामकृष्ण मिशन आज भी देश भर में स्कूल, अस्पताल और आपदा-राहत का अद्भुत कार्य करता है। माता अमृतानंदमयी (अम्मा) के संगठन ने अस्पताल, विश्वविद्यालय और लाखों घर बनवाए। हर बड़े गुरुद्वारे का "लंगर" बिना किसी भेदभाव के करोड़ों लोगों का पेट भरता है। कोविड-19 महामारी में भी इन्हीं लंगरों ने अनगिनत भूखों को भोजन दिया। यह आस्था का वह रूप है, जो हाथ जोड़ता भी है और हाथ बढ़ाता भी है।

कर्मयोग की इससे बड़ी मिसाल भला क्या होगी कि हमारे अपने इसरो (ISRO) के अंतरिक्ष वैज्ञानिक भी, रॉकेट भेजने से पहले मंदिर भी जाते हैं, और फिर प्रयोगशाला में रात-रात भर अपने प्रयोग करते है। नतीजा देखिए कि नवंबर 2013 में भेजा गया "मंगलयान", सितंबर 2014 में मंगल की कक्षा में पहुँच गया और भारत दुनिया का पहला ऐसा देश बना, जिसने अपनी पहली ही कोशिश में मंगल को छू लिया, वह भी दुनिया के सबसे कम ख़र्चीले मंगल-अभियानों में से एक बनकर। यह "किस्मत" नहीं थी वरन् यह वर्षों की मेहनत, गणना और लगन का फल था।

चंद्रयान की कहानी में इससे भी गहरी सीख छिपी है। वर्ष 2019 में, चंद्रयान-2 का लैंडर चाँद की सतह पर उतरते-उतरते दुर्घटनाग्रस्त हो गया। पूरा देश मायूस था। हमारे वैज्ञानिक चाहते तो कह सकते थे "शायद ऊपरवाले की यही मर्जी थी।" पर उन्होंने ऐसा नहीं किया। उन्होंने अपनी हर गलती ढूँढ़ी, हर आँकड़ा फिर से खंगाला, डिजाइन सुधारी और फिर से उठ खड़े हुए। दिनांक 23 अगस्त 2023 को, चंद्रयान-3 ने वह कर दिखाया, जो दुनिया का कोई देश आज तक नहीं कर पाया था चाँद के दक्षिणी ध्रुव पर सफल लैंडिंग कर नया इतिहास बनाया। असफलता को "भाग्य" मानकर बैठ जाना भाग्यवाद है; असफलता से सीखकर फिर उठ खड़ा होना ही असली कर्मयोग है। यही गीता का जीवंत रूप है।

यह कोई विरोधाभास नहीं। यही भारत की असली प्रतिभा है श्रद्धा और श्रम का संतुलन है। जिस देश का किसान अपनी मेहनत और अपनी प्रार्थना दोनों पर बराबर भरोसा करता है, उसी देश ने हरित क्रांति करके अकाल को इतिहास बना दिया।

मुझे पूरा विश्वास है जिस दिन इस राष्ट्र के करोड़ों श्रद्धालु हाथ, प्रार्थना के बाद कर्म के औजार भी उठा लेंगे, उस दिन कोई शक्ति भारत को महाशक्ति बनने से नहीं रोक सकेगी।

इलाज-सोच के मोतियाबिंद को कैसे हटायें

जैसे पके मोतियाबिंद को न कोई जड़ी-बूटी ठीक करती है, न कोई मंत्र सिर्फ धुँधले लेंस को ऑपरेशन से निकालकर नया, साफ लेंस लगाना ही इलाज है वैसे ही सोच के इस परदे का भी इलाज है। धीमा, पर निश्चित।

पहला इलाज-तर्क का लेंस लगाना। बच्चों को बचपन से श्रद्धा के साथ-साथ सवाल पूछना भी सिखाना होगा। आस्था और जिज्ञासा दुश्मन नहीं, एक हृदय को संबल देती है, दूसरी मस्तिष्क को दिशा।

दूसरा इलाज-कथा को कर्म से जोड़ना। हमारे सच्चे मार्गदर्शकों की पहुँच करोड़ों दिलों तक है, यह अपार शक्ति है। अगर हर प्रवचन के अंत में सिर्फ "समर्पण" नहीं, बल्कि "कर्म" का संदेश भी जुड़ जाए, "बेटी को पढ़ाओ", "पेड़ लगाओ", "नशा छोड़ो", "बीमारी का इलाज जरूर कराओ," तो यही मंच राष्ट्र-निर्माण के सबसे बड़े इंजन बन जाएँ।

तीसरा इलाज-समय की सर्जरी। जो घंटे रोज निष्क्रिय सम्मोहन में बीतते हैं, उनमें से कुछ घंटे कौशल, पढ़ाई और श्रम में लगाइए। प्रेरणा के लिए सुनना अच्छा है पर सुनने के बाद उठना एवं कर्म करना जरूरी है।

चौथा इलाज–भाषा बदलना। "किस्मत में यही था" कहना छोड़िए; "इस बार चूके, अगली बार बेहतर करेंगे" कहना सीखिए। भाषा सिर्फ शब्द नहीं वरन् सकारात्मक सोच का साँचा है।

पाँचवाँ इलाज–सही और गलत मार्गदर्शक में फर्क। जो आपको सेवा, कर्म और सवाल की ओर ले जाए, असली है। जो सिर्फ चमत्कार, भय और निष्क्रिय समर्पण बेचे, उससे सावधान रहना भी श्रद्धा का अपमान नहीं, सम्मान है।

▪ *सोचिए*

क्या आपने कभी किसी समस्या को "किस्मत" कहकर टाल दिया है, जिसका हल असल में आपके अपने हाथ में था? दिन में जो समय आप किसी स्क्रीन के सामने निष्क्रिय बैठकर बिताते हैं, उसका कितना हिस्सा आपको सचमुच उठने की प्रेरणा देता है, और कितना सिर्फ बैठे रहने की?

▪ *चर्चा कीजिए*

अपने परिवार में यह सवाल उठाइए, "कर्मण्येवाधिकारस्ते" का असली मतलब क्या है? क्या हमारी श्रद्धा हमें कर्म की ओर धकेलती है, या कर्म करने से रोकती है?

▪ *कार्रवाई कीजिए*

इस सप्ताह दो काम कीजिए। पहला–कोई एक समस्या, जिसे आप अब तक "ऊपरवाले के भरोसे" छोड़े बैठे थे, उसका हल ढूँढ़ने की पहली ठोस कोशिश खुद कीजिए, चाहे वह अपनी सेहत की जाँच हो, बच्चे की पढ़ाई, या मोहल्ले की कोई दिक्कत। दूसरा–अगर परिवार में किसी की कोई बीमारी "भगवान भरोसे" टल रही हो, तो उसे आज डॉक्टर के पास ले जाइए। याद रखिए–प्रार्थना के बाद उठा हुआ हाथ, खुद एक प्रार्थना है।

Rx डॉ. सुरेश कुमार पाण्डेय का प्रिस्क्रिप्शन:

इस अध्याय से पाँच संजीवनी सूत्र

पहला सूत्र – दर्द को सुन्न मत कीजिए, सुनिए: "जो हो रहा है, अच्छा हो रहा है," यह वाक्य आराम तो देता है, पर इलाज रोक देता है। समस्या को समस्या मानने का साहस ही, समाधान की पहली शर्त है।

दूसरा सूत्र – श्रद्धा रखिए, पर हाथ पर हाथ मत रखिए: आस्था

आपकी ताक़त है, बशर्ते वह आपको कर्म करने की शक्ति दे, कर्म छोड़ने का बहाना नहीं। हाथ जोड़िए, पर हाथों को बाँधिए मत।

तीसरा सूत्र – गीता को सही पढ़िए: हमारे अपने शास्त्र कर्म का आदेश देते हैं, अकर्म का नहीं। "कर्मण्येवाधिकारस्ते," तेरा अधिकार सिर्फ कर्म पर है। असली भारतीय दर्शन भाग्यवादी नहीं, कर्मवादी है।

चौथा सूत्र – मार्गदर्शक को कसौटी पर कसिए: जो आवाज आपको सेवा, कर्म और सवाल की ओर ले जाए, असली है। जो सिर्फ चमत्कार और निष्क्रियता बेचे, उससे सावधानी, श्रद्धा का अपमान नहीं, सम्मान है।

पाँचवाँ सूत्र – भाग्य तब लिखा जाता है, जब कर्म पूरा हो: भाग्य किसी का इंतजार नहीं करता। पहले पूरा कर्म कीजिए, फिर फल की चिंता छोड़िए, यही गीता का सार है। चंद्रयान-2 गिरा, पर हमारे वैज्ञानिक "किस्मत" कहकर नहीं बैठे, उन्होंने चंद्रयान-3 से इतिहास रच दिया।

अध्याय 20

व्यसन की नई महामारीः नशा, सट्टा और शॉर्टकट की संस्कृति

कुछ जहर जबरदस्ती नहीं – मुस्कुराते हुए परोसे जाते हैं

"सबसे ख़तरनाक नशा वह नहीं, जो आपको बेहोश कर दे, बल्कि वह है, जिसे समाज नशा ही न समझे। वह चमकदार पैकेट में आता है, चहेते चेहरों के हाथों बिकता है, और 'मनोरंजन' के नाम पर पूरी पीढ़ी को भीतर से सुन्न कर देता है।"

– डॉ. सुरेश कुमार पाण्डेय

वह होनहार लड़का, जिसके सपने एक "ऐप" ने निगल लिए

मार्च 2026 का एक दिन। सुवि आई इंस्टीट्यूट, कोटा की ओपीडी। मेरे सामने एक उन्नीस साल का युवक बैठा था, आँखों में गहरी लाली, चेहरे पर पीलापन, और लगातार सिरदर्द की शिकायत। नाम था अभिषेक सोलंकी (बदला हुआ नाम। उसके पिता राजस्थान के एक छोटे गाँव में किसान थे, जिन्होंने अपनी जमीन गिरवी रखकर बेटे को नीट (NEET) की तैयारी के लिए कोटा भेजा था।

मैंने मशीनों से उसकी आँखें जाँचीं। रेटिना और कॉर्निया बिल्कुल ठीक थे, बस गहरी थकान और सूखापन। पर एक डॉक्टर सिर्फ आँखें नहीं, उनके पीछे छिपी आत्मा भी पढ़ता है।

मैंने पूछा, "बेटा, NEET की तैयारी कैसी चल रही है? आँखें इतनी थकी क्यों हैं?"

वह कुछ पल चुप रहा। उसकी उँगलियाँ काँप रही थीं, और फिर वह फूट-फूट कर रो पड़ा।

"डॉक्टर पाण्डेय सर... अब किताबों में मन नहीं लगता," उसने रुँधे गले से कहा। "मेरे रूम-पार्टनर ने मोबाइल पर एक ऐप दिखाया था, उसमें टीम बनाकर, सही दाँव लगाकर पैसे मिलते हैं। उसने एक दिन में दस हजार रुपये जीत लिए। मुझे लगा, पिताजी का कर्ज उतारने का यही सबसे आसान रास्ता है। मैंने भी खेलना शुरू किया। पहले हफ्ते पाँच हजार रुपये जीते, मुझे लगा मैं बहुत स्मार्ट हूँ। फिर हारने लगा। नुक़सान की भरपाई के लिए और खेला, दोस्तों से उधार लिया। आज मुझ पर लगभग दो लाख रुपयों का कर्ज है। किताब खोलता हूँ, तो आँखों के सामने सिर्फ वही ऐप घूमता है। सर, मैं अपने पिता को क्या मुँह दिखाऊँगा?"

मेरे पास उसे सांत्वना देने को कोई चिकित्सकीय शब्द नहीं था। मैंने चुपचाप मेज से पानी का गिलास उसकी ओर बढ़ा दिया।

उस दिन, अपनी कुर्सी पर बैठे-बैठे, मुझे एक भयानक सच का एहसास हुआ। शराब और तंबाकू तो पुरानी बीमारियाँ थीं। यह तो एक नई, अदृश्य, साइलेंट महामारी थी, **शॉर्टकट का नशा।** और यह किसी अँधेरी गली में नहीं, बल्कि चमकती स्क्रीन पर, "गेमिंग" और "कौशल" के मासूम नाम से, सीधे हमारे युवाओं के कमरों में घुस चुकी थी।

अभिषेक कोई अपवाद नहीं था। वह उन करोड़ों चेहरों में से एक था, जिनकी आँखों में कभी देश का भविष्य बसता था और आज सिर्फ एक स्क्रीन का धुंधलापन है।

निदान – "डोपामिन" का मायाजाल और बेचैन मस्तिष्क

एक नेत्र-सर्जन के नाते, मैं इस नई बीमारी का विज्ञान सरल भाषा में समझाता हूँ।

हमारे मस्तिष्क में एक रसायन है- **डोपामिन।** यह हमारी प्राकृतिक "इनाम प्रणाली" है। जब हम पसीना बहाकर कोई लक्ष्य पाते हैं दौड़ जीतते हैं, परीक्षा पास करते हैं, कोई समस्या हल करते हैं तो मस्तिष्क डोपामिन छोड़ता है, और

हमें खुशी मिलती है। यह कुदरत का बनाया वह इंजन है, जो हमें महान काम करने को प्रेरित करता है।

लेकिन मुश्किल तब शुरू होती है, जब इंसान बिना मेहनत और धैर्य के यही खुशी पाने का शॉर्टकट खोजने लगता है। ऑनलाइन सट्टा, बस एक क्लिक और बड़े इनाम की झूठी उम्मीद; शॉर्ट वीडियो, अंतहीन स्क्रॉल और कुछ सेकंड का मनोरंजन; शराब-सिगरेट, कुछ पल की राहत और तनाव से मुक्त होने का भ्रम। ये चीजें खुशी तो देती हैं, लेकिन उधार की खुशी, जो धीरे-धीरे इंसान की आदत, इच्छाशक्ति और अंततः उसकी आजादी को अपना गुलाम बना लेती हैं।

ये सब एक ही "डोपामिन लूप" को हैक कर लेते हैं। यह ठीक वैसा है, जैसे कोई बच्चा बिना पढ़े, आंसर-शीट चुरा ले तो सफलता तुरंत मिल जाती है, पर दिमाग कभी विकसित नहीं होता। *एक जमाने में अफीमख़ाने हुआ करते थे; आज वह अफीम मोबाइल के रूप में हर जेब में बैठी है।*

"जो राष्ट्र तुरंत मिलने वाले सुख का आदी हो जाता है, वह अपनी दीर्घकालिक महानता की क्षमता खो बैठता है। आलसी, शॉर्टकट ढूँढ़ते मस्तिष्क से कभी कोई राष्ट्र महाशक्ति नहीं बना।"

तीन जहर, तीन रिपोर्ट–आँकड़े, जो चीख़ रहे हैं

एक डॉक्टर भावना से नहीं, पैथोलॉजी रिपोर्ट से इलाज करता है। आइए, इस महामारी की रिपोर्ट देखें।

पहला जहर – ऑनलाइन सट्टा (सबसे नया, सबसे चमकदार): सरकारी अनुमान के अनुसार, ऑनलाइन पैसे वाले खेलों ने लगभग 45 करोड़ भारतीयों को नकारात्मक रूप से प्रभावित किया है, और 20,000 करोड़ रुपये से अधिक का नुक़सान पहुँचाया। एक अध्ययन के अनुसार, 25 साल से कम उम्र के 70 प्रतिशत तक खिलाड़ियों में लत के लक्षण पाए गए। सरकार के अपने शब्दों में परिवारों ने जीवनभर की बचत खो दी, युवा लत में फँस गए, और कुछ हृदय-विदारक मामलों में इन ऑनलाइन खेलों से जुड़े वित्तीय संकट ने आत्महत्या तक पहुँचा दिया।

दूसरा जहर – तंबाकू (सबसे पुराना, सबसे सहा हुआ): दुनिया भर में तंबाकू से होने वाली कुल मौतों का लगभग पाँचवाँ हिस्सा अकेले भारत में होता है; हर साल 8 लाख से अधिक भारतीय इससे मरते हैं और 1.2 करोड़ बीमार पड़ते हैं। भारत तंबाकू सेवन में दुनिया में दूसरे स्थान पर है।

तीसरा जहर – शराब का मौन तांडव। WHO के अनुसार, भारत में शराब

से होने वाली मौतों की दर चीन से दोगुनी से भी ज्यादा है, और 31 प्रतिशत से अधिक भारतीय वर्तमान में शराब पीते हैं। तंबाकू, शराब और मीठे पेय मिलकर भारत में हर साल लगभग 16 लाख मौतों और 4.93 करोड़ स्वस्थ जीवन-वर्षों के नुक़सान के जिम्मेदार हैं।

जरा रुककर सोचिए, हर साल जो लाखों युवा इस वेदी पर अपना सबसे ऊर्जावान समय गँवा देते हैं, उनमें से कितने वैज्ञानिक, शिक्षक, उद्यमी, सैनिक, आविष्कारक बन सकते थे? यह सिर्फ जहर नहीं, *यह प्रतिभा की सामूहिक हत्या है।*

सितारों का "मुस्कुराता जहर"–जब नायक बन जाएँ विज्ञापन

यहाँ एक कड़वा सच है, जिस पर बात करना एक राष्ट्र-चिंतक के नाते मेरा फर्ज है।

आप टीवी या मोबाइल खोलिए। एक तरफ देश का कोई सबसे चहेता सुपरस्टार आपको ऑनलाइन रमी या सट्टा-ऐप खेलने को कह रहा है; दूसरी तरफ कोई फिल्म जगत का महानायक "इलायची" या "माउथ-फ्रेशनर" की आड़ में तंबाकू-गुटखे का महिमामंडन कर रहा है; और कोई युवा फिटनेस-आइकन "इंस्टैंट एनर्जी" का भ्रम बेच रहा है।

मैं इन कलाकारों की प्रतिभा पर सवाल नहीं उठा रहा, उनकी कला का सम्मान है। पर मेरा सवाल उनके आदर्श होने पर है। जो सितारे खुद करोड़ों ख़र्च करके अपनी फिटनेस, डाइट और सेहत पर काम करते हैं, वे चंद करोड़ों के लिए देश के युवाओं को धीमा जहर क्यों परोसें? क्योंकि जब एक युवा अपने सबसे बड़े हीरो को सट्टा खेलते देखता है, तो उसके मन में एक ही बात बैठती है–"यही तो स्मार्ट बनने का तरीका है।"

"आप एक विज्ञापन से करोड़ों रुपये कमा सकते हैं, लेकिन वही एक विज्ञापन करोड़ों युवाओं की सोच को विषाक्त भी कर सकता है। इसलिए समाज के नायकों को अपनी लोकप्रियता के साथ अपनी नैतिक जिम्मेदारी भी समझनी ही होगी।"

एक संतुलित नजर – हर स्क्रीन दुश्मन नहीं, हर खेल जहर नहीं

यहाँ एक सजग लेखक के नाते रुककर कहना जरूरी है–क्योंकि अधूरा सच भी एक तरह का झूठ है।

हर स्क्रीन जहर नहीं है। यह वही डिजिटल क्रांति है, जिसने गाँव के बच्चे को दुनिया के सर्वश्रेष्ठ शिक्षकों से जोड़ा, करोड़ों को रोजगार दिया, और भारत को डिजिटल भुगतान में विश्व-अगुआ बनाया। तकनीक एक चाकू की तरह है–

सर्जन के हाथ में जीवन बचाती है, लापरवाह हाथ में जान लेती है। फर्क़ सिर्फ इरादे और अनुशासन का है।

दूसरी बात–लत का शिकार अपराधी नहीं, मरीज है। उसे ताना नहीं, इलाज और सहारा चाहिए। हाँ, उस व्यवस्था को जरूर कठघरे में खड़ा करना चाहिए, जो जानबूझकर इस जहर को आकर्षक बनाकर बेचती है।

उम्मीद की किरण–क्योंकि हर बीमारी का इलाज संभव है

एक डॉक्टर कभी अपने मरीज को मरने के लिए नहीं छोड़ता और अच्छी ख़बर यह है कि इस बीमारी का इलाज शुरू हो चुका है।

ऑनलाइन सट्टे के क़हर को देखते हुए, भारत ने 2025 में 'ऑनलाइन गेमिंग (विनियमन) अधिनियम' पारित किया, जो पैसे वाले खेलों पर रोक लगाता है और इसे युवाओं में डिजिटल लत व वित्तीय नुक़सान से निपटने का बड़ा क़दम माना गया। साथ ही, सरकार ने 2022 से जून 2025 के बीच सट्टे-जुए की 1,524 वेबसाइटों व ऐप्स को ब्लॉक किया। मानसिक स्वास्थ्य के मोर्चे पर, स्वास्थ्य मंत्रालय ने अक्टूबर 2022 में 'टेली-मानस' सेवा शुरू की, जो पूरे देश में मुफ्त मानसिक स्वास्थ्य सहायता देती है।

जिस देश ने "स्वच्छ भारत" को जन-आंदोलन बना दिया, जिसके लाखों लोग आज सुबह योग और दौड़ अपना चुके हैं, वही देश इस शॉर्टकट की संस्कृति को भी उखाड़ फेंकने का माद्दा रखता है। इलाज, डोपामिन के जाल को कैसे तोड़ें?

पहला इलाज – "शॉर्टकट" को "लॉन्गकट" से बदलिए। युवाओं को यह कटु सत्य बताना होगा न कोई राष्ट्र लॉटरी जीतकर महाशक्ति बनता है, न कोई युवा स्क्रीन पर अंगूठा घिसकर इतिहास रचता है। सफलता का रास्ता मेहनत व पसीने से होकर गुजरता है और यही उसकी सबसे बड़ी खूबसूरती है।

दूसरा इलाज – ऊर्जा को दिशा दीजिए। युवा की अपार ऊर्जा को विनाश से सृजन की ओर मोड़िए, खेल, कला, कौशल, नवाचार, उद्यमशीलता की ओर। जहाँ कोई बड़ा सपना होता है, वहाँ नशे के लिए जगह ही नहीं बचती।

तीसरा इलाज – स्क्रीन के स्वामी बनिए, गुलाम नहीं। तकनीक का उपयोग कीजिए, पर उसके बंदी मत बनिए। दिन में कुछ घंटे "डिजिटल उपवास" (स्क्रीन से दूरी) आज के युग की सबसे बड़ी आजादी है।

चौथा इलाज – लत को कलंक नहीं, बीमारी मानिए। परिवार जब तक लत को "शर्म" मानकर छिपाएगा, इलाज देर से मिलेगा। नशामुक्ति केंद्र या

टेली-मानस (हेल्पलाइन 14416) जैसी मदद तक पहुँचना हार नहीं, जीवन बचाने की पहली सीढ़ी है।

पाँचवाँ इलाज – आदर्शों की जवाबदेही माँगिए। एक जागरूक समाज के नाते हमें अपने नायकों से सवाल पूछने का साहस करना होगा। हम उनकी कला का सम्मान कर सकते हैं, पर उनकी हर बात को आँख मूँदकर अपनाना जरूरी नहीं।

- ***सोचिए***

पिछले 24 घंटों में आपने कितना समय स्क्रीन पर बिताया और उसमें से कितना सचमुच सार्थक था? क्या आपके अपने आसपास कोई चुपचाप किसी लत से जूझ रहा है–जिसे आपके ताने की नहीं, आपकी बात की जरूरत है?

- ***चर्चा कीजिए***

अपने परिवार में एक खुली बातचीत कीजिए–"क्या हम भी किसी 'मुस्कुराते जहर' के आदी तो नहीं?" और बच्चों से सबसे जरूरी सवाल: "अगर तुम्हें कभी कोई परेशानी हो, तो क्या तुम बेझिझक मुझे बता सकते हो?"

- ***कार्रवाई कीजिए***

इस सप्ताह दो काम कीजिए। पहला–अपने घर में एक "स्क्रीन-फ्री" समय तय कीजिए (जैसे रात का खाना, बिना मोबाइल के, साथ बैठकर)। दूसरा–अगर आप जानते हैं कि कोई अपना नशे या सट्टे से जूझ रहा है, तो आज उसके पास जाइए, न्यायाधीश बनकर नहीं, एक सहारा बनकर।

डॉक्टर का अंतिम नोट – अभिषेक आज कहाँ है?

मैंने अभिषेक को कोचिंग छोड़ने या घर भागने को नहीं कहा। मैंने बस इतना कहा, "एक हफ्ते के लिए वह ऐप डिलीट कर दो। फिर आना, बताना कैसा लगा।"

वह आया। उसने बताया, पहले तीन दिन बहुत बेचैनी हुई। फिर चौथे दिन उसने अपनी पुरानी किताबें खोलीं। पाँचवें दिन उसे गणित हल करने में फिर से मजा आने लगा। और सातवें दिन उसने कहा, "सर, मैं अपना कर्ज अपने पिता को सच-सच बता दूँगा, और पूरी ताक़त से पढ़ाई पर ध्यान दूँगा।"

जब डोपामिन का कृत्रिम कोहरा छँटा, तो उसकी दृष्टि फिर साफ हो गई। पिछले दिनों उसका फोन आया, "सर, मेरा नीट में चयन हो गया है।"

अभिषेक की कहानी अभी पूरी नहीं हुई। पर उसने अपनी जिंदगी का सबसे बड़ा क़दम उठा लिया नशे को नकारना।

"भारत के 148 करोड़ नागरिकों के लिए भी यही सच है। जिस दिन हमने शॉर्टकट की इस संस्कृति को अपने सामूहिक मस्तिष्क से 'अनइंस्टॉल' कर दिया, उसी दिन 2047 के महाशक्ति भारत का ब्लूप्रिंट यथार्थ में बदलना शुरू हो जाएगा।"

जय हिंद। जय होश और परिश्रम का भारत।

Rx डॉ. सुरेश कुमार पाण्डेय का प्रिस्क्रिप्शनः

इस अध्याय से पाँच संजीवनी सूत्र

पहला सूत्र – मुस्कुराते जहर को पहचानिएः हर जहर कड़वा नहीं होता। तंबाकू, शराब, ऑनलाइन सट्टा, अंतहीन स्क्रॉलिंग ये "मनोरंजन," "स्मार्ट कमाई," "स्ट्रेस बस्टर" का मुखौटा पहनते हैं। मुखौटा पहचानना ही बचाव की पहली शर्त है।

दूसरा सूत्र – किस्मत से नहीं, कौशल से कमाइएः जो भी आपको बेचे कि "मेहनत नहीं, एक क्लिक से अमीर बनो," चाहे वह ऐप हो या कोई चमकता चेहरा, वह आपका दोस्त नहीं, आपकी जेब और भविष्य का शिकारी है। असली धन हमेशा श्रम, कौशल और धैर्य से आता है।

तीसरा सूत्र – स्क्रीन के स्वामी बनिए, गुलाम नहींः तकनीक शानदार नौकर है, पर सबसे बुरा मालिक। एक "स्क्रीन-टाइम बजट" बनाइए, और उसका पालन कीजिए।

चौथा सूत्र – लत कमजोरी नहीं, बीमारी हैः न खुद को कोसिए, न अपनों को। डॉक्टर या नशामुक्ति केंद्र तक पहुँचना हार नहीं, समझदारी है। मदद माँगना सबसे बड़ी ताक़त है।

पाँचवाँ सूत्र – जिंदगी नशे में नहीं, होश में जी जाती हैः दुनिया भले गाए कि "जिंदगी एक नशे के सिवा कुछ नहीं", पर इतिहास हमेशा उन्हीं का बनता है, जो त्वरित सुख त्यागकर दीर्घकालिक महानता चुनते हैं। नशा बेहोशी है; निर्माण होश माँगता है।

अंतर-कथा (इंटरल्यूड)

भारत की सच्ची कहानियाँ

जब एक अकेला दीपक, पूरे अँधेरे को चुनौती दे

"अब तक मैंने आपको एक-एक करके, ईमानदारी से इस राष्ट्र-देह की बीमारियाँ दिखाई। पर अगर मैं यहीं रुक जाता, तो यह अधूरा सच होता। क्योंकि इसी देह में, इन्हीं बीमारियों के बीच, कुछ ऐसी कोशिकाएँ भी हैं, जिन्होंने हार मानने से इनकार कर दिया। यह अध्याय उन्हीं जीवित चमत्कारों के नाम समर्पित है।"

– डॉ. सुरेश कुमार पाण्डेय

प्रिय पाठक, जरा रुकिए।

अब तक की यात्रा कठिन रही है। हमने भ्रष्टाचार का कैंसर देखा, जातिवाद का ऑटोइम्यून रोग देखा, अन्नदाता की उपेक्षा देखी, मन की मौन महामारी देखी। हो सकता है, यहाँ तक पहुँचते-पहुँचते आपका मन भारी हो गया हो, और एक सवाल उठा हो, "इतनी बीमारियाँ? क्या यह मरीज बचेगा भी?"

एक डॉक्टर के नाते, मैं यह सवाल बहुत बार सुनता हूँ, जब किसी मरीज का परिवार, रिपोर्टों का ढेर देखकर टूट जाता है। और हर बार मैं उन्हें वही कहता हूँ, जो अब आपसे कहना चाहता हूँ: किसी मरीज की असली ताक़त उसकी रिपोर्टों में नहीं, उसकी जिजीविषा में होती है, उसकी जीने की उस जिद में, जो हर बीमारी से बड़ी होती है। इस महान राष्ट्र-देह में आज भी वह जिजीविषा, वह जिद और वह अदम्य साहस कूट-कूटकर भरा है, जो हर अँधेरे को चुनौती दे सकता है। अब मैं आपको उन साधारण भारतीयों से मिलवाता हूँ, जिन्होंने अकेले दम पर यह साबित किया कि एक इंसान भी निराशा के घने अँधेरे में उम्मीद का दीप जला सकता है। ये केवल आँकड़े नहीं हैं; ये जीते-जागते प्रिस्क्रिप्शन हैं, विकसित भारत के उपचार की सच्ची मिसालें हैं।

पहली कहानी – वह सिपाही, जिसने अपनी ही खुकरी से अपना पैर काट डाला

वर्ष 1971 का युद्ध। बांग्लादेश की मुक्ति की लड़ाई अपने चरम पर थी। सिलहट के मोर्चे पर, 5 गोरखा राइफल्स के एक नौजवान अफसर **मेजर इयान कार्डोजो** अपने जवानों के साथ दुश्मन की सीमा के भीतर लड़ रहे थे। उनकी बटालियन ने इतिहास रच दिया था, चंद सौ सैनिकों ने अपने से कई गुना बड़ी दुश्मन-फौज को घुटने टेकने पर मजबूर कर दिया था।

पर युद्ध के आखिरी दिनों में, नियति ने एक भयावह मोड़ लिया। मेज़र कार्डोजो का पैर एक बारूदी सुरंग (लैंडमाइन) पर पड़ गया। धमाके ने उनका एक पैर बुरी तरह चिथड़े-चिथड़े कर दिया। मोर्चे पर न तो दर्द की दवा (मॉर्फीन) थी, न कोई सर्जन, न कोई औजार, जिससे उस चिथड़े हो चुके पैर को काटा जा सके और वह पैर शरीर से लटका, जान के लिए ख़तरा बनता जा रहा था।

जरा उस पल की कल्पना कीजिए। ज्यादातर इंसान दर्द और सदमे से टूट जाते। पर मेज़र कार्डोजो ने अपने गोरखा सहयोगी से सिर्फ तीन शब्द कहे, "मेरी खुकरी लाओ।" जब उनके साथी ने वह घुमावदार गोरखा चाक़ू थमाया, तो उन्होंने उससे अपने ही हाथों, अपना वह घायल पैर काट डाला और शांत भाव से आदेश दिया, "इसे दफना दो।"

पर असली कहानी इसके बाद शुरू होती है। एक टाँग खोने के बाद, सेना के नियमों के मुताबिक़ उनका सैनिक-जीवन ख़त्म माना जा रहा था—क्योंकि माना जाता था कि एक "अपंग" अफसर बटालियन की कमान नहीं सँभाल सकता। पर मेज़र कार्डोजो ने इस सोच को चुनौती दी। नक़ली टाँग के सहारे उन्होंने वे शारीरिक परीक्षाएँ दीं, जिनमें वे दो सही-सलामत टाँगों वाले सात अफसरों से भी आगे निकल गए। नतीजा? वे भारतीय सेना के पहले युद्ध-विकलांग अफसर बने,

जिन्होंने पहले एक बटालियन, और फिर एक पूरी ब्रिगेड की कमान सँभाली।

"मेज़र कार्डोजो ने अपना पैर खोया, पर अपना हौसला नहीं। उन्होंने साबित किया कि सैनिक की असली ताक़त उसकी टाँगों में नहीं, उसके इरादे में बसती है। 'अब कुछ नहीं हो सकता' यह वाक्य उनके शब्दकोश में था ही नहीं।"

दूसरी कहानी – एक इंजीनियर का संकल्प: वह अदम्य लौ, जिसे मैंने अपनी आँखों से देखा

अगली कहानी मेरे हृदय के सबसे क़रीब है, क्योंकि यह मैंने किसी अख़बार या किताब में नहीं पढ़ी–यह मेरे अपने ऑपरेशन थिएटर की एक जीवंत और पावन स्मृति है। यह कहानी है श्रद्धेय इंजीनियर श्री विनोद कुमार बंसल सर की, जिन्हें पूरा कोटा शहर और देश भर के विद्यार्थी आज भी अत्यंत आदर से "बंसल सर" के नाम से जानते हैं। बंसल सर अब हमारे बीच नहीं हैं, दिनांक 3 मई 2021 को कोटा में वे अनंत यात्रा पर निकल गए, पर उनकी विरासत आज भी लाखों आईआईटी विद्यार्थियों की सफलता में साँस लेती है।

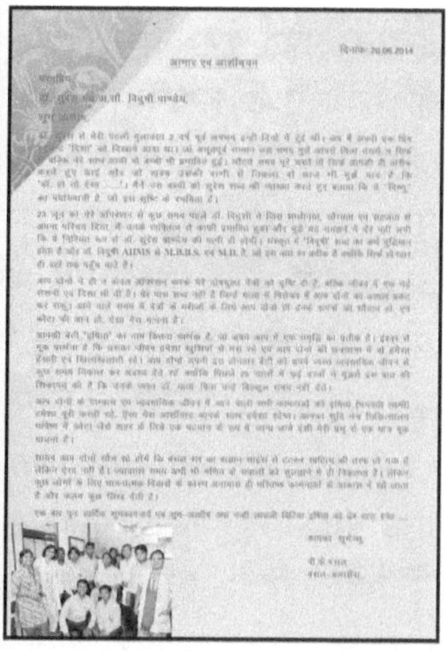

यह मेरा परम सौभाग्य था कि मुझे सुवि आई इंस्टीट्यूट एवं लेसिक लेजर सेंटर, कोटा में आदरणीय बंसल सर की मोतियाबिंद सर्जरी और लेंस प्रत्यारोपण (टेकनिस आईओएल इम्प्लांटेशन) करने का अवसर मिला। जब वे मेरी ओपीडी में आए, तो मेरे सामने केवल एक मरीज नहीं बैठे थे–मेरे सामने एक जीवित किंवदंती थी। एक ऐसा महामानव, जिसने अपने शरीर की सबसे बड़ी लाचारी को राष्ट्र के सबसे बड़े योगदान में बदल दिया था।

आदरणीय बंसल सर मूलतः एक मेधावी इंजीनियर थे। बनारस हिंदू विश्वविद्यालय

के तत्कालीन इंस्टीट्यूट ऑफ टेक्नोलॉजी, बीएचयू, आज के आईआईटी बीएचयू, से वर्ष 1971 में मैकेनिकल इंजीनियरिंग की शिक्षा प्राप्त करने के बाद उन्होंने कोटा की जे. के. सिंथेटिक्स कंपनी में इंजीनियर के रूप में अपनी सेवाएँ दीं। उनके सपने सचमुच आसमान छूने वाले थे। परंतु 1974 में नियति ने उनके जीवन की दिशा ही बदल दी। उन्हें 'मस्कुलर डिस्ट्रॉफी' (मांसपेशियों की एक ऐसी लाइलाज बीमारी, जिसमें शरीर की माँसपेशियाँ धीरे-धीरे कमजोर होकर काम करना बंद कर देती हैं) का पता चला। डॉक्टरों ने आशंका जताई कि यह बीमारी जल्द ही उन्हें हमेशा के लिए व्हीलचेयर तक सीमित कर देगी।

जरा उस पल की कल्पना कीजिए, एक होनहार युवा इंजीनियर, जिसका अपना शरीर उसका साथ छोड़ रहा हो। कोई भी आम इंसान उस क्षण टूटकर बिखर जाता। पर बंसल सर ने अपनी बीमारी को अपनी बेबसी नहीं, बल्कि अपनी ताक़त बनाया।

जब जे. के. सिंथेटिक्स कंपनी बंद हुई और बीमारी के कारण उनका शरीर भी धीरे-धीरे जवाब देने लगा, तब बंसल सर ने हार मानने के बजाय इतिहास रचने का निर्णय लिया। जिस समय अधिकांश लोग जीवन से समझौता कर लेते हैं, उस समय उन्होंने अपने घर की डाइनिंग टेबल को ही कक्षा बना दिया। मात्र कुछ विद्यार्थियों के साथ उन्होंने गणित और भौतिकी पढ़ाना शुरू किया। व्हीलचेयर पर बैठे-बैठे, लगातार कमजोर होती मांसपेशियों और शरीर की सीमाओं के बावजूद, उन्होंने शिक्षा में ऐसी ऊर्जा, ऐसा अनुशासन और ऐसा जादू भर दिया कि उनके पढ़ाए विद्यार्थी आईआईटी-जेईई जैसी देश की सबसे कठिन परीक्षाओं में शीर्ष रैंक लाने लगे। धीरे-धीरे वे विद्यार्थी सफलता के झंडे गाड़ते गए और कोटा ने शिक्षा-नगरी के रूप में अपना पहला स्वर्णिम कीर्तिमान स्थापित करना शुरू किया।

इसके बाद जो हुआ, वह आज पूरी दुनिया जानती है। व्हीलचेयर पर बैठे उस एक अदम्य इंजीनियर ने कोटा शहर को भारत की "शिक्षा और कोचिंग राजधानी" में बदल दिया—एक ऐसा शहर, जहाँ आज देश के कोने-कोने से लाखों बच्चे इंजीनियर और डॉक्टर बनने का सपना लेकर आते हैं। एक लाइलाज बीमारी से जीवन भर लड़ते हुए, बंसल सर ने लाखों युवाओं के सपनों को पंख लगा दिए।

"आदरणीय बंसल सर का शरीर भले ही व्हीलचेयर तक सीमित था, लेकिन उनका हौसला देश के लाखों युवाओं के सपनों से भी ऊँचा उड़ता था। मस्कुलर डिस्ट्रॉफी नामक असाध्य रोग के कारण उनकी मांसपेशियाँ भले ही लगातार कमजोर पड़ रही थीं, पर उनका संकल्प हर दिन और मजबूत होता गया। कोटा में लाखों कोचिंग विद्यार्थियों को नई दिशा देकर उन्होंने अपने जीवन से यह सिद्ध कर दिया कि शरीर की सीमाएँ भी एक

मजबूत राष्ट्र के भविष्य की नींव रख सकती हैं, बशर्ते इंसान का इरादा फौलाद का हो और उसके भीतर हार न मानने की आग जीवित हो।"

जब मैंने सुवि आई इंस्टीट्यूट एवं लेसिक लेजर सेंटर के ऑपरेशन थिएटर में उनकी आँखों के मोतियाबिंद का सफल ऑपरेशन करके उन्हें फिर से एक साफ रोशनी लौटाई, तो मेरे मन में एक गहरी विनम्रता छा गई। मैंने मन ही मन सोचा, "मैंने तो अपने मेडिकल ज्ञान से केवल इनकी आँखों की भौतिक रोशनी लौटाई है; पर इस महामानव ने तो दशकों से लाखों बच्चों के जीवन और भविष्य को ज्ञान की रोशनी से जगमगाया है।" उस दिन ऑपरेशन टेबल पर लेटे मेरे एक 'मरीज', जीवन भर के लिए मेरे सबसे बड़े 'शिक्षक' बन गए।

इस पूरे अनुभव की सबसे अनमोल स्मृति वह आशीर्वाद-पत्र है, जो आदरणीय बंसल सर ने अपने हाथों से हमें भेंट किया था। आज वे शारीरिक रूप से हमारे बीच नहीं हैं, लेकिन वह पत्र सुवि नेत्र चिकित्सालय में एक सुंदर फ्रेम में सुसज्जित होकर आज भी हमारी पूरी टीम के लिए किसी बड़े सम्मान, किसी अमूल्य पुरस्कार से कम नहीं है। जब भी अस्पताल में कोई कठिन दिन आता है, जब थकान मन पर हावी होने लगती है, तब उस पत्र पर पड़ी एक नजर हमें फिर से संभाल देती है। वह हमें याद दिलाता है कि सच्ची चिकित्सा केवल शरीर को ठीक करने का नाम नहीं है; यह टूटते हुए मन को सहारा देने, बुझते हुए हौसले को फिर से जगाने और जीवन में उम्मीद की रोशनी लौटाने का पवित्र कार्य है।

तीसरी कहानी – वह बेटी, जिसके हाथ नहीं थे, पर निशाना अचूक था

अब मिलिए जम्मू-कश्मीर की **शीतल देवी** से, जिनकी कहानी किसी चमत्कार से कम नहीं।

शीतल का जन्म एक दुर्लभ स्थिति (फोकोमेलिया) के कारण बिना दोनों

हाथों के हुआ था। ऐसी स्थिति में ज्यादातर लोग जिंदगी से समझौता कर लेते। पर शीतल ने तीरंदाजी (आर्चरी) को चुना, वह खेल, जो पूरी तरह हाथों पर निर्भर माना जाता है।

उन्होंने अपने पैरों और कंधों का इस्तेमाल करके धनुष चलाना सीखा। घंटों के अथक अभ्यास से उन्होंने अपने पैरों को इतना साध लिया कि उनका निशाना अचूक हो गया। और फिर 2023 के एशियन पैरा गेम्स में, उन्होंने वह कर दिखाया जो दुनिया ने पहले कभी नहीं देखा था बिना हाथों वाली यह बेटी, एक ही संस्करण में दो स्वर्ण पदक जीतकर पूरे भारत का सिर गर्व से ऊँचा कर गई।

"शीतल के पास हाथ नहीं थे, पर लक्ष्य पर नजर थी। उन्होंने सिखाया कि निशाना हाथों से नहीं, हौसले और एकाग्रता से लगता है।"

चौथी कहानी – वह नौजवान, जो अंधा था, पर जिसने पूरी दुनिया को राह दिखाई

अब मिलिए **श्रीकांत बोला** से – आंध्र प्रदेश के एक गरीब गाँव में, पूरी तरह नेत्रहीन पैदा हुए एक बच्चे से।

जन्म से अंधे श्रीकांत को बचपन में हर क़दम पर हतोत्साहित किया गया। यहाँ तक कि स्कूल में उन्हें विज्ञान पढ़ने से सिर्फ इसलिए रोक दिया गया, क्योंकि वे देख नहीं सकते थे। पर श्रीकांत ने इस अन्याय के आगे झुकने से इनकार कर दिया, उन्होंने व्यवस्था के ख़िलाफ कानूनी लड़ाई लड़ी, और जीते।

फिर उन्होंने वह कर दिखाया जो किसी भी भारतीय के लिए सपना है वे प्रतिष्ठित अमेरिकी संस्थान मैसाचुसेट्स इंस्टीट्यूट ऑफ टेक्नोलॉजी (MIT) में

दाख़िला पाने वाले पहले अंतरराष्ट्रीय नेत्रहीन विद्यार्थी बने। पढ़ाई के बाद वे भारत लौट आए, और यहाँ उन्होंने बोलेन्ट इण्डस्ट्री नामक एक ऐसी कंपनी खड़ी की, जो करोड़ों के कारोबार वाली है और जिसमें काम करने वालों में बड़ी संख्या दिव्यांगजनों की है। यानी उन्होंने सिर्फ अपनी किस्मत नहीं बदली, सैकड़ों दूसरे दिव्यांगों को रोजगार और सम्मान दिया।

"श्रीकांत आँखों से नहीं देख सकते थे, पर उन्होंने वह 'दृष्टि' दिखाई, जो आँखों वाले भी अक्सर खो देते हैं–वह सपना देखने और उसे सच करने की दृष्टि।"

पाँचवीं कहानी – वह लड़की, जिसने बम-धमाके में हाथ खोए, पर हिम्मत नहीं

अंत में, मिलिए **मालविका अय्यर** से, हिम्मत की एक जीती-जागती मिसाल।

मात्र तेरह साल की उम्र में, राजस्थान में हुए एक बम-धमाके ने मालविका के दोनों हाथ छीन लिए, और उनके पैरों को बुरी तरह घायल कर दिया। कई-कई सर्जरी, महीनों बिस्तर पर, एक किशोरी के लिए यह किसी दुःस्वप्न से कम नहीं था।

पर मालविका ने इस त्रासदी को अपनी मंजिल नहीं, अपनी शुरुआत बनाया। बिस्तर पर पड़े-पड़े ही, एक सहायक (राइटर) की मदद से, उन्होंने अपनी बोर्ड परीक्षा दी और शानदार अंकों से पास हुईं। उन्होंने हार नहीं मानी, और आगे बढ़ती रहीं, आज वे सामाजिक कार्य (सोशल वर्क) में पीएच.डी. हैं, एक अंतरराष्ट्रीय प्रेरक वक्ता हैं, और दिव्यांगजनों के अधिकारों के लिए संयुक्त राष्ट्र तक में अपनी आवाज बुलंद कर चुकी हैं।

"मालविका ने अपने हाथ खोए, पर अपनी आवाज नहीं, आज और वही आवाज दुनिया भर के लाखों लोगों को जीना सिखा रही है।"

इन कहानियों का असली संदेश

प्रिय पाठक, इन पाँचों कहानियों में एक समान धागा है, और मैं चाहता हूँ कि आप उसे पहचानें।

इनमें से कोई भी प्रभावशाली घराने से नहीं था, कोई अरबपति नहीं था, कोई "ख़ास व्यक्ति का सिर पर हाथ भी" नहीं था। मेज़र कार्डोजो ने युद्ध में अपना पैर खोया। बंसल सर एक लाइलाज बीमारी से लड़ते, व्हीलचेयर पर बैठे एक इंजीनियर थे। शीतल के हाथ नहीं थे, श्रीकांत की आँखें नहीं थीं, मालविका ने बम-धमाके में अपने हाथ खो दिए थे। ये सब सीमित संसाधनों वाले, असम्भव को सम्भव कर दिखाने वाले, अटूट हौसलों वाले हमारे-आपके जैसे साधारण भारतीय थे।

फिर इन्हें असाधारण किसने बनाया? सिर्फ एक चीज ने, एक संकल्प, और इस सोच का त्याग कि "मेरे साथ तो अन्याय हुआ है" या "अब मेरी जिंदगी ख़त्म।"

"भारत को बदलने के लिए किसी सुपरमैन का इंतजार मत कीजिए। कार्डोजो एक टाँग खो चुके सिपाही थे; बंसल सर एक व्हीलचेयर पर बैठे इंजीनियर; शीतल बिना हाथों वाली एक बेटी। नायक आसमान से नहीं उतरते-वे हमारे बीच से उठते हैं, उसी पल, जब वे 'अब कुछ नहीं हो सकता' कहना बंद कर देते हैं।"

एक बात ध्यान दीजिए, इनमें से ज्यादातर ने अपनी सबसे बड़ी जंग युवावस्था में ही लड़ी। यही इस किताब का सबसे बड़ा संदेश है: भारत का भविष्य किसी सरकार के दफ्तर में नहीं, इन्हीं जैसे करोड़ों युवाओं के हौसले में लिखा जाएगा।

यही इस पूरी किताब का सबसे जरूरी "प्रिस्क्रिप्शन" है। मैंने आपको राष्ट्र की बीमारियाँ इसलिए नहीं दिखाई कि आप निराश हों-बल्कि इसलिए, ताकि आप इन नायकों की तरह यह समझें कि हर बीमारी का इलाज किसी और के हाथ में नहीं, हमारे अपने हाथों में है।

ये पाँच कहानियाँ तो सिर्फ बानगी हैं। आपके अपने मोहल्ले में, आपके अपने गाँव में, ऐसे अनगिनत गुमनाम नायक हैं, वह शिक्षक जो मुफ्त में गरीब बच्चों को पढ़ाता है, वह डॉक्टर जो दूरदराज गाँव में सेवा देता है, वह युवा जो सफाई अभियान चलाता है। भारत इन्हीं करोड़ों छोटे दीपकों से रोशन है।

"एक दीपक अँधेरे को कोसता नहीं–वह बस जलता है। और जब करोड़ों दीपक एक साथ जलने की ठान लें, तो कोई भी अँधेरा, चाहे कितना भी गहरा हो, टिक नहीं सकता।"

- ***सोचिए***

इन सभी नायकों के पास "बहाने" बनाने की हर वजह थी, टूटा शरीर, ख़ाली जेब, छिने हुए हाथ, बुझी हुई आँखें, कटी हुई टाँग। फिर भी उन्होंने बहाने नहीं, इतिहास बनाया। जरा सोचिए–हमारे पास कौन-कौन से बहाने हैं, और क्या वे वाक़ई इन नायकों के बहानों से बड़े हैं?

- ***चर्चा कीजिए***

अपने परिवार और बच्चों के साथ बैठकर इन कहानियों पर बात कीजिए। और फिर एक सवाल पूछिए: हमारे अपने आसपास वे "गुमनाम नायक" कौन हैं, जिन्हें हमने कभी शुक्रिया नहीं कहा? और हम उनमें से किसी एक की तरह, कौन-सा एक छोटा बदलाव शुरू कर सकते हैं?

- ***कार्रवाई कीजिए***

इस सप्ताह एक काम कीजिए –अपने जीवन की एक ऐसी समस्या, या अपने आसपास की एक ऐसी कमी चुनिए, जिसके बारे में आप अक्सर सोचते हैं "कोई इसे ठीक करे।" और फिर, इन नायकों की तरह, उस "कोई" की जगह खुद खड़े हो जाइए–चाहे क़दम कितना भी छोटा हो। एक पौधा, एक बच्चे को पढ़ाना, एक आवाज। याद रखिए, बंसल सर का पूरा साम्राज्य भी सिर्फ कुछ बच्चों से, एक डाइनिंग टेबल पर शुरू हुआ था।

अंतर-कथा (इंटरल्यूड)

भारत के अनसुने नायक

वे चेहरे, जिनके कारण यह राष्ट्र आज भी साँस ले रहा है

"एक नेत्र-सर्जन की नजर हमेशा रोशनी की ओर जाती है। पर मैंने जाना है कि सबसे चमकीली रोशनी अक्सर उन कोनों में जलती है, जहाँ कोई स्पॉटलाइट नहीं पहुँचती। यह अध्याय उन्हीं मशालों के नाम है, जो बिना शोर, बिना सुर्खियों के, इस राष्ट्र-देह को जलाए रखती हैं।"

– डॉ. सुरेश कुमार पाण्डेय

वह सुबह, जब मैंने एक सफाईकर्मी के जज्बे को प्रणाम किया

कोटा शहर। सुबह के छह बजे थे। सर्दी की कनकनाती हवा, गहरा सन्नाटा, और स्ट्रीट लाइटों की मद्धम पीली रोशनी। मैं अपनी रोज की साइकिल यात्रा पर निकला था। सड़क के किनारे एक बुजुर्ग सफाईकर्मी झाड़ू लगा रहा था। उसके हाथ ठंड से लाल पड़ चुके थे, चेहरे पर गहरी झुर्रियाँ थीं, पर आँखों में एक अजीब-सा संतोष था। मैं रुका। उसने मुझे देखा, क्षण भर सकुचाया, फिर सादगी से मुस्कुरा दिया।

मैंने नमस्कार करते हुए पूछा, "भाई साहब, इतनी ठंड में, इतनी सुबह?"

उसने झाड़ू टेक दी, सीधा खड़ा हुआ, और जो कहा, वह मैं जिंदगी भर नहीं भूलूँगा, "डॉक्टर साहब, इसी सड़क से होकर मोहल्ले के बच्चे निकलते हैं। मैं चाहता हूँ कि उन्हें कोई कोविड-19 बीमारी न छुए। बस यही सोचता हूँ, अगर यह सड़क मैं साफ नहीं करूँगा, तो कौन करेगा? यह भी तो एक तरह की राष्ट्र-सेवा है, साहब।" वह बोलता रहा, पर मेरे कानों में बस एक शब्द गूँजता रहा, राष्ट्र-सेवा। यह वही शब्द है, जिसे हम अक्सर किसी वर्दीधारी, किसी बड़े अफसर, या किसी राजनेता के लिए सुरक्षित रखते हैं। पर उस ठिठुरती सुबह, झाड़ू थामे खड़ा वह सामान्य-सा इंसान मुझे किसी भी पदक-विजेता से बड़ा राष्ट्र-सेवक लगा।

उस पल मुझे वह दौर याद आ गया, कोविड–19 महामारी का दौर था, जब पूरी दुनिया ने इन्हीं अनसुने नायकों की असली क़ीमत पहचानी थी। जब एक अनजाना व अदृश्य वायरस पूरी मानवता को घुटनों पर ले आया, जब बड़े-बड़े पद, बड़ी-बड़ी डिग्रियाँ और भारी-भरकम बैंक-बैलेंस सब बेबस होकर घरों में दुबक गए, तब राष्ट्र को थामे रखने के लिए कौन बाहर निकला? वही डॉक्टर और नर्सें, जिन्होंने अपने परिवारों से महीनों दूर रहकर मरीजों को देखा, उनका उपचार किया। वही पुलिसकर्मी, जो तपती धूप में चौराहों पर ढ़ाल बनाकर खड़े रहे। वही सफाईकर्मी, जो संक्रमण के सबसे बड़े ख़तरे के बीच भी, बिना रुके, अस्पतालों और गलियों को कीटाणुमुक्त करते रहे। उस अभूतपूर्व संकट में, पूरे राष्ट्र की साँसें इन्हीं "अनसुने नायकों" के कंधों पर टिकी थीं और इन्होंने एक बार भी पीठ नहीं दिखाई।

मैं यह बात किसी अख़बार से नहीं कह रहा; इसका सबसे जीवंत प्रमाण मैंने अपने कोटा के सुवि आई इंस्टीट्यूट में, अपनी आँखों से देखा है। अप्रैल 2020 की एक शाम, लगभग पाँच बजे, भीलवाड़ा से एक फोन आया। तीन साल की एक नन्ही बच्ची, यशस्वी गुप्ता, की दाहिनी आँख चाकू से बुरी तरह घायल हो गई थी। उसकी आँख की रोशनी ही नहीं, उसके पूरे नेत्र-गोलक (आईबॉल) का आकार बचाने के लिए तुरंत आपातकालीन नेत्र सर्जरी जरूरी थी। पर वह समय असाधारण था। भीलवाड़ा, मार्च 2020 में देश का सबसे चर्चित कोविड हॉटस्पॉट बन चुका था, वहाँ के अस्पताल पर मुक़दमे तक दर्ज हो चुके थे। इसी डर के चलते सरकारी और निजी, लगभग हर नेत्र-सर्जन ने यह केस लेने से साफ इनकार कर दिया। दूसरी बड़ी अड़चन यह थी कि इतनी छोटी बच्ची की सर्जरी जनरल एनेस्थीसिया के तहत ही संभव थी, और गले में ट्यूब (इंट्यूबेशन) डालते समय कोविड संक्रमण फैलने के डर से ज्यादातर एनेस्थेटिस्ट भी मना कर रहे थे। उस बच्ची के माता-पिता ने कम-से-कम बारह नेत्र-डॉक्टरों और कई अस्पतालों के दरवाजे खटखटाए, हर जगह से सिर्फ मायूसी मिली। शुरुआत में हमने भी अपनी विवशता जता दी थी, क्योंकि एनेस्थेटिस्ट उपलब्ध नहीं थे।

रात नौ बजे फोन फिर बजा। इस बार दूसरी ओर वे माता-पिता थे, जो अपनी इकलौती बेटी की आँख बचा लेने की विनती कर रहे थे। उनकी आवाज में घबराहट थी, बेबसी भी और उम्मीद की अंतिम लौ भी थी। उस रात मुझे नींद नहीं आई। वह बच्ची लगातार हमारी प्रार्थनाओं में थी। मैं और डॉ. विदुषी शर्मा ईश्वर से बस यही प्रार्थना करते रहे कि किसी तरह उसकी आँख की रोशनी बच जाए। सुबह होते-होते हमारा निर्णय स्पष्ट हो चुका था, चाहे परिस्थिति कितनी भी कठिन क्यों न हो, हम यह इमरजेंसी नेत्र सर्जरी करेंगे।

हमने डॉ. विजय गोयल से जनरल एनेस्थीसिया के लिए अनुरोध किया, और वे इस मासूम के ऑपरेशन हेतु एनेस्थीसिया देने के लिए तैयार हो गए। यह कॉर्निया और स्क्लेरा का एक बहुत बड़ा छेद (*कॉर्नियो-स्क्लेरल पर्फोरेशन*) था, ढाई घंटे चली उस जटिल नेत्र सर्जरी में डॉ. विदुषी ने कॉर्निया, स्क्लेरा और आँख की पुतली (आइरिस) की रिपेयर सर्जरी की, और डॉ. गोयल ने एनेस्थीसिया संभाला।

बच्ची चौबीस घंटे में स्वस्थ होकर घर लौट गई। जब मैंने उसकी आँख की जाँच की, तो वह उँगलियाँ गिन पा रही थी। उसके माता-पिता की आँखों में आँसू थे–पर इस बार खुशी के आँसू। उनकी प्रार्थनाएँ सुन ली गई थीं। बाद में उसी आँख की दो और सर्जरी हुई, जून 2020 में मोतियाबिंद हटाकर लेंस लगाया गया, और नवंबर 2020 में दृष्टि-मार्ग से झिल्ली साफ की गई। आज वह बच्ची लगभग सामान्य दृष्टि पा चुकी है।

वह अकेली नहीं थी। कोविड-19 महामारी की पहली और दूसरी लहर के उस पूरे कठिन दौर में हमने ऐसे कम-से-कम बारह कठिन और दुर्लभ केस संभाले और अपनी पूरी टीम को संक्रमण से सुरक्षित रखते हुए, अपने आपातकालीन नेत्र-सेवा के दरवाजे एक दिन के लिए भी बंद नहीं किए। उस दौर ने मुझे वह सिखाया, जो कोई किताब नहीं सिखा सकती: असली नायकत्व सुर्खियों में नहीं, इसी चुपचाप निभाए गए कर्तव्य में, और सामूहिक प्रार्थना व अटूट संकल्प की उस अदृश्य शक्ति में बसता है, जो सबसे अँधेरी रात में भी रोशनी का रास्ता खोल देती है।

कोविड-19 महामारी ने हमें वह सबक एक झटके में पढ़ा दिया, जिसे हम सामान्य दिनों में भूल जाते हैं कि राष्ट्र को असल में वे लोग चलाते हैं, जिनके नाम हम कभी नहीं पूछते। अपनी ओपीडी की उस साधारण कुर्सी पर बैठे तीस वर्षों में मैंने बीस लाख से अधिक चेहरे देखे हैं, और एक लाख से अधिक आँखों की सफल शल्यचिकित्सा की है। इन वर्षों में मुझे एक शाश्वत सत्य समझ आया कि किसी राष्ट्र की असली पूँजी उसके आलीशान महलों या ट्रिलियन-डॉलर अर्थव्यवस्था में नहीं, बल्कि उन अनसुने नायकों के चरित्र में बसती है, जो चुपचाप, अपनी-अपनी जगह, इस देश की नींव थामे खड़े हैं। ऑपरेशन थिएटर में दुनिया सिर्फ मुख्य सर्जन के हाथ देखती है, पर उस जीवन-रक्षक प्रक्रिया के पीछे एनेस्थेटिस्ट, नर्स, स्टाफ सदस्य और वॉर्ड-बॉय का वह मौन श्रम होता है, जिसके बिना कोई सर्जरी सफल नहीं हो सकती। हमारा भारत भी ऐसे ही कोटि-कोटि

अदृश्य सर्जनों के कंधों पर खड़ा है। आइए, आज सात अलग-अलग क्षेत्रों से, पर एक ही आत्मा से जुड़े हुए। सात ऐसे ही नायकों से मिलते हैं–

1. शिक्षक – बाबर अली: नौ साल का वह 'हेडमास्टर', जिसने पूरे गाँव का भविष्य अपने कंधों पर उठा लिया

हमने शिक्षा के "निकट-दृष्टि दोष" (मायोपिया) पर बात की थी, जहाँ व्यवस्था सिर्फ परीक्षा के नंबर देखती है, दूर का भविष्य नहीं। पर इस रोग का सबसे सुंदर इलाज मुझे पश्चिम बंगाल के मुर्शिदाबाद के एक छोटे-से गाँव में दिखा।

सिर्फ नौ साल की उम्र में, **बाबर अली** ने अपने घर के पिछवाड़े में उन बच्चों को पढ़ाना शुरू किया जो गरीबी के कारण कभी स्कूल का दरवाजा नहीं देख पाए थे। शुरुआत एक खेल से हुई, "स्कूल-स्कूल," जिसमें वे खुद शिक्षक बनते। पर वह खेल एक मिशन बन गया। न ब्लैकबोर्ड था, न बेंच, न कोई बजट। वे खुद सुबह कई किलोमीटर चलकर सरकारी स्कूल जाते, और दोपहर को लौटकर अपनी झोंपड़ी को पाठशाला बना देते।

आज उनका 'आनंद शिक्षा निकेतन' सैकड़ों बच्चों को मुफ्त शिक्षा दे रहा है। अक्टूबर 2009 में, बीबीसी ने सोलह वर्षीय बाबर अली को "दुनिया का सबसे युवा हेडमास्टर" कहा। उन्होंने साबित कर दिया कि शिक्षा की धुँधली पुतली बदलने के लिए किसी महँगे कॉर्निया-ट्रांसप्लांट की नहीं, बस एक अटूट इच्छाशक्ति की जरूरत होती है। जहाँ व्यवस्था अंधी थी, वहाँ इस अकेले नौजवान की दूरदृष्टि ने हजारों बच्चों के भविष्य का अँधेरा चीर दिया।

2. सैनिक – लांस नायक नजीर अहमद वानीः वह चेतना, जो भटककर लौटी, और अमर हो गई

शिक्षक ने भीतर के अज्ञान का अँधेरा हटाया; पर राष्ट्र को बाहरी हमलों से बचाने के लिए एक और प्रहरी चाहिए। सीमाओं पर खड़ा हमारा सैनिक राष्ट्र की वह अदृश्य प्रतिरक्षा-प्रणाली है, जो चौबीसों घंटे, बिना थके, हर हमले से शरीर की रक्षा करती है। इस प्रणाली का सबसे विस्मयकारी चेहरा हैं–**लांस नायक नजीर अहमद वानी।**

जम्मू-कश्मीर के कुलगाम के रहने वाले नजीर वानी कभी भटककर आतंकवाद की राह पर चले गए थे। पर जब उनकी अंतरात्मा जागी, तो उन्होंने वह राह छोड़ी, और 2004 में भारतीय सेना की 162 टेरिटोरियल आर्मी बटालियन में शामिल होकर देश की रक्षा का व्रत लिया। एक भटके हुए नौजवान से देश के रक्षक बनने का यह सफर, उनके भीतर की चेतना का सबसे अनूठा "ऑपरेशन" था।

दिनांक 25 नवंबर 2018 को, शोपियाँ के पास एक आतंकवाद-रोधी अभियान में, छह आतंकवादियों के विरुद्ध लड़ते हुए, भीषण गोलीबारी के बीच उन्होंने लश्कर के एक "जिला कमांडर" और एक विदेशी आतंकवादी को मार गिराया, और अपने घायल साथियों को बचाते हुए अपने प्राणों की आहुति दे दी। उन्हें मरणोपरांत देश के सर्वोच्च शांतिकालीन सैन्य सम्मान "अशोक चक्र" से सम्मानित किया गया और वे यह सम्मान पाने वाले कश्मीर घाटी के पहले व्यक्ति बने। नजीर वानी की शहादत सिखाती है कि देशभक्ति किसी जन्म के ठप्पे की मोहताज नहीं है। यह वह जागृत चेतना है, जो भटके हुए मन को भी राष्ट्र-यज्ञ की समिधा बना देती है।

3. सफाईकर्मी योद्धा – बेजवाड़ा विल्सनः जिसने अपमान को आंदोलन बना दिया

सैनिक ने बाहरी हमलावरों को रोका; पर एक नायक वह भी है, जो राष्ट्र-देह को भीतर के संक्रमण से बचाता है। जैसे शरीर की किडनी चौबीसों घंटे खून से जहर छानती है, वैसे ही समाज के सफाईकर्मी राष्ट्र को संक्रमण से बचाते हैं। पर विडंबना देखिए–जिस अंग के बिना शरीर एक दिन में दम तोड़ दे, उसी को हम सबसे ज्यादा उपेक्षित छोड़ देते हैं। इस अमानवीय कुप्रथा के विरुद्ध एक कड़ा "सर्जिकल ऑपरेशन" किया है–**बेजवाड़ा विल्सन** ने। कर्नाटक के कोलार गोल्ड फील्ड्स में जन्मे बेजवाड़ा का परिवार पीढ़ियों से हाथ से मैला उठाने (मैनुअल स्कैवेंजिंग) के अमानवीय काम में झोंक दिया गया था। उन्होंने बचपन से इस अपमान की कड़वाहट पी थी। पर उन्होंने इसे "किस्मत" मानकर स्वीकार नहीं किया। 1993 में उन्होंने 'सफाई कर्मचारी आंदोलन' (एस.के.ए.) की नींव रखी–एक जमीनी आंदोलन, जिसने देश भर में हजारों दलितों को इस अमानवीय दलदल से बाहर निकाला और उन्हें मानवीय गरिमा लौटाई।

वर्ष 2016 में उन्हें एशिया के सबसे प्रतिष्ठित सम्मानों में से एक, 'रैमन मैगसेसे पुरस्कार' से नवाजा गया। बेजवाड़ा विल्सन का संघर्ष याद दिलाता है कि जब तक समाज के सबसे निचले पायदान पर खड़े इंसान को सम्मान का "टीका" नहीं लगता, हमारे विकसित भारत का सपना भीतर से संक्रमित ही रहेगा।

4. वैज्ञानिक – डॉ. येल्लाप्रगदा सुब्बारावः वह अदृश्य चाणक्य, जिसने दुनिया को इलाज दिया, पर खुद गुमनाम रहा

सफाईकर्मी बीमारी को फैलने से रोकता है; पर एक नायक वह भी है, जो बीमारी का इलाज ही खोज लाता है। आज पूरी दुनिया की आधुनिक चिकित्सा जिन दवाओं पर टिकी है, उनमें से कई की जड़ में एक भारतीय वैज्ञानिक **डॉ. येल्लाप्रगदा सुब्बाराव** हैं, जिनका नाम इतिहास ने लगभग भुला दिया।

आंध्र प्रदेश के भीमवरम में 1895 में एक बेहद गरीब परिवार में जन्मे **डॉ. येल्लाप्रगदा सुब्बाराव** ने अमेरिका के सुप्रसिद्ध हार्वर्ड युनिवर्सिटी में काम किया, और वहीं उन्होंने कोशिका की ऊर्जा के स्रोत, एडिनोसिन ट्राइफॉस्फेट (ए.टी.पी.) की भूमिका की खोज की, जिसके बिना आज का जीव-विज्ञान अधूरा है। उन्होंने फोलिक एसिड का संश्लेषण किया, और डॉ. सिडनी फार्बर के साथ मिलकर कैंसर की पहली कीमोथेरेपी दवाओं में से एक 'मेथोट्रेक्सेट' नामक दवा विकसित की, जो आज भी ल्यूकीमिया, लिंफोमा और गठिया आदि के इलाज में इस्तेमाल होती है। उन्हीं के नेतृत्व वाली प्रयोगशाला में दुनिया का पहला टेट्रासाइक्लिन एंटीबायोटिक खोजा गया।

पर सबसे दुखद सच? अपनी विनम्रता के कारण वे अक्सर श्रेय बाँट देते थे, और उनके कई योगदानों को दबा दिया गया—यहाँ तक कि ए.टी.पी. की खोज का श्रेय भी दूसरों को मिल गया। उनके बारे में किसी ने लिखा था—*"आपने शायद डॉ. सुब्बाराव का नाम कभी न सुना हो। फिर भी, उनके कारण, आज आप शायद जीवित और स्वस्थ हैं।"* वर्ष 2047 के आत्मनिर्भर भारत के लिए हमें अपने युवाओं में यही वैज्ञानिक चेतना जगानी होगी जो पद के लिए नहीं, मानवता के कल्याण के लिए जिए।

5. डॉक्टर – डॉ. रवि कन्ननः जिसने चमक छोड़कर, सुदूर अंधेरे को चुना

वैज्ञानिक ने इलाज खोजा; पर वह इलाज अंतिम इंसान तक पहुँचे भी, तो कैसे? मैंने इस पुस्तक में "आर्थिक इस्कीमिया" (यानि कि रुके हुए रक्त-प्रवाह)की बात की है, जहाँ विकास और स्वास्थ्य सुविधाएँ समाज के अंतिम छोर तक नहीं पहुँच पातीं। इस रुके हुए प्रवाह को खोलने वाले एक कुशल कैंसर सर्जन हैं, डॉ. रवि कन्नन। डॉ. कन्नन चेन्नई के अड्यार कैंसर इंस्टीट्यूट में सर्जिकल ऑन्कोलॉजी विभाग के प्रमुख थे। उन्होंने बेहतरीन करियर, सुख-सुविधा भरा जीवन सब छोड़कर असम की बराक घाटी के सुदूर, पिछड़े सिलचर जाने का फैसला किया, जहाँ कैंसर एक महामारी की तरह फैल रहा था, और लोगों के पास इलाज के पैसे नहीं थे।

उन्होंने कछार कैंसर अस्पताल को ऐसे संस्थान में बदला, जहाँ हजारों गरीब मरीजों का मुफ्त इलाज होता है। साथ ही उन्हें मुफ्त भोजन, ठहरने की जगह, और परिवार के लिए रोजगार तक मिलता है, ताकि कोई बीच में इलाज न छोड़े। वर्ष 2020 में उन्हें पद्मश्री, और 2023 में 'रैमन मैगसेसे पुरस्कार' से सम्मानित किया गया। वे सिखाते हैं कि डॉक्टर का असली धर्म महानगरों में रहकर सिर्फ महँगी सर्जरी करना ही नहीं है, बल्कि इलाज को दूरस्थ क्षेत्र के अंतिम इंसान तक पहुँचाना है।

6. सामाजिक योद्धा – सुहासिनी मिस्त्रीः वह विधवा, जिसने सब्जी बेचकर अस्पताल खड़ा कर दिया

डॉ. कन्नन ने पद और प्रशिक्षण के बल पर अस्पताल खड़ा किया; पर एक नायिका वह भी है, जिसके पास न पद था, न पढ़ाई–सिर्फ एक माँ का संकल्प। महिला की उपेक्षा को मैंने "आधे शरीर का लकवा" कहा है। पर जब वही आधी आबादी अपनी भीतरी शक्ति पहचान लेती है, तो पूरे समाज का कायाकल्प कर देती है। इसकी साक्षात मूर्ति हैं–**सुहासिनी मिस्त्री।** पश्चिम बंगाल में, वर्ष 1971 में, उनके पति की मृत्यु सिर्फ इसलिए हो गई क्योंकि एक मामूली बीमारी के इलाज के लिए उनके पास पैसे नहीं थे। तेईस वर्ष की उम्र में, चार बच्चों के साथ विधवा हुई सुहासिनी ने हार मानने के बजाय एक प्रतिज्ञा ली–कि वे एक ऐसा अस्पताल बनाएँगी, जहाँ कोई गरीब इलाज के बिना न मरे।

अगले बीस साल उन्होंने घरों में नौकरानी का काम किया, सब्जियाँ बेचीं, मजदूरी की, और एक-एक पैसा जोड़ा। लोग उन्हें पागल कहते थे। पर उनके मन मस्तिष्क पर अपनी प्रतिज्ञा का साफ प्रण चढ़ा था। वर्ष 1992 में उन्होंने अपनी जीवन भर की बचत से हंसपुकुर गाँव में जमीन ख़रीदी, और एक झोंपड़ी में क्लिनिक शुरू किया। सबसे भावुक बात, उन्होंने दिन-रात की मेहनत से अपने बेटे को डॉक्टर बनाया, जो आज उसी 'ह्यूमैनिटी हॉस्पिटल' को संभालता है। वर्ष 2018 में उन्हें पद्मश्री से सम्मानित किया गया। उन्होंने साबित किया कि बड़ी-से-बड़ी ढाँचागत कमी को भी एक माँ का अटूट संकल्प भर सकता है।

7. नेत्र-सर्जन – डॉ. गोविंदप्पा वेंकटस्वामी (डॉ. वी): वह प्रकाश-स्तंभ, जिसने रोशनी को गरीब की पहुँच में ला दिया

अंत में, वह कहानी, जो मेरे अपने नेत्र रोग विज्ञान के क्षेत्र की है और शायद

इसीलिए मेरे दिल के सबसे क़रीब है। एक नेत्र-सर्जन के नाते मैं रोज देखता हूँ कि मोतियाबिंद का अँधेरा कितना क्रूर होता है, और उसे हटाने वाली रोशनी कितनी क़ीमती। पर एक इंसान ने इस रोशनी को करोड़ों गरीबों की पहुँच में ला दिया—**डॉ. गोविंदप्पा वेंकटस्वामी**, जिन्हें पूरी दुनिया प्यार से "डॉ. वी" कहती है।

तमिलनाडु के एक छोटे-से गाँव में 1918 में जन्मे डॉ. वी ने अपना पूरा जीवन "उपचार योग्य अंधत्व" (प्रिवेन्टिबल ब्लाईडनेस) मिटाने के नाम कर दिया। एक क्रूर विडंबना यह भी रही कि गठिया (रूमेटॉइड आर्थराइटिस) ने उनकी अपनी उँगलियों को टेढ़ा कर दिया था—फिर भी उन्होंने उन्हीं हाथों से हजारों सफल सर्जरी कीं। पर असली चमत्कार उनकी सेवानिवृत्ति के बाद शुरू हुआ। 1976 में, 58 साल की उम्र में, जब ज्यादातर लोग आराम का सोचते हैं, डॉ. वी ने मदुरै में सिर्फ 11 बिस्तरों का एक छोटा-सा अस्पताल खोला और इसे बनाने के लिए उन्होंने अपना घर तक गिरवी रख दिया। फिर आया वह विचार, जिसने इतिहास बदल दिया। एक दिन मैकडॉनल्ड्स के "गोल्डन आर्चेस" देखकर डॉ. वी ने सोचा कि "अगर मैकडॉनल्ड्स अरबों बर्गर बेच सकता है, तो मैं लाखों आँखों की रोशनी लौटाने वाली लाखों नेत्र सर्जरी क्यों नहीं कर सकता?"

उन्होंने एक ऐसा उच्च-गुणवत्ता, कम-लागत वाला मॉडल बनाया, जहाँ पैसे देने वाले मरीजों की कमाई से गरीबों का मुफ्त इलाज होता है। वह 11-बिस्तर वाला अस्पताल आज विश्वविख्यात 'अरविंद आई केयर सिस्टम' बन चुका है, जिसने अब तक साढ़े पाँच करोड़ से ज्यादा मरीजों का उपचार किया है, और जहाँ एक डॉक्टर साल में औसतन 2,000 सर्जरी करता है—जबकि राष्ट्रीय औसत सिर्फ 400 है। वर्ष 1993 से हार्वर्ड बिजनेस स्कूल इस "अरविंद मॉडल" को एक केस-स्टडी के रूप में पढ़ा रहा है।

डॉ. वी सिखाते हैं कि उम्र, बीमारी या संसाधनों की कमी या कोई भी बहाना किसी सच्चे संकल्प को नहीं रोक सकता। मेरे लिए, और हर भारतीय नेत्र-सर्जन के लिए, डॉ. वी सिर्फ एक नाम नहीं, एक प्रकाश-स्तंभ हैं। *और सच कहूँ, तो मेरी यह किताब, और मेरा पूरा जीवन भी, उसी परंपरा को थोड़ा और आगे बढ़ाने की एक विनम्र कोशिश है।*

एक नेत्र-सर्जन का संदेश: ये केस-शीट हैं, जीवनियाँ नहीं

ये सात कहानियाँ महज जीवन-वृत्त नहीं हैं ये 2047 के स्वस्थ और विकसित भारत की "केस-शीट" हैं। बाबर अली, नजीर वानी, बेजवाड़ा विल्सन, डॉ. सुब्बाराव, डॉ. रवि कन्नन, सुहासिनी मिस्त्री और डॉ. वी–इन सबमें एक बात साझा है। इन्होंने कभी व्यवस्था की विफलता को अपनी "किस्मत" नहीं माना। ये शिकायत के मूक दर्शक बनने के बजाय, खुद राष्ट्र परिवर्तन के अग्रदूत बन गए।

जरा सोचिए, अगर कल सुबह सारे मंत्री काम पर न आएँ, तो देश कुछ दिन चल जाएगा। अगर सारे बड़े उद्योगपति विदेश चले जाएँ, तब भी देश चल जाएगा। पर अगर कल सुबह किसान खेत में न जाए, सैनिक सीमा पर न खड़ा हो, शिक्षक स्कूल न पहुँचे, चिकित्सक, नर्स अस्पताल न आए, और सफाईकर्मी सड़क पर न उतरे–तो यह राष्ट्र उसी क्षण थम जाएगा। क्योंकि राष्ट्र की असली रीढ़ वे नहीं हैं, जो मंच पर खड़े होकर तालियाँ बटोरते हैं; राष्ट्र की असली रीढ़ वे हैं, जो उस मंच को गिरने से बचाते हैं।

जब एक नौ साल का बच्चा स्कूल चला सकता है, एक भटका हुआ नौजवान देश के लिए शहीद हो सकता है, एक सफाईकर्मी पूरा आंदोलन खड़ा कर सकता है, एक विधवा सब्जी बेचकर अस्पताल बना सकती है, और एक सेवानिवृत्त डॉक्टर घर गिरवी रखकर करोड़ों आँखों में रोशनी भर सकता है–तो जरा सोचिए, 148 करोड़ भारतीयों की सामूहिक चेतना क्या नहीं कर सकती! इतिहास गवाह है कि सभ्यताएँ राजाओं या सरकारों के बल पर महान नहीं बनीं; वे तब अमर हुईं, जब उनके अनसुने नागरिकों ने अपने कर्म को ही अपनी राष्ट्र-प्रतिज्ञा बना लिया।

▪ *सोचिए*

आपके अपने जीवन में वे "अनसुने नायक" कौन हैं–वह शिक्षक, वह सफाईकर्मी, वह नर्स, वह किसान, जिनके बिना आपका दिन ही न चले, पर जिनका नाम तक आपने कभी नहीं पूछा?

▪ *चर्चा कीजिए*

अपने बच्चों के साथ इन सात में से कोई एक कहानी साझा कीजिए। उनसे

पूछिए, "क्या नायक बनने के लिए प्रसिद्ध होना जरूरी है, या अपनी जगह पर पूरी ईमानदारी से काम करना ही असली नायकत्व है?"

▪ *कार्रवाई कीजिए*

इस सप्ताह, अपने आस-पास के किसी एक अनसुने नायक का नाम पूछिए, उस सफाईकर्मी का, उस चौकीदार का, उस शिक्षक का। उसे धन्यवाद दीजिए, और हो सके तो उसके किसी छोटे संघर्ष में हाथ बँटाइए। क्योंकि "अनसुना नायक" तब तक अनसुना रहता है, जब तक हम सब चुप रहते हैं।

Rx डॉ. सुरेश कुमार पाण्डेय का प्रिस्क्रिप्शन:

इस अध्याय से पाँच संजीवनी सूत्र

पहला सूत्र – नायकत्व की परिभाषा बदलिए: असली नायक वह नहीं, जो सुर्खियों में हो; बल्कि वह, जो बिना सुर्खियों के, रोज चुपचाप राष्ट्र के लिए खुद को खपा रहा हो। इस सप्ताह अपने आस-पास ऐसे पाँच नायक ढूँढिए, और कम-से-कम एक को मुँह से धन्यवाद दीजिए।

दूसरा सूत्र – "किस्मत" वाले संक्रमण का ऑपरेशन कीजिए: इन सबने व्यवस्था की विफ़लता को "यही हमारी किस्मत है" कहकर स्वीकार नहीं किया। व्यवस्था को कोसने से राष्ट्र नहीं बदलता – समस्या का हिस्सा बनने के बजाय, समाधान का औजार बनिए।

तीसरा सूत्र – समावेशी करुणा: अपनी सफलता का एक छोटा हिस्सा उस अंतिम इंसान तक पहुँचाइए, जो अवसरों से वंचित है। अवसरों का यही प्रवाह "आर्थिक इस्कीमिया" का असली इलाज है।

चौथा सूत्र – अगली पीढ़ी को नायकत्व का पाठ दीजिए: अपने बच्चों को सिर्फ बड़े पैकेज और ऊँची कुर्सियों के सपने मत दिखाइए; उन्हें बाबर अली और सुहासिनी मिस्त्री की कहानियों से मिलवाइए, ताकि उनमें चरित्र और करुणा की जड़ें गहरी हों।

पाँचवाँ सूत्र – खुद उनमें से एक बनिए: आपको किसी राष्ट्रीय पुरस्कार की प्रतीक्षा नहीं करनी। बस अपने मोहल्ले, अपने दफ्तर, अपने कार्यस्थल पर एक छोटा-सा सही बदलाव शुरू कीजिए। उसी क्षण, आप भी इन्हीं "अनसुने नायकों" की श्रेणी में खड़े हो जाएँगे।

खंड चार

विश्व की शल्यशाला से सीख

अध्याय 21

सिंगापुरः अनुशासन एवं दूरदृष्टि का अमोघ नुस्खा

सिर्फ संसाधन नहीं, दृढ़ इच्छाशक्ति भी अति आवश्यक

"एक राष्ट्र की असली पूँजी उसकी जमीन के नीचे दबा सोना या तेल नहीं है, असली पूँजी है, उसकी अदम्य इच्छाशक्ति, ईमानदार नेतृत्व। जिसके पास ये दो गुण हैं, वह बंजर टापू को भी स्वर्ग बना सकता है; जिसके पास नहीं, वह सोने की खान पर बैठकर भी कंगाल रहता है।"

– डॉ. सुरेश कुमार पाण्डेय

जुलाई 2002 की बात है। मैं सिंगापुर के नेशनल आई इंस्टीट्यूट में एक अंतरराष्ट्रीय नेत्र-चिकित्सा सम्मेलन में भाग लेने पहुँचा था। जिस पल मैंने चांगी एयरपोर्ट पर क़दम रखा, मेरी आँखें, जो हर दिन बारीकियाँ पकड़ने की आदी हैं, खुली की खुली रह गईं।

चांगी एयरपोर्ट कोई हवाई अड्डा नहीं, एक सपना था। हर कोना चमक रहा था, कहीं एक तिनका तक नहीं। हर चीज अपनी सही जगह पर, हर व्यक्ति अनुशासन

में, हर प्रक्रिया घड़ी की तरह सटीक। बाहर निकला तो शहर भी अचंभित कर गया–साफ-सुथरी सड़कें, हरियाली से भरी इमारतें, एक अजीब-सा अनुशासन, जो हवा में घुला हुआ था।

एक डॉक्टर के नाते मेरे मन में पहला सवाल यही उठाः यह वही सिंगापुर है, जो कुछ दशक पहले एक गरीब, मलेरिया-ग्रस्त, संसाधनहीन टापू था? जिसके पास न खेती की जमीन थी, न खनिज, न पीने का अपना पानी तक जिसे पड़ोसी देश से ख़रीदना पड़ता था? यह बंजर मछुआरों का गाँव, दुनिया का सबसे चमकदार व सुन्दर देश कैसे बन गया?

उस सम्मेलन में मैंने आँखों की नई-नई सर्जरी तकनीकें तो सीखीं ही, पर सबसे बड़ा सबक मैंने ऑपरेशन थिएटर के बाहर सीखा, एक पूरे राष्ट्र की "सर्जरी" का सबक। आज मैं वही सबक आपके साथ बाँटना चाहता हूँ।

एक राष्ट्र, जो ऑपरेशन टेबल पर अधमरा पड़ा था

वर्ष 1965 में जब सिंगापुर को मलेशिया से अलग कर दिया गया, तो यह आजादी किसी जश्न का मौक़ा नहीं थी–यह एक त्रासदी थी। इसके नेता **ली कुआन यू** टेलीविजन पर देश को संबोधित करते हुए फूट-फूटकर रो पड़े थे। रोते भी क्यों नहीं क्योंकि उनके हाथ में जो "मरीज" आया था, वह लगभग मरणासन्न था।

जरा उस वक्त सिंगापुर की हालत देखिएः प्रति व्यक्ति आय मात्र लगभग 500 डॉलर के आसपास, कोई प्राकृतिक संसाधन नहीं, बेरोजगारी चरम पर, सड़कों पर नस्ली दंगे, पीने के पानी तक के लिए दूसरे देश पर निर्भरता आदि। दुनिया भर के विशेषज्ञों ने भविष्यवाणी कर दी थी कि यह नन्हा देश बहुत जल्द बिखर जाएगा।

पर ली कुआन यू ने हार नहीं मानी। उन्होंने आँसू पोंछे, एक सर्जन की तरह, इस मरीज के इलाज में जुट गए।

"सिंगापुर के पास खोने को कुछ नहीं था, न जमीन, न खनिज, न पैसा। पर उसके पास वह एक चीज थी, जो किसी खान से नहीं निकलती एक ईमानदार, दूरदर्शी नेतृत्व एक अनुशासित इच्छाशक्ति।"

चमत्कार के तीन "ऑपरेशन"

ली कुआन यू ने इस मरते हुए राष्ट्र पर मुख्यतः तीन बड़े "ऑपरेशन" किए, तीनों ही हमारे भारत के लिए गहरे सबक हैं।

पहला ऑपरेशन – भ्रष्टाचार के कैंसर की रेडिकल सर्जरी। ली कुआन यू जानते थे कि कोई भी राष्ट्र भ्रष्टाचार के कैंसर के साथ स्वस्थ नहीं हो

सकता (जैसा हमने अध्याय 2 में देखा था)। उन्होंने भ्रष्टाचार के प्रति जीरो-टॉलरेंस की नीति अपनाई। सबसे बड़ी बात, उन्होंने इसकी शुरुआत ऊपर से की, अपने ही क़रीबी साथियों, मंत्रियों तक को नहीं बख्शा। साथ ही, उन्होंने एक अनोखा कदम उठाया: सरकारी अधिकारियों मंत्रियों के वेतन इतने ऊँचे (निजी क्षेत्र के बराबर) कर दिए, कि एक ईमानदार अफसर को रिश्वत की जरूरत ही न पड़े, भ्रष्टाचार का "लालच" ख़त्म हो जाए।

"ली कुआन यू ने सिखाया कि भ्रष्टाचार का इलाज सिर्फ डंडे से नहीं होता, उसके लिए दो चीजें चाहिए: पकड़े जाने का डर, ईमानदार रहने का सम्मानजनक रास्ता। उन्होंने दोनों दिए।"

***दूसरा ऑपरेशन – योग्यता (मेरिटोक्रेसी) का* प्रत्यारोपण।**

सिंगापुर एक बहु-नस्ली समाज था (चीनी, मलय, भारतीय), जहाँ दंगों की आशंका हमेशा बनी रहती थी (जैसा हमने अध्याय 3 में जातिवाद के संदर्भ में देखा)। ली कुआन यू ने एक स्पष्ट सिद्धांत अपनाया: अवसर एवं पद, नस्ल, धर्म या रंग से नहीं, सिर्फ योग्यता से मिलेंगे। उन्होंने सरकारी आवास में हर समुदाय का अनुपात तय किया, ताकि लोग बँटें नहीं, घुलें-मिलें। नतीजा यह हुआ कि जो देश गृहयुद्ध की कगार पर था, वह एकता की मिसाल बन गया।

तीसरा ऑपरेशन – शिक्षा, कौशल एवं अनुशासन में भारी निवेश।

संसाधनहीन सिंगापुर के पास एकमात्र "कच्चा माल" उसके लोग थे। इसलिए ली कुआन यू ने अपनी सारी ताक़त शिक्षा एवं कौशल पर लगा दी। उन्होंने अपने नागरिकों को ही अपना "सोना" बना लिया। साथ ही, उन्होंने एक कुशल, तेज व जवाबदेह नौकरशाही बनाई (हमारे अध्याय की "जाम धमनी" के बिल्कुल उलट), जहाँ फाइलें रेंगती नहीं, दौड़ती थीं।

नतीजा – एक चमत्कारी रिकवरी

इन ऑपरेशनों का नतीजा मानव-इतिहास की सबसे शानदार "रिकवरी" बना। जिस देश की प्रति व्यक्ति आय 1965 में मात्र लगभग 500 डॉलर थी, वह 2024 तक बढ़कर लगभग 67,000 से 90,000 डॉलर तक पहुँच गई। यानी अपने पुराने

औपनिवेशिक शासक ब्रिटेन से भी अधिक समृद्ध। लगभग 80 प्रतिशत से ज्यादा सिंगापुरवासियों के पास अपना घर है, देश आज दुनिया के सबसे ईमानदार, सबसे कुशल व सबसे स्थिर शासन वाले देशों में सबसे ऊपर गिना जाता है।

जब मैं 2002 में सिंगापुर के चांगी एयरपोर्ट की उस चमक को देख रहा था, तो दरअसल मैं इन्हीं तीन ऑपरेशनों का नतीजा देख रहा था—मैं एक स्वस्थ हो चुके मरीज को दौड़ते हुए देख रहा था।

"सिंगापुर साबित करता है कि कोई भी 'लाइलाज' राष्ट्र नहीं होता। बंजर जमीन भी सोना उगल सकती है, बशर्ते उसे ईमानदारी से जोता जाए दूरदृष्टि से सींचा जाए।"

एक संतुलित नजर – हर नुस्खा हूबहू नहीं अपनाया जा सकता

यहाँ एक योग्य चिकित्सक एवं सजग लेखक के नाते मुझे संतुलन बनाना जरूरी है, क्योंकि कोई भी दवा बिना सोचे-समझे दूसरे मरीज पर लागू करना ख़तरनाक होता है।

पहली बात – सिंगापुर एक छोटा देश है, जिसकी आबादी कुछ लाख थी; भारत 148 करोड़ का एक विशाल, विविध उपमहाद्वीप है। जो "सर्जरी" एक छोटे मरीज पर तुरंत काम कर गई, वह एक विशालकाय शरीर पर वैसे ही लागू नहीं हो सकती। हमें नुस्खे की "आत्मा" लेनी है, उसका "अक्षर" नहीं।

दूसरी बात – यह महत्वपूर्ण है –ली कुआन यू के मॉडल की एक क़ीमत भी थी। उनकी आलोचना इस बात के लिए होती है कि उन्होंने व्यक्तिगत स्वतंत्रता, राजनीतिक विरोध एवं प्रेस की आजादी पर कड़े नियंत्रण रखे। एक जीवंत लोकतंत्र होने के नाते, भारत को उनकी "दक्षता" तो सीखनी है, पर अपनी "स्वतंत्रता एवं विविधता" की क़ीमत पर नहीं। हमारी ताक़त हमारा लोकतंत्र है। हमें यह दिखाना है कि एक आजाद, लोकतांत्रिक देश भी अनुशासित समृद्ध हो सकता है।

इसलिए सिंगापुर से हमारा असली सबक "तानाशाही" नहीं है—वह है ईमानदार नेतृत्व, जीरो-टॉलरेंस भ्रष्टाचार, योग्यता का सम्मान, दूरदृष्टि।

"हमें सिंगापुर की हूबहू नक़ल नहीं करनी—हमें उससे सीखना है। उसका अनुशासन अपनाना है, पर अपनी आजादी एवं विविधता को सीने से लगाकर। यही एक लोकतांत्रिक महाशक्ति का रास्ता है।"

भारत के लिए असली प्रिस्क्रिप्शन:

सिंगापुर की कहानी का सबसे बड़ा सबक एक डॉक्टर के नाते मेरे लिए यह

है: किसी भी मरीज की रिकवरी उसके "संसाधनों" से नहीं, उसकी "इच्छाशक्ति" एवं "सही इलाज" से तय होती है।

भारत के पास तो वह सब कुछ है, जो सिंगापुर के पास कभी नहीं था जैसे विशाल भूमि, अपार प्राकृतिक संसाधन, नदियाँ, खनिज, सबसे बड़ी बात, करोड़ों युवा हैं। अगर एक संसाधनहीन टापू सिर्फ इच्छाशक्ति के दम पर स्वर्ग बन सकता है, तो जरा कल्पना कीजिए कि संसाधनों से भरा भारत, अगर वही ईमानदारी, अनुशासन दूरदृष्टि अपना ले, तो क्या नहीं कर सकता!

हमारी कमी संसाधनों की नहीं वरन् दृढ़ इच्छाशक्ति के ईमानदार क्रियान्वयन की है। यही सिंगापुर का असली संदेश है।

"अगर 500 डॉलर की प्रति व्यक्ति आय वाला एक बंजर टापू दुनिया का सिरमौर बन सकता है, तो संसाधनों से भरा भारत क्यों नहीं? कमी संसाधनों की नहीं, कमी हमारी इच्छाशक्ति एवं हमारे नेतृत्व क्षमता की है।"

▪ *सोचिए*

सिंगापुर के पास कुछ नहीं था, फिर भी वह शिखर पर पहुँचा; भारत के पास सब कुछ है, फिर भी हम संघर्ष कर रहे हैं। जरा सोचिए असली फर्क़ "संसाधनों" का है, या "इच्छाशक्ति एवं ईमानदारी" का? यह इच्छाशक्ति सिर्फ नेताओं में चाहिए, या हम नागरिकों में भी?

▪ *चर्चा कीजिए*

अपने परिवार मित्रों से बात कीजिए: सिंगापुर ने दिखाया कि अनुशासन (साफ-सफाई, नियमों का पालन, समय की पाबंदी) एक राष्ट्र को बदल सकता है। हम भारतीय व्यक्तिगत रूप से बहुत अनुशासित होते हैं (विदेश जाकर नियम मानते हैं!), पर अपने देश में क्यों नहीं? यह सोच कैसे बदले?

▪ *कार्रवाई कीजिए*

इस सप्ताह सिंगापुर से एक छोटा सबक अपने जीवन में उतारिए – चाहे वह सड़क पर कचरा न फेंकना हो, लाइन में अनुशासन से खड़े होना हो, या समय की पाबंदी। याद रखिए, सिंगापुर की वह चमक किसी करिश्में से नहीं, करोड़ों नागरिकों के छोटे-छोटे अनुशासन से बनी थी। राष्ट्र-निर्माण हमारे अपने आचरण से शुरू होता है।

Rx डॉ. सुरेश कुमार पाण्डेय का प्रिस्क्रिप्शन:

इस अध्याय से पाँच संजीवनी सूत्र

पहला सूत्र – इच्छाशक्ति, संसाधन से बड़ी है: सिंगापुर के पास संसाधन नहीं थे, फिर भी वह जीता। भारत के पास सब कुछ है लेकिन कमी सिर्फ इच्छाशक्ति एवं ईमानदार क्रियान्वयन की है। यह मान लेना कि "संसाधन कम हैं" सबसे बड़ा बहाना है।

दूसरा सूत्र – ईमानदारी ऊपर से शुरू होती है: ली कुआन यू ने भ्रष्टाचार का इलाज खुद के घर से शुरू किया। जब नेतृत्व ईमानदार व जवाबदेह होगा, तभी पूरा तंत्र साफ होगा। साथ ही, ईमानदार रहने का सम्मानजनक रास्ता भी देना होगा।

तीसरा सूत्र – योग्यता ही एकमात्र पैमाना हो: जाति, धर्म क्षेत्र से ऊपर उठकर, अवसर का आधार सिर्फ योग्यता बने। यही एक विविध राष्ट्र को बाँटने के बजाय जोड़ता है उसकी पूरी प्रतिभा को बाहर लाता है।

चौथा सूत्र – लोग ही असली सोना हैं: संसाधनहीन सिंगापुर ने शिक्षा व कौशल में भारी निवेश करके अपने नागरिकों को ही अपनी पूँजी बनाया। भारत को भी अपने करोड़ों युवाओं को ही अपना सबसे बड़ा संसाधन मानना होगा।

पाँचवाँ सूत्र – सीखिए, पर नक़ल मत कीजिए: सिंगापुर की दक्षता व ईमानदारी अपनाइए, पर उसकी कड़ी पाबंदियों की क़ीमत पर नहीं। भारत को साबित करना है कि एक आजाद, विविध लोकतंत्र भी अनुशासित समृद्ध हो सकता है, यही हमारा अनोखा रास्ता है।

अध्याय 22

जापानः राख से पुनर्जन्म एवं काइजेन की क्रांति

हर पतन, एक नई शुरुआत का बीज है

"मानव शरीर का सबसे अद्‌भुत गुण है, रीजेनरेशन, यानी खुद को फिर से बना लेने की शक्ति। एक कटी हुई त्वचा फिर जुड़ जाती है, टूटी हड्डी फिर ठोस हो जाती है, घायल जिगर (लिवर) खुद को फिर रिजनरेट कर लेता है। जापान इसी जैविक चमत्कार का राष्ट्रीय रूप है, एक ऐसा देश, जो राख से बार-बार उठ खड़ा हुआ।"

— डॉ. सुरेश कुमार पाण्डेय

एक ऐसे देश की कल्पना कीजिए, जिसके हिरोशिमा एवं नागासाकी, दो पूरे शहर, द्वितीय विश्वयुद्ध के दो चंद सेकंडों में, राख में बदल दिए गए हों। जिसकी अर्थव्यवस्था चूर-चूर हो, जिसके लाखों नागरिक मारे गए हों, जो भुखमरी की कगार पर खड़ा हो। किसी भी विशेषज्ञ से पूछिए, वह कहेगा कि यह राष्ट्र अब कभी नहीं उठ पाएगा।

अब एक कल्पना कीजिए: वही देश, उस तबाही के सिर्फ दो दशक बाद, दुनिया की दूसरी सबसे बड़ी आर्थिक महाशक्ति बन जाता है, उसके बनाए सामान ("मेड इन जापान") दुनिया भर में गुणवत्ता भरोसे के प्रतीक बन जाते हैं।

यह कोई काल्पनिक कहानी नहीं है। यह एक सच्चे राष्ट्र की सच्ची दास्तान है, जिसका नाम है जापान। यह दुनिया के सबसे बड़े "पुनर्जन्म" (रीजेनरेशन) की कहानी है।

एक नेत्र-सर्जन के नाते, मेडिकल साइंस का जो गुण मुझे सबसे ज्यादा अचंभित करता है, वह है शरीर की खुद को ठीक करने की क्षमता यानि कि रीजेनरेशन। जब हम कोई घाव देखते हैं, तो हम सिर्फ उसे साफ करके ढक देते हैं; असली मरम्मत तो शरीर खुद करता है। कोशिकाएँ (सेल्स) दोबारा बनती हैं, नई रक्त-वाहिकाएँ उगती हैं, कुछ ही हफ्तों में वहाँ नई त्वचा आ जाती है, जहाँ कभी गहरा घाव था। मैंने अपने मरीजों में यह चमत्कार हजारों बार देखा है।

पर जो चमत्कार एक शरीर कर सकता है, क्या वह कोई पूरा राष्ट्र भी कर सकता है? इस सवाल का जवाब, उस जवाब का नाम, जापान है। पर इससे पहले कि मैं आपको उस "राष्ट्रीय रीजेनरेशन" की कहानी सुनाऊँ, मैं आपको एक ऐसी सच्ची घटना याद दिलाना चाहता हूँ, जिसने पूरी दुनिया को हैरान कर दिया था – जिसमें इस देश की पूरी आत्मा छिपी है।

एक सच्ची घटना – जब प्रलय के बीच भी एक राष्ट्र ने अनुशासन नहीं खोया

दिनांक 11 मार्च 2011 की दोपहर। जापान के पूर्वी तट पर अचानक धरती काँप उठी, रिक्टर पैमाने पर 9.0 तीव्रता का एक भयंकर भूकंप, जो जापान के इतिहास का सबसे बड़ा भूकंप था। भूकंप तो बस शुरुआत थी। कुछ ही मिनटों बाद, समुद्र से तीस मीटर तक ऊँची सुनामी की लहरें उठीं, पूरे के पूरे शहर निगल गईं। मानो यह काफी न हो, फुकुशिमा के परमाणु संयंत्र में विस्फोट हो गया।

इस त्रिकोणीय प्रलय में लगभग बीस हजार लोग मारे गए, लाखों बेघर हुए, सैकड़ों किलोमीटर का इलाका मलबे में बदल गया।

पर जो बात पूरी दुनिया ने सबसे ज्यादा हैरानी सम्मान से देखी, वह यह त्रासदी नहीं थी, वह जापानी लोगों का आचरण था। इतनी बड़ी तबाही के बीच भी, कहीं कोई लूटपाट नहीं हुई, कोई अफरा-तफरी नहीं मची। लोग राशन पानी के लिए घंटों, शांति से, लाइन में खड़े रहे–बिना धक्का-मुक्की के दुकानदारों ने आपदा का फायदा उठाकर दाम नहीं बढ़ाए, बल्कि कई ने मुफ्त में खाना बाँटा। टूटे हुए एटीएम से गिरे पैसे तक, लोग पुलिस को लौटाने पहुँचे।

दुनिया दंग रह गई–एक राष्ट्र, जिसका सब कुछ छिन गया था, वह अपनी मानवता अनुशासन को कैसे थामे रहा?

"असली राष्ट्रीय चरित्र सुख के दिनों में नहीं, प्रलय की उस रात में दिखता है, जब सब कुछ छिन जाए, फिर भी एक राष्ट्र अपना धैर्य, अपनी ईमानदारी अपना अनुशासन न खोए।"

यह कोई संयोग नहीं था। यह उसी "रीजेनरेशन" की संस्कृति थी, जो जापान ने सदियों के संघर्ष से सीखी थी। उस घटना के बाद जापान ने रिकॉर्ड समय में पुनर्निर्माण किया एवं कुछ ही महीनों में औद्योगिक उत्पादन लगभग आपदा-पूर्व स्तर पर लौट आया।

राख से पुनर्जन्म–इतिहास का सबसे बड़ा रीजेनरेशन

वर्ष 2011 की वह त्रासदी तो जापान के लिए नई नहीं थी। यह राष्ट्र तो राख से उठना अपनी नियति बना चुका था। जरा 1945 में लौटिए। दूसरे विश्वयुद्ध के अंत में, हिरोशिमा व नागासाकी पर परमाणु बम गिरे जिसे मानव इतिहास का सबसे विनाशकारी क्षण के रूप में याद किया जाता है। दो पूरे शहर पलक झपकते राख में बदल गए, लाखों लोग मारे गए, जापान की अर्थव्यवस्था पूरी तरह चूर-चूर हो गई। 1946 तक जापान का औद्योगिक उत्पादन गिरकर युद्ध-पूर्व स्तर का मात्र लगभग 27 प्रतिशत रह गया था, देश अकाल की कगार पर था।

किसी भी राष्ट्र के लिए यह "मृत्यु" का क्षण था। पर जापान ने हार नहीं मानी। उसने अपने घावों पर रोने के बजाय, उन्हें भरना शुरू किया। फिर जो हुआ, उसे दुनिया "जापानी आर्थिक चमत्कार" कहती है वही देश, जिसका उत्पादन 1946 में 27 प्रतिशत पर था, उसने 1960 तक उसे युद्ध-पूर्व स्तर का 350 प्रतिशत तक पहुँचा दिया। जो राष्ट्र राख में दफन था, वह कुछ ही दशकों में दुनिया की दूसरी सबसे बड़ी आर्थिक महाशक्ति बन गया, टोयोटा, सोनी, होंडा, केनन जैसे नाम गुणवत्ता के वैश्विक प्रतीक बन गए।

"हिरोशिमा एवं नागासाकी की राख पर जापान ने आँसू नहीं बहाए–उसने कारख़ाने खड़े किए। यही फर्क़ है उन राष्ट्रों में, जो इतिहास में दफन हो जाते हैं, उनमें, जो इतिहास रचते हैं।"

काइजेन – वह छोटा-सा शब्द, जिसने जापान को महान बनाया

जापान के इस चमत्कार का सबसे बड़ा रहस्य कोई बड़ा कारख़ाना या बड़ा बजट नहीं था वरन् वह एक छोटा-सा दार्शनिक शब्द था: "**काइजेन**।"

काइजेन का अर्थ है "निरंतर सुधार," यानी हर दिन, थोड़ा-थोड़ा बेहतर होना। इसे एक डॉक्टर की नजर से समझिए। जब कोई मरीज किसी बड़ी बीमारी से

उबरता है, तो वह एक ही दिन में स्वस्थ नहीं हो जाता। उसकी रिकवरी रोज की छोटी-छोटी प्रगति से होती है, आज थोड़ा चल लिया, कल थोड़ा ज्यादा खा लिया, परसों थोड़ी देर जाग लिया। यही छोटे-छोटे सुधार मिलकर, कुछ महीनों में, एक मरते हुए मरीज को पूरी तरह स्वस्थ कर देते हैं।

जापान ने यही सिद्धांत अपने हर कारख़ाने, हर दफ्तर, हर स्कूल में उतार दिया। टोयोटा जैसी कंपनियों ने अपने हर कर्मचारी को सबसे छोटे मजदूर तक को यह अधिकार एवं जिम्मेदारी दी कि वह रोज अपने काम में कोई एक छोटा सुधार सुझाए। एक अकेला सुधार छोटा लगता है, पर जब करोड़ों लोग, रोज, छोटे-छोटे सुधार करते हैं, तो दशकों में वह एक राष्ट्रीय क्रांति बन जाती है।

"भारत 'बड़ी छलाँग' का इंतजार करता है; जापान ने 'रोज की छोटी सीढ़ी' पर भरोसा किया। सच यह है कि हजार छोटी सीढ़ियाँ, एक नामुमकिन छलाँग से कहीं ऊँचा पहुँचा देती हैं।"

हम भारतीय अक्सर किसी "बड़े चमत्कार," किसी "मसीहा," या किसी "एक रात में आने वाली क्रांति" का इंतजार करते रहते हैं। काइजेन हमें सिखाता है कि असली बदलाव बड़ा शोरगुल वाला नहीं होता—वह छोटा, ख़ामोश, रोज का होता है।

अनुशासन एवं गुणवत्ता – दो राष्ट्रीय "विटामिन"

जापान की रिकवरी के दो स्तंभ हैं, जो भारत के लिए गहरे सबक हैं।

पहला है – अनुशासन। जापानी समाज में समय की पाबंदी, सफाई, नियमों का पालन किसी कानून से नहीं, संस्कार से आता है। वहाँ की मशहूर बुलेट ट्रेन (शिंकानसेन) दशकों से चल रही है, उसकी औसत देरी कुछ सेकंडों में नापी जाती है, मिनटों में नहीं। (जरा एक पल के लिए मुस्कुराकर सोचिए, हमारे यहाँ तो ट्रेन "सिर्फ" दो घंटे लेट हो, तो हम उसे "समय की पाबंद" मानकर खुश हो जाते हैं!) जापानी बच्चे स्कूल में अपनी कक्षा खुद साफ करते हैं क्योंकि उन्हें बचपन से ही सिखाया जाता है कि सफाई जिम्मेदारी किसी "दूसरे" का काम नहीं, उनका अपना धर्म है।

दूसरा है – गुणवत्ता (क्वालिटी) के प्रति जुनून। हैरानी की बात यह है कि "मेड इन जापान" कभी (युद्ध के ठीक बाद) सस्ते, घटिया माल की पहचान हुआ करता था। पर जापान ने काइजेन गुणवत्ता-नियंत्रण के दम पर इसे दुनिया में "भरोसे उत्कृष्टता" का पर्याय बना दिया। यह रातोंरात नहीं हुआ वरन् यह दशकों के निरंतर सुधार (काइजेन) का फल था।

जरा अपने यहाँ की उस सोच से तुलना कीजिए, जहाँ हम अक्सर "चलता है,"

"जैसे-तैसे काम चला लो," "ठीक है, इतना तो चलेगा" में जीते हैं। हमारी राष्ट्रीय रग-रग में बसा यह "चलता है," जापानी " बेहतर कैसे करें" वाली मानसिकता के ठीक उलट है।

एक संतुलित नजर – हर चमक के पीछे, एक परछाई भी है

यहाँ एक ईमानदार डॉक्टर के नाते मुझे पूरी संतुलित तस्वीर रखनी होगी, क्योंकि किसी भी मॉडल को आँख मूँदकर अपनाना ख़तरनाक है।

पहली बात – जापान की राह आसान नहीं थी, आज भी निष्कंटक नहीं है। पिछले कुछ दशकों में जापान ने आर्थिक ठहराव का लंबा दौर भी देखा है। साथ ही, उसका समाज तेजी से बूढ़ा हो रहा है–जन्म-दर बेहद कम है, युवाओं की संख्या घट रही है (ठीक उस "जनसांख्यिकीय लाभ" के उलट, जो आज भारत के पास है, जैसा हमने जनसंख्या वाले अध्याय में देखा)। यानी जापान के पास अनुशासन तो है, पर युवा-शक्ति घट रही है; भारत के पास युवा-शक्ति है, पर अनुशासन की कमी है। काश, हम दोनों एक-दूसरे से सीख पाते!

दूसरी बात – जापान के अति-अनुशासन एवं अति-परिश्रम की एक मानवीय क़ीमत भी रही है। वहाँ काम के अत्यधिक दबाव से होने वाली थकान तनाव एक गंभीर सामाजिक समस्या रही है। यहाँ तक कि इसके लिए उनकी भाषा में एक अलग शब्द ("**करोशी**" यानी अत्यधिक काम से मृत्यु) तक है। यह हमें याद दिलाता है कि अनुशासन प्रगति, मानसिक स्वास्थ्य जीवन के संतुलन की क़ीमत पर नहीं आने चाहिए।

इसलिए जापान से हमारा सबक "जापानी बन जाना" नहीं है, वह है काइजेन (निरंतर सुधार), अनुशासन गुणवत्ता को अपनी भारतीय आत्मा, अपनी जीवंतता अपने पारिवारिक मूल्यों के साथ मिलाना।

"हमें जापान की नक़ल नहीं करनी–हमें उसका 'काइजेन' लेना है, पर अपनी मुस्कान के साथ। प्रगति वह नहीं, जो इंसान को मशीन बना दे; प्रगति वह है, जो इंसान को बेहतर इंसान बनाए।"

Rx भारत के लिए असली प्रिस्क्रिप्शन:

जापान की कहानी का सबसे बड़ा सबक, एक डॉक्टर के नाते मेरे लिए यह है: रीजेनरेशन (पुनर्जन्म) किसी की किस्मत नहीं, एक चुनाव है। जापान ने हर पतन के बाद, उठने का चुनाव किया।

भारत ने भी इतिहास में कई आघात झेले हैं, सदियों की गुलामी, विभाजन, अकाल। पर हम भी हर बार उठे हैं। हमारे भीतर भी वही "पुनर्निमाण" (रीजेनरेशन) की शक्ति है। हमें बस उसे काइजेन के अनुशासन से जोड़ना है–यानी किसी बड़े चमत्कार का इंतजार छोड़कर, हर नागरिक, हर दिन, अपने काम में, अपने आसपास, एक छोटा सुधार करने की ठान ले।

अगर 148 करोड़ लोग, रोज सिर्फ एक छोटा सुधार करें, कचरा कम फैलाएँ, एक काम समय पर करें, एक चीज थोड़ी बेहतर बनाएँ, तो जरा कल्पना कीजिए, एक साल में यह कितना विराट राष्ट्रीय पुनर्जन्म बन जाएगा।

"जापान ने सिखाया कि राष्ट्र बमों से नहीं टूटते, न ही एक रात में बनते हैं। वे रोज के छोटे-छोटे संकल्पों से, ईंट-दर-ईंट, सुधार-दर-सुधार बनते हैं।"

▪ *सोचिए*

जब जापानी लोग प्रलय के बीच भी शांति से लाइन में खड़े रहे, लूटपाट नहीं की, जरा सोचिए, वैसी ही आपदा में हमारा समाज कैसा बर्ताव करता? अगर फर्क़ है, तो वह फर्क़ "कानून" का है, या "संस्कार" का जो हम अपने बच्चों को बचपन से देते हैं?

▪ *चर्चा कीजिए*

अपने परिवार से बात कीजिए: हम अक्सर बड़े बदलाव का इंतजार करते हैं (सरकार बदलेगी तो सब ठीक होगा)। पर काइजेन कहता है कि बदलाव रोज की छोटी आदतों से आता है। हमारे घर या काम में वह कौन-सा एक छोटा सुधार है, जो हम आज से, रोज कर सकते हैं?

▪ *कार्रवाई कीजिए*

आज से "काइजेन" को अपना नियम बनाइए। हर दिन अपने किसी एक काम में, अपने आसपास की किसी एक चीज में, एक छोटा सुधार कीजिए। अपनी मेज साफ रखना, समय पर पहुँचना, या कोई काम कल पर न टालना। अपने बच्चों को जापानी बच्चों की तरह, अपनी जगह खुद साफ करना सिखाइए। राष्ट्र का पुनर्जन्म, हमारी छोटी आदतों से शुरू होता है।

***Rx* डॉ. सुरेश कुमार पाण्डेय का प्रिस्क्रिप्शनः**

इस अध्याय से पाँच संजीवनी सूत्र

पहला सूत्र – काइजेनः रोज एक छोटा सुधारः बड़े चमत्कार का इंतजार छोड़िए। हर दिन, हर काम में एक छोटा सुधार कीजिए। हजार छोटी सीढ़ियाँ, एक नामुमकिन छलाँग से ऊँचा पहुँचाती हैं – यही जापान का असली रहस्य है।

दूसरा सूत्र – "चलता है" की जगह "बेहतर": राष्ट्र-निर्माण की सबसे बड़ी बाधा "चलता है" वाली मानसिकता है। इसे "इसे बेहतर कैसे करें" से बदलिए। गुणवत्ता को जुनून बनाइए, समझौता नहीं।

तीसरा सूत्र – अनुशासन संस्कार से आए, डंडे से नहींः समय की पाबंदी, सफाई जिम्मेदारी बच्चों को बचपन से सिखाइए – जैसे जापानी बच्चे अपनी कक्षा खुद साफ करते हैं। संस्कार से आया अनुशासन ही स्थायी होता है।

चौथा सूत्र – हर पतन, पुनर्जन्म का अवसरः रीजेनरेशन क़िस्मत नहीं, चुनाव है। असफलता आपदा पर रोने के बजाय, उसे फिर से, पहले से बेहतर बनाने का बीज मानिए, जैसे जापान ने हिरोशिमा व नागासाकी शहरों की राख से किया।

पाँचवाँ सूत्र – प्रगति, इंसानियत की क़ीमत पर नहींः जापान के "करोशी" (अति-काम से मृत्यु) से सबक लीजिए। काइजेन व अनुशासन अपनाइए, पर मानसिक स्वास्थ्य, परिवार मुस्कान को बचाकर। असली प्रगति इंसान को मशीन नहीं, बेहतर इंसान बनाती है।

अध्याय 23

चीन का विकासः चमत्कार या चेतावनी?

स्टेरॉयड तेज असर देता है, पर उसकी क़ीमत भी होती है

"चिकित्सा में स्टेरॉयड एक चमत्कारी दवा है—गंभीर रूप से बीमार मरीज में भी यह पल भर में तेज, नाटकीय सुधार ला सकती है। पर हर अनुभवी चिकित्सक यह सच्चाई जानता हैः यही स्टेरॉयड जब बेलगाम और लंबे समय तक दिया जाए, तो शरीर को भीतर ही भीतर खोखला कर देता है, ऊपर से चमक, भीतर से क्षय। चीन की चमत्कारी रफ्तार और उसकी छिपी हुई कीमत, दरअसल इसी 'स्टेरॉयड मॉडल' की कहानी है।"

– डॉ. सुरेश कुमार पाण्डेय

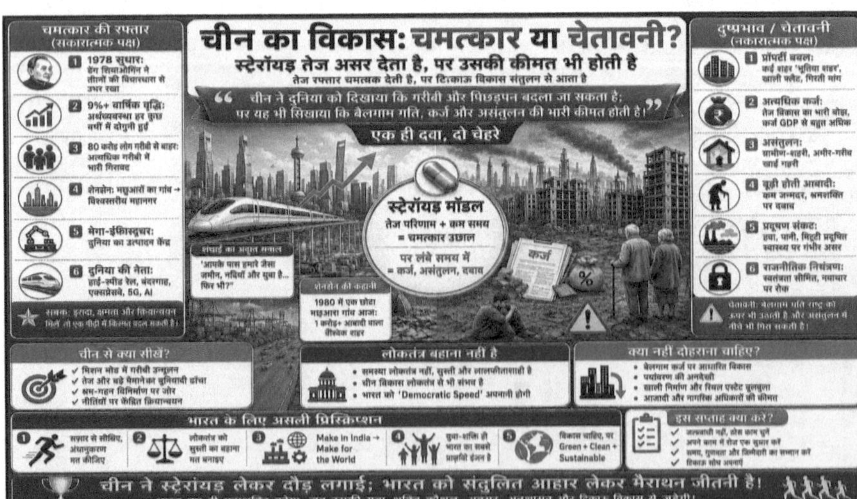

वर्ष 1978 में, भारत, और चीन एक ही "अस्पताल के वार्ड" में, लगभग एक जैसी हालत में भर्ती दो मरीज थे। दोनों की प्रति-व्यक्ति आय लगभग बराबर थी लेकिन कुछ मायनों में तो भारत मामूली रूप से आगे ही था। दोनों गरीबी, भूख व अशिक्षा से जूझ रहे थे।

अब, कुछ ही दशक बाद, जरा दोनों मरीजों की रिपोर्ट देखिए: चीन ने लगभग 80 करोड़ लोगों को (यानी पूरे यूरोप की आबादी से भी ज्यादा को) अत्यधिक गरीबी से बाहर निकाल दिया, दुनिया की दूसरी सबसे बड़ी आर्थिक महाशक्ति बन गया। भारत? हम भी बढ़े, पर चीन की तुलना में बहुत पीछे छूट गए।

एक ही वार्ड के दो मरीज, एक ही जैसी शुरुआत–पर इतने अलग नतीजे क्यों? यही इस अध्याय का सबसे चुभने वाला सवाल है। पर इसका जवाब उतना सीधा नहीं, जितना दिखता है, क्योंकि जिस "दवा" से चीन इतनी तेजी से उठा, उसी दवा के कुछ ख़तरनाक दुष्प्रभाव भी हैं।

एक नेत्र-सर्जन के नाते, मेरे पेशे में स्टेरॉयड एक बेहद आम, बेहद ताक़तवर दवा है। जब किसी मरीज की आँख में ख़तरनाक सूजन हो, तो स्टेरॉयड लगभग जादू की तरह काम करता है, सूजन पलक झपकते उतर जाती है। पर हम डॉक्टरों को यह दवा देते वक्त सबसे ज्यादा सावधानी बरतनी पड़ती है। क्योंकि अगर इसे बहुत ज्यादा, या बहुत लंबे समय तक दिया जाए, तो यही "चमत्कारी दवा" आँख का दबाव बढ़ा सकती है, मोतियाबिंद ला सकती है, शरीर की अपनी प्रतिरोधक क्षमता को कमजोर कर सकती है।

स्टेरॉयड का सबक यही है: तेज नतीजा हमेशा अच्छे स्वास्थ्य की निशानी नहीं होता। दुनिया में अगर किसी एक राष्ट्र ने "स्टेरॉयड वाली गति" का यह सबक सबसे नाटकीय ढंग से दिखाया है, तो वह है–चीन। इस सच को मैंने सिर्फ किताबों में नहीं पढ़ा–मैंने इसे अपनी आँखों से, शंघाई की एक चमकती रात में, एक बूढ़े मछुआरे की आँखों में देखा।

आई सर्जन की डायरी से–शंघाई का वह बुजुर्ग मछुआरा, उसका अधूरा सवाल

कुछ वर्ष पहले मुझे शंघाई में एक अंतरराष्ट्रीय नेत्र-विज्ञान सम्मेलन में आमंत्रित किया गया था। यह वही यात्रा थी, जिसमें मुझे चीन की प्रतिष्ठित पत्रिका में फीचर किया गया, जहाँ मुझे सुवि आई इंस्टीट्यूट की अत्याधुनिक फेको-इमल्सीफिकेशन सर्जरी तकनीकों को दुनिया भर के विशेषज्ञों के सामने प्रस्तुत करने का अवसर मिला।

उस सम्मेलन से एक शाम मुझे ख़ाली मिली। मैं शंघाई के मशहूर नदी-किनारे "द बंड" पर अकेला टहल रहा था। रात की रोशनी में जगमगाती हुई सैकड़ों गगनचुंबी इमारतें, हुआंगपू नदी के उस पार "पुडोंग" का आसमान छूता क्षितिज था जो मुझे मंत्रमुग्ध कर रहा था। यह दृश्य किसी विज्ञान-कथा फिल्म जैसा लग रहा था।

वहीं नदी-किनारे एक बूढ़ा चीनी व्यक्ति बैठा शांति से मछली पकड़ रहा था। मेरे दुभाषिए की मदद से मैंने उससे बातचीत शुरू की। मैंने उस विशाल, जगमगाते क्षितिज की ओर इशारा करके पूछा, "यह सब कितने सालों में बना?"

बुजुर्ग ने एक गहरी मुस्कान के साथ कहा, "मैं जब बच्चा था, तो सामने की उस जमीन पर सिर्फ खेत, मछुआरों की झोपड़ियाँ थीं। यह सब पिछले तीस-चालीस सालों में हुआ है। मैंने अपनी इन्हीं आँखों से यह पूरा शहर जमीन से उठते देखा है।"

फिर उसने मुझसे एक सवाल पूछा, जो आज भी मेरे कानों में गूँजता है। उसने पूछा, "आप भारत से आए हैं न? आपके देश के पास तो हमसे ज्यादा उपजाऊ जमीन है, ज्यादा नदियाँ हैं, हमसे कहीं ज्यादा जवान आबादी है। फिर भी..." उसने वाक्य अधूरा छोड़ दिया, दूर नदी की ओर देखने लगा।

उसे वह वाक्य पूरा करने की जरूरत नहीं थी। उस अधूरे वाक्य में वह पूरा सवाल छिपा था, जो हर भारतीय को खुद से पूछना चाहिए। मुझे उसका जवाब उस रात नहीं सूझा, मैं शंघाई की उस चमकती रोशनी में घंटों उसी सवाल के साथ बैठा रहा।

"हम 1978 में चीन से पीछे नहीं थे वरन् हम अपने ही फैसलों के लकवे के कारण पीछे छूट गए। जब तक हम इस लकवे का इलाज नहीं करते, 2047 में महाशक्ति भारत बनने का सपना सिर्फ एक नारा रहेगा।"

वर्ष 1978 – वह "बिल्ली" वाला साहसिक इंजेक्शन

तो फिर 1978 में हुआ क्या, कि एक जैसे दो मरीजों की राहें इतनी अलग हो गईं?

उस साल, चीन के नेता डेंग शियाओपिंग ने एक साहसिक "इंजेक्शन" लगाया। उनका मशहूर वाक्य था, "इससे फर्क़ नहीं पड़ता कि बिल्ली काली है या सफेद, जब तक वह चूहे पकड़ रही है।" इसका सीधा अर्थ था, विचारधारा की बहस से ज्यादा जरूरी हैं नतीजे। उन्होंने चीन के दरवाजे विदेशी पूँजी तकनीक के लिए खोल दिए, शेनजेन को देश का पहला "विशेष आर्थिक क्षेत्र" घोषित कर दिया।

नतीजा यह कि अगले चार दशकों में चीन की अर्थव्यवस्था ने औसतन 9 प्रतिशत से भी ज्यादा सालाना रफ्तार पकड़ी, लगभग हर आठ साल में खुद को दोगुना किया। यानी जब हम "बिल्ली के रंग" पर बहस कर रहे थे, चीन चूहे पकड़ने में जुट गया।

शेनजेन–वह मछुआरों का गाँव, जो महानगर बन गया

शंघाई सम्मेलन के बाद मुझे शेनजेन देखने का अवसर भी मिला। उस चमचमाते शहर को देखकर मैंने अपने स्थानीय दुभाषिए से पूछा, "यह शहर कितने सौ साल पुराना है?"

उसने मुस्कुराते हुए जवाब दिया, "डॉक्टर साहब, 1980 से पहले यह सिर्फ तीस हजार की आबादी वाला एक छोटा-सा मछुआरों का गाँव था, यहाँ पक्की सड़कें तक नहीं थीं। पर आज यह एक करोड़ से ज्यादा आबादी वाला महानगर है, जिसकी अर्थव्यवस्था दुनिया के कई देशों की कुल जीडीपी से भी बड़ी है। यह सब महज तीस-चालीस सालों में हुआ।"

मैं अवाक् रह गया। एक राष्ट्र के जीवन में चालीस साल पलक झपकने जैसे होते हैं। मैं अपने सुवि आई इंस्टीट्यूट में एक लाख से अधिक सफल नेत्र-ऑपरेशनों के सफर से "स्केल" का मतलब समझता हूँ पर जो "स्केल" चीन ने अपनी पूरी अर्थव्यवस्था के साथ किया, वह मानव-इतिहास की सबसे बड़ी "सर्जरी" थी। इन्हीं चार दशकों में चीन ने लगभग 80 करोड़ लोगों को अत्यधिक गरीबी से बाहर निकाला—यह दुनिया के कुल गरीबी-उन्मूलन का लगभग 75 प्रतिशत हिस्सा था।

यह सचमुच एक चमत्कार है, भारत को इससे ईमानदारी से सीखना चाहिए विशेष रूप से चीन की बुनियादी ढाँचे की रफ्तार, गरीबी पर केंद्रित मिशन जैसी प्रतिबद्धता।

"चीन ने दिखाया कि अगर इरादा मजबूत हो, तो एक पीढ़ी में ही करोड़ों लोगों की किस्मत बदली जा सकती है। गरीबी कोई स्थायी श्राप नहीं, यह एक हल हो सकने वाली समस्या है।"

वह सच्ची घटना – करोड़ों फ्लैट, जिनमें कोई नहीं रहता

पर एक ईमानदार डॉक्टर सिर्फ चमक नहीं देखता, वह दुष्प्रभाव भी देखता है। चीन की चमक के पीछे की परछाई एक हैरान करने वाली सच्ची घटना में छिपी है।

कुछ साल पहले दुनिया भर के अख़बारों में चीन की एक चौंकाने वाली तस्वीर छपी, विशालकाय गगनचुंबी इमारतों के पूरे के पूरे शहर, जो बिल्कुल ख़ाली पड़े थे। न कोई रहने वाला, न कोई रौनक। दुनिया ने इन्हें नाम दिया—"घोस्ट सिटीज," यानी भुतहा शहर।

यह हुआ कैसे? अपनी तरक्की की गति बनाए रखने के लिए चीन ने अंधाधुंध निर्माण किया। बड़ी कंपनियों ने भारी कर्ज लेकर करोड़ों फ्लैट बना डाले, इस उम्मीद में कि कीमतें हमेशा बढ़ती रहेंगी; लोग ऐसे फ्लैट के लिए कर्ज लेने लगे, जो अभी बने तक नहीं थे। यह एक विशाल बुलबुला था। फिर वह फूटा,

एवरग्रांडे जैसी दुनिया की सबसे बड़ी प्रॉपर्टी कंपनियों में से एक, अरबों डॉलर के कर्ज तले दब गई। अनुमान है कि लगभग दो करोड़ घर अधूरे रह गए, लाखों परिवार ऐसे फ्लैट का कर्ज चुकाते रहे, जिनमें वे कभी रह ही नहीं पाए।

जरा इस विरोधाभास को देखिए—वही गति, जिसने चीन को आसमान पर पहुँचाया, उसी ने उसके लाखों नागरिकों को कर्ज के दलदल में धकेल दिया।

"जो गति किसी राष्ट्र को आसमान पर पहुँचा देती है, वही बेलगाम गति उसे जमीन पर भी पटक सकती है। असली सवाल गति का नहीं—संतुलन का है।"

मेगा-फैक्ट्रियाँ – भारत कहाँ चूका

चीन की सबसे बड़ी आर्थिक शल्यक्रिया थी – अपनी विशाल, कम-पढ़ी-लिखी ग्रामीण आबादी के "श्रम" का रूपांतरण। उसने पहचाना कि उसके पास करोड़ों ऐसे युवा हैं, जो भले ज्यादा पढ़े-लिखे न हों, पर कठोर परिश्रम कर सकते हैं। फॉक्सकॉन जैसी कंपनियों के ऐसे कारख़ाने बने, जहाँ एक ही कैंपस में तीन लाख से ज्यादा मजदूर काम करते थे। चीन ने दुनिया से कहा—"अपना कच्चा माल लाओ, हमारी लेबर का इस्तेमाल करो, सामान पूरी दुनिया में बेचो।" वह "दुनिया का कारख़ाना" बन गया, करोड़ों किसान सीधे खेतों से निकलकर कारख़ानों में पहुँचे, पहली बार उनकी जेब में नक़द पैसा आया।

भारत इस मोर्चे पर पिछड़ गया। हमारे पास भी करोड़ों ग्रामीण युवा थे, पर जटिल नियमों "इंस्पेक्टर राज" के कारण हम बड़े पैमाने की श्रम-गहन (लेबर-इंटेंसिव) मैन्युफैक्चरिंग को वैसे नहीं पनपा पाए। यही वह जगह है, जहाँ "मेक इन इंडिया" को अब "मेक फॉर द वर्ल्ड" में बदलना होगा।

"जब करोड़ों युवाओं के हाथ में रोजगार कौशल नहीं होता, तो वे राष्ट्र का 'जनसांख्यिकीय लाभ' नहीं, एक 'जनसांख्यिकीय बोझ' बन सकते हैं। फर्क़ सिर्फ अवसर कौशल का है।"

"लोकतंत्र" वाला बहाना – एक घातक भ्रम

हम अक्सर खुद को तसल्ली देने के लिए कहते हैं—"चीन में तो तानाशाही है, वहाँ जमीन व मजदूर पर जोर-जबरदस्ती आसान है; हम तो लोकतंत्र हैं, इसलिए हमें वक्त लगता है।" एक डॉक्टर के नाते, मैं इस तर्क को सबसे बड़ा "घातक भ्रम" मानता हूँ।

क्या जापान में लोकतंत्र नहीं है? क्या अमेरिका या जर्मनी में लोकतंत्र नहीं हैं? वे भी लोकतंत्र हैं, पर वहाँ एक हाईवे बनने में पंद्रह साल नहीं लगते। यानी हमारी असली समस्या "लोकतंत्र" में नहीं है – हमारी समस्या लालफीताशाही, देरी, जवाबदेही का अभाव है। हमें चीन की "तानाशाही" नहीं चाहिए, पर लोकतंत्र को अपनी सुस्ती का बहाना बनाना भी बंद करना होगा।

चीन का "डार्क साइड" – हमें क्या नहीं सीखना है

स्टेरॉयड के दुष्प्रभाव अब चीन में साफ दिखने लगे हैं, यही भारत के लिए सबसे जरूरी चेतावनी है।

पहला दुष्प्रभाव – कर्ज का जहर। तेज रफ्तार बनाए रखने के लिए चीन ने इतना भारी कर्ज लिया कि अब उसका घरेलू कर्ज आय का लगभग 142 प्रतिशत तक पहुँच गया है। यह ठीक उस धावक जैसा है, जो स्टेरॉयड लेकर तेज तो दौड़ता है, पर भीतर ही भीतर उसका दिल कमजोर होता जाता है।

दूसरा दुष्प्रभाव – बूढ़ी होती आबादी। दशकों की "एक-बच्चा नीति" के कारण चीन अब तेजी से बूढ़ा हो रहा है, उसकी जन्म-दर बुरी तरह गिर चुकी हैं। जिस युवा-शक्ति के दम पर उसने यह दौड़ लगाई, वही अब उसके हाथ से फिसल रही है। (यह ठीक वही "जनसांख्यिकीय लाभ" है, चीन जो आज भारत के पास है – जैसा हमने जनसंख्या वाले अध्याय में देखा।)

तीसरा दुष्प्रभाव – पर्यावरण आजादी की क़ीमत। चीन ने इस रफ्तार के लिए अपनी हवा एवं पानी को बुरी तरह प्रदूषित कर दिया। उसकी राजधानी कई बार दुनिया के सबसे प्रदूषित शहरों में गिनी गई। यह सब एक ऐसी व्यवस्था में हुआ, जहाँ नागरिकों की अभिव्यक्ति की आजादी एवं असहमति की गुंजाइश बेहद सीमित है।

"स्टेरॉयड से दौड़ता शरीर बाहर से ताक़तवर दिखता है, पर भीतर से खोखला होता जाता है। तेज गति की चमक में यह मत भूलिए कि असली सेहत, संतुलन में है, रफ्तार में नहीं।"

एक संतुलित नजर–चीन से क्या लें, क्या छोड़ें

यहाँ एक ईमानदार डॉक्टर के नाते मुझे संतुलन रखना होगा, क्योंकि यह अध्याय न तो चीन का गुणगान है, न ही उसकी निंदा।

भारत को चीन से दो चीजें जरूर सीखनी चाहिए: पहली–बुनियादी ढाँचे निर्माण की वह रफ्तार पैमाना, जिसकी मिसाल उनकी बयालीस हजार किलोमीटर से ज्यादा

की हाई-स्पीड रेल, दस दिन में बना अस्पताल हैं; दूसरी – गरीबी-उन्मूलन के प्रति वह एकाग्र, मिशन जैसी प्रतिबद्धता। पर भारत को चीन की वे गलतियाँ हरगिज नहीं दोहरानी चाहिए: बेलगाम कर्ज पर टिकी नक़ली तरक्की, पर्यावरण की अनदेखी, सबसे बढ़कर–लोकतंत्र व नागरिक स्वतंत्रता की बलि। (एक छोटी, पर जरूरी बात: चीन ने भले अत्यधिक गरीबी ख़त्म कर दी हो, पर विश्व बैंक के अनुसार आज भी उसकी एक बड़ी आबादी एक ऊँचे जीवन-स्तर के पैमाने से नीचे जी रही है, यानी "चमत्कार" भी पूरा नहीं, अभी अधूरा है।) भारत की असली ताक़त यही है कि हम एक आजाद, लोकतांत्रिक, विविध देश हैं। हमें यह साबित करना है कि एक लोकतंत्र भी तेज टिकाऊ तरक्की कर सकता है।

"चीन ने स्टेरॉयड लेकर दौड़ लगाई सबको चौंका दिया; भारत को संतुलित आहार लेकर मैराथन जीतनी है। क्योंकि सौ मीटर की दौड़ अलग बात है, सभ्यता की मैराथन अलग।"

भारत के लिए असली प्रिस्क्रिप्शन

चीन की कहानी का सबसे बड़ा सबक यह है: रफ्तार जरूरी है, पर रफ्तार ही सब कुछ नहीं। असली लक्ष्य "तेज दिखना" नहीं, "स्वस्थ टिकाऊ बनना" है। हमें अपनी तरक्की को तीन स्तंभों पर टिकाना है–टिकाऊपन (कर्ज एवं पर्यावरण का संतुलन), समावेशिता (लाभ सबसे गरीब तक पहुँचे), स्वतंत्रता (हमारे लोकतंत्र की रक्षा)।

हमारे पास वह सबसे बड़ी पूँजी है, जो अब चीन के हाथ से फिसल रही है, वह है हमारी युवा-शक्ति। अगर हम इस ऊर्जा को सही कौशल अवसर दें, तो हमें किसी कृत्रिम स्टेरॉयड की जरूरत ही नहीं, हमारी अपनी जवानी ही हमारा सबसे बड़ा, सबसे प्राकृतिक इंजन बन जाएगी।

शंघाई का वह बुजुर्ग मछुआरा आज भी मेरे मन में जीवित है। उसने अपना वाक्य अधूरा छोड़ा था – "आपके पास तो हमसे ज्यादा सब कुछ है, फिर भी..." अब, इस पूरी यात्रा के बाद, मैं उस अधूरे वाक्य को पूरा कर सकता हूँ: "...फिर भी हमने अब तक गति व संकल्प को नहीं चुना।" पर 2047 हमारे पास एक आख़िरी, शानदार मौक़ा है।

"चीन बूढ़ा हो रहा है, भारत जवान है। यही हमारा सबसे बड़ा अवसर है। शर्त बस इतनी है कि हम इस जवानी को नौकरी की कतारों में नहीं, नवाचार एवं निर्माण की कुर्सियों पर बैठाएँ।"

- ***सोचिए***

शंघाई के उस बुजुर्ग ने अपनी आँखों से एक मछुआरों के गाँव को महानगर बनते देखा। जरा सोचिए–क्या हम, अपने जीवन में, भारत को वैसे ही बदलते देख पाएँगे? अगर नहीं, तो वह अधूरा वाक्य "आपके पास सब कुछ है, फिर भी..." – आख़िर किसकी जिम्मेदारी है?

- ***चर्चा कीजिए***

अपने परिवार मित्रों से बात कीजिए: हम अक्सर चाहते हैं कि "भारत भी चीन जैसा तेज बने।" पर क्या हम उसके लिए अपनी आजादी की क़ीमत चुकाने को तैयार हैं? या एक आजाद, लोकतांत्रिक टिकाऊ तरक्की – भले थोड़ी धीमी – कहीं बेहतर है?

- ***कार्रवाई कीजिए***

इस हफ्ते "तेज" "टिकाऊ" का फर्क़ अपने जीवन में उतारिए। अपने किसी एक काम या आदत में "जल्दबाजी से ऊपर-ऊपर" करने के बजाय "थोड़ा धीमे, पर ठोस टिकाऊ" करने का रास्ता चुनिए – चाहे वह बचत हो, सेहत हो, या पढ़ाई। याद रखिए, मैराथन कछुए जीतते हैं, स्टेरॉयड वाले ख़रगोश नहीं।

Rx डॉ. सुरेश कुमार पाण्डेय का प्रिस्क्रिप्शन:

इस अध्याय से पाँच संजीवनी सूत्र

पहला सूत्र – रफ्तार से सीखिए, अंधानुकरण मत कीजिए: चीन की निर्माण-गति गरीबी-उन्मूलन की प्रतिबद्धता से प्रेरणा लीजिए, पर उसकी बेलगाम कर्ज-नीति आजादी की क़ीमत को मत दोहराइए। हर दवा हर मरीज के लिए नहीं होती।

दूसरा सूत्र – "डेमोक्रेटिक स्पीड" अपनाइए: लोकतंत्र को सुस्ती का बहाना मत बनाइए। देरी, लालफीताशाही, आदि लोकतंत्र के लक्षण नहीं, उसकी बीमारियाँ हैं। जापान व जर्मनी दिखाते हैं कि आजाद देश भी तेज हो सकते हैं।

तीसरा सूत्र – श्रम-गहन विनिर्माण को अपनाइए: करोड़ों युवाओं को रोजगार सिर्फ आईटी से नहीं, बल्कि कपड़े, जूते एवं इलेक्ट्रॉनिक्स जैसी विशाल मेगा-फैक्ट्रियों से मिलेगा। "मेक इन इंडिया" को "मेक फॉर द वर्ल्ड" बनाना होगा।

चौथा सूत्र – युवा-शक्ति ही असली स्टेरॉयड है: चीन बूढ़ा हो रहा है, भारत जवान। हमें कृत्रिम इंजेक्शन की नहीं, अपनी युवा-ऊर्जा को कौशल अवसर देने की जरूरत है, यही हमारा सबसे प्राकृतिक टिकाऊ इंजन है।

पाँचवाँ सूत्र – पर्यावरण की क़ीमत पर विकास नहीं: चीन ने रफ्तार के लिए अपनी हवा-पानी जहरीला कर लिया। हमें उसकी गति चाहिए, उसका प्रदूषण नहीं। 2047 का भारत "ग्रीन क्लीन मैन्युफैक्चरिंग" का वैश्विक मॉडल बने।

अध्याय 24

इजराइलः संकट को नवाचार में बदलने की कला

वैक्सीन – जो ख़तरे को ही ताक़त बना देती है

“वैक्सीन चिकित्सा-विज्ञान का सबसे बड़ा चमत्कार है। यह शरीर में एक कमजोर ‘दुश्मन’ डालकर, उसे ही ताक़त में बदल देती है, ताकि असली हमला होने पर शरीर अजेय हो। इजराइल राष्ट्र-निर्माण की इसी ‘वैक्सीन’ का जीवित उदाहरण है, एक ऐसा देश, जिसने अपने हर ख़तरे, हर संकट को ही अपनी सबसे बड़ी ताक़त बना लिया।”

– डॉ. सुरेश कुमार पाण्डेय

अक्टूबर 2023 में इजराइल पर अब तक का सबसे भयानक हमला हुआ। हजारों रॉकेट दागे गए, सैकड़ों लोग मारे गए, पूरा देश एक लंबे युद्ध की आग में झुलसने लगा। दुनिया भर के अर्थशास्त्रियों ने एक स्वर में भविष्यवाणी कर दी, अब इजराइल की अर्थव्यवस्था चकनाचूर हो जाएगी।

पर हुआ इसके बिल्कुल उलट। युद्ध के बीच भी इजराइल के तकनीकी स्टार्टअप रुके नहीं; उन्होंने काम जारी रखा, अरबों डॉलर की वैश्विक फंडिंग जुटाई। इसी दौर की सबसे चौंकाने वाली घटना तब घटी, जब मार्च 2025 में, गूगल की मूल कंपनी ने इजराइल की एक साइबर-सुरक्षा कंपनी "विज" (Wiz) को लगभग 32 अरब डॉलर में ख़रीदा, जो तकनीकी इतिहास का अब तक का सबसे बड़ा अधिग्रहण माना गया। हैरानी की बात यह कि यह कंपनी सिर्फ कुछ साल पहले, चंद युवाओं ने शुरू की थी।

एक ऐसा देश, जो युद्ध की आग में जल रहा था, उसी समय दुनिया को तकनीक का सबसे बड़ा सौदा दे रहा था। यह कैसे संभव है?

एक नेत्र-सर्जन के नाते, मुझे इसका जवाब अपने ही पेशे की सबसे खूबसूरत खोज में दिखता है—वैक्सीन (टीका)। जरा सोचिए, यह कितना उल्टा-सा, पर कितना गहरा सिद्धांत है, किसी बीमारी से बचने के लिए, हम उसी बीमारी के एक कमजोर हिस्से को जानबूझकर शरीर में डाल देते हैं। शरीर उससे लड़कर, उसके ख़िलाफ ऐसी प्रतिरोधक क्षमता (इम्यूनिटी) बना लेता है कि जब असली, ख़तरनाक हमला आता है, तो शरीर पहले से तैयार एवं अजेय होता है। वैक्सीन का असली जादू यही है: वह ख़तरे को टालती नहीं, बल्कि ख़तरे को ही ताक़त में बदल देती है।

दुनिया में अगर किसी एक राष्ट्र ने अपने अस्तित्व को इसी "वैक्सीन सिद्धांत" पर खड़ा किया है, तो वह है इजराइल। एक ऐसा देश, जिसने अपनी हर कमजोरी, हर ख़तरे, हर संकट को ही अपनी सबसे बड़ी ताक़त का स्रोत बना लिया।

"इजराइल केवल एक देश नहीं—यह एक मानसिकता है, जो हर संकट में टूटती नहीं, बल्कि उस संकट से एक नई एंटीबॉडी, एक नया नवाचार बनाकर मजबूत होकर उभरती है।"

इस सच को मैंने सिर्फ किताबों में नहीं पढ़ा, मैंने इसे अमेरिका के चार्ल्सटन शहर में, दो इजराइली डॉक्टरों की आँखों में, फिर नेगेव रेगिस्तान की एक पतली काली नली में, अपनी आँखों से देखा।

चार्ल्सटन के वे दो डॉक्टर, एक वाक्य जो भीतर तक उतर गया

बात उन दिनों की है, जब मैं अमेरिका के साउथ कैरोलाइना के चार्ल्सटन शहर में स्थित स्टॉर्म आई इंस्टीट्यूट में, विश्वविख्यात प्रोफेसर डेविड एप्पल के शोध-केंद्र में काम कर रहा था। वहाँ दुनिया के कोने-कोने से शोधार्थी आते थे। उन्हीं दिनों मेरी मुलाक़ात दो इजराइली नेत्र-विशेषज्ञों से हुई – प्रोफेसर एहुद आसिया एवं प्रोफेसर गाय क्लेइनमान।

ये दोनों अपने क्षेत्र के शीर्ष डॉक्टर थे, पर जो बात उन्हें सबसे अलग बनाती थी, वह उनकी डिग्रियाँ नहीं थीं–वह थी उनकी मानसिकता, जो हर समस्या को एक "शोध का अवसर" मानती थी। एक दिन मैंने प्रोफेसर आसिया से पूछा, "इजराइल में जीवन इतना कठिन है – चारों ओर युद्ध का साया, संसाधनों की कमी। फिर भी आपके देश के डॉक्टर वैज्ञानिक इतने नवोन्मेषी (इनोवेटिव) कैसे हैं?"

उन्होंने मुस्कुराते हुए जो जवाब दिया, वह आज तक मेरे कानों में गूँजता है "डॉक्टर पाण्डेय, जब आप नेत्र सर्जरी करते हैं, तो क्या आप सिर्फ तभी अच्छा ऑपरेशन करते हैं जब सब कुछ आदर्श हो? या आप यह सीख लेते हैं कि जो उपकरण हाथ में है, उसी से सर्वश्रेष्ठ परिणाम कैसे निकालें? हम इजराइलियों ने बस यही सीखा है, संकट ही हमारी प्रयोगशाला है।"

उस एक वाक्य ने मेरे भीतर कुछ बदल दिया। बाद में जब मैं एक अंतरराष्ट्रीय नेत्र-विज्ञान सम्मेलन के लिए तेल अवीव गया, तो मैंने पाया कि यह सोच किसी एक व्यक्ति की नहीं, पूरे राष्ट्र के डीएनए में बसी थी।

"संकट हमारी प्रयोगशाला है–यह सिर्फ एक वाक्य नहीं, एक पूरे राष्ट्र के जीवित रहने जीतने का दर्शन है। यही उनकी असली वैक्सीन है।"

नेगेव रेगिस्तान – वह "आईवी ड्रिप", जिसने रेत को खेत बना दिया

उसी यात्रा में, मेरे एक इजराइली मित्र मुझे दक्षिणी इजराइल के नेगेव रेगिस्तान घुमाने ले गए। नेगेव वह इलाका है, जहाँ दूर-दूर तक सिर्फ झुलसा देने वाली रेत है, बारिश नाममात्र की, जमीन में नमी का नामो-निशान नहीं। पर जब हम उस रेगिस्तान के बीचों-बीच पहुँचे, तो मेरी आँखें, जो बारीकियाँ पकड़ने की आदी हैं, विश्वास नहीं कर पाईं।

उस सूखी, बंजर रेत के बीच हजारों एकड़ में हरे-भरे खेत लहलहा रहे थे – लाल सुर्ख़ टमाटर, रसीले संतरे, बेहतरीन अंगूर। मैंने हैरान होकर पूछा, "जहाँ पीने को एक बूँद पानी नहीं, वहाँ यह चमत्कार कैसे?"

मेरे मित्र ने जमीन पर बिछी एक पतली काली प्लास्टिक की नली उठाई, जिसमें छोटे-छोटे छेद थे, हर छेद से ठीक पौधे की जड़ पर पानी की एक-एक बूँद टपक रही थी। उन्होंने मुस्कुराकर कहा, "डॉक्टर साहब, यह कोई चमत्कार नहीं। जब 1948 में हमारा देश बना लेकिन पानी नहीं था, तो हमने सोचा, डॉक्टर जब किसी बेहद कमजोर मरीज को भर्ती करते हैं, तो उसे बाल्टी भर पानी नहीं पिलाते; आप उसकी नस में आईवी ड्रिप लगाते हैं, ताकि पोषण सीधे, बूँद-बूँद करके, खून तक पहुँचे। हमने उसी मेडिकल सिद्धांत को खेती में उतार दिया। हमने पौधों को 'आईवी ड्रिप' लगा दी, जिसे दुनिया 'ड्रिप इरिगेशन' कहती है।"

मैं वह काली नली हाथ में पकड़े सन्न रह गया। यह तकनीक पारंपरिक खेती के मुक़ाबले लगभग 70 प्रतिशत कम पानी में काम करती है, फसल को कई गुना बढ़ा देती है। तब मेरा मन भारत के उन करोड़ों किसानों की ओर चला गया, जिनके पास उपजाऊ जमीन विशाल नदियाँ होने के बावजूद, खेत सूखे व आँखें नम हैं।

"इजराइल ने रेगिस्तान में पानी की बूँद-बूँद से टमाटर उगाए, हम नदियों के किनारे बैठकर रोते रहे, यही वह फर्क़ है, जो एक देश को महाशक्ति बनाता है, दूसरे को सिर्फ महाशक्ति बनने का इंतजार कराता है।"

चुनौतियों का भूगोल – वह "मेडिकल रिपोर्ट", जो किसी का भी हौसला तोड़ दे

जरा एक पल के लिए इजराइल की स्थिति को एक मेडिकल रिपोर्ट की तरह पढ़िए। आबादी, मात्र लगभग 90 लाख, यानी हमारे एक महानगर से भी कम। भूगोल, आधे से ज्यादा हिस्सा सिर्फ रेगिस्तान। प्राकृतिक संसाधन–लगभग शून्य; न तेल, न कोयला, न सोना। पड़ोसी – चारों ओर ऐसे देश, जो 1948 में उसके जन्म के दिन से ही उसे नक्शे से मिटा देना चाहते थे।

किसी भी सामान्य देश के लिए यह एक "डेथ वारंट" था। पर वैक्सीन का सिद्धांत याद कीजिए, जो ख़तरा आपको मारने आता है, वही, सही तरीक़े से इस्तेमाल हो, तो आपको अजेय बना देता है। आज वही इजराइल प्रति–व्यक्ति स्टार्टअप की संख्या में दुनिया में पहले नंबर पर है, नैस्डैक पर सूचीबद्ध कंपनियों के मामले में अमेरिका एवं चीन के बाद तीसरे स्थान पर। एक ऐसा देश, जिसकी पूरी आबादी हमारी दिल्ली से भी कम है, उसके पास रसायन एवं अर्थशास्त्र में प्रति–व्यक्ति नोबेल पुरस्कारों में दुनिया का सबसे ऊँचा रिकॉर्ड है।

इजराइलियों ने मान लिया था कि उनके पास जमीन के नीचे "काला सोना" (तेल) नहीं है, इसलिए उन्हें अपने "दिमाग" को ही अपना सबसे बड़ा संसाधन बनाना होगा।

"चुट्ज़पाह" – वह एक शब्द, जो भारत की तक़दीर बदल सकता है

इजराइल की सफलता का सबसे बड़ा रहस्य उसकी सेना या हथियार नहीं वरन् एक सांस्कृतिक शब्द है: **"चुट्ज़पाह।"** हिब्रू के इस शब्द का सटीक अनुवाद कठिन है, पर इसका अर्थ है – बौद्धिक दुस्साहस, बेबाक़ी, सत्ता या पद से बिना डरे सवाल पूछने की हिम्मत।

प्रोफेसर आसिया ने मुझे बताया कि इजराइल के स्कूलों, विश्वविद्यालयों, यहाँ तक कि सेना में भी पदानुक्रम (हायरार्की) को बहुत अधिक महत्व नहीं दिया

जाता। एक आम सैनिक भी अपने जनरल की रणनीतिक गलती पर उसे टोक सकता है; एक जूनियर इंजीनियर अपने सीईओ से कह सकता है कि उसका आइडिया कमजोर है। वहाँ "जी हुजूरी" की संस्कृति नहीं है।

अब जरा इसकी तुलना अपने यहाँ से कीजिए। हमारी शिक्षा का पूरा ढाँचा अक्सर "आज्ञापालन" पर टिका है। स्कूल में अगर बच्चा शिक्षक से तीखा सवाल पूछ ले, तो उसे "जुबान लड़ाना" कहकर चुप करा दिया जाता है; घरों में बचपन से सिखाया जाता है कि "बड़ों के आगे नहीं बोलते।" पर जब आप एक युवा मस्तिष्क से सवाल पूछने की आजादी छीन लेते हैं, तो आप अनजाने में उसके भीतर के "आविष्कारक" का गला घोंट देते हैं। महाशक्तियाँ "जी हुजूरी" से नहीं बनतीं–वे "**चुट्ज़पाह**" से बनती हैं।

"जिस दिन भारतीय युवा 'नौकरी माँगने वाली कतार' से निकलकर 'नवाचार करने वाली कुर्सी' पर बैठेगा, उसी दिन हम विश्व के सस्ते उपभोक्ता से, विश्वगुरु बनने की राह पर होंगे।"

सेना, जो दुनिया का सबसे बड़ा "स्टार्टअप इनक्यूबेटर" है

इजराइल का एक मॉडल दुनिया को हैरान करता है। वहाँ हर युवा, लड़के लड़कियाँ दोनों, के लिए अठारह की उम्र के बाद कुछ वर्षों की सैन्य सेवा अनिवार्य है। हम सोचते हैं कि सेना का काम सिर्फ लड़ना है। पर इजराइल ने अपनी सेना को दुनिया का सबसे बड़ा "स्टार्टअप इनक्यूबेटर" बना दिया है।

उसकी मशहूर खुफिया इकाई, "यूनिट 8200," साइबर-सुरक्षा पर काम करती है, यहाँ युवाओं को ऐसी समस्याएँ हल करने को दी जाती हैं, जो दुनिया में किसी ने हल न की हों। जब ये युवा इक्कीस-बाईस की उम्र में बाहर निकलते हैं, तो वे साधारण स्नातक नहीं होते–वे अनुशासन, नेतृत्व व अत्याधुनिक तकनीक से लैस होते हैं, तुरंत अपनी कंपनियाँ खड़ी कर देते हैं। यही "वैक्सीन" है–एक ख़तरे (सुरक्षा-संकट) को ही एक ताक़त (तकनीकी प्रतिभा की फौज) में बदल देना।

अब अपने यहाँ देखिए–हमारे लाखों युवा अपने सबसे बहुमूल्य वर्ष एक कमरे में बंद होकर, रटने वाली परीक्षाओं की तैयारी में खपा रहे हैं। जो ऊर्जा नई तकनीक बनाने, ब्रह्मांड के रहस्य सुलझाने में लगनी चाहिए, वह अक्सर वर्षों पुराने सामान्य ज्ञान या अन्य विषयों को रटने में ख़र्च हो रही है।

जल-संकट से जल-निर्यातक–वह सर्जरी, जो भारत को भी चाहिए

इजराइल का जल-प्रबंधन भारत के लिए सबसे जरूरी "वैक्सीन" है। कभी वहाँ पानी की राशनिंग होती थी क्योंकि पानी की कमी एक भयंकर संकट के रूप में आई थी। पर उन्होंने इस संकट को ही नवाचार में बदल दिया। उन्होंने

समुद्र के खारे पानी को मीठा बनाने के लिए दुनिया के सबसे बड़े "डिसैलिनेशन प्लांट" लगाए, सबसे अद्भुत, वे अपने इस्तेमाल हुए पानी (सीवेज) का लगभग 90 प्रतिशत साफ करके खेती में दोबारा इस्तेमाल करते हैं, जो दुनिया में किसी भी अन्य देश से लगभग चार गुना अधिक है। नतीजा–रेगिस्तान में बसा यह देश आज पानी का निर्यात करता है। हम? हमारे पास गंगा, यमुना, ब्रह्मपुत्र जैसी महान नदियाँ हैं, मानसून की भरपूर बारिश है–फिर भी हमारे कई बड़े शहर हर गर्मी में "डे जीरो" (पानी ख़त्म होने के दिन) की कगार पर पहुँच जाते हैं, क्योंकि हम बारिश का अधिकांश पानी बहकर समुद्र में जाने देते हैं।

"प्रकृति ने भारत को नदियाँ दीं एवं इजराइल को रेगिस्तान दिया। पर आज इजराइल पानी बेचता है, हम पानी के लिए तरसते हैं। फर्क़ संसाधनों का नहीं–सोच व संकल्प का है।"

राष्ट्र का असली इंजन – शोध एवं विकास (रिसर्च एंड डेवलपमेंट)

किसी देश की महाशक्ति बनने की इच्छाशक्ति नापनी हो, तो यह मत देखिए कि उसके पास कितने हथियार हैं, यह देखिए कि वह अपनी सकल घरेलू आय (जीडीपी) का कितना हिस्सा शोध एवं विकास पर ख़र्च करता है। यहाँ आँकड़े आँखें खोल देने वाले हैं। इजराइल दुनिया में सबसे ज्याद अपनी जीडीपी का लगभग 6.35 प्रतिशत शोध एवं विकास पर ख़र्च करता है। दक्षिण कोरिया लगभग 5 प्रतिशत, अमेरिका एवं जापान लगभग 3.45 प्रतिशत, चीन लगभग 2.65 प्रतिशत। और भारत? हम बमुश्किल लगभग 0.65 प्रतिशत ख़र्च करते हैं। यही वह "धमनी का अवरोध" (आर्टरी ब्लॉकेज) है, जो हमें विकसित राष्ट्र बनने से रोक रहा है।

हम "मेक इन इंडिया" की बात करते है, यह अच्छी बात है। पर "मेक" (बनाना) का मतलब अक्सर यह होता है कि आविष्कार कोई करेगा, हम सिर्फ अपनी फैक्ट्रियों में जोड़ेंगे। इससे मजदूरी तो मिलेगी, पर हम "लीडर" नहीं बनेंगे। जब तक हम "मेक इन इंडिया" के साथ-साथ "इन्वेंट इन इंडिया" "डिस्कवर इन इंडिया" की ओर नहीं बढ़ेंगे, हम तकनीक के क्षेत्र में दूसरों पर निर्भर ही रहेंगे।

एक संतुलित नजर – सीखना है, नक़ल नहीं करनी

यहाँ एक संवेदनशील लेखक के नाते मुझे संतुलन बनाना जरूरी है। भारत को इजराइल नहीं बनना है क्योंकि हमारी अपनी महान सांस्कृतिक लोकतांत्रिक पहचान है, हमारी विविधता ही हमारी ताक़त है।

पहली बात – इजराइल एक बहुत छोटा देश है; जो मॉडल 90 लाख की आबादी पर तुरंत काम करता है, वह 148 करोड़ के विशाल भारत पर हूबहू लागू

नहीं हो सकता। हमें नुस्खे की "आत्मा" (नवाचार, जल-संरक्षण, सवाल पूछने का साहस) लेनी है, उसका "अक्षर" नहीं।

दूसरी बात – इजराइल की राह भारी सैन्य-तनाव एवं विवादों से भी भरी रही है, उसका हर पहलू अनुकरणीय नहीं। हमें उसकी खूबियाँ, शोध, जल-तकनीक, उद्यमशीलता आदि लेनी हैं, न कि उसके संघर्षों की नक़ल करनी है। हमारा रास्ता शांति, सहयोग एवं लोकतंत्र का है।

"वैक्सीन का सिद्धांत यही है–हर संकट में एक ताक़त का बीज छिपा होता है। जो राष्ट्र अपने संकटों से डरकर भागता है, वह कमजोर रहता है; जो उनसे लड़कर 'एंटीबॉडी' बनाता है, वही अजेय बनता है।"

वह काली नली – जो आज भी मेरी स्मृति में है

नेगेव की उस काली नली को हाथ में पकड़े मुझे एक बात समझ आई थी, जो आज भी मेरे ऑपरेशन थिएटर में काम आती है। एक नेत्र सर्जन के नाते मेरी रोज की लड़ाई भी तो यही है, सीमित समय सीमित साधनों में, एक रोगी की आँखों की रोशनी कैसे बचाई जाए। जब भी कोई कठिन नेत्र सर्जरी सामने होती है, मुझे प्रोफेसर आसिया का वह वाक्य याद आता है, "संकट ही हमारी प्रयोगशाला है।"

भारत के पास वह सब कुछ है, जो इजराइल के पास कभी नहीं था, विशाल भूमि, नदियाँ, संसाधन, 148 करोड़ की वह मेधा, जो दुनिया भर की टेक कंपनियों को नेतृत्व दे रही है। हमें बस अपनी "चुप्पी" व "जी हुज़ूरी" को तोड़कर, वह "चुट्ज़पाह" (वह बौद्धिक साहस) दिखाना है, जो 2047 के भारत को सचमुच दुनिया का सिरमौर बना दे।

"इतिहास उन्हें याद नहीं रखता जिनके पास सबसे ज्यादा संसाधन थे, वह उन्हें याद रखता है, जिन्होंने सबसे कम संसाधनों में, अपनी इच्छाशक्ति से, सबसे बड़ा चमत्कार कर दिखाया।"

▪ *सोचिए*

इजराइल ने अपने हर संकट जैसे रेगिस्तान, युद्ध, पानी की कमी को ही अपनी सबसे बड़ी ताक़त बना लिया। जरा सोचिए हम अपने संकटों (आबादी, संसाधन, बेरोजगारी) को "बोझ" मानते हैं या "अवसर"? क्या वही संकट, सही सोच के साथ, हमारी वैक्सीन नहीं बन सकते?

- ***चर्चा कीजिए***

अपने परिवार बच्चों से बात कीजिए: क्या हम बच्चों को "सवाल पूछने" के लिए प्रोत्साहित करते हैं, या "चुप रहकर मान लेने" के लिए? क्या हम विफलता को "शर्म" मानते हैं, या "सीखने की पहली सीढ़ी"? यह सोच कैसे बदले?

- ***कार्रवाई कीजिए***

इस सप्ताह दो काम कीजिए: पहला, अपने घर या खेत में पानी की एक-एक बूँद बचाने का कोई एक तरीक़ा अपनाइए (रेन वाटर हार्वेस्टिंग, या नल की टपकन ठीक करना)। दूसरा, अपने बच्चे या किसी युवा को किसी एक चीज पर "क्यों?" "इसे बेहतर कैसे बनाएँ?" पूछने के लिए प्रोत्साहित कीजिए। नवाचार एक सवाल से शुरू होता है।

Rx डॉ. सुरेश कुमार पाण्डेय का प्रिस्क्रिप्शन:

इस अध्याय से पाँच संजीवनी सूत्र

पहला सूत्र – संकट को वैक्सीन बनाइए: हर संकट में एक ताक़त का बीज छिपा है। इजराइल की तरह, अपनी कमजोरियों (सीमित संसाधन, चुनौतियाँ) को ही नवाचार आत्मनिर्भरता का स्रोत बनाइए।

दूसरा सूत्र – "चुट्ज़पाह" को अपनाइए: "जी हुजूरी" की मानसिकता से बाहर निकलकर सवाल पूछने का साहस जुटाइए। जो सवाल नहीं पूछता, वह जवाब कभी नहीं ढूँढ़ता। यही नवाचार की पहली शर्त है।

तीसरा सूत्र – विफलता से मत डरिए: कोई भी नया विचार पहली बार में सफल नहीं होता। इजराइल विफल स्टार्टअप को भी सम्मान देता है, क्योंकि विफलता ही नवाचार की पहली सीढ़ी है। "असफल होने की आजादी" का माहौल बनाना होगा।

चौथा सूत्र – जल-संरक्षण, राष्ट्र की प्राथमिकता: इजराइल की तरह रिसर्च एंड डेवलपमेंट पर भारी निवेश कीजिए, पानी की हर बूँद को बचाइए–ड्रिप इरिगेशन, रेन वाटर हार्वेस्टिंग एवं जल-पुनर्चक्रण को जन-आंदोलन बनाइए।

पाँचवाँ सूत्र – "मेक इन इंडिया" से "इन्वेंट इन इंडिया" तक: सिर्फ असेंबली काफी नहीं। हर युवा संस्था यह सोचे कि वह अपने क्षेत्र में "नया" क्या रच सकती है। दिमाग ही हमारा सबसे बड़ा संसाधन है, उसे तराशिए।

अध्याय 25

भारत मॉडल: वैश्विक सबक, मौलिक भारतीय दर्शन

खून चढ़ाने से पहले, ब्लड-ग्रुप मिलाना जरूरी है

"चिकित्सा में हम जानते हैं कि सबसे अच्छा खून भी, अगर गलत ब्लड-ग्रुप का चढ़ा दिया जाए, तो जिंदगी बचाने के बजाय जान ले लेता है। दूसरे देशों के नुस्ख़े भारत के लिए वही 'दान किया हुआ खून' हैं जो बेहद कीमती है, पर तभी, जब वे हमारे अपने 'ब्लड-ग्रुप'–हमारी सभ्यता, हमारे लोकतंत्र, हमारी आत्मा से मेल खाएँ।"

– डॉ. सुरेश कुमार पाण्डेय

दिनांक 24 सितंबर 2014 की वह सुबह। बेंगलुरु के इसरो (ISRO) नियंत्रण-कक्ष में, साड़ी पहने वैज्ञानिक महिलाएँ एवं उनके साथी, साँस रोके एक स्क्रीन को घूर रहे थे। फिर, करोड़ों किलोमीटर दूर, एक छोटा-सा भारतीय यान "मंगलयान", मंगल ग्रह की कक्षा में सफलतापूर्वक प्रवेश कर गया।

पूरा कक्ष तालियों आँसुओं से गूँज उठा। पर इस खुशी के पीछे एक ऐसा सच छिपा था, जिसने पूरी दुनिया को हैरान कर दिया।

पहला – भारत, इतिहास में अपने पहले ही प्रयास में मंगल तक पहुँचने वाला दुनिया का इकलौता देश बन गया था (जबकि बड़े-बड़े देश पहली बार में नाकाम रहे थे)। **दूसरा**, भी चौंकाने वाला – हमने यह पूरा मिशन इतने कम ख़र्च में कर दिखाया, कि वह हॉलीवुड की अंतरिक्ष-फिल्म "ग्रैविटी" के बजट से भी सस्ता था। जी हाँ, असली मंगल तक पहुँचना, मंगल की एक नक़ली फिल्म बनाने से सस्ता पड़ा!

यह चमत्कार हमने किसी देश की नक़ल करके नहीं किया। हमने यह अपने "अपने ब्लड-ग्रुप" से किया, वह भारतीय "जुगाड़", वह देसी मेधा, कम लागत में बड़ा काम करने की वह अनोखी कला, जो हमारी सभ्यता के खून में है।

एक नेत्र-सर्जन के नाते, मेडिकल साइंस का एक सबक मेरे मन में हमेशा सबसे ऊपर रहता है, रक्ताधान (ब्लड ट्रांसफ्यूजन) का सबक। जब कोई मरीज खून की कमी से मर रहा हो, तो उसे खून चढ़ाना ही उसकी जान बचाता है। पर हर डॉक्टर का पहला, अटल नियम यह है: खून चढ़ाने से पहले, ब्लड-ग्रुप का मिलान (क्रॉस-मैचिंग) जरूरी है। क्योंकि अगर आप किसी 'A' ग्रुप वाले मरीज को 'B' ग्रुप का खून–चाहे वह कितना भी शुद्ध स्वस्थ हो–चढ़ा दें, तो उसका शरीर उसे "बाहरी हमलावर" मानकर उस पर टूट पड़ेगा, मरीज की मौत हो सकती है।

यानी सबसे अच्छा खून भी, गलत ब्लड-ग्रुप में, जहर बन जाता है।

पिछले चार अध्यायों में हमने दुनिया की चार सबसे सफल "सर्जरियों" को देखा– सिंगापुर की इच्छाशक्ति, जापान का पुनर्जन्म, चीन की गति, इजराइल का नवाचार। ये चारों भारत के लिए बेशक़ीमती "दान किया हुआ खून" हैं। पर इस

अध्याय में मैं आपसे वह सबसे जरूरी बात कहना चाहता हूँ, जो एक डॉक्टर के नाते मेरा फर्ज है: इनमें से किसी भी देश का मॉडल हूबहू, आँख मूँदकर भारत में अपना लेना आत्मघाती होगा। पहले हमें अपना ब्लड-ग्रुप पहचानना होगा।

"जब भारत ने अपनी नक़ल छोड़कर अपनी मौलिकता पर भरोसा किया, तो उसने मंगल छू लिया। हमारी ताक़त दूसरों जैसा बनने में नहीं–सबसे अलग, सबसे विशिष्ट भारतीय बनने में है।"

चार ब्लड-ग्रुप, जो हमने दुनिया से लिए

आइए, पहले उन चार बेशक़ीमती "खून" को याद करें, जो हमने पिछले अध्यायों में दुनिया से इकट्ठा किए। पर इस बार, हर एक के साथ यह भी देखें कि उसका कौन-सा हिस्सा भारत के ब्लड-ग्रुप से मेल खाता है, कौन-सा नहीं।

सिंगापुर से हमें लेना है, उसकी ईमानदारी एवं इच्छाशक्ति, यह विश्वास कि संसाधन नहीं, संकल्प राष्ट्र बनाता है। पर हमें छोड़ना है, उसकी कड़ी पाबंदियाँ, क्योंकि हम एक विशाल, जीवंत लोकतंत्र हैं।

जापान से हमें लेना है, उसका "काइजेन" यानी निरंतर छोटे-छोटे सुधारों का संस्कार, और राख से उठ खड़े होने का अनुशासन। पर हमें छोड़ना है, उसका वह अति-दबाव, जो "करोशी" यानी अत्यधिक काम के कारण होने वाली मृत्यु तक ले जाता है। हमें प्रगति चाहिए, पर अपनी मुस्कान, जीवन-संतुलन और पारिवारिक गर्मजोशी बचाकर।

चीन से हमें लेना है, उसकी निर्माण-गति गरीबी मिटाने की प्रतिबद्धता। पर हमें छोड़ना है, उसकी तानाशाही, बेलगाम कर्ज, पर्यावरण-विनाश; हमें अपनी आजादी कभी गिरवी नहीं रखनी।

इजराइल से हमें लेना है, उसका "चुट्ज़पाह" (सवाल पूछने का साहस) एवं संकट को नवाचार में बदलने की कला। पर हमें छोड़ना है, उसका वह स्थायी सैन्य-तनाव वाला रास्ता; हमारा मार्ग शांति सहयोग का है।

"समझदार राष्ट्र वह नहीं जो किसी एक देश की पूरी नक़ल कर ले–वह है जो दुनिया के हर बगीचे से सबसे अच्छा फूल चुनकर, अपनी मिट्टी में, अपना अनोखा गुलदस्ता तैयार करे।"

भारत का अपना "ब्लड-ग्रुप" – हमारी असली पहचान

अब सबसे जरूरी सवाल: आख़िर भारत का अपना "ब्लड-ग्रुप" है क्या? वह

कौन-सी मौलिक आत्मा है, जिससे हर बाहरी नुस्ख़े को मिलाना जरूरी है? एक डॉक्टर के नाते, मैं इसके चार मुख्य "घटक" देखता हूँ।

पहला घटक – हमारा लोकतंत्र विविधता। दुनिया का सबसे बड़ा लोकतंत्र, जहाँ सैकड़ों भाषाएँ, धर्म संस्कृतियाँ, एक साथ साँस लेती हैं। यह हमारी कमजोरी नहीं, हमारी सबसे बड़ी ताक़त है, यही हमारा 'O' ब्लड-ग्रुप है, जो सबको जोड़ता है।

दूसरा घटक – हमारी आध्यात्मिक सांस्कृतिक जड़ें। "वसुधैव कुटुम्बकम्" (पूरी धरती एक परिवार है) का वह दर्शन, जो हमें सिखाता है कि तरक्की का मतलब सिर्फ दौलत नहीं, बल्कि समाज व प्रकृति के साथ संतुलन भी है।

तीसरा घटक – हमारी युवा-शक्ति। जबकि चीन व जापान बूढ़े हो रहे हैं, भारत जवान है। यह हमारा सबसे ताजा, सबसे ताक़तवर खून है।

चौथा घटक – हमारी "जुगाड़" सेवा की भावना। कम में ज्यादा करने की वह देसी मेधा (मंगलयान जैसी), वह सेवा-भावना, जो मुनाफे से ऊपर इंसानियत रखती है।

यही हमारा अनोखा ब्लड-ग्रुप है। इसी से हमें हर बाहरी सीख को मिलाना है।

"भारत को न सिंगापुर का पिछलग्गू बनना है, न चीन का, न इजराइल का, और न जापान का। भारत को तो बस एक बेहतर, स्वस्थ और महान भारत बनना है, एक ऐसा महाशक्ति भारत, जो फिर से ज्ञान का आलोक जगाए, और 'वसुधैव कुटुम्बकम्' की भावना को पूरे विश्व में विस्तार दे। यही उसकी नियति है, और यही उसका गौरव है।"

भारत मॉडल – एक संतुलित, मौलिक नुस्ख़ा

तो "भारत मॉडल" आख़िर है क्या? यह कोई एक देश की नक़ल नहीं है, यह दुनिया के सर्वश्रेष्ठ सबक भारत की अपनी आत्मा का एक संतुलित मिश्रण है। यह कहता है:

हम चीन जैसी गति लाएँगे, पर अपने लोकतंत्र को बचाकर – यानी "डेमोक्रेटिक स्पीड।" हम इजराइल जैसा नवाचार करेंगे, पर "वसुधैव कुटुम्बकम्" की भावना के साथ, सबके भले के लिए। हम सिंगापुर जैसी ईमानदारी लाएँगे, पर अपनी सांस्कृतिक उदारता के साथ। हम जापान जैसा अनुशासन अपनाएँगे, पर अपनी जीवंतता एवं मुस्कान को खोए बिना।

यह "न दाएँ, न बाएँ" का रास्ता है – न अंध-पश्चिमीकरण, न अंध-अतीतवाद। यह वह बीच का, संतुलित रास्ता है, जिसे हमारी सभ्यता "मध्यम मार्ग" कहती है। यही भारत मॉडल है जिसमें जड़ें अपनी जमीन में गहरी, पर शाखाएँ पूरे आसमान की ओर खुली रहती हैं।

यहाँ भारत की भूमिका सिर्फ अपने लिए तरक्की करने की नहीं है। अगर भारत यह कर दिखाता है कि एक विशाल, गरीब, विविध देश भी, लोकतंत्र मानवता को बचाते हुए, महाशक्ति बन सकता है–तो वह दुनिया के तमाम विकासशील देशों के लिए एक नई राह, एक नई उम्मीद बन जाएगा।

"दुनिया को जरूरत है एक ऐसी महाशक्ति की, जिसके पास करुणामय ज्ञान और विज्ञान, दोनों हों; जो पीड़ित मानवता के आँसू पोंछ सके, उसकी सेवा कर सके। यही भारत की असली नियति है।"

भारत के लिए मौलिक प्रिस्क्रिप्शन:-

इस पूरे खंड का सबसे बड़ा सबक, एक डॉक्टर के नाते मेरे लिए यही है: सीखने में कोई शर्म नहीं, पर नक़ल में कोई गौरव नहीं। एक अच्छा डॉक्टर दुनिया भर की सर्वश्रेष्ठ तकनीकें सीखता है, पर हर तकनीक को अपने मरीज के अनुसार ढालता है। भारत को भी यही करना है, दुनिया से सीखना है, पर अपना इलाज खुद, अपने हिसाब से तय करना है।

लगभग 148 करोड़ की इस राष्ट्र-देह का इलाज किसी विदेशी प्रिस्क्रिप्शन की नक़ल से नहीं होगा। वह होगा एक मौलिक "भारत मॉडल" से, जो दुनिया के सबसे अच्छे विचारों को, भारत की अपनी आत्मा के साथ मिलाकर, एक नया, अनोखा रास्ता बनाएगा। यह रास्ता शायद धीमा हो, शायद कठिन हो, पर यह हमारा अपना होगा, इसीलिए, यह टिकाऊ सच्चा होगा।

"नक़ल की हुई सफलता उधार के कपड़ों जैसी होती है, दिखती भले अच्छी हो, पर कभी फिट नहीं बैठती। असली विकास वही है, जो अपनी मिट्टी, अपनी आत्मा से उगे, पनपे और फलीभूत हो सके।"

- ***सोचिए***

भारत ने मंगलयान दुनिया की नक़ल करके नहीं, अपनी मौलिकता से भेजा और इतिहास रच दिया। जरा सोचिए, हम अपने जीवन में, अपने काम में, कितनी बार दूसरों की नक़ल करने की कोशिश में अपनी असली ताक़त भूल जाते हैं? क्या असली सफलता "दूसरों जैसा बनने" में है, या "अपने सर्वश्रेष्ठ रूप" में ढलने में?

- ***चर्चा कीजिए***

अपने परिवार मित्रों से बात कीजिए: हम अक्सर कहते हैं "काश भारत फलाँ देश जैसा होता।" पर क्या हमने कभी सोचा कि भारत का अपना "ब्लड-ग्रुप",

उसका लोकतंत्र, विविधता, अध्यात्म, युवा-शक्ति – क्या है, हम इसे मजबूत कैसे बना सकते हैं?

- ***कार्रवाई कीजिए***

इस सप्ताह एक काम कीजिए – किसी विदेशी चीज की अंधी नक़ल करने के बजाय, अपने आसपास की किसी एक भारतीय खूबी (कोई स्थानीय कला, हुनर, उत्पाद, या परंपरा) को पहचानिए उसे अपनाइए या बढ़ावा दीजिए। याद रखिए, "मेक इन इंडिया" से पहले "बिलीव इन इंडिया" जरूरी है–अपनी जड़ों पर गर्व, हर बड़ी छलाँग की पहली शर्त है।

Rx डॉ. सुरेश कुमार पाण्डेय का प्रिस्क्रिप्शनः

इस अध्याय से पाँच संजीवनी सूत्र

पहला सूत्र – खून चढ़ाने से पहले ग्रुप मिलाइएः दुनिया के किसी भी मॉडल को हूबहू नक़ल मत कीजिए। हर बाहरी सीख को पहले भारत के अपने "ब्लड-ग्रुप"–लोकतंत्र, विविधता, संस्कृति–से मिलाइए, वरना सबसे अच्छा नुस्ख़ा भी नुकसान कर सकता है।

दूसरा सूत्र – हर बगीचे से सबसे अच्छा फूल चुनिएः सिंगापुर की इच्छाशक्ति, जापान का काइजेन, चीन की गति, इजराइल का नवाचार–सबका सर्वश्रेष्ठ लीजिए, पर उनकी कमजोरियाँ (पाबंदी, अति-दबाव, तानाशाही, तनाव) छोड़ दीजिए।

तीसरा सूत्र – अपनी जड़ों को पहचानिए एवं उन पर गर्व कीजिएः भारत का असली खून है उसका लोकतंत्र, "वसुधैव कुटुम्बकम" का दर्शन, युवा-शक्ति, "जुगाड़" की मेधा। यही हमारी अनोखी ताक़त है–इसे कमजोरी मत समझिए।

चौथा सूत्र – "डेमोक्रेटिक स्पीड" अपनाइएः यह साबित कीजिए कि एक आजाद, विविध लोकतंत्र भी तेज, ईमानदार टिकाऊ तरक्की तरक्की कर सकता है। यही भारत का दुनिया को सबसे बड़ा संदेश होगा।

पाँचवाँ सूत्र – ताक़तवर भी, इंसान भीः भारत का लक्ष्य सिर्फ एक महाशक्ति बनना नहीं–एक ऐसी महाशक्ति बनना है, जिसके पास सफलता के साथ करूणा व संवेदना भी हो। दुनिया को राह दिखाने वाला एक ऐसा मॉडल, जो शक्ति एवं करुणा, दोनों को साथ लेकर चले।

खंड पाँच
विकसित भारत का प्रिस्क्रिप्शन

अध्याय 26

शिक्षा-क्रांतिः रटने से नवाचार तक

धुँधली दृष्टि बदलने के लिए, ख़राब कॉर्निया का प्रत्यारोपण जरूरी है

"एक धुँधले कॉर्निया वाली आँख को दुनिया धुँधली ही दिखती है, चाहे भीतर का दिमाग कितना भी तेज हो। हमारी शिक्षा-व्यवस्था राष्ट्र का वही धुँधला कॉर्निया है। हमारे बच्चों के दिमाग तेज हैं, पर रटने की यह धुँधली परत उन्हें दुनिया साफ देखने ही नहीं देती। अब इस कॉर्निया के प्रत्यारोपण का समय आ गया है।"

– डॉ. सुरेश कुमार पाण्डेय

जरा एक ऐसे दृश्य की कल्पना कीजिए। एक युवा, अपने जीवन के पंद्रह-सोलह साल किताबों में खपा देता है। उसके माता-पिता अपनी गाढ़ी कमाई, अपने सपने, सब कुछ उसकी पढ़ाई पर लगा देते हैं। फिर एक दिन वह गर्व से, हाथ में डिग्री लिए, घर लौटता है। पूरा परिवार बहुत खुश है।

फिर वह नौकरी की तलाश में निकलता है। वहाँ उसे जिंदगी का सबसे बड़ा झटका लगता है: कंपनी कहती है, "आपके पास डिग्री तो है, पर वह हुनर नहीं, जो हमें चाहिए।"

अब यह कोई एक युवा की कहानी नहीं है। देश की प्रमुख रोजगार उद्योग रिपोर्टों के अनुसार, भारत में हर साल निकलने वाले स्नातकों में से लगभग आधे (कई आकलनों में आधे से भी ज्यादा) ऐसे होते हैं, जिनके पास नौकरी के लायक कौशल ही नहीं होता। जरा इस त्रासदी की गहराई महसूस कीजिए, हम हर साल लाखों युवाओं को "शिक्षित" तो कर रहे हैं, पर "सक्षम" नहीं बना पा रहे।

यह ठीक उस मरीज जैसा है, जिसने वर्षों आँख का इलाज कराया, ढेरों दवाएँ खाईं, पर उसे दुनिया अब भी धुँधली ही दिखती है। क्योंकि असली समस्या कहीं और थी। एक नेत्र-सर्जन के नाते, मेरे काम का एक बड़ा हिस्सा है–कॉर्निया प्रत्यारोपण (कॉर्निया ट्रांसप्लांट)। कॉर्निया आँख के सामने की वह पारदर्शी परत है, जिससे होकर रोशनी भीतर जाती है। अगर यह परत किसी चोट या बीमारी से धुँधली पड़ जाए, तो इंसान को दुनिया धुँधली दिखने लगती है–चाहे उसकी आँख का बाक़ी हिस्सा, उसका दिमाग, पूरी तरह स्वस्थ हो। ऐसे मरीज का एकमात्र इलाज है– उस ख़राब, धुँधले कॉर्निया को हटाकर, एक नया, पारदर्शी कॉर्निया प्रत्यारोपित कर देना। जिस पल वह नया कॉर्निया लगता है, मरीज को दुनिया अचानक साफ, चमकदार सुंदर दिखने लगती है। मैंने अपने जीवन में सैकड़ों बार यह चमत्कार देखा है – एक नई परत, एक पूरी नई दुनिया।

भारत की शिक्षा-व्यवस्था राष्ट्र का वही धुँधला कॉर्निया है। हमारे बच्चे दुनिया के सबसे प्रतिभाशाली बच्चों में हैं, उनके दिमाग तेज हैं, उनमें असीम संभावना है। पर "रटने" (रोट लर्निंग) की एक मोटी, धुँधली परत उनकी दृष्टि पर चढ़ी है, जो उन्हें अपनी असली क्षमता, दुनिया के असली अवसर, साफ देखने ही नहीं देती। इस अध्याय में, मैं आपको उस "कॉर्निया प्रत्यारोपण" का पूरा नुस्ख़ा बताऊँगा, जो भारत की दृष्टि बदल सकता है।

"हमारी शिक्षा-व्यवस्था बच्चों को 'जवाब' रटाती है, पर 'सवाल पूछना' नहीं सिखाती। जो राष्ट्र सवाल पूछना भूल जाता है, वह आविष्कार करना भी भूल जाता है।"

बीमारी की जड़ – वह धुँधली परत किन चीजों से बनी है?

इस धुँधले कॉर्निया की परत को, एक डॉक्टर की तरह, परत-दर-परत समझिए।

पहली परत – रटने पर जोर। हमारी पूरी व्यवस्था इस बात पर टिकी है कि बच्चा कितना "याद" रख सकता है, न कि वह कितना "समझ" सकता है या "रच" सकता है। हमारी परीक्षाएँ याददाश्त की जाँच करती हैं, समझ की नहीं।

(जरा सोचिए – हम बच्चे को इतिहास की तारीखें, रसायन के सूत्र इस तरह रटाते हैं कि परीक्षा ख़त्म होते ही वे दिमाग से ऐसे उड़ जाते हैं, जैसे कभी थे ही नहीं! हम सीखने को नहीं, "भूलने की कला" को परफेक्ट कर रहे हैं।)

दूसरी परत – डिग्री व हुनर की खाई। हमारी शिक्षा किताबी ज्ञान तो देती है, पर व्यावहारिक, बाजार-योग्य कौशल नहीं। यही "स्किल मिसमैच" है, जो लाखों युवाओं को डिग्री के बावजूद बेरोजगार बना देता है (जैसा हमने बेरोजगारी वाले अध्याय में देखा)।

तीसरी परत – "जी हुजूरी" की संस्कृति। हम बच्चों को सवाल पूछने, चुनौती देने, अलग सोचने के लिए हतोत्साहित करते हैं। हम चाहते हैं कि बच्चा "चुप रहे सुने," जबकि असली नवाचार "क्यों?" पूछने से जन्म लेता है। हम आज्ञाकारी क्लर्क बना रहे हैं, साहसी आविष्कारक नहीं।

"हम एक ऐसी फैक्ट्री चला रहे हैं, जो हर साल करोड़ों 'एक जैसे' स्नातक पैदा करती है, पर दुनिया को मौलिक सोच वाले इंसान चाहिए, मशीन के पुर्जे नहीं।"

एक संतुलित नजर – उम्मीद की किरण भी है

यहाँ एक संवेदनशील लेखक और चिकित्सक के नाते मुझे पूरी तस्वीर दिखानी होगी, क्योंकि केवल निराशा फैलाना भी अन्याय होगा।

पहली अच्छी बात – पहुँच (एक्सेस) के मामले में भारत ने जबरदस्त सफलता पाई है। आज 6 से 14 साल के लगभग हर बच्चे का स्कूल में नामांकन है– यह एक बहुत बड़ी उपलब्धि है। एक पीढ़ी पहले यह सपना था। समस्या अब "स्कूल पहुँचने" की नहीं, "वहाँ सचमुच सीखने" की है।

दूसरी अच्छी बात – नई राष्ट्रीय शिक्षा नीति (NEP 2020) ने सही दिशा में कई कदम उठाए हैं – रटने के बजाय समझ पर जोर, मातृभाषा में शिक्षा, व्यावसायिक (वोकेशनल) कौशल को कक्षा 6 से ही जोड़ना। इसके कुछ शुरुआती नतीजे भी दिखे हैं – सरकारी स्कूलों में कक्षा 3 के बच्चों की बुनियादी पढ़ने-गणित की दक्षता में सुधार के संकेत मिले हैं। यानी सही इलाज से वह धुँधली परत साफ होनी शुरू हो सकती है।

दिशा सही है। अब जरूरत है, इसके तेज, ईमानदार जमीनी क्रियान्वयन की, इसे एक जन-आंदोलन बनाने की।

“नीति बदलना आसान है; नीयत व कक्षा बदलना कठिन। असली शिक्षा-क्रांति संसद में नहीं, हर स्कूल की हर कक्षा में, हर शिक्षक के हाथों होगी।”

इलाज – कॉर्निया प्रत्यारोपण का पूरा नुस्ख़ा

अब उस “प्रत्यारोपण” की बात, जो भारत की दृष्टि बदल देगा। यह कई स्तरों पर होगा।

पहला – रटने की जगह समझ एवं कौशल। परीक्षाओं को याददाश्त की जाँच के बजाय, समझ, तर्क रचनात्मकता की जाँच बनाना होगा। हर विषय को व्यावहारिक कौशल असली जिंदगी से जोड़ना होगा, ताकि बच्चा पढ़ाई पूरी करते ही काम के लायक बने।

पहला – शिक्षक, राष्ट्र के सबसे बड़े सर्जन। कोई भी प्रत्यारोपण अच्छे सर्जन के बिना नहीं होता। हमें अपने शिक्षकों को सबसे ज्यादा सम्मान, सबसे अच्छा प्रशिक्षण सबसे अच्छी सुविधाएँ देनी होंगी, ताकि देश की सबसे प्रतिभाशाली युवा-शक्ति शिक्षक बनना चाहे। जिस दिन शिक्षक का सम्मान डॉक्टर, इंजीनियर से ज्यादा होगा, उस दिन राष्ट्र की दृष्टि बदल जाएगी।

तीसरा – “क्यों” व “कैसे” की संस्कृति। हमें बच्चों को सवाल पूछने, प्रयोग करने, फिनलैंड एवं इजराइल की तरह असफल होने की आजादी देनी होगी। हर स्कूल में “रटने” की जगह “करके सीखने” (हैंड्स-ऑन लर्निंग) जिज्ञासा को बढ़ावा देना होगा।

चौथा – उद्योग एवं शिक्षा का गठबंधन। कॉलेजों व उद्योगों के बीच मजबूत रिश्ता बने ताकि जो पढ़ाया जाए, वह बाजार की असली जरूरत से जुड़ा हो, जिससे “स्किल मिसमैच” वाली खाई पट जाए।

“जिस दिन हमारे स्कूल बच्चों से यह पूछना बंद कर देंगे कि ‘तुमने क्या याद किया?’, पूछने लगेंगे कि ‘तुमने आज क्या नया सोचा? उसी दिन भारत की असली महाशक्ति-यात्रा शुरू होगी।”

इस विशाल राष्ट्र-देह की दृष्टि उसके बच्चों की शिक्षा में बसी है। अगर हम इस धुँधले कॉर्निया को बदल दें, तो यही बच्चे, अपनी साफ हुई दृष्टि से, भारत को वह भविष्य दिखा देंगे, जिसकी हमने अब तक सिर्फ कल्पना की है।

▪ *सोचिए*

हमारे लगभग आधे स्नातक, डिग्री लेकर भी "अकुशल" रह जाते हैं। जरा सोचिए, हम बच्चों को पंद्रह साल पढ़ाते हैं, पर अंत में उनके पास हुनर नहीं होता; तो क्या हम सच में "शिक्षा" दे रहे हैं, या सिर्फ "डिग्री बाँट" रहे हैं? इस धुँधली परत को साफ करने की जिम्मेदारी सिर्फ सरकार की है, या हम माता-पिता की भी?

▪ *चर्चा कीजिए*

अपने परिवार में एक ईमानदार बात कीजिए: क्या हम अपने बच्चों से सिर्फ "कितने नंबर आए?" पूछते हैं, या "आज तुमने क्या नया सीखा सोचा?" भी? क्या हम उन्हें सिर्फ "अच्छी नौकरी" के लिए, या एक "बेहतर, सोचने-समझने वाले इंसान" बनने के लिए पढ़ा रहे हैं?

▪ *कार्रवाई कीजिए*

इस सप्ताह एक काम कीजिए: अपने या अपने आसपास के किसी एक बच्चे को सिर्फ "रटने" के बजाय "समझने" "सवाल पूछने" के लिए प्रोत्साहित कीजिए। उससे पूछिए, "तुम्हें ऐसा क्यों लगता है?" एक बच्चे के मन में जगी एक जिज्ञासा, राष्ट्र की दृष्टि बदलने वाली पहली किरण है।

Rx डॉ. सुरेश कुमार पाण्डेय का प्रिस्क्रिप्शन:

इस अध्याय से पाँच संजीवनी सूत्र

पहला सूत्र – रटने की जगह समझ कौशल: परीक्षाओं को व याददाश्त नहीं, समझ, तर्क व रचनात्मकता की कसौटी बनाइए। हर विषय को व्यावहारिक कौशल को असली जिंदगी से जोड़िए, ताकि डिग्री एवं हुनर की खाई पट जाए।

दूसरा सूत्र– शिक्षक को सर्वोच्च सम्मान दीजिए: शिक्षक राष्ट्र के सबसे बड़े सर्जन हैं। उन्हें सबसे अच्छा प्रशिक्षण, सम्मान व सुविधाएँ दीजिए, ताकि सबसे प्रतिभाशाली युवा शिक्षक बनना चुनें। शिक्षक का सम्मान ही राष्ट्र का भविष्य तय करता है।

तीसरा सूत्र – "क्यों" व "कैसे" की संस्कृति बनाइए: बच्चों को सवाल पूछने, प्रयोग करने असफल होने की आजादी दीजिए। "जी हुजूरी," रटने को छोड़कर, जिज्ञासा व "करके सीखने" को हर कक्षा का आधार बनाइए।

चौथा सूत्र – उद्योग व शिक्षा का गठबंधन: जर्मनी के "ड्यूल सिस्टम"

की तरह, कॉलेजों व उद्योगों के बीच मजबूत रिश्ता बनाइए, ताकि जो पढ़ाया जाए वह बाजार की असली जरूरत से जुड़ा हो जिससे हर युवा रोजगार-योग्य बने।

पाँचवाँ सूत्र – शिक्षा एक जन-आंदोलन बने: असली शिक्षा-क्रांति संसद में नहीं, हर स्कूल, हर कक्षा, हर घर में होगी। माता-पिता, शिक्षक समाज–सब मिलकर नव शिक्षा के इस "कॉर्निया प्रत्यारोपण" के सहयोगी सर्जन बनें।

अध्याय 27

उद्यमशील भारत की युवा शक्ति : नौकरी माँगने वाले नहीं, देने वाले

नया, ताजा खून बनाने के लिए, बोन मैरो को सक्रिय करना जरूरी है

"बोन मैरो – हड्डियों के भीतर छिपा वह कारख़ाना–शरीर का सबसे बड़ा चमत्कार है। यही हर पल नया, ताजा खून बनाता है, जो पूरे शरीर में जान फूँकता है। भारत की युवाशक्ति राष्ट्र का वही बोन मैरो है, एक ऐसा कारख़ाना, जो रुके नहीं, तो पूरे राष्ट्र को नई ऊर्जा से भर सकता है।"

– डॉ. सुरेश कुमार पाण्डेय

एक आँकड़ा, जो किसी जादू-सा लगता है: साल 2016 में, हमारे देश में सरकारी रूप से मान्यता-प्राप्त "स्टार्टअप" की संख्या मात्र पाँच सौ थी।

अब, कुछ ही वर्षों बाद की तस्वीर देखिए, आज भारत में ऐसे मान्यता-प्राप्त स्टार्टअप की संख्या लाखों में पहुँच चुकी है, हम अमेरिका व चीन के ठीक बाद, दुनिया का तीसरा सबसे बड़ा स्टार्टअप इकोसिस्टम बन चुके हैं। कुछ सौ से लाखों

तक–महज एक दशक में। यह किसी राष्ट्र की सोच में आया सबसे बड़ा, सबसे ख़ामोश भूचाल है।

यह सिर्फ संख्या नहीं है। यह उस मानसिकता का बदलना है, जो सदियों से हमारी रग-रग में थी। कल तक हर भारतीय माता-पिता का एक ही सपना था, "बेटा एक सुरक्षित सरकारी नौकरी पा ले।" "बिजनेस करना" एक जोखिम भरा, लगभग "बेवक़ूफी वाला" रास्ता माना जाता था, आज? आज उसी देश का युवा, अपने कमरे में बैठकर, एक ऐसी कंपनी का सपना देख रहा है, जो हजारों को रोजगार दे।

एक नेत्र-सर्जन के नाते, मेडिकल की पढ़ाई के दिनों से एक अंग ने मुझे हमेशा सबसे ज्यादा अचंभित किया है–बोन मैरो, यानी अस्थि-मज्जा। यह हमारी हड्डियों के भीतर छिपा एक जीवंत कारख़ाना है, जो दिन-रात, बिना रुके, नया खून बनाता रहता है, लाल रक्त कोशिकाएँ (रेड ब्लड सेल्स), जो शरीर के हर कोने तक ऑक्सीजन जीवन पहुँचाती हैं। यह शरीर का सबसे "जवान" हिस्सा है, क्योंकि यह लगातार नया, ताजा जीवन रचता है।

पर एक बीमारी ऐसी भी होती है, जिसमें यह कारख़ाना सुस्त पड़ जाता है। तब शरीर में चाहे बाक़ी सब कुछ ठीक हो, वह भीतर से कमजोर, थका निस्तेज होता जाता है–क्योंकि उसका "नया खून बनाने वाला इंजन" ही धीमा पड़ गया है।

भारत की युवाशक्ति राष्ट्र का वही बोन मैरो है। हमारे पास दुनिया की सबसे बड़ी, सबसे जवान आबादी है, यह हमारा सबसे जिंदा, सबसे ताक़तवर कारख़ाना है। सवाल बस यह है: क्या हम इस कारख़ाने को सिर्फ "नौकरी की कतार में खड़े बेरोजगारों" का भंडार बनाएँगे, या इसे "नौकरी देने वाले उद्यमियों" का वह इंजन, जो पूरे राष्ट्र-शरीर में नई जान फूँक दे?

"कल तक हमारे युवा का सबसे बड़ा सपना था–एक सरकारी कुर्सी। आज उसका सपना है, एक ऐसी कंपनी, जो हजारों युवाओं को कुर्सियाँ दे। यही सोच का बदलाव, एक राष्ट्र का सबसे बड़ा कायाकल्प युवाओं है।"

यह क्रांति अब महानगरों तक सीमित नहीं

इन आँकड़ों से भी ज्यादा खूबसूरत बात यह है कि अब यह क्रांति सिर्फ बेंगलुरु या दिल्ली जैसे बड़े शहरों तक सीमित नहीं रही। आज भारत के आधे से ज्यादा स्टार्टअप टियर-2 एवं टियर-3 शहरों से निकल रहे हैं, इंदौर, कोच्चि, जयपुर, पुणे जैसे शहरों के युवा भी कंपनियाँ खड़ी कर रहे हैं। यानी राष्ट्र का बोन मैरो अब हर हड्डी में, हर छोटे शहर में, नया खून बनाने लगा है।

इन स्टार्टअप ने अब तक मिलकर लगभग सोलह लाख से ज्यादा सीधी नौकरियाँ पैदा की हैं–यानी एक ऐसा कारख़ाना, जो खुद चलते-चलते, लाखों कारख़ानों के दरवाजे खोल रहा है।

बीमारी – जब बोन मैरो सुस्त पड़ जाए

यह सुनहरी तस्वीर तो एक पहलू है। पर पूरी सच्चाई यह है कि हमारा यह विशाल कारख़ाना अब भी अपनी पूरी क्षमता से नहीं चल रहा। इसके कुछ गहरे कारण हैं, जिन्हें एक डॉक्टर की तरह समझना जरूरी है।

पहला कारण – "सरकारी नौकरी" वाली मानसिकता। आज भी हमारे करोड़ों युवा अपने जीवन के सबसे क़ीमती साल, चंद हजार सरकारी पदों के लिए, रटने वाली परीक्षाओं की तैयारी में खपा रहे हैं (जैसा हमने बेरोजगारी वाले अध्याय में देखा)। यह उस बोन मैरो जैसा है, जो नया खून बना तो सकता है, पर डर के मारे एक ही जगह जमा रहता है।

दूसरा कारण – असफलता का डर व सामाजिक कलंक। हमारे समाज में "बिजनेस में फेल होना" एक शर्म की बात मानी जाती है। (जरा सोचिए–हमारे यहाँ अगर किसी का स्टार्टअप बंद हो जाए, तो रिश्तेदार ऐसे फुसफुसाते हैं, मानो उसने कोई जुर्म कर दिया हो, "देखा, कहा था न, नौकरी कर लेता!" जबकि सिलिकॉन वैली में तो असफल हो चुका उद्यमी ज्यादा अनुभवी, ज्यादा "निवेश-योग्य" माना जाता है।) इजराइल की "असफलता को सम्मान" वाली सोच के ठीक उलट। यह डर हमारे युवाओं को जोखिम लेने, कुछ नया रचने से रोकता है।

तीसरा कारण – पूँजी एवं मार्गदर्शन की कमी, ख़ासकर छोटे शहरों के गरीब परिवारों के प्रतिभाशाली युवाओं के लिए। एक अच्छा विचार रखने वाला युवा अक्सर सिर्फ इसलिए हार मान लेता है, क्योंकि उसके पास न शुरुआती पैसा होता है, न कोई राह दिखाने वाला।

"भारत में प्रतिभा की कोई कमी नहीं है, कमी है उस माहौल की है, जो उस प्रतिभा को 'डरो मत, कर के देखो' कहकर पीठ थपथपाए। एक डरा हुआ कारख़ाना, कभी पूरी क्षमता से नहीं चलता।"

एक संतुलित नजर – कारख़ाना अब जाग रहा है

यहाँ एक संवेदनशील लेखक के नाते मुझे पूरी संतुलित तस्वीर रखनी होगी।

पहली बात – हालात तेजी से बदल रहे हैं, यह बेहद उत्साहजनक है। सरकार समाज, दोनों स्तरों पर उद्यमिता को बढ़ावा मिल रहा है–स्टार्टअप इंडिया, आसान

कर्ज की गारंटी योजनाएँ, इन्क्यूबेशन सेंटर इसका प्रमाण हैं। सबसे सुखद बात यह है कि इस इकोसिस्टम में अब महिला-उद्यमियों की भागीदारी तेजी से बढ़ रही है; लाखों स्टार्टअप में कम-से-कम एक महिला-निदेशक हैं। यानी हमारा "आधा शरीर" (जैसा हमने नारी-शक्ति वाले अध्याय में देखा) भी अब इस कारख़ाने में जान फूँक रहा है।

दूसरी बात – यह इकोसिस्टम अब "परिपक्व" (मैच्योर) हो रहा है। शुरुआती दौर के अंधाधुंध जोश के बाद, अब युवा उद्यमी टिकाऊ, ठोस व्यापार-मॉडल पर ध्यान दे रहे हैं। यह एक स्वस्थ संकेत है।

तीसरी बात – यह संतुलन के लिए जरूरी है कि हर युवा को उद्यमी नहीं बनना है, न ही बन सकता है। समाज को कुशल डॉक्टरों, शिक्षकों, किसानों, कारीगरों कर्मचारियों की भी उतनी ही जरूरत है। असली लक्ष्य "सबको उद्यमी बनाना" नहीं, बल्कि हर युवा को, चाहे वह जो भी बने, "नौकरी की भीख माँगने वाली" मानसिकता से निकालकर, "मूल्य पैदा करने वाली, आत्मनिर्भर" मानसिकता तक पहुँचाना है।

"हर युवा को मालिक नहीं बनना है, पर हर युवा को 'आत्मनिर्भर' 'मूल्यवान' जरूर बनना है। चाहे वह नौकरी करे या कंपनी खड़ी करे, उसके पास ऐसा हुनर हो कि दुनिया उसे ढूँढे, वह दुनिया के आगे हाथ न फैलाए।"

इलाज – बोन मैरो को पूरी ताक़त से सक्रिय करना

इस कारख़ाने को पूरी क्षमता से चलाने के लिए हमें कई स्तरों पर काम करना होगा।

पहला – असफलता के डर को ख़त्म करना। हमें एक ऐसा माहौल बनाना होगा, जहाँ "कोशिश करके असफल होना", "कोशिश ही न करने" से बेहतर माना जाए। स्कूल-कॉलेज से ही बच्चों को जोखिम लेना, गिरकर फिर उठना सिखाना होगा।

दूसरा – पूँजी मार्गदर्शन की आसान पहुँच, ख़ासकर छोटे शहरों वंचित वर्गों के युवाओं तक, ताकि एक अच्छा विचार सिर्फ पैसे के अभाव में न मरे।

तीसरा – उद्यमिता को स्कूली शिक्षा का हिस्सा बनाना, ताकि "नौकरी ढूँढने" के बजाय "समस्या हल करने मूल्य पैदा करने" की सोच बचपन से ही पनपे।

सबसे जरूरी – हमें "मेक इन इंडिया" से आगे बढ़कर "क्रिएट इन इंडिया" "इन्वेंट इन इंडिया" की ओर जाना होगा। हमारे युवा सिर्फ दूसरों के लिए सस्ता काम करने वाले नहीं, बल्कि नई तकनीक, नए उत्पाद, नए समाधान रचने वाले बनें।

लगभग 148 करोड़ की इस राष्ट्र-देह का बोन मैरो, उसके युवा–अगर पूरी ताक़त से सक्रिय हो जाएँ, तो वे न सिर्फ अपनी, बल्कि पूरे राष्ट्र की किस्मत में नया खून, नई जान भर देंगे। यही हमारा सबसे बड़ा, सबसे प्राकृतिक इलाज है।

"भारत का भविष्य उन युवाओं के हाथों में नहीं, जो नौकरी की कतार में सबसे आगे खड़े हैं, बल्कि उनके हाथों में है, जो वह कतार ही ख़त्म करने के लिए, नई कंपनियाँ, नए अवसर खड़े कर रहे हैं।"

- ***सोचिए***

वर्ष 2016 में चंद सौ स्टार्टअप, आज लाखों–यह बदलाव किसी सरकार ने अकेले नहीं, हमारे युवाओं के बदले हुए हौसले ने लाया। जरा सोचिए–अगर हमारे करोड़ों युवा "नौकरी ढूँढने" के बजाय "कुछ नया रचने" की ठान लें, तो भारत कहाँ पहुँच सकता है? इस सोच को बदलने में हमारी, माता-पिता की, क्या भूमिका है?

- ***चर्चा कीजिए***

अपने परिवार में एक ईमानदार बात कीजिए: क्या हम अपने बच्चों को सिर्फ "सुरक्षित नौकरी" का सपना दिखाते हैं, या "कुछ अपना खड़ा करने" का साहस भी? क्या हम उनकी "असफलता" को एक शर्म मानते हैं, या एक जरूरी सीख?

- ***कार्रवाई कीजिए***

इस सप्ताह एक काम कीजिए: अपने या अपने आसपास के किसी एक युवा के किसी नए विचार या छोटे उद्यम को प्रोत्साहित कीजिए – चाहे वह सिर्फ एक हौसला देने वाली बात ही क्यों न हो। उससे कहिए कि "डरो मत, कर के देखो; असफल हुए तो भी सीखोगे।" एक युवा को मिला यह छोटा-सा हौसला, राष्ट्र के कारख़ाने में जली एक नई चिंगारी है।

Rx डॉ. सुरेश कुमार पाण्डेय का प्रिस्क्रिप्शन:

इस अध्याय से पाँच संजीवनी सूत्र

पहला सूत्र – "नौकरी ढूँढने" से "मूल्य पैदा करने" तक: हर युवा को मालिक बनना जरूरी नहीं, पर "नौकरी की भीख" वाली मानसिकता से निकलकर "आत्मनिर्भर व मूल्यवान" बनना जरूरी है। ऐसा हुनर पाइए कि दुनिया आपको ढूँढे।

दूसरा सूत्र – असफलता के डर को मारिए: एक ऐसा माहौल बनाइए, जहाँ "कोशिश करके गिरना", "कोशिश ही न करने" से बेहतर माना जाए। असफलता शर्म नहीं, नवाचार की पहली सीढ़ी है–यह सोच बचपन से सिखाइए।

तीसरा सूत्र – हर प्रतिभा तक पूँजी मार्गदर्शन पहुँचे: एक अच्छा विचार सिर्फ पैसे या मार्गदर्शन के अभाव में न मरे। छोटे शहरों वंचित वर्गों के प्रतिभाशाली युवाओं तक आसान कर्ज मेंटरशिप पहुँचाना ही राष्ट्रीय प्राथमिकता हो।

चौथा सूत्र – उद्यमिता को शिक्षा का हिस्सा बनाइए: स्कूल से ही बच्चों में "समस्या हल करने" "मूल्य पैदा करने" की सोच भरिए, ताकि उद्यमिता एक डरावना जोखिम नहीं, एक सम्मानजनक स्वाभाविक रास्ता बने।

पाँचवाँ सूत्र – "मेक इन इंडिया" से "क्रिएट इन इंडिया" तक: हमारे युवा सिर्फ दूसरों के लिए सस्ता काम करने वाले नहीं, बल्कि नई तकनीक, नए उत्पाद नए समाधान रचने वाले बनें। यही राष्ट्र के बोन मैरो को पूरी ताक़त से सक्रिय करेगा।

अध्याय 28

स्वास्थ्य-क्रांतिः बीमार-देखभाल से शतायु भारत तक

इलाज से बेहतर है रोकथाम – यही टीकाकरण का दर्शन है

"दुनिया की सबसे सस्ती, सबसे ताक़तवर दवा कोई महँगा इंजेक्शन नहीं है वरन् वह है 'रोकथाम'। टीकाकरण इसी दर्शन का चमत्कार है: बीमारी के आने से पहले ही, शरीर को उससे लड़ने के लिए तैयार कर देना। भारत को भी 'बीमार-देखभाल' से 'स्वास्थ्य-रक्षा' की ओर यही छलाँग लगानी है।"

– डॉ. सुरेश कुमार पाण्डेय

जरा एक आम भारतीय परिवार की कल्पना कीजिए–आमदनी सीमित है, सपने बड़े हैं। बेटी की शादी के लिए, बेटे की पढ़ाई के लिए, और एक छोटे-से अपने घर के सपने के लिए, वर्षों से एक-एक रुपया जोड़कर रखा जा रहा है। तभी एक दिन, बिना दस्तक दिए, घर के कमाने वाले को गंभीर बीमारी घेर लेती है जैसे कैंसर, हृदय रोग, एक्सीडेंट या कोई बड़ा ऑपरेशन।

अगले कुछ ही महीनों में, वह पूरा परिवार, जो वर्षों से सपने बुन रहा था, इलाज के बिल चुकाने में अपनी जमा-पूँजी, अपनी जमीन, अपने गहने, सब कुछ बेच देता है। एक ही झटके में, गरीबी की उस खाई में गिर जाता है, जहाँ से निकलने में फिर एक पूरी पीढ़ी लग जाती है।

यह कोई कल्पना नहीं वरन यह करोड़ों भारतीयों की हक़ीक़त रही है। कुछ साल पहले तक, भारत में स्वास्थ्य पर होने वाले कुल ख़र्च का लगभग 62 प्रतिशत हिस्सा लोगों को अपनी ही जेब से (आउट-ऑफ-पॉकेट) चुकाना पड़ता था। यानी एक बड़ी बीमारी का मतलब अक्सर होता था कि पूरे परिवार का आर्थिक रूप से तबाह हो जाना। बीमारी सिर्फ एक शरीर पर नहीं, पूरे परिवार के भविष्य पर हमला करती थी।

एक नेत्र-सर्जन के नाते, तीस साल के अपने इस सफर में मैंने एक सबसे गहरा सच सीखा है कि सबसे अच्छा ऑपरेशन वह है, जिसकी कभी जरूरत ही न पड़े। एक मरीज की आँख की रोशनी जटिल ऑपरेशन द्वारा बचाने में मुझे जो संतोष मिलता है, उससे कहीं ज्यादा संतोष मुझे यह सोचकर मिलता है कि अगर समय रहते रोकथाम होती, तो वह बीमारी आती ही नहीं।

चिकित्सा-विज्ञान में रोकथाम का सबसे बड़ा चमत्कार है—टीकाकरण (वैक्सीनेशन)। जरा सोचिए, यह कितना अद्भुत विचार है: किसी बीमारी का इलाज करने के बजाय, हम पहले से ही शरीर को इतना तैयार कर देते हैं कि वह बीमारी उसे छू भी न सके। चेचक (स्मॉल पॉक्स), पोलियो जैसी महामारी, जिसने सदियों तक करोड़ों जानें लीं, उसे दुनिया से सिर्फ इलाज से नहीं वरन टीकाकरण से, यानी रोकथाम से, जड़ से मिटा दिया गया।

टीकाकरण का दर्शन यही है कि इलाज पर अरबों ख़र्च करने से बेहतर है, रोकथाम पर थोड़ा निवेश करना। भारत की स्वास्थ्य-व्यवस्था को आज इसी एक दर्शन की सबसे ज्यादा जरूरत है—"बीमार-देखभाल" (सिक-केयर) से निकलकर, "स्वास्थ्य-रक्षा" (हेल्थ-केयर) की ओर एक क्रांतिकारी छलाँग।

"भारत में एक गंभीर बीमारी सिर्फ एक मरीज को नहीं तोड़ती, वह अक्सर एक पूरे परिवार को गरीबी में धकेल देती है। जहाँ इलाज का खर्च, जीवन भर की कमाई से बड़ा हो, वहाँ स्वास्थ्य अधिकार नहीं, एक विलासिता बन जाता है।"

बीमारी की जड़–हमारी व्यवस्था खुद बीमार क्यों है?

इस संकट की कुछ गहरी जड़ें हैं, जिन्हें एक डॉक्टर की तरह समझना जरूरी है (जैसा हमने स्वास्थ्य-व्यवस्था वाले अध्याय में "खुद बीमार चिकित्सक" के रूप में छुआ था)।

पहली जड़ – कम सार्वजनिक निवेश। दशकों से, भारत अपनी कुल राष्ट्रीय आय (जीडीपी) का बहुत छोटा हिस्सा, लगभग 1.9 प्रतिशत, ही सार्वजनिक स्वास्थ्य पर ख़र्च करता रहा है, जबकि राष्ट्रीय स्वास्थ्य नीति का लक्ष्य ही 2.5 से 5 प्रतिशत है। यह उस शरीर जैसा है, जिसे जरूरत भर का पोषण ही न मिले।

दूसरी जड़ – "रोकथाम" की उपेक्षा। हमारी पूरी व्यवस्था "बीमारी के बाद इलाज" पर केंद्रित है, "बीमारी से पहले रोकथाम" पर नहीं। (जरा अपने आसपास देखिए – हम तब तक डॉक्टर के पास नहीं जाते, जब तक मर्ज हाथ से न निकल जाए! हम गाड़ी की तो हर तीन महीने पर "सर्विसिंग" करवा लेते हैं, पर अपने शरीर की सालाना जाँच को "बेकार ख़र्च" समझते हैं।) स्वास्थ्य-बजट का बड़ा हिस्सा बड़े अस्पतालों इलाज पर जाता है, जबकि प्राथमिक निवारक (प्रिवेंटिव) स्वास्थ्य, जो सबसे सस्ता सबसे असरदार है, उपेक्षित रह जाता है।

तीसरी जड़ – डॉक्टरों सुविधाओं की कमी व असमानता। शहरों में तो फिर भी सुविधाएँ हैं, पर गाँवों में आज भी डॉक्टर-मरीज अनुपात विश्व स्वास्थ्य संगठन के मानक से कोसों दूर है। इलाज वहाँ सबसे कम उपलब्ध है, जहाँ जरूरत सबसे ज्यादा है।

"एक राष्ट्र जो अपने स्वास्थ्य पर ख़र्च करने से कतराता है, वह दरअसल अपनी सबसे बड़ी पूँजी अपने स्वस्थ नागरिकों पर ही खर्च करने में कंजूसी करता है। बीमार नागरिक कभी एक समृद्ध राष्ट्र नहीं बना सकते।"

एक संतुलित नजर – इलाज शुरू हो चुका है

यहाँ एक सजग लेखक के नाते मुझे पूरी संतुलित तस्वीर रखनी होगी, क्योंकि हाल के वर्षों में कुछ बेहद उत्साहजनक बदलाव हुए हैं।

पहली सबसे बड़ी अच्छी ख़बर कि वह "जेब-ख़र्च" वाला बोझ तेजी से घटा है। आयुष्मान भारत जैसी योजनाओं की मदद से, लोगों का आउट-ऑफ-पॉकेट ख़र्च लगभग 62 प्रतिशत से घटकर लगभग 39 प्रतिशत रह गया है। यह करोड़ों परिवारों को आर्थिक तबाही से बचा रहा है। सरकारी अनुमानों के अनुसार, अकेले इस योजना से एक लाख करोड़ रुपये से अधिक की बचत लोगों को हुई है।

दूसरी अच्छी बात कि सरकारी स्वास्थ्य-व्यय बढ़ रहा है (कुल स्वास्थ्य-ख़र्च में सरकार का हिस्सा कुछ वर्षों में 29 प्रतिशत से बढ़कर लगभग 48 प्रतिशत हुआ), देश एक डिजिटल स्वास्थ्य क्रांति (टेलीमेडिसिन, डिजिटल हेल्थ अकाउंट) की ओर बढ़ रहा है।

तीसरी, सबसे गर्व की बात, टीकाकरण में भारत की सफलता है। हमारे सार्वभौमिक टीकाकरण कार्यक्रम के तहत, देश में पूर्ण टीकाकरण कवरेज अब लगभग 93 प्रतिशत तक पहुँच गया है, कोविड महामारी के दौरान भारत ने जिस पैमाने पर टीके बनाए लगाए—वह पूरी दुनिया के लिए एक मिसाल बना। यानी जब हम ठान लें, तो हम "रोकथाम" का चमत्कार कर सकते हैं। दिशा सही है। अब इस गति को तेज, गहरा करना है।

"भारत ने टीकाकरण अभियान से दिखा दिया कि वह करोड़ों लोगों तक स्वास्थ्य पहुँचा सकता है। अब यही इच्छाशक्ति, यही पैमाना, पूरी स्वास्थ्य-व्यवस्था पर लगाना बाक़ी है।"

इलाज – एक स्वस्थ, शतायु भारत का नुस्ख़ा

भारत को एक सच्ची स्वास्थ्य-क्रांति के लिए, इसी "टीकाकरण के दर्शन" को पूरी व्यवस्था पर लागू करना होगा।

पहला – रोकथाम को सर्वोच्च प्राथमिकता। हमें अपना ध्यान "बीमारी के बाद के महँगे इलाज" से हटाकर, "बीमारी से पहले की सस्ती रोकथाम" पर लगाना होगा – यानी स्वच्छता, पोषण, साफ पानी, नियमित हैल्थ जाँच, स्वस्थ जीवनशैली। एक रुपया रोकथाम पर ख़र्च, इलाज के सौ रुपये बचाता है।

दूसरा – स्वास्थ्य-बजट बढ़ाना। सार्वजनिक स्वास्थ्य-व्यय को जीडीपी के कम-से-कम 5.0 प्रतिशत तक ले जाना जरूरी है, इसका बड़ा हिस्सा गाँवों प्राथमिक स्वास्थ्य पर ख़र्च हो।

तीसरा – डॉक्टरों, नर्सों सुविधाओं का विस्तार, ख़ासकर गाँवों छोटे शहरों में। हमें मेडिकल कॉलेज, प्रशिक्षित स्वास्थ्यकर्मी, टेलीमेडिसिन की पहुँच चाहिए।

चौथा – यहाँ मैं अपनी एक गहरी निजी मान्यता जोड़ना चाहता हूँ, जो मेरी पुस्तक "शतायु भव" का भी आधार है। असली स्वास्थ्य-क्रांति सिर्फ अस्पतालों में नहीं, हर नागरिक के अपने घर में, अपनी किचन में, अपनी थाली में, अपनी दिनचर्या में होगी। संतुलित व पौष्टिक आहार, नियमित व्यायाम, अच्छी नींद, तनाव-प्रबंधन आदि, ये कोई महँगी दवाएँ नहीं, पर ये किसी भी दवा से बड़ी "वैक्सीन" हैं, जो हमें सौ साल तक स्वस्थ रख सकती हैं।

लगभग 148 करोड़ की इस राष्ट्र-देह को सिर्फ "बीमारी से मुक्त" नहीं, बल्कि "पूर्णतः स्वस्थ एवं दीर्घायु" बनाना है। यही "शतायु भारत" का सपना है, एक ऐसा राष्ट्र, जहाँ हर नागरिक न सिर्फ लंबी, बल्कि स्वस्थ व सक्रिय जिंदगी जिए।

"असली विकसित भारत वह नहीं होगा, जहाँ सबसे बड़े सबसे महँगे अस्पताल हों–बल्कि वह होगा, जहाँ उन अस्पतालों की जरूरत ही सबसे कम पड़े। स्वस्थ नागरिक ही असली राष्ट्रीय संपत्ति हैं।"

- ***सोचिए***

हम अपने घर, गाड़ी, गहनों पर तो खूब ख़र्च करते हैं, पर अपने स्वास्थ्य रोकथाम (नियमित स्वास्थ्य जाँच, अच्छी जीवनशैली) पर सबसे कम। जरा सोचिए – जब एक बीमारी पूरे परिवार को गरीब बना सकती है, तो क्या "रोकथाम" सबसे बड़ा निवेश नहीं? यह सोच हम कब बदलेंगे?

- ***चर्चा कीजिए***

अपने परिवार में बात कीजिए: क्या हमारे घर में "स्वस्थ रहने" (पौष्टिक भोजन, नियमित व्यायाम, नियमित जाँच) पर उतना ध्यान है, जितना "बीमार होने पर इलाज" पर? हम अपने परिवार को एक "रोकथाम-केंद्रित" स्वस्थ जीवनशैली की ओर कैसे ले जा सकते हैं?

- ***कार्रवाई कीजिए***

इस सप्ताह दो काम कीजिए: पहला, अपने अपने परिवार के लिए एक छोटी, स्वस्थ आदत शुरू कीजिए जैसे रोज टहलना, पौष्टिक खाना, या समय पर सोना। दूसरा, अपने परिवार के बुजुर्गों की एक नियमित स्वास्थ्य-जाँच (हेल्थ चेक-अप) करवाइए। याद रखिए कि सबसे अच्छी दवा वह है, जिसकी कभी जरूरत ही न पड़े।

Rx डॉ. सुरेश कुमार पाण्डेय का प्रिस्क्रिप्शनः

इस अध्याय से पाँच संजीवनी सूत्र

पहला सूत्र – रोकथाम, सबसे सस्ती सबसे बड़ी दवाः ध्यान "बीमारी के बाद इलाज" से हटाकर "बीमारी से पहले रोकथाम" पर लगाइए। स्वच्छता, पोषण, साफ पानी, नियमित स्वास्थ्य जाँच – एक रुपया रोकथाम पर, इलाज के सौ रुपये बचाता है।

दूसरा सूत्र – स्वास्थ्य-व्यय बढ़ाइए, गाँवों तक पहुँचाइए: सार्वजनिक

स्वास्थ्य-व्यय जीडीपी के कम-से-कम 5 प्रतिशत तक ले जाइए, इसका बड़ा हिस्सा गाँवों व प्राथमिक स्वास्थ्य पर ख़र्च कीजिए–जहाँ जरूरत सबसे ज्यादा है।

तीसरा सूत्र – हर बीमारी से पहले, आर्थिक सुरक्षाः आयुष्मान भारत जैसी योजनाओं को मजबूत कर "मिसिंग मिडिल" (मध्यवर्ग) तक पहुँचाइए, ताकि कोई बीमारी किसी परिवार को कभी गरीब न बनाए।

चौथा सूत्र – डॉक्टर, नर्स तकनीक का विस्तारः मेडिकल कॉलेज, प्रशिक्षित स्वास्थ्यकर्मी, टेलीमेडिसिन गाँव-गाँव पहुँचाइए, ताकि इलाज वहाँ भी मिले, जहाँ आज कोई डॉक्टर नहीं पहुँचता।

पाँचवाँ सूत्र – शतायु भारतः स्वास्थ्य घर से शुरूः असली स्वास्थ्य-क्रांति अस्पताल में नहीं, हर पौष्टिक थाली एवं नियमित दिनचर्या में है। संतुलित आहार, नियमित व्यायाम, अच्छी नींद एवं तनाव-प्रबंधन आदि ये किसी भी दवा से बड़ी "वैक्सीन" हैं, जो राष्ट्र को स्वस्थ दीर्घायु बनाएँगी।

अध्याय 29

कृत्रिम बुद्धिमत्ता, रोबोटिक्स एवं मानवीय करुणा

पेसमेकर दिल को धड़काता है, पर दिल की जगह नहीं ले सकता

"डिजिटल पेसमेकर एक चमत्कारी मशीन है क्योंकि यह एक कमजोर, लड़खड़ाते दिल को सही ताल पर धड़कने में मदद करती है, लाखों जानें बचाती है। पर हर डॉक्टर यह जानता है: पेसमेकर दिल की धड़कन को सहारा दे सकता है, उसकी जगह नहीं ले सकता। कृत्रिम बुद्धिमत्ता राष्ट्र का वही डिजिटल पेसमेकर है–एक चमत्कारी सहारा, पर इंसानी दिल की करुणा का विकल्प कभी नहीं।"

– डॉ. सुरेश कुमार पाण्डेय

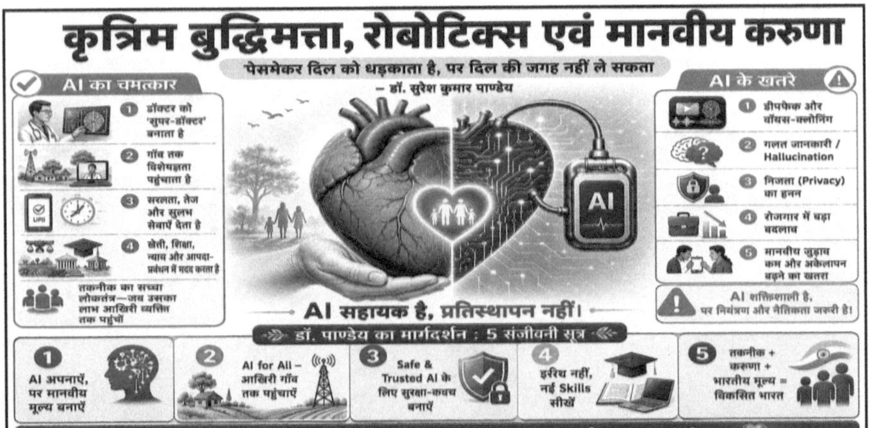

केरल के कोझिकोड शहर के एक 73 साल के सेवानिवृत्त सरकारी कर्मचारी की कल्पना कीजिए। एक दिन उनके फोन पर एक वीडियो कॉल आती है। स्क्रीन पर उनका एक पुराना सहकर्मी है–वही चेहरा, वही आवाज, वही अंदाज। बातों-बातों में वह उनके कुछ साझा पुराने दोस्तों के नाम भी लेता है, ताकि भरोसा पक्का हो जाए। फिर वह बताता है कि उसके एक रिश्तेदार को अस्पताल में तुरंत मदद चाहिए, उसे फौरन कुछ पैसों की जरूरत है।

पुराने दोस्त को मुसीबत में देखकर, उन सज्जन ने लगभग 40,000 रुपये भेज दिए।

पर सच्चाई यह थी कि वह दोस्त, उस कॉल में था ही नहीं। वह चेहरा, वह आवाज आदि सब कुछ नक़ली था, कृत्रिम बुद्धिमत्ता (AI) से बनाया गया एक "डीपफेक।" ठगों ने सोशल मीडिया से उनके असली सहकर्मी की तस्वीरें उठाईं, कृत्रिम बुद्धिमत्ता से उसका बिल्कुल हू-ब-हू चेहरा व आवाज गढ़ ली।

जरा इस डर को महसूस कीजिए। सदियों से हमारी सबसे बड़ी कसौटी यही थी–"जब तक अपनी आँखों से न देख लूँ, यक़ीन नहीं करूँगा।" पर अब वह दौर आ गया है, जहाँ आपकी अपनी आँखें, अपने कान भी आपको धोखा दे सकते हैं। यह कोई इकलौती घटना नहीं–एक हालिया अध्ययन के अनुसार, लगभग 47 प्रतिशत भारतीय वयस्क या तो खुद, या उनका कोई परिचित, ऐसे AI वॉइस-क्लोनिंग या डीपफेक घोटाले का शिकार हो चुकें हैं, लगभग 69 प्रतिशत लोग तो असली एवं AI-निर्मित आवाज में फर्क़ ही नहीं कर पाते।

एक नेत्र-सर्जन के नाते, तकनीक मेरी रोज की साथी है। आज जब मैं किसी मरीज की आँख का ऑपरेशन करता हूँ, तो मेरे साथ ऐसी मशीनें होती हैं, जो माइक्रोन के हजारवें हिस्से तक की सटीकता से काम करती हैं–एक ऐसी सटीकता, जो अकेले इंसानी हाथ के बस की नहीं। पर इन सब मशीनों के बीच, एक चीज मैंने हमेशा याद रखी है: जब एक डरा हुआ मरीज, अपनी धुँधली आँखों से, मेरा हाथ कसकर थामता है पूछता है–"डॉक्टर साहब, क्या मैं फिर से देख पाऊँगा?" तो उस पल उसे किसी मशीन की नहीं, एक इंसान के भरोसे की, एक इंसानी मुस्कान की जरूरत होती है।

यही इस पूरे अध्याय का सार है। कृत्रिम बुद्धिमत्ता (आर्टिफिशियल इंटेलिजेंस, यानी AI) हमारे युग का सबसे बड़ा चमत्कार है, एक ऐसा "डिजिटल पेसमेकर", जो राष्ट्र की धड़कन को नई ताक़त दे सकता है। पर सवाल यह है: क्या हम इस पेसमेकर को अपना सहारा बनाएँगे, या इसे अपने दिल व दिमाग की जगह सौंप देंगे?

"अब तक हम कहते थे–'जब तक अपनी आँखों से न देख लूँ, यक़ीन नहीं करूँगा।' पर AI के इस युग में, अब हमें यह कहना सीखना होगा–'अपनी आँखों से देखकर भी, एक बार रुककर सोचूँगा।' यही नए युग का सबसे जरूरी सबक है।"

पहले चमत्कार को समझिए–पेसमेकर का असली कमाल

पर संतुलन के लिए जरूरी है कि हम पहले AI के उस अद्भुत, जीवनदायी चमत्कार को देखें–ख़ासकर मेरे अपने चिकित्सा क्षेत्र में।

जरा एक तस्वीर की कल्पना कीजिए। बिहार के एक दूरदराज गाँव में एक आशा (ASHA) कार्यकर्ता है। उसके पास कोई बड़ी डिग्री नहीं, कोई महँगी मशीन नहीं। पर उसके हाथ में एक साधारण-सा स्मार्टफोन है, जिसमें AI है। वह एक मरीज की आँख की तस्वीर खींचती है, वह AI तुरंत बता देता है कि इस मरीज को डायबिटीज के कारण आँख की एक गंभीर बीमारी (डायबिटिक रेटिनोपैथी) का ख़तरा है, जो आगे चलकर अंधेपन का कारण बन सकता है। यानी एक गाँव की आशा कार्यकर्ता, AI की मदद से, वही काम कर पा रही है, जो कभी सिर्फ एक बड़े शहर का नेत्र विशेषज्ञ डॉक्टर कर सकता था।

सबसे खूबसूरत बात इसकी क़ीमत है: जहाँ एक पारंपरिक अल्ट्रासाउंड मशीन लगभग 25 लाख रुपये की आती है, वहीं अब AI से चलने वाली एक पोर्टेबल अल्ट्रासाउंड मशीन मात्र लगभग 50,000 रुपये में उपलब्ध है। यानी AI इलाज को सस्ता, दूरदराज के गरीब लोगों तक पहुँचाने वाला बना रहा है।

एक नेत्र-सर्जन के नाते, यह मुझे सबसे ज्यादा उत्साहित करता है। AI डॉक्टर की जगह नहीं ले रहा—वह डॉक्टर को "सुपर-डॉक्टर" बना रहा है, उनकी पहुँच को उस आख़िरी गाँव तक ले जा रहा है, जहाँ आज कोई नहीं पहुँचता।

"आर्टिफिशियल इंटेलिजेंस सबसे बड़ा चमत्कार तब करता है, जब वह किसी बड़े शहर के अमीर को सुविधा नहीं देता—बल्कि किसी दूर गाँव के गरीब तक वह विशेषज्ञता पहुँचा देता है, जो उसके लिए कभी नामुमकिन थी। यही तकनीक का सच्चा लोकतंत्र है।"

भविष्य की एक झलक—हर क्षेत्र में AI

आर्टिफिशियल इंटेलिजेंस सिर्फ चिकित्सा तक सीमित नहीं रहेगा। जरा 2047 के भारत की एक झलक देखिए, जहाँ AI लगभग हर क्षेत्र में एक ख़ामोश सहायक की तरह काम कर रहा होगा। आइए, एक-एक करके देखें।

खेती में: एक छोटा किसान, AI से जुड़े सेंसर ड्रोन की मदद से जान पाएगा कि उसकी मिट्टी को ठीक कितना पानी, कितनी खाद चाहिए; AI उसे बताएगा कि कौन-सी फसल, किस मौसम में, सबसे ज्यादा मुनाफा देगी, कब कीड़े का हमला होने वाला है। यानी अब खेती "तुक्के" से नहीं, सटीक विज्ञान से होगी।

शिक्षा में: हर बच्चे के पास एक "व्यक्तिगत AI शिक्षक" होगा, जो उसकी अपनी गति से, उसकी अपनी भाषा में पढ़ाएगा—जो तेज है उसे आगे बढ़ाएगा, जो पीछे है उसे धैर्य से समझाएगा। वह "एक जैसी पढ़ाई सबके लिए" वाली पुरानी फैक्ट्री ख़त्म हो जाएगी।

प्रशासन में: वह फाइलों की "जाम धमनी," जो दशकों से हमारी व्यवस्था को सुस्त बनाए हुए है, AI से तेज होगी। शिकायतों का निपटारा मिनटों में, बिना रिश्वत, बिना चक्कर लगाए हो सकेगा।

न्याय में: लाखों लंबित मुक़दमों के बोझ तले दबी हमारी अदालतें, AI की मदद से पुराने फैसले दस्तावेज पलक झपकते खोज पाएँगी, जिससे न्याय की रफ्तार बहुत तेजी से बढ़ेगी।

यातायात शहरों में: AI से चलने वाले "स्मार्ट सिटी" सिस्टम, ट्रैफिक जाम, बिजली की बर्बादी एवं कचरे का प्रबंधन खुद-ब-खुद करेंगे।

आपदा-प्रबंधन में: AI बाढ़, चक्रवात भूकंप की पहले से चेतावनी देकर, हजारों जानें बचा सकेगा।

छोटे व्यापार में: एक छोटा दुकानदार या कारीगर भी AI की मदद से अपना हिसाब-किताब, मार्केटिंग, ग्राहकों से बातचीत आदि सब कुछ, किसी बड़ी कंपनी की तरह, चुटकियों में कर पाएगा।

यह कोई दूर का सपना नहीं कि यह बदलाव अभी, हमारी आँखों के सामने शुरू हो चुका है।

"पिछली औद्योगिक क्रांतियों ने इंसान की मांसपेशियों की ताक़त बढ़ाई थी; AI की यह क्रांति इंसान के दिमाग की ताक़त बढ़ा रही है। जो राष्ट्र इसे सही दिशा में साध लेगा, वह अगली सदी का नेतृत्व करेगा।"

एक हल्का-सा सच—मशीन अभी इंसान नहीं बनी

हम अक्सर AI से इतना डर जाते हैं, मानो कल ही रोबोट हम पर राज करने वाले हों। पर सच यह है कि यह "महाशक्तिशाली" AI आज भी कई बार हास्यास्पद गलतियाँ करता है। यह बड़ी गंभीरता से आपको ऐसी सलाह दे सकता है, जो पूरी तरह गलत हो—उतने ही आत्मविश्वास से, जितने आत्मविश्वास से एक नेता चुनाव से पहले वादे करता है! इसे विशेषज्ञ "हैल्युसिनेशन" (मतिभ्रम) कहते हैं, यानी AI का पूरे भरोसे के साथ झूठ गढ़ देना।

मैं अक्सर सोचता हूँ कि यह ठीक उस जूनियर डॉक्टर की तरह है, जिसने किताबें तो सारी रट लीं, पर जिसने अभी तक एक भी असली मरीज नहीं देखा। उसके पास "जानकारी" तो बहुत है, पर "समझ" "अनुभव" नहीं। वह आपको हृदय-रोग की पूरी परिभाषा सुना देगा, पर एक डरे हुए मरीज का हाथ थामकर उसे ढाढ़स देना, यह उसे नहीं आता।

यही AI की सबसे बड़ी सीमा है, हमारे लिए सबसे बड़ी राहत। AI के पास दुनिया भर का "डेटा" है, पर "विवेक" नहीं। उसके पास "गणना" है, पर "करुणा" नहीं। वह एक कविता लिख सकता है, पर उस कविता पर आँसू नहीं बहा सकता। वह शतरंज में आपको हरा सकता है, पर हारने वाले बच्चे के सिर पर प्यार से हाथ नहीं रख सकता।

"आर्टिफिशियल इंटेलिजेंस इंसान से तेज सोच सकता है, पर इंसान की तरह महसूस नहीं कर सकता। इतिहास गवाह है, दुनिया को आगे सिर्फ तेज सोच ने नहीं वरन् गहरी करूणा व संवेदना ने बढ़ाया है।"

आपके मन के सवाल–कुछ आम शंकाएँ, कुछ सीधे जवाब

AI को लेकर हर घर में, हर मन में कुछ सवाल हैं। एक डॉक्टर के नाते, जैसे मैं अपने मरीजों की शंकाएँ धैर्य से दूर करता हूँ, वैसे ही आइए, इन आम सवालों के सीधे, ईमानदार जवाब दें।

सवाल 1: "क्या AI मेरी नौकरी छीन लेगी?" यह सबसे बड़ा डर है, इसका जवाब संतुलित है। सच यह है: AI कुछ पुराने, दोहराव वाले काम जरूर ख़त्म करेगी। पर इतिहास गवाह है कि हर तकनीकी क्रांति ने पुरानी नौकरियाँ ख़त्म करने के साथ-साथ, नई, अक्सर बेहतर, नौकरियाँ पैदा की हैं। कंप्यूटर आया, तो टाइपिस्ट की नौकरी गई, पर करोड़ों आईटी नौकरियाँ आई। असली बात यह है कि "AI आपकी नौकरी नहीं छीनेगी; पर AI का इस्तेमाल करने वाला इंसान, AI न इस्तेमाल करने वाले इंसान की नौकरी जरूर ले सकता है।" इसलिए डरिए मत–सीखिए।

सवाल 2: "क्या रोबोट एक दिन इंसानों पर राज करने लगेंगे, जैसा फिल्मों में दिखता है?" यह विज्ञान-कथा फिल्मों का रोमांच है, हक़ीक़त नहीं कम-से-कम निकट भविष्य में नहीं। आज का AI एक बेहद ताक़तवर "औजार" है, उसकी अपनी कोई "इच्छा," "चेतना" या "महत्वाकांक्षा" नहीं। वह वही करता है, जो इंसान उसे करने को कहता है। असली ख़तरा "बुरे रोबोट" नहीं, "बुरे इरादे वाले इंसान" हैं, जो इस औजार का दुरुपयोग करें।

सवाल 3: "मैं तो पुरानी पीढ़ी से हूँ / मुझे तकनीक नहीं आती। क्या यह सब मेरे लिए है ही नहीं?" बिल्कुल आपके लिए है! AI की सबसे बड़ी खूबी यही है कि वह आसान होता जा रहा है। अब आप उससे वैसे ही, अपनी हिंदी या अपनी भाषा में, सहज बात कर सकते हैं, जैसे किसी इंसान से। आपको कोडिंग सीखने की जरूरत नहीं – बस इस्तेमाल करना सीखने की है, जैसे आपने कभी मोबाइल फोन सीखा था।

सवाल 4: "अगर AI गलत जानकारी दे दे, तो?" यह एक वाजिब चिंता है (वही "हैल्युसिनेशन" वाली बात)। इसलिए सुनहरा नियम यह है: AI को एक "होशियार सहायक" मानिए, "अंतिम भगवान" नहीं। उसकी दी जानकारी, ख़ासकर स्वास्थ्य, कानून या पैसे से जुड़ी, को हमेशा किसी असली विशेषज्ञ से जाँच लीजिए। AI सुझाव दे सकता है, अंतिम फैसला हमेशा इंसान का हो।

सवाल 5: "क्या मेरे बच्चे AI के कारण आलसी या कम बुद्धिमान हो जाएँगे?" यह आप पर निर्भर है। अगर बच्चा हर होमवर्क AI से करवा ले, तो हाँ, उसकी अपनी सोच कुंद होगी (जैसे कैलकुलेटर पर निर्भरता से गणित कमजोर होता है। पर अगर वह AI का इस्तेमाल "सीखने" एवं "नई चीजें रचने" के लिए करे, तो वही AI उसे तेज, रचनात्मक बना देगा। औजार वही है फर्क़ सिर्फ इस्तेमाल में है।

बीमारी–जब पेसमेकर पर जरूरत से ज्यादा निर्भर हो जाएँ

अब उस ख़तरे की बात, जिससे एक डॉक्टर के नाते मुझे सबसे ज्यादा चिंता है। पेसमेकर का एक नियम है: वह तभी तक वरदान है, जब तक दिल खुद भी धड़कने की कोशिश करता रहे। अगर दिल पूरी तरह पेसमेकर पर निर्भर होकर खुद धड़कना ही छोड़ दे, तो यह ख़तरनाक है। AI के साथ भी यही ख़तरा है।

पहला ख़तरा–सोचने की क्षमता का क्षरण। जब हर सवाल का जवाब, हर समस्या का हल, AI तुरंत दे देगा, तो क्या हमारी अपनी सोचने, जूझने एवं रचने की क्षमता कुंद नहीं पड़ जाएगी? जैसे लगातार कैलकुलेटर इस्तेमाल करने से हमारा खुद का गणित कमजोर हो जाता है, वैसे ही कहीं AI हमारी अपनी बौद्धिक "मांसपेशियों" को सुस्त न कर दे।

दूसरा ख़तरा–रोजगार का। यह एक वास्तविक चिंता है (जैसा हमने बेरोजगारी वाले अध्याय में देखा)। AI कई पुराने, दोहराव वाले काम ख़त्म कर देगा।

तीसरा ख़तरा – वही, जो हमने केरल के बुजुर्ग की कहानी में देखा: डीपफेक, घोटाले, झूठ का अंबार, निजता (प्राइवेसी) का हनन।

चौथा, सबसे गहरा ख़तरा–मानवीय जुड़ाव का ख़त्म होना। अगर बच्चे इंसानों के बजाय मशीनों से बात करना सीखें, अगर बुजुर्ग अपने अकेलेपन में किसी रोबोट से सहारा ढूँढें, तो हम तकनीकी रूप से तो जुड़ जाएँगे, पर इंसानी रूप से अकेले हो जाएँगे।

"सबसे बड़ा ख़तरा यह नहीं कि मशीनें इंसानों जैसा सोचने लगें; सबसे बड़ा ख़तरा यह है कि इंसान मशीनों जैसा महसूस करना–यानी महसूस न करना – सीख लें।"

एक संतुलित नजर–डरिए मत, पर सोए भी मत रहिए

यहाँ एक ईमानदार डॉक्टर और संतुलित लेखक के नाते मुझे पूरी सावधानी रखनी होगी, क्योंकि एआई के मामले में दो तरह के लोग सबसे अधिक खतरनाक हैं एक वे, जो इससे इतना डरते हैं कि इसे छूने से भी बचते हैं; और दूसरे वे, जो इस पर इतना भरोसा कर लेते हैं कि अपना विवेक ही इसके हवाले कर देते हैं।

पहली बात – AI को रोकना न संभव है, न समझदारी। यह आ चुका है, यह तकनीक रहेगी। जो राष्ट्र इसे नहीं अपनाएगा, वह पिछड़ जाएगा। भारत के पास तो इसमें अग्रणी बनने का सुनहरा मौक़ा है, हमारे पास दुनिया की सबसे बड़ी युवा-शक्ति है, बेहतरीन इंजीनियर हैं, सरकार भी "इंडिया AI मिशन" जैसी पहलों के जरिए (हजारों GPU AI ढाँचे के साथ) इस दिशा में तेजी से बढ़ रही है।

दूसरी बात – पर इसे अपनाने का मतलब आँख मूँदकर भरोसा करना नहीं है। हमें "सुरक्षित भरोसेमंद AI" (सेफ एंड ट्रस्टेड AI) चाहिए–ऐसे नियम सुरक्षा-कवच, जो डीपफेक, घोटालों निजता-हनन से हमारी रक्षा करें।

तीसरी बात – यह सबसे जरूरी–हमें यह तय करना होगा कि AI "मालिक" नहीं, "सेवक" रहे। अगर AI सिर्फ अमीरों शहरों तक रही, तो यह असमानता को बढ़ाएगी अगर यह आख़िरी गाँव तक पहुँची व तो यह सबसे बड़ा बराबरी लाने वाला बन जाएगी।

"AI एक चाकू की तरह है, वही चाकू एक सर्जन के हाथ में जान बचाता है, एक हत्यारे के हाथ में जान लेता है। फर्क़ चाकू में नहीं, उसे थामने वाले हाथ एवं उसके पीछे की नीयत में है।"

इलाज – पेसमेकर को सही तरीक़े से लगाना

भारत इस "डिजिटल पेसमेकर" का सर्वश्रेष्ठ उपयोग कैसे करे? कुछ ठोस सुझाव।

पहला – "AI फॉर ऑल।" हमें यह सुनिश्चित करना होगा कि AI का लाभ सिर्फ बड़े शहरों व अमीरों तक सीमित न रहे, बल्कि वह देश के छोटे से छोटे गाँव के उस आशा कार्यकर्ता, उस किसान, उस गरीब विद्यार्थी तक पहुँचे।

दूसरा – भारतीय भाषाओं में AI हमारी असली ताक़त तब खुलेगी, जब AI अंग्रेजी ही नहीं, हिंदी, तमिल, बांग्ला, हर भारतीय भाषा में काम करे, ताकि वह उस आख़िरी इंसान तक पहुँचे, जो अंग्रेजी नहीं जानता।

तीसरा – मजबूत सुरक्षा-कवच नियम। डीपफेक, घोटालों व निजता-हनन से बचाने के लिए सख़्त कानून जागरूकता जरूरी है, ताकि कोई बुजुर्ग किसी नक़ली कॉल का शिकार न बने।

चौथा – कौशल पुर्नप्रशिक्षण। हमें अपने युवाओं को AI के साथ काम करना सिखाना होगा, ताकि वे इससे डरें नहीं, बल्कि इसका इस्तेमाल करके सशक्त बनें।

पाँचवाँ, सबसे जरूरी – हमेशा "इंसान को केंद्र में" रखना। तकनीक का लक्ष्य इंसान की जगह लेना नहीं, इंसान को बेहतर, सशक्त ज्यादा मानवीय बनाना होना चाहिए। इस विशाल राष्ट्र-देह में अगर हम इस डिजिटल पेसमेकर को सही ढंग से लगा दें, करुणा के साथ, सावधानी के साथ, सबकी भलाई के लिए तो यह भारत की धड़कन को एक नई, जबरदस्त ताक़त दे सकता है।

"विकसित भारत का सपना तब पूरा होगा, जब हम सबसे आधुनिक AI को अपने सबसे प्राचीन मूल्य 'सर्वे भवन्तु सुखिनः' के साथ जोड़ देंगे। तकनीक में ताक़त है, पर दिशा हमारी संस्कृति देगी।"

▪ *सोचिए*

केरल के उस बुजुर्ग को उनकी अपनी आँखों व कानों ने धोखा दिया। जरा सोचिए, जब असली व नक़ली का फर्क़ मिटने लगे, तो हमारी सबसे बड़ी सुरक्षा क्या होगी? क्या वह तकनीक होगी, या हमारा अपना विवेक, हमारी अपनी सतर्कता, एक-दूसरे से असली, इंसानी जुड़ाव?

▪ *चर्चा कीजिए*

अपने परिवार में, ख़ासकर बुजुर्गों बच्चों के साथ, AI के दोनों पहलुओं पर बात कीजिए–इसके चमत्कार भी, इसके ख़तरे (डीपफेक, घोटाले) भी। यह तय कीजिए कि आपका परिवार तकनीक का "मालिक" बनेगा, या उसका "गुलाम"?

▪ *कार्रवाई कीजिए*

इस सप्ताह तीन काम कीजिए: पहला, अपने घर के बुजुर्गों को डीपफेक AI-घोटालों के बारे में सावधान कीजिए–उन्हें सिखाइए कि पैसे भेजने से पहले हमेशा फोन कॉल पर पुष्टि करें। दूसरा, AI को सीखिए व इस्तेमाल कीजिए, इससे डरिए मत, इसे अपना औजार बनाइए। तीसरा, इस तकनीकी युग में भी, रोज कुछ समय "स्क्रीन-फ्री " बिताइए, अपने परिवार के साथ, असली बातचीत में। क्योंकि सबसे अच्छा "नेटवर्क", वाई-फाई नहीं, परिवार होता है।

Rx डॉ. सुरेश कुमार पाण्डेय का प्रिस्क्रिप्शन:

इस अध्याय से पाँच संजीवनी सूत्र

पहला सूत्र – AI को अपनाइए, पर मालिक मत बनाइए: AI को रोकना न संभव है, न समझदारी – इसे अपनाना जरूरी है। पर इसे "सेवक" बनाइए, "मालिक" नहीं। अपनी सोचने, जूझने रचने की क्षमता को कभी मशीन के हवाले मत कीजिए।

दूसरा सूत्र – "AI फॉर ऑल" – आख़िरी गाँव तक: AI का लाभ सिर्फ शहरों अमीरों तक न रहे। इसे भारतीय भाषाओं में, उस आशा कार्यकर्ता, किसान, गरीब विद्यार्थी तक पहुँचाइए। AI असमानता बढ़ाने का नहीं, मिटाने का औजार बने।

तीसरा सूत्र – मजबूत सुरक्षा-कवच बनाइए: डीपफेक, वॉइस-क्लोनिंग घोटालों से बचने के लिए सख़्त कानून जन-जागरूकता जरूरी है। नए युग का मंत्र – "अपनी आँखों से देखकर भी, एक बार रुककर पुष्टि कीजिए।"

चौथा सूत्र – डरिए नहीं, कौशल सीखिए: AI आपकी नौकरी नहीं छीनेगा, पर AI का इस्तेमाल करने वाला इंसान आपकी नौकरी ले सकता है। युवाओं को AI के साथ काम करना सिखाइए, ताकि वे इससे सशक्त बनें।

पाँचवाँ सूत्र – तकनीक में ताक़त, दिशा संस्कृति से: सबसे आधुनिक AI को सबसे प्राचीन भारतीय मूल्यों–करुणा, विवेक, "सर्वे भवन्तु सुखिन:" के साथ जोड़िए। मशीन गणना दे सकती है, करुणा नहीं। दुनिया को हमेशा करुणा ने आगे बढ़ाया है, सिर्फ गणना ने नहीं।

अध्याय 30

सशक्त महिला, सशक्त राष्ट्र: आधी आबादी को पूर्ण अवसर

लकवाग्रस्त आधे शरीर को फिर सक्रिय करने के लिए, फिजियोथेरेपी जरूरी है

"फिजियोथेरेपी का दर्शन गहरा है कि यह किसी कमजोर या लकवाग्रस्त अंग को 'दया' नहीं देती, बल्कि उसे फिर से 'ताक़त' देती है। वह उस अंग को सहारा देकर, अभ्यास कराकर, धीरे-धीरे फिर से चलने-फिरने पूरी ताक़त से काम करने लायक बनाती है। भारत की आधी आबादी, हमारी नारी-शक्ति, को भी यही चाहिए: दया नहीं, बल्कि वह फिजियोथेरेपी, जो उसे उसका पूरा, खोया हुआ बल लौटा दे।"

– डॉ. सुरेश कुमार पाण्डेय

एक चौंका देने वाले सच से अध्याय की शुरुआत करते हैं। दुनिया भर में, औसतन हर 100 में से लगभग 51 महिलाएँ काम-धंधे या नौकरी में सक्रिय हैं। पर भारत में, कुछ साल पहले तक, यह संख्या मात्र 23 थी। यानी हमारे देश

की लगभग तीन–चौथाई महिलाएँ–जो पढ़-लिख सकती थीं, कमा सकती थीं, देश की अर्थव्यवस्था को दोगुना कर सकती थीं–घर की चारदीवारी में बंद थीं।

अब इस आँकड़े का दूसरा, भी चौंकाने वाला पहलू सुनिए। अर्थशास्त्रियों के अनुमान के अनुसार, अगर भारत की महिलाएँ पुरुषों के बराबर काम में हिस्सा लेने लगें, तो अकेले इससे भारत की कुल आय (जीडीपी) में लगभग 700 अरब डॉलर–यानी लाखों करोड़ रुपये–की वृद्धि हो सकती है।

जरा इस बात को महसूस कीजिए। हमारे पास एक विशाल "इंजन" है, जो हमारी कुल ताक़त का आधा है–पर हमने उसे दशकों से बंद करके रखा हुआ था। हम एक ऐसे एथलीट की तरह दौड़ने की कोशिश कर रहे हैं, जिसके शरीर का आधा हिस्सा लकवे का शिकार हो। फिर हम हैरान होते हैं कि हम महाशक्ति क्यों नहीं बन पा रहे!

एक डॉक्टर के नाते, मैं इसे राष्ट्र के "आधे शरीर का लकवा" (हेमिप्लेजिया) कहता हूँ, जैसा हमने अध्याय 15 में देखा था। पर वह अध्याय "बीमारी" का था। यह अध्याय "इलाज" का है–उस फिजियोथेरेपी का, जो इस लकवाग्रस्त आधे शरीर को फिर से पूरी ताक़त से सक्रिय कर सकती है।

"जो राष्ट्र अपनी आधी आबादी को घर में बंद रखता है, वह दरअसल अपनी आधी ताक़त, आधी प्रतिभा आधी संभावना को खुद ही ताला लगाकर रखता है। फिर वह पूरी दुनिया से कैसे जीतेगा?"

एक सच्ची तस्वीर–जो उम्मीद से भर देती है

पर यहाँ एक बेहद खूबसूरत बात हुई है, यही इस अध्याय की असली कहानी है। पिछले कुछ ही वर्षों में, यह लकवाग्रस्त आधा शरीर तेजी से हिलने-डुलने लगा है।

जरा इन तीन दृश्यों की कल्पना कीजिए। तमिलनाडु के एक कपड़ा कारख़ाने में, महिलाओं की कतारें, मशीनों के साथ ताल मिलाकर, बारीक डिजाइन बुन रही हैं। बेंगलुरु के एक स्टार्टअप में, युवा लड़कियाँ अपने लैपटॉप पर झुकी, एक स्टार्टअप मॉडल को बेहतर बना रही हैं। सिक्किम के एक गाँव में, एक महिला उद्यमी मुस्कुराते हुए एक ऐसे व्यापारिक सौदे पर हस्ताक्षर कर रही है, जो उसके डेयरी फार्म को बड़ा कर देगा।

यह कोई कल्पना नहीं, यह आज के भारत की हक़ीक़त है। आँकड़े इसकी गवाही देते हैं: महिला श्रम-भागीदारी, जो कुछ साल पहले मात्र 23.3 प्रतिशत थी, अब बढ़कर लगभग 41.7 प्रतिशत तक पहुँच गई है–यानी सिर्फ सात सालों में लगभग दोगुनी! सबसे खूबसूरत बात, इस बदलाव की अगुआई शहरों

की नहीं, बल्कि गाँवों की महिलाएँ कर रही हैं। एक छोटा-सा पर्वतीय राज्य सिक्किम तो लगभग 57 प्रतिशत भागीदारी के साथ पूरे देश में सबसे आगे है, जो दिखाता है कि जब अवसर मिलता है, तो हमारी महिलाएँ किसी से पीछे नहीं रहतीं।

यह वह फिजियोथेरेपी है, जो काम कर रही है। लकवाग्रस्त अंग में फिर से जान लौट रही है।

"भारत को कभी 'क्षमता' की कमी नहीं रही, कमी सिर्फ 'अवसर' की रही है। और जहाँ-जहाँ उसे जरा-सा भी अवसर मिला, वहाँ-वहाँ उसने इतिहास रच दिया।"

बीमारी की जड़–वह अंग कमजोर क्यों पड़ा?

फिजियोथेरेपी शुरू करने से पहले, एक अच्छे डॉक्टर को यह समझना जरूरी है कि अंग कमजोर पड़ा क्यों। हमारी आधी आबादी के इस "लकवे" की कुछ गहरी जड़ें हैं।

पहली जड़ – सामाजिक सोच पितृसत्ता। बचपन से ही बेटे बेटी में फर्क़, यह सोच कि " बेटी की जगह घर है", "वह क्या कहेंगे" का डर।

दूसरी जड़– सुरक्षा आवाजाही का संकट। कई महिलाएँ सिर्फ इसलिए काम नहीं कर पातीं, क्योंकि घर से दफ्तर तक का रास्ता सुरक्षित नहीं, या सार्वजनिक परिवहन भरोसेमंद नहीं (जैसा अध्याय 15 में देखा)।

तीसरी जड़, सबसे अनदेखी–"अदृश्य श्रम" का दोहरा बोझ। यहाँ मैं एक हल्की-सी, पर गहरी बात कहना चाहता हूँ। हमारे समाज में एक मजेदार विरोधाभास है: हम कहते हैं कि "महिलाएँ काम नहीं करती", जबकि सच यह है कि वह सुबह सबसे पहले उठती है रात को सबसे आख़िर में सोती है! वह खाना बनाती है, बच्चे पालती है, बुजुर्गों की सेवा करती है, घर चलाती है, इस सबके बदले उसे एक भी रुपया नहीं मिलता। अर्थशास्त्री इसे "अदृश्य श्रम" कहते हैं। एक अनुमान के अनुसार, महिलाओं का यह बिना-वेतन वाला घरेलू काम भारत की जीडीपी का लगभग 3 प्रतिशत के बराबर है, पर चूँकि इसका कोई "बिल" नहीं बनता, इसलिए इसे "काम" ही नहीं माना जाता।

"दुनिया की सबसे मेहनती कर्मचारी वह गृहिणी है, जिसकी मेहनत का न कोई वेतन है, न कोई छुट्टी, और न कोई पहचान। विडंबना देखिए कि उसी से हम कहते हैं कि वह 'कुछ नहीं करती।'

इलाज – एक प्रभावी फिजियोथेरेपी का नुस्ख़ा

अब उस फिजियोथेरेपी की बात, जो इस आधे शरीर को पूरी ताक़त लौटा सकती है। फिजियोथेरेपी एक दिन में चमत्कार नहीं करती, वह धैर्य, नियमित अभ्यास सही सहारे से, धीरे-धीरे ताक़त लौटाती है। राष्ट्र को भी यही करना होगा।

पहला – सुरक्षा बुनियादी ढाँचा। महिलाओं के लिए सुरक्षित परिवहन, सुरक्षित कार्यस्थल, सबसे जरूरी, अच्छे व सस्ते "चाइल्ड-केयर" (शिशु-गृह) की व्यवस्था आदि। जब एक माँ को भरोसा होगा कि उसका बच्चा सुरक्षित है, तभी वह निश्चिंत होकर काम कर पाएगी।

दूसरा – कौशल व वित्तीय आजादी। महिलाओं को कौशल-प्रशिक्षण, आसान कर्ज, अपने पैसों पर अपना नियंत्रण देना। याद रखिए, जब एक महिला कमाती है, तो वह अपनी कमाई का बड़ा हिस्सा अपने परिवार, बच्चों की शिक्षा सेहत पर ख़र्च करती है। एक महिला को सशक्त बनाना, पूरी अगली पीढ़ी को सशक्त बनाना है।

तीसरा – घर से शुरू होने वाली सोच। यह फिजियोथेरेपी सिर्फ सरकार के बस की नहीं, यह हर घर में होगी। यह तब होगी, जब एक पिता अपनी बेटी को बेटे जितने ही सपने देखने देगा; जब एक पति अपनी पत्नी के करियर को, अपने करियर जितना ही जरूरी मानेगा; जब घर के काम जिम्मेदारियाँ सिर्फ "महिलाओं का काम" नहीं, बल्कि पूरे परिवार की साझा जिम्मेदारी मानी जाएँगी।

यहाँ मैं अपने जीवन का एक सच जोड़ना चाहता हूँ। मेरी पत्नी सहकर्मी, डॉ. विदुषी शर्मा, खुद एक कुशल नेत्र चिकित्सक हैं, सुवि आई इंस्टीट्यूट की सह-संस्थापक हैं। मैंने अपने जीवन अपने काम में यह रोज देखा है कि जब एक महिला को बराबरी का अवसर सम्मान मिलता है, तो वह सिर्फ अपना नहीं, बल्कि अपने साथ जुड़े हर इंसान, हर संस्था का भविष्य बदल देती है।

इस राष्ट्र-देह का आधा हिस्सा अब तक पूरी ताक़त से काम नहीं कर रहा था। पर अब वह जाग रहा है। जिस दिन यह आधा शरीर पूरी तरह सक्रिय हो जाएगा, उस दिन भारत एक पैर से लँगड़ाकर चलना छोड़, दोनों पैरों से दौड़ने लगेगा।

"एक राष्ट्र कभी एक पंख से नहीं उड़ सकता। भारत को महाशक्ति बनना है, तो उसे अपनी दोनों पंखों – अपने पुरुषों अपनी महिलाओं – को बराबर ताक़त से फैलाना होगा। आधी आबादी को पीछे छोड़कर, कोई देश आगे नहीं बढ़ सकता।"

- ***सोचिए***

हमारी आधी आबादी की पूरी भागीदारी से देश की आय में लाखों करोड़ रुपये जुड़ सकते हैं। जरा सोचिए कि हम विकास के लिए विदेशी निवेश ढूँढते फिरते हैं, जबकि हमारी सबसे बड़ी "अनछुई पूँजी" हमारे अपने घरों में बैठी है। हम इस ताक़त को कब तक अनदेखा करेंगे?

- ***चर्चा कीजिए***

अपने परिवार में एक ईमानदार बात कीजिए: क्या हमारे घर में बेटे बेटी को वाक़ई बराबर सपने देखने का हक़ है? क्या घर की जिम्मेदारियाँ सिर्फ "महिलाओं का काम" हैं, या पूरे परिवार की साझा जिम्मेदारी? यह सोच हम कैसे बदल सकते हैं?

- ***कार्रवाई कीजिए***

इस सप्ताह दो काम कीजिए: पहला, अपने घर में घरेलू जिम्मेदारियों को साझा करना शुरू कीजिए, पुरुष भी रसोई बच्चों की देखभाल में हाथ बँटाएँ। दूसरा, अपने आसपास की किसी एक महिला के काम, हुनर या छोटे उद्यम को सम्मान दीजिए बढ़ावा दीजिए। याद रखिए, किसी भी समाज की असली प्रगति इस बात से नापी जाती है कि वह अपनी महिलाओं के साथ कैसा बर्ताव करता है।

Rx डॉ. सुरेश कुमार पाण्डेय का प्रिस्क्रिप्शन:

इस अध्याय से पाँच संजीवनी सूत्र

पहला सूत्र – दया नहीं, अवसर दीजिए: महिलाओं को "मदद" या "रियायत" की नहीं, बराबरी के "अवसर" की जरूरत है। फिजियोथेरेपी की तरह, उन्हें सहारा मंच दीजिए, बाक़ी ताक़त वे खुद दिखा देंगी, जैसा सिक्किम गाँव की महिलाओं ने दिखाया।

दूसरा सूत्र – सुरक्षा शिशु-देखभाल, सबसे पहले: सुरक्षित परिवहन, सुरक्षित कार्यस्थल, अच्छे-सस्ते शिशु-गृह (चाइल्ड-केयर) के बिना महिला-भागीदारी अधूरी रहेगी। यही फिजियोथेरेपी का पहला, जरूरी सहारा है।

तीसरा सूत्र – "अदृश्य श्रम" को पहचानिए बाँटिए: घर का काम सिर्फ "महिलाओं का काम" नहीं, पूरे परिवार की साझा जिम्मेदारी है। जब तक पुरुष घर की जिम्मेदारी नहीं बाँटेंगे, महिला बाहर अपनी पूरी ताक़त नहीं दिखा पाएगी।

चौथा सूत्र – एक महिला को सशक्त करना, पूरी पीढ़ी को सशक्त करना है: महिला को कौशल, कर्ज वित्तीय आजादी दीजिए। वह अपनी कमाई परिवार, बच्चों की शिक्षा सेहत पर लगाती है–यानी उसका सशक्तिकरण पूरे समाज का सबसे बड़ा निवेश है।

पाँचवाँ सूत्र – बदलाव घर से, सोच से शुरू होता है: असली क्रांति कानून से नहीं, हर घर की सोच बदलने से आएगी–जब हर पिता बेटी को बेटे जितने सपने देखने दे, हर पति पत्नी के सपनों को अपने सपनों जितना सम्मान दे।

खंड छह

2047 का स्वस्थ भारत

दृष्टि, संकल्प एवं एक नई सभ्यता का सूर्योदय

अध्याय 31

नागरिक चेतनाः आक्रोश से राष्ट्रीय संकल्प तक

कमजोर रोग-प्रतिरोधक तंत्र को इम्युनिटी बूस्टर चाहिए

"शरीर की असली रक्षा सिर्फ महँगी दवाओं या बड़े अस्पतालों से नहीं होती, वह होती है उसके अपने रोग-प्रतिरोधक तंत्र (इम्यून सिस्टम) से, जो हर कोशिका में मौजूद रहकर, चुपचाप, हर हमले से लड़ता है। किसी राष्ट्र का रोग-प्रतिरोधक तंत्र उसके 'जागरूक नागरिक' होते हैं। जिस दिन हर नागरिक एक सक्रिय 'एंटीबॉडी' बन जाएगा, उस दिन कोई भ्रष्टाचार, कोई गंदगी, कोई अन्याय इस राष्ट्र-शरीर को बीमार नहीं कर पाएगा।"

– डॉ. सुरेश कुमार पाण्डेय

एक ऐसी ऐतिहासिक घटना से शुरुआत करते हैं, जिसने पूरी दुनिया को चौंका दिया था! दिनांक 1 अक्टूबर 2023 की सुबह ठीक 10 बजे... जब प्रधानमंत्री श्री नरेंद्र मोदी के एक आह्वान पर पूरा हिंदुस्तान एक साथ, एक ही पल में उठ खड़ा हुआ। इतिहास में दर्ज उस 'एक तारीख, एक घंटा, एक साथ' के

महा-अभियान में देश के कोने-कोने से लगभग 8.75 करोड़ लोगों ने अपने हाथों में झाड़ू, फावड़ा और तसला उठाया था।

लेकिन कहानी सिर्फ इस एक घंटे की नहीं थी! दिनांक 15 सितंबर से 2 अक्टूबर 2023 तक चले इस 18 दिवसीय 'स्वच्छता ही सेवा' महा-अभियान के दौरान, पूरे भारत से 109 करोड़ से अधिक लोगों ने किसी न किसी मुख्य गतिविधि में सक्रिय रूप से भाग लिया। जाति, धर्म और वर्ग की दीवारें तोड़कर, करोड़ों भारतीय अपने मोहल्ले, सड़कों और दम तोड़ते तालाबों को संवारने के लिए 'श्रमदान' के एक अभूतपूर्व महायज्ञ में जुट गए थे। यह सिर्फ सफाई नहीं, इतिहास का सबसे बड़ा जन-आंदोलन और राष्ट्र-निर्माण का जीवंत प्रमाण था!

जरा इस संख्या को महसूस कीजिए, 109 करोड़। यह दुनिया के कई बड़े देशों की पूरी आबादी से भी ज्यादा है। ये सब किसी के डर से नहीं, किसी मजबूरी में नहीं, बल्कि एक "साझा संकल्प" के तहत, स्वेच्छा से जुटे थे। यह दुनिया के सबसे बड़े नागरिक-आंदोलनों में से एक था।

अब इसका दूसरा पहलू देखिए। इंदौर, कभी एक आम भारतीय शहर, जहाँ गंदगी आम बात थी, आज लगातार कई वर्षों से देश का सबसे स्वच्छ शहर है। यह चमत्कार किसी जादू से नहीं हुआ। यह हुआ, जब उस शहर के आम नागरिकों ने ठान लिया कि "अब बस बहुत हुआ।" उन्होंने सिर्फ शिकायत करना छोड़ा, खुद भागीदार बनना शुरू किया।

यही इस अध्याय का सबसे बड़ा सबक है। हम अक्सर सोचते हैं कि देश को सरकार बदलेगी, नेता बदलेंगे, कोई "मसीहा" आएगा। पर सच यह है कि किसी भी राष्ट्र का असली कायाकल्प उसके आम, जागरूक नागरिकों से होता है। ठीक वैसे ही, जैसे शरीर की असली रक्षा किसी बाहरी दवा से नहीं, बल्कि उसके अपने रोग-प्रतिरोधक तंत्र से होती है।

"किसी भी राष्ट्र की तस्वीर सिर्फ मंच से दिए गए भाषणों से नहीं बदलती। असली क्रांति तब आती है, जब देश का आम नागरिक स्वयं अपने हाथों में झाड़ू थाम लेता है। क्योंकि बदलाव कभी आसमान से नहीं उतरते, वे जमीन से फूटते हैं, लोगों के पसीने से जन्म लेते हैं।"

बीमारी – जब "कोई करेगा" वाला वायरस फैल जाए

हम भारतीयों में एक बेहद आम, बेहद जिद्दी "वायरस" पाया जाता है। इसका नाम है, 'कोई अन्य करेगा' अथवा 'कोई तो करेगा।' इस वायरस से ग्रस्त व्यक्ति बड़ी आसानी से अपने घर का कचरा उठाकर ठीक अपने घर के बाहर, सड़क

पर फेंक देता है, इस पक्के विश्वास के साथ कि "मेरा घर साफ रहना चाहिए; बाहर की सड़क की सफाई तो नगर निगम अथवा सरकार का काम है।" भारत का नागरिक लाल बत्ती पर तभी रुकता है, जब कोई पुलिसवाला देख रहा हो। वह भ्रष्टाचार को तब तक गाली देता है, जब तक उसका अपना काम रिश्वत देकर न निकल जाए, तब वह उसे "व्यावहारिकता" कह देता है!

यह एक मजेदार, पर बेहद गंभीर विरोधाभास है। हम सब एक "बेहतर भारत" चाहते हैं, पर हम चाहते हैं कि वह बदलाव कोई करे, किसी की मेहनत से, किसी के त्याग से। हम सब "दर्शक" बनना चाहते हैं, "खिलाड़ी" कोई अन्य बने।

एक डॉक्टर के नाते, मैं इसे राष्ट्र के "रोग-प्रतिरोधक तंत्र की कमजोरी" (इम्यूनो-डेफिशिएंसी) कहता हूँ। जब किसी शरीर का इम्यून सिस्टम कमजोर पड़ जाता है, तो छोटे-छोटे रोगाणु भी, जिनसे एक स्वस्थ शरीर आसानी से लड़ लेता, उसे गंभीर रूप से बीमार कर देते हैं। हमारी नागरिक-उदासीनता वही कमजोरी है, जिसकी वजह से भ्रष्टाचार (अध्याय 2), गंदगी, अन्याय जैसे "रोगाणु" इतने बेलगाम हो जाते हैं।

"भ्रष्टाचार रूपी गंदगी सिर्फ इसलिए नहीं फैलती कि बुरे लोग बहुत हैं; वह इसलिए फैलती है क्योंकि अच्छे लोग भ्रष्ट तंत्र के विरूद्ध आवाज़ उठाना, 'यह मेरा काम नहीं है', कहकर चुप बैठ जाते हैं। हर चुप्पी, बीमारी को कुछ दिनों की मोहलत देती है।"

एक संतुलित नजर – हम सिर्फ शिकायत करने वाले नहीं हैं

यहाँ एक ईमानदार डॉक्टर, जागरूक और संतर्क लेखक के नाते मुझे पूरा संतुलन रखना होगा, क्योंकि यह तस्वीर का सिर्फ एक पहलू है। सच यह है कि भारतीय नागरिक का रोग-प्रतिरोधक तंत्र उतना कमजोर भी नहीं, जितना हम सोचते हैं, वह बस सोया हुआ है, जब-जब जागा है, उसने चमत्कार किए हैं।

जरा याद कीजिए, किसी भी प्राकृतिक आपदा में, चाहे बाढ़ हो या भूकंप, हमारे आम नागरिक, बिना किसी आदेश के, एक-दूसरे की मदद के लिए जिस तरह उमड़ पड़ते हैं, वह दुनिया में मिसाल है। कोविड-19 महामारी के उस भयानक दौर में, करोड़ों आम लोगों ने अजनबियों तक खाना, ऑक्सीजन एवं जीवन रक्षक दवाएँ पहुँचाई। इंदौर, सूरत जैसे शहरों का सफाई-चमत्कार, असल में वहाँ के नागरिकों की जागी हुई चेतना का चमत्कार है। देश भर में जनाग्रह जैसे अनेक नागरिक-संगठन, आम लोगों को "शिकायतकर्ता" से "भागीदार" बना रहे हैं।

यानी यह "एंटीबॉडी" हमारे भीतर मौजूद है। सवाल इसे बनाने का नहीं, सवाल इसे "सक्रिय" करने का है। यह भी जरूरी है कि हम संतुलन रखें कि नागरिक की जिम्मेदारी का मतलब सरकार को उसके कर्तव्यों से मुक्त कर देना नहीं है। एक स्वस्थ राष्ट्र में, मजबूत संस्थाएँ (जैसा अगले अध्याय में देखेंगे) जागरूक नागरिक–दोनों, एक–दूसरे के पूरक बनकर काम करते हैं।

भारत का आम नागरिक कमजोर नहीं है, वह बस सोया हुआ है। पन्ने पलटकर देख लीजिए, इतिहास गवाह है, जिस दिन यह सोया हुआ शेर जागता है और देश की "जन-चेतना" एक "जन-आंदोलन " का रूप ले लेती है, तो सत्ता के बड़े-बड़े सिंहासन और अजेय साम्राज्य भी उसके आगे झुक जाते हैं।

इलाज – नागरिक चेतना का इम्युनिटी बूस्टर

अब प्रश्न यह उठता है कि इस सोए हुए रोग–प्रतिरोधक तंत्र को कैसे जगाएँ? कैसे हर नागरिक को एक सक्रिय "एंटीबॉडी" बनाएँ? यहाँ कुछ ठोस "इम्युनिटी बूस्टर" हैं।

पहला – आक्रोश को संकल्प में बदलिए। हम सब व्यवस्था से नाराज हैं, यह नाराजगी जायज है। पर सिर्फ गुस्सा, सोशल मीडिया पर भड़ास, या शिकायत किसी बीमारी का इलाज नहीं। आक्रोश एक "बुख़ार" की तरह है जो यह बताता है कि कुछ गलत है, पर बुख़ार खुद इलाज नहीं। असली इलाज तब शुरू होता है, जब हम उस गुस्से को एक ठंडे, ठोस "संकल्प" "कार्रवाई" में बदल देते हैं।

दूसरा – अपने से छोटी सी शुरुआत। आपको देश नहीं बदलना, आपको बस अपना एक कोना बदलना है। अपना कचरा डस्टबिन में डालना, लाल बत्ती का पालन करना, रिश्वत न देने का संकल्प, अपने मोहल्ले के एक पार्क या तालाब की देखभाल, आदि ये छोटे क़दम ही, करोड़ों लोगों के जुड़ने पर, एक राष्ट्रीय "इम्यून रिस्पॉन्स" बन जाते हैं।

तीसरा – बच्चों में "नागरिक संस्कार।" यह सबसे जरूरी, सबसे स्थायी टीका है। हमें अपने बच्चों को बचपन से ही सिखाना होगा कि देश सिर्फ नक्शे या झंडे का नाम नहीं कि यह "हम" हैं। उन्हें सिखाइए कि एक नागरिक के सिर्फ "अधिकार" नहीं, "कर्तव्य" भी होते हैं।

चौथा – "मैं" से "हम" तक की यात्रा। हमें यह समझना होगा कि "मेरा घर" "मेरा देश" अलग–अलग नहीं। जैसे शरीर की एक भी कोशिका बीमार हो,

तो पूरा शरीर असहज होता है, वैसे ही समाज का एक भी हिस्सा बीमार रहे, तो हम सब प्रभावित होते हैं।

इस राष्ट्र-देह का असली रोग-प्रतिरोधक तंत्र, इसके अस्पतालों या इसकी सरकारों में नहीं वरन् इसके 148 करोड़ नागरिकों के हृदय में बसता है। जिस दिन यह तंत्र पूरी तरह सक्रिय हो जाएगा, उस दिन कोई भी "रोगाणु" इस राष्ट्र को बीमार नहीं कर पाएगा।

"विकसित भारत किसी सरकार की योजना से नहीं, 148 करोड़ नागरिकों के 148 करोड़ छोटे-छोटे संकल्पों से बनेगा। यह राष्ट्र किसी एक मसीहा का इंतजार छोड़ दे, क्योंकि असली मसीहा आप स्वयं है जो, हर सुबह आईने में दिखता है।"

- ***सोचिए***

लगभग 8.75 करोड़ लोग एक दिन में, स्वेच्छा से, अपने देश की सफाई के लिए निकल पड़े। जरा सोचिए, अगर यही ऊर्जा, यही "साझा संकल्प" हम भ्रष्टाचार मिटाने, पर्यावरण बचाने, अन्याय के ख़िलाफ रोज दिखाएँ, तो यह देश कहाँ पहुँच सकता है? इस "रोग-प्रतिरोधक तंत्र" का एक हिस्सा बनने से हमें कौन रोक रहा है, सरकार, या हमारी अपनी उदासीनता?

- ***चर्चा कीजिए***

अपने परिवार मित्रों से एक ईमानदार बात कीजिए: हम व्यवस्था से तो बहुत नाराज रहते हैं, पर क्या हम खुद एक "अच्छे नागरिक" का अपना फर्ज पूरी ईमानदारी से निभाते हैं? वह "कोई अन्य करेगा" वाला वायरस, कहीं हमारे अपने भीतर तो नहीं?

- ***कार्रवाई कीजिए***

इस सप्ताह आक्रोश को संकल्प में बदलिए। सिर्फ एक छोटा नागरिक-कर्तव्य चुनिए उसे ईमानदारी से निभाइए, जैसे कचरा हमेशा डस्टबिन में डालना, किसी सरकारी काम में रिश्वत न देना, या अपने मोहल्ले की किसी एक समस्या के लिए खुद आगे आना। याद रखिए, राष्ट्र-निर्माण कोई बड़ा भाषण नहीं, रोज का एक छोटा, ईमानदार क़दम है।

Rx डॉ. सुरेश कुमार पाण्डेय का प्रिस्क्रिप्शन:

इस अध्याय से पाँच संजीवनी सूत्र

पहला सूत्र – हर नागरिक एक "एंटीबॉडी" बने: राष्ट्र का असली रोग-प्रतिरोधक तंत्र उसके जागरूक नागरिक हैं। मसीहा का इंतजार छोड़िए क्योंकि बदलाव की पहली एंटीबॉडी आप खुद हैं। असली मसीहा आप स्वयं है, जो हर सुबह आईने में दिखता है।

दूसरा सूत्र – आक्रोश को संकल्प में बदलिए: सिर्फ गुस्सा, शिकायत या सोशल मीडिया की भड़ास इलाज नहीं, वह बस "बुख़ार" है। असली इलाज तब शुरू होता है, जब आक्रोश ठोस, दमदार कार्रवाई के दृढ़ संकल्प में बदल जाए।

तीसरा सूत्र – "कोई करेगा" वाला वायरस मारिए: "मेरा घर साफ, बाहर की चिंता सरकार करे," यही सोच राष्ट्र की सबसे बड़ी बीमारी है। "मेरा घर" "मेरा देश" अलग नहीं; "मैं" से "हम" तक की यात्रा ही असली नागरिकता है।

चौथा सूत्र – छोटी शुरुआत, अपने कोने से: आपको पूरा देश नहीं बदलना – बस अपना एक कोना बदलना है। कचरा डस्टबिन में, लाल बत्ती का पालन, रिश्वत से इनकार, ऐसे करोड़ों छोटे क़दम मिलकर एक राष्ट्रीय "इम्यून रिस्पॉन्स" बन जाते हैं।

पाँचवाँ सूत्र – बच्चों को "नागरिक संस्कार" का टीका दीजिए: सबसे स्थायी इम्युनिटी बूस्टर है कि अगली पीढ़ी को बचपन से सिखाना कि नागरिक के सिर्फ "अधिकार" नहीं, "कर्तव्य" भी होते हैं, देश "वे" नहीं, "हम" हैं।

अध्याय 32

नागरिक अनुशासन का संकट: जब राष्ट्र की रीढ़ झुकने लगे

राष्ट्र को सीधा खड़ा रखने के लिए, मजबूत रीढ़ की हड्डी जरूरी है

"रीढ़ की हड्डी शरीर का वह अनदेखा नायक है, जो हमें सीधा खड़ा रखती है। यह सिर्फ हड्डियों का ढाँचा नहीं वरन् यह मस्तिष्क के संदेशों को पूरे शरीर तक पहुँचाने वाला राजमार्ग भी है। जिस राष्ट्र की रीढ़, उसकी संस्थाएँ व नेतृत्व, मजबूत सीधी होती है, वही राष्ट्र तनकर खड़ा रह पाता है; जिसकी रीढ़ झुक या टूट जाए, वह लकवे का शिकार हो जाता है।"

– डॉ. सुरेश कुमार पाण्डेय

वे पाँच सेकंड, जिन्होंने मुझे हिला दिया

वर्ष 2010, कोटा की एक साधारण सुबह। मैं रोज की तरह अपनी साइकिल पर निकला था। उस समय कोटा शहर को भारत का प्रथम ट्रेफिक लाइट फ्री सिटी बनने का सौभाग्य नहीं मिला था।

सड़कें लगभग ख़ाली थीं। एक चौराहे पर लाल बत्ती जल रही थी, और मैं रुका हुआ था। तभी मेरे बगल में एक मोटरसाइकिल आकर रुकी—आगे पिता, पीछे लगभग दस साल का बेटा।

पिता ने इधर-उधर देखा। कोई ट्रैफिक पुलिस नहीं। कोई कैमरा नहीं। सड़क पूरी तरह सूनी। उन्होंने मुस्कुराते हुए एक्सीलेटर घुमाया, लाल बत्ती तोड़ी, और फुर्र से आगे निकल गए।

जाते-जाते उस मासूम बच्चे की आवाज हवा में तैरती मेरे कानों तक आई –

"पापा, लाल बत्ती तो थी न?"

पिता हँसकर, बड़े गर्व से बोले –

"अरे कोई नहीं बेटा, यहाँ कौन देख रहा है?"

उसी क्षण मेरी साइकिल के पैडल भारी हो गए।

उस पाँच सेकंड के संवाद में, मैंने पूरे भारत की कहानी सुन ली। उस दिन सिर्फ एक ट्रैफिक नियम नहीं टूटा था, एक पिता ने अपने बेटे के कोमल मन में अनुशासनहीनता का बीज बो दिया था। उसे सिखा दिया गया था कि ईमानदारी सिर्फ तब निभानी है, जब कोई देख रहा हो; कि नियम कैमरे और चालान के मोहताज हैं।

मैं जानता था, वह बीज एक दिन पेड़ बनेगा। वह बेटा भी एक दिन पिता बनेगा, और यही पाठ अपने बेटे को देगा। यही वह अदृश्य जंजीर है, जो पीढ़ी-दर-पीढ़ी इस राष्ट्र की रीढ़ झुकाती जा रही है।

निदान – राष्ट्रीय "रीढ़-दुर्बलता सिंड्रोम"

एक नेत्र-सर्जन के नाते मैं ऑपरेशन थिएटर में रोज एक सच देखता हूँ, मोतियाबिंद की सर्जरी और लेंस प्रत्यारोपण केवल आधा सफर है। शेष आधी मंजिल मरीज के अनुशासन से तय होती है। समय पर दवा डालना, आँख न रगड़ना और हफ्ते भर उसे पानी से बचाना। यदि मरीज स्वयं अपना सहयोग न दे, तो दुनिया का सर्वश्रेष्ठ नेत्र-सर्जन और सबसे महँगी तकनीक भी रोगी की आँखों की रोशनी नहीं लौटा सकती।

राष्ट्र भी ठीक वैसा ही है। सरकार डॉक्टर हो सकती है, संविधान इलाज की योजना, नेता, नर्स—पर अगर नागरिक, यानी आप, मैं और हम सभी, अनुशासित न हों, तो यह राष्ट्र-शरीर कभी स्वस्थ होकर दौड़ नहीं सकता।

मैं इस बीमारी को एक नाम देता हूँ, "राष्ट्रीय रीढ़-दुर्बलता सिंड्रोम।" इसके लक्षण साफ हैं: नियमों को "सुझाव" समझना; अधिकारों पर जोर, कर्तव्यों की अनदेखी; सार्वजनिक संपत्ति को "सरकारी" मानना, "अपनी" नहीं; छोटी-छोटी बेईमानियों को "सामान्य" मान लेना; और सबसे ख़तरनाक-"सब करते हैं, तो मैं क्यों न करूँ?" वाली सोच।

हम नियम क्यों तोड़ते हैं? – एक हास्यास्पद, पर दर्दनाक सच

एक विदेशी पर्यटक ने भारत आकर मजाक में कहा था, "भारत में ट्रैफिक के नियम 'सुझाव' जैसे लगते हैं, 'आदेश' जैसे नहीं। और हाँ लाल बत्ती तो यहाँ दीवाली की सजावट का हिस्सा लगती है!"

पहले मुझे यह सुनकर गुस्सा आया, मेरी देशभक्ति आहत हुई। फिर ठंडे दिमाग से सोचा कि क्या वह पूरी तरह गलत था?

जरा हमारी अनुशासनहीनता के विरोधाभास देखिए, ये हँसाते भी हैं और रुलाते भी है।

हेलमेट का "अद्भुत" उपयोग – हम हेलमेट सिर बचाने के लिए नहीं, बल्कि मोटरसाइकिल के हैंडल पर टाँगने या ट्रैफिक पुलिस दिखते ही झट से पहनने के लिए साथ रखते हैं। हेलमेट का काम अब सिर की नहीं, सिर्फ चालान से रक्षा करना रह गया है।

सीट-बेल्ट का यह जुगाड़ हमारी सबसे बड़ी विडंबना है। सुरक्षा के लिए बनी बेल्ट की जगह हम बाजार से एक नकली क्लिप खरीद लाते हैं। उसे सॉकेट में फँसाकर हम कार का बीप-बीप अलार्म तो बंद कर देते हैं, लेकिन अपनी जिंदगी का अलार्म खतरे में डाल देते हैं। कुछ लोग तो बेल्ट को सीट के पीछे से ही फंसाकर रखते हैं ताकि वार्निंग की आवाज ही न आए। क्या हम इतने नासमझ हो गए हैं? हम अपनी अनमोल जान बचाने से ज्यादा अहमियत, एक बीप की आवाज बंद करने को दे रहे हैं।

श्रद्धा बनाम स्वच्छता का पाखंड – एक व्यक्ति नंगे पैर मंदिर में जाता है, पूरी श्रद्धा से घंटी बजाता है, माथा टेकता है। और बाहर निकलते ही प्रसाद का पत्ता, पानी की बोतल और गुटखे का पाउच सड़क पर फेंक देता है। अर्थात्-भगवान का पूरा सम्मान है, पर भगवान की बनाई धरती का रत्ती भर नहीं।

(मैं यहाँ स्पष्ट कर दूँ, यह धर्म की आलोचना नहीं, व्यवहार की आलोचना है। क्योंकि स्वच्छता भी तो आध्यात्मिकता का ही एक रूप है।)

इन सबके पीछे एक ही छोटा-सा शब्द छिपा है—"बस," "सिर्फ," "जरा," "अभी।" "बस पास ही तो जाना है," "सिर्फ एक रैपर ही तो है," "मुझे जरा जल्दी है।" और यही करोड़ों छोटे-छोटे "बस" और "सिर्फ" मिलकर एक विशाल राष्ट्रीय अराजकता खड़ी कर देते हैं।

"रेत का एक कण आँख में चुभता है। पर लाखों कण मिलकर वह टीला बनाते हैं, जिसके नीचे पूरा शहर दब सकता है। हमारी छोटी-छोटी अनुशासनहीनताएँ, वही रेत के कण हैं।"

भारत का सबसे बड़ा ट्रैफिक जाम – दिल्ली में नहीं, दिमाग में है

हर भारतीय चाहता है: सड़कें साफ हों, पर सफाई कोई और करे। ट्रैफिक व्यवस्थित हो, पर नियम कोई और माने। भ्रष्टाचार ख़त्म हो, पर अपना काम निकलवाने के लिए "चलो, थोड़ा दे देते हैं।" नेता ईमानदार हों, पर खुद टैक्स बचा लें।

हम सब एक ही भीड़ में खड़े हैं, हाथ में उँगली उठाए, इशारा करते हुए दूसरों की ओर। हम अधिकारों की एक्सप्रेस-वे पर 120 की रफ्तार से दौड़ना चाहते हैं, पर कर्तव्यों की लेन बिल्कुल ख़ाली छोड़ देते हैं। यही असंगति हमारी राष्ट्रीय रीढ़ तोड़ रही है।

यह "मैं, मेरा, मेरे" की संकीर्ण सोच है। पर महाशक्ति भारत बनने के लिए चाहिए, "हम, हमारा, हम सब" की सामूहिक चेतना। जब घर के भीतर और बाहर के आचरण में इतना बड़ा फर्क़ आ जाए, तो वह देश "राष्ट्र" नहीं रहता—महज लोगों की भीड़ बनकर रह जाता है।

आँकड़े, जो चीख रहे हैं, एक लैब रिपोर्ट

एक डॉक्टर भावना से नहीं, रिपोर्ट से इलाज करता है। इसलिए यह रही हमारे राष्ट्र की एक दर्दनाक रिपोर्ट, सड़कों पर बहता खून।

सड़क परिवहन और राजमार्ग मंत्रालय की 'रोड एक्सीडेंट्स इन इंडिया 2023' रिपोर्ट कोई सामान्य आँकड़ों की किताब नहीं है; यह लाखों टूटे परिवारों की गवाही है। सिर्फ एक साल में सड़क हादसों ने 1,72,890 जानें छीन लीं। हर घंटे लगभग 55 दुर्घटनाएँ और 20 मौतें। यानी घड़ी की हर टिक-टिक के साथ किसी घर का चिराग बुझ रहा है।

सबसे दुखद बात यह है कि सड़क दुर्घटनाओं में मरने वालों में बड़ी संख्या 18

से 45 वर्ष के युवाओं की थी। यानी राष्ट्र अपनी सबसे ऊर्जावान, सबसे उत्पादक पीढ़ी को किसी युद्ध या महामारी में नहीं, अपनी ही सड़कों पर खो रहा है।

यह नियति नहीं, हमारी अपनी ही लापरवाही की कीमत है। तेज रफ्तार, हेलमेट न लगाना, सीट बेल्ट न पहनना, नशे या थकान में गाड़ी चलाना और मोबाइल का इस्तेमाल, ये सब मिलकर सड़कों को मौत का मैदान बना देते हैं।

सीट बेल्ट का महत्व मैंने स्वयं महसूस किया है। वर्ष 2002 में, जब मैं अमेरिका के साल्ट लेक सिटी स्थित जॉन ए. मोरन आई सेंटर में कार्य कर रहा था, मेरी टोयोटा कोरोला कार एक भयानक दुर्घटना में पूरी तरह क्षतिग्रस्त हो गई। कार बच नहीं सकी, लेकिन मैं सुरक्षित बच गया, क्योंकि मैंने सीट बेल्ट पहनी थी। उस दिन समझ आया कि जीवन और मृत्यु के बीच कई बार केवल एक बेल्ट का अंतर होता है।

हमें सड़क सुरक्षा के पाँच जरूरी स्तंभ हमेशा याद रखने चाहिए, सीट बेल्ट, हर सीट पर और हर यात्रा में; स्पीड कंट्रोल, क्योंकि तेज रफ्तार रोमांच नहीं, खतरा है; सजगता, यानी नशे, नींद और थकान में ड्राइविंग नहीं; सुरक्षित दूरी, ताकि अचानक ब्रेक लगने पर जीवन बच सके; और यात्रा से पहले जाँच, यानी टायर, ब्रेक, मिरर, लाइट और टूल किट की छोटी-सी सावधानी।

हेलमेट, सीट बेल्ट, नियंत्रित गति, नशे से दूरी, मोबाइल से परहेज और वाहन की जाँच, ये छोटे नियम नहीं, जीवन-रक्षक मंत्र हैं।

यह रिपोर्ट हमें डराने के लिए नहीं, जगाने के लिए है। सड़क पर आपकी एक लापरवाही केवल आपकी जान नहीं लेती; वह आपके परिवार की हँसी, बच्चों का भविष्य और पूरे घर की रोशनी भी छीन लेती है।

दूसरा आँकड़ा – स्वच्छता का लकवा। हम अपने घर के भीतर "स्वच्छता के देवता" हैं, और दहलीज पार करते ही सड़क पर कचरा फेंकने वाले बन जाते हैं। यही कचरा नालियों और नदियों को जहरीला करता है, और हर साल हजारों लोगों को डेंगू, मलेरिया, टाइफाइड देता है।

तीसरा आँकड़ा – अपने ही अंग काटना। रेलवे कोच, मेट्रो स्टेशन, सरकारी भवन – हर साल इन्हें हजारों करोड़ का नुक़सान होता है, सिर्फ इसलिए कि कुछ लोग दीवारों पर थूकते हैं, सीटें फाड़ते हैं, शीशे तोड़ते हैं। शरीर जब अपने ही अंग काटने लगे, तो उसे आत्मघात कहते हैं।

चौथा आँकड़ा – आर्थिक अनुशासनहीनता। कर-चोरी करके हम खुद को

"बुद्धिमान" समझते हैं, पर भूल जाते हैं कि वही पैसा हमारे बच्चों के स्कूल, अस्पताल और सड़कें बनाता। यह बुद्धिमानी नहीं, धीमा आत्मघात है।

सड़क पर मरता हुआ राष्ट्र –एक दृश्य, जो मुझे आज भी सताता है

कुछ साल पहले मैं अस्पताल जा रहा था। रास्ते में एक भीषण दुर्घटना हुई थी। एक युवा मोटरसाइकिल चालक लहूलुहान पड़ा था और उसका हेलमेट? हमेशा की तरह, सिर पर नहीं, मोटरसाइकिल के हैंडल पर टंगा हुआ।

उस दिन सिर्फ एक सड़क दुर्घटना नहीं हुई थी। उस दिन एक माँ का बुढ़ापा कुचला गया, एक पिता का सहारा छिन गया, एक बहन का भाई और एक राष्ट्र का होनहार नागरिक, एक छोटी–सी लापरवाही की भेंट चढ़ गया।

सबसे दुखद बात? यह मौत सौ फीसदी रोकी जा सकती थी।

ऐसे में जब कोई कहता है "मैं नियम न मानूँ, यह मेरी आजादी है," तो मैं उसे एक डॉक्टर की बात याद दिलाता हूँ कि अनुशासन स्वतंत्रता का शत्रु नहीं, उसका रक्षक है। अगर ऑपरेशन थिएटर में कोई प्रोटोकॉल न हो, सड़क पर कोई नियम न हो तो वह आजादी नहीं, पूर्ण अराजकता होगी।

एक संतुलित नजर – विदेश में हम बदल क्यों जाते हैं?

यहाँ एक दिलचस्प, पर बेहद जरूरी सच है। हम भारतीय असल में अनुशासनहीन नहीं हैं, हम "चुनिंदा रूप से" अनुशासित हैं।

जरा सोचिए, वही भारतीय, जो यहाँ लाल बत्ती तोड़ता है, सिंगापुर के चांगी एयरपोर्ट पर अपना कचरा खुद डस्टबिन में डालता है। वही भारत का व्यक्ति, जो यहाँ कतार तोड़ता है, दुबई या लंदन में चुपचाप लाइन में खड़ा होता है। यानी अनुशासन हमारे भीतर मौजूद है, डामर वही है, सिग्नल वही, गाड़ियाँ वही, और इंसान भी वही। फर्क़ सड़क में नहीं, हम भारतीयों की मानसिकता में है।

यह एक राहत की बात भी है, और एक चुनौती भी। राहत इसलिए, कि हमें नया अनुशासन "पैदा" नहीं करना, बस जो भीतर सोया है, उसे "जगाना" है। और चुनौती इसलिए, कि यह दोहरी मानसिकता, विदेश में "सभ्य नागरिक," घर पर "चालाक" ही वह बीमारी है, जो भीतर ही भीतर हमारी रीढ़ को खोखला कर रही है।

विश्व की शल्यशाला से – रोकथाम के तीन सबक

सिंगापुर – सजा का डर एवं आदत का जादू। वर्ष 1970 के दशक में वहाँ भी सड़कों पर थूकना और कचरा फेंकना आम था। ली कुआन यू ने कोई जादू

नहीं किया, उन्होंने दो काम किए: कड़े कानून के साथ त्वरित जुर्माना (फाईन) पर निश्चित अमल; और नागरिक-शिक्षा को स्कूली पाठ्यक्रम का हिस्सा बनाना। आज वहाँ कोई इसलिए नहीं थूकता कि चालान का डर है, बल्कि इसलिए कि वहाँ यह बहुत शर्म की बात मानी जाती है।

जापान – संस्कार की वैक्सीन। जापान में बच्चे अपने स्कूल की सफाई खुद करते हैं। बच्चे झाड़ू लगाते हैं, टॉयलेट तक साफ करते हैं क्योंकि उन्हें बचपन से सिखाया जाता है कि "जिस जगह का तुमने उपयोग किया, उसे साफ छोड़ना तुम्हारी जिम्मेदारी है।" यही बच्चे बड़े होकर स्टेडियम में मैच देखने के बाद अपना कचरा खुद उठाते हैं। यह अनुशासन की सबसे असरदार वैक्सीन है जो बचपन में लगाई गई।

जर्मनी – भीतर बैठी पुलिस। जर्मनी में रात के दो बजे, बिल्कुल सुनसान सड़क पर भी लोग लाल बत्ती पर खड़े रहते हैं। वहाँ न कोई कैमरा होता है, न पुलिस, उन्हें उनकी "आंतरिक चेतना की पुलिस" रोकती है। असली अनुशासन वही है, जो तब भी क़ायम रहे, जब कोई देख न रहा हो।

ये देश हमसे ज्यादा अमीर नहीं थे, न ज्यादा "स्मार्ट।" बस, उन्होंने आंतरिक अनुशासन एक बात समझ ली थी।

इलाज – एक सांस्कृतिक शल्य चिकित्सा

इस महामारी का इलाज अकेले पुलिस या जुर्माने से नहीं होगा; इसके लिए पाँच स्तरों पर एक गहरी सांस्कृतिक सर्जरी चाहिए।

पहला इलाज – "एक नियम, सबके लिए।" जो नियम आप दुबई या लंदन में मानते हैं, वही दिल्ली, मुंबई या कोटा में भी मानिए। विदेश में "सभ्य नागरिक" और घर पर "चालाक" बनने का दोहरा खेल बंद कीजिए।

दूसरा इलाज – बचपन में नागरिक-टीकाकरण। कक्षा एक से ही नागरिक-अनुशासन को अनिवार्य विषय बनाइए। बच्चों को सिर्फ गणित-विज्ञान नहीं वरन् कतार में खड़ा होना, डस्टबिन का उपयोग, और ट्रैफिक नियम भी सिखाइए। और माता-पिता का अपना उदाहरण ही सबसे बड़ा शिक्षक है।

तीसरा इलाज – सामाजिक बहिष्कार की एंटीबॉडी। जिस दिन नियम तोड़ना "हीरोपंती" की जगह "शर्मिंदगी" बन जाएगा, उस दिन यह बीमारी अपने-आप घटने लगेगी। समाज की नजर, सबसे बड़ी पुलिस है।

चौथा इलाज – सड़क सुरक्षा को राष्ट्रीय आपात मानना। हेलमेट, सीट बेल्ट

और गति–सीमा पर सख्ती हो; साथ ही सड़कें ऐसी बनें, जो सिर्फ कारों के लिए नहीं, बल्कि पैदल यात्रियों, साइकिल चालकों और दिव्यांगों के लिए भी सुरक्षित हों।

पाँचवाँ इलाज – "सब करते हैं" वाले वायरस का अंत। यह सबसे ख़तरनाक बहाना है। राष्ट्र उन्हीं से बनता है, जो भीड़ के गलत होने पर भी, अकेले सही काम करने का साहस रखते हैं।

- ***सोचिए***

पिछली बार आपने किसी ख़ाली सड़क पर, रात के सन्नाटे में, बिना किसी पुलिस या कैमरे के, सिर्फ इसलिए लाल बत्ती का पालन किया, क्योंकि वह सही था? और क्या आपका आचरण विदेश में और अपने देश में सचमुच एक जैसा रहता है?

- ***चर्चा कीजिए***

अपने परिवार और बच्चों के साथ यह सवाल उठाइए, "जब कोई देख न रहा हो, तब हम कैसा व्यवहार करते हैं और क्यों?" बच्चों को बचपन में दिया गया यह एक सबक, उनकी पूरी जिंदगी की दिशा बदल सकता है।

- ***कार्रवाई कीजिए***

इस सप्ताह तीन छोटे, पर ठोस संकल्प लीजिए, हर बार हेलमेट/सीट बेल्ट पहनना (चाहे दूरी कितनी भी कम हो), कचरा सिर्फ डस्टबिन में डालना, और हर लाल बत्ती का पालन करना–तब भी, जब कोई न देख रहा हो। इन्हें सिर्फ निभाइए मत, बल्कि अपने बच्चों को इन्हें निभाते हुए दिखाइए।

Rx डॉ. सुरेश कुमार पाण्डेय का प्रिस्क्रिप्शन:

इस अध्याय से पाँच संजीवनी सूत्र

पहला सूत्र – "यहाँ कौन देख रहा है?" वाले वायरस को मारिए: आपकी असली पहचान वही है, जो आप तब करते हैं, जब कोई आपको नहीं देख रहा होता। रात के दो बजे, ख़ाली सड़क पर लाल बत्ती पर रुकना–यही आपके सच्चे नागरिक होने की परीक्षा है।

दूसरा सूत्र – सार्वजनिक संपत्ति आपके घर का ही विस्तार है: रेलवे, मेट्रो, पार्क, सड़क, ये "सरकार" के नहीं, "हमारे" हैं, हमारे ही टैक्स से बने हैं। इन्हें वैसा ही सम्मान दीजिए, जैसा अपने घर को देते हैं।

तीसरा सूत्र – "सब करते हैं" एक मानसिक दिवालियापन है: अगर सब गलत कर रहे हों, तो सही करके दिखाइए। भीड़ का अनुसरण

मत कीजिए, अपने विवेक का उपयोग कीजिए। राष्ट्र उन्हीं नायकों से बनता है, जो अकेले सही खड़े होने का साहस रखते हैं।

चौथा सूत्र – सुरक्षा-नियम आपका रक्षा-कवच हैं, सरकार का एहसान नहीं: हेलमेट और सीट बेल्ट किसी के लिए नहीं, आपके अपने परिवार के लिए हैं। एक क्षण की लापरवाही, पूरे परिवार को आईसीयू के बाहर खड़ा कर सकती है।

पाँचवाँ सूत्र – अनुशासन ही असली देशभक्ति है: एक अनुशासित नागरिक सबसे बड़ा राष्ट्र-निर्माता और सबसे बड़ा सैनिक है। वर्ष 2047 का विकसित महाशक्ति भारत सिर्फ जीडीपी एवं इंफ्रास्ट्रक्चर से ही नहीं वरन् 148 करोड़ अनुशासित नागरिकों की रोज की आदतों से बनेगा।

डॉक्टर का अंतिम नोट – उस पिता और पुत्र के नाम

मैं उस पिता को नहीं जानता, जिसने अपने बेटे से कहा था–"यहाँ कौन देख रहा है?" पर मैं उनसे यही कहना चाहूँगा –

"आपकी बात सच थी–उस चौराहे पर कोई पुलिस नहीं थी, कोई कैमरा नहीं था। पर एक व्यक्ति था, जो देख रहा था – आपका अपना बेटा। उसने देखा, और उसने सीखा। एक दिन वह भी पिता बनेगा, और वही पाठ अपने बेटे को देगा। यही वह अदृश्य जंजीर है, जिसे किसी एक पीढ़ी को तोड़ना ही होगा। क्यों न वह पीढ़ी हम हों?"

वर्ष 2047 का भारत केवल चमचमाती इमारतों से नहीं बनेगा। वह उन सड़कों से बनेगा, जहाँ लाल बत्ती पर हर कोई रुकेगा–चाहे कोई देखे या न देखे। उन स्कूलों से, जहाँ बच्चे कचरा उठाना सीखेंगे और उन घरों से, जहाँ माता-पिता नियम तोड़ने के बजाय, नियम निभाने का उदाहरण देंगे।

"महाशक्ति भारत का निर्माण संसद-भवन के वातानुकूलित कमरों में नहीं होगा। वह ट्रैफिक सिग्नल, स्कूल की कक्षा, फुटपाथ, रेलवे स्टेशन और हर नागरिक की रोज की आदतों में होगा। क्योंकि अंततः – राष्ट्र वही बनता है, जो उसके नागरिक रोज करते हैं। और राष्ट्र का चरित्र कैमरों के सामने नहीं, बल्कि उन क्षणों में बनता है, जब कोई कैमरा मौजूद नहीं होता।"

जय हिंद। जय अनुशासित भारत।

अध्याय 33

दूरदर्शी नेतृत्व व मजबूत संस्थाएँ: वह अदृश्य ढाँचा, जिस पर पूरा राष्ट्र खड़ा है

शरीर माँसपेशियों से नहीं, उस ढाँचे से खड़ा रहता है, जो दिखता ही नहीं

"शरीर का असली नायक वह कंकाल है, जो कभी दिखता नहीं पर यदि कंकाल पर टूट जाए, तो सबसे ताक़तवर पहलवान भी जमीन पर ढेर हो जाता है। नेता उस शरीर की माँसपेशियाँ हैं, ताक़तवर, पर अस्थायी; जबकि संस्थाएँ वह कंकाल हैं, जो पीढ़ियों तक राष्ट्र को आकार और मजबूती देता है। माँसपेशियाँ बदलती रहती हैं; ढाँचा क़ायम रहता है।"

– डॉ. सुरेश कुमार पाण्डेय

एक हाथी, एक नाव, और एक अकेला मतदाता

एक चौंका देने वाले सच से शुरुआत करते हैं।

जरा एक ऐसे आयोजन की कल्पना कीजिए, जिसमें लगभग 97 करोड़ लोग हिस्सा लेने के योग्य हों, यह संख्या पूरे यूरोप और अमेरिका की कुल आबादी जोड़ दें, तब भी उससे ज्यादा है। इसके लिए दस लाख से ज्यादा मतदान-केंद्र बनाए जाएँ, और लगभग डेढ़ करोड़ कर्मचारी तैनात किए जाएँ।

अब सबसे चौंकाने वाली बात। इस आयोजन को पूरा करने के लिए, चुनाव-कर्मचारी कभी हिमालय की 15,000 फुट से ऊँची चोटियों पर, बर्फ में, सिर्फ एक अकेले मतदाता के लिए पूरा बूथ बनाते हैं; तो कभी घने जंगलों और दूर-दराज टापुओं तक, वोटिंग मशीनें हाथी, ऊँट और नाव पर लादकर पहुँचाते हैं।

यह कोई कल्पना नहीं, दुनिया का सबसे बड़ा लोकतांत्रिक आयोजन है। यह हर बार होने वाला हमारा आम चुनाव है, और हाँ इसे कोई जादूगर नहीं, बल्कि एक "संस्था", भारत का चुनाव आयोग, अंजाम देती है।

अब जरा रुककर सोचिए। उस बर्फीली चोटी पर बूथ बनाने कोई प्रधानमंत्री, कोई मुख्यमंत्री, कोई बड़ा नेता नहीं गया। यह एक व्यवस्था ने किया—एक ऐसी व्यवस्था, जिसका कोई चेहरा नहीं, जो हर पाँच साल में चुपचाप अपना काम करती है, और किसी श्रेय की भूखी नहीं रहती। नेता आते रहे, जाते रहे, बदलते रहे—पर वह बर्फीली चोटी का बूथ, हर बार, बिना नागा, बनता रहा।

यही इस पूरे अध्याय का सार है: **एक राष्ट्र किसी एक नेता या सरकार से नहीं, अपने मजबूत, स्थायी ढाँचे से खड़ा रहता है।**

"नेता आते-जाते रहते हैं, सरकारें बदलती रहती हैं—पर जो चीज राष्ट्र को स्थायी रूप से खड़ा रखती है, वह है उसका संस्थागत ढाँचा। मजबूत व्यक्ति राष्ट्र को आगे बढ़ाते हैं; पर मजबूत संस्थाएँ राष्ट्र को टिकाए रखती हैं।"

कंकाल का विज्ञान – और राष्ट्र की संस्थाएँ

एक डॉक्टर के नाते, मुझे शरीर का कंकाल (Skeleton) हमेशा अद्भुत लगता है। हम माँसपेशियों की ताक़त पर तो बहुत गर्व करते हैं, पर यह भूल जाते हैं कि वे माँसपेशियाँ आख़िर टिकी किस पर हैं।

जरा सोचिए – अगर शरीर से कंकाल निकाल दिया जाए, तो दुनिया का सबसे ताक़तवर पहलवान भी जमीन पर माँस के एक बेआकार लोथड़े की तरह ढेर हो जाएगा। माँसपेशियाँ चाहे कितनी भी ताक़तवर हों, बिना ढाँचे के बेकार हैं। कंकाल दिखता नहीं, श्रेय नहीं लेता, तालियाँ नहीं बटोरता—पर वही पूरे शरीर को आकार देता है, खड़ा रहने की ताक़त देता है, और स्थायित्व देता है।

राष्ट्र की संस्थाएँ जैसे चुनाव आयोग, न्यायपालिका, संसद, सेना, रिजर्व बैंक, और प्रशासन, यही वह कंकाल हैं। नेता और सरकारें इस शरीर की माँसपेशियाँ हैं, ताक़तवर, सक्रिय, जरूरी हैं, पर अस्थायी हैं। एक माँसपेशी थकती है, घिसती है, बदल जाती है, पर हड्डियों का ढाँचा पूरी जिंदगी साथ निभाता है।

इन हड्डियों को आपस में जोड़ने वाले स्नायु (Ligaments), वह है दूरदर्शी नेतृत्व, जो बिखरी हुई संस्थाओं को एक दिशा, एक उद्देश्य से बाँधे रखता है। अच्छा नेतृत्व कंकाल की जगह नहीं लेता, वह उसे और मजबूती से जोड़ता है।

स्पष्ट बात यह है कि जब ढाँचा मजबूत हो, तभी माँसपेशियाँ अपना काम कर पाती हैं। पर अगर ढाँचे को ही दीमक खा जाए, तो ऊपर से शरीर चाहे कितना भी ताक़तवर दिखे, वह किसी भी झटके में भरभराकर गिर सकता है।

बीमारी – जब ढाँचे में दीमक लग जाए

आईये हम अब इन संस्थाओं की बीमारियों को समझने का प्रयास करते हैं।

एक स्वस्थ ढाँचे की पहली निशानी है–हर हड्डी का अपनी जगह, अपनी ताक़त से क़ायम रहना। पर हमारी कुछ संस्थाओं को कभी-कभी एक अजीब बीमारी घेर लेती है, जिसे मैं "जोड़ों का ढीलापन" कहता हूँ। यह उस कर्मचारी जैसी है, जिसकी हड्डियाँ अपने अफसर को देखते ही जेली की तरह पिघलकर 90 डिग्री झुक जाती हैं, पर वही हड्डियाँ आम जनता के सामने लोहे-सी अकड़ जाती हैं!

संस्थाओं के ढाँचे को मुख्यतः तीन तरह की दीमक खाती है।

पहली – स्वायत्तता का क्षरण (हड्डियों का भुरभुरा होना, यानी ऑस्टियोपोरोसिस): जब कोई संस्था अपनी स्वतंत्रता खोकर, किसी एक के इशारे पर चलने लगे।

दूसरी – योग्यता के बजाय चापलूसी को इनाम: जब काबिल लोग पीछे रह जाएँ और चापलूस आगे आ जाएँ, यानी कमजोर, खोखली हड्डियों से ढाँचा खड़ा करने की कोशिश।

तीसरी, और सबसे ख़तरनाक–व्यक्ति-पूजा: जब लोग संस्था और व्यवस्था के बजाय किसी एक "व्यक्ति" को ही सब कुछ मान बैठें।

यह तीसरी बीमारी सबसे घातक है। क्योंकि जो राष्ट्र किसी एक "मसीहा" के भरोसे चलता है, वह उस मसीहा के जाते ही लड़खड़ा जाता है–ठीक वैसे, जैसे बैसाखी के सहारे चलने वाला, बैसाखी छिनते ही गिर पड़ता है। पर जो राष्ट्र

अपनी संस्थाओं के अपने ढाँचे पर खड़ा होता है, वह बिना किसी बैसाखी के, सदियों तक तना रहता है।

"कमजोर राष्ट्र महान व्यक्तियों की तलाश में रहते हैं; महान राष्ट्र मजबूत संस्थाएँ बनाते हैं। क्योंकि व्यक्ति नश्वर है–पर संस्था अमर हो सकती है।"

एक संतुलित नजर – हमारा ढाँचा उतना कमजोर नहीं

यहाँ एक संवेदनशील लेखक होने के नाते मुझे पूरा संतुलन रखना होगा, क्योंकि सिर्फ बीमारी गिनाना अन्याय होगा। सच यह है कि भारत का संस्थागत ढाँचा, दुनिया के कई देशों के मुक़ाबले, हैरान कर देने वाला मजबूत रहा है।

जरा सोचिए – आजादी के बाद कितने ही नए देश तानाशाही या अराजकता में डूब गए। पर भारत ने, अपनी विशाल गरीबी और चकरा देने वाली विविधता के बावजूद, एक जीवंत लोकतंत्र को न सिर्फ बचाए रखा, बल्कि मजबूत भी किया। हमारा चुनाव आयोग, हमारी सर्वोच्च न्यायपालिका, और हमारी सेना – दुनिया भर में सम्मान से देखी जाती हैं। आपातकाल जैसे कठिन दौर भी आए, पर हर बार राष्ट्र के इस ढाँचे और जागरूक जनता ने मिलकर लोकतंत्र को फिर सीधा खड़ा कर दिया।

हाल के वर्षों में, हमने अपने ढाँचे में डिजिटल ढाँचा नामक एक नई, आधुनिक "हड्डी" भी जोड़ी है। हमारा यूनिफाइड पेमेंट्स इंटरफेस (UPI), आधार, और डिजिटल पब्लिक इन्फ्रास्ट्रक्चर, आज दुनिया भर के देश इनका अध्ययन कर रहे हैं और इन्हें अपनाना चाहते हैं। ये साबित करते हैं कि जब भारत ठान लेता है, तो वह विश्वस्तरीय व्यवस्थाएँ खड़ी कर सकता है।

यानी हमारे ढाँचे में दम है। जरूरत बस इसे और मजबूत, और स्वतंत्र, और हर दबाव से बेपरवाह बनाने की है।

"भारत की सबसे बड़ी उपलब्धि सिर्फ कोई इमारत या आँकड़ा नहीं–यह तथ्य है कि 75 साल से, अपनी हर मुश्किल के बावजूद, यह विशाल और विविध देश एक जीवंत लोकतंत्र बना रहा। यह दुनिया का सबसे बड़ा राजनीतिक चमत्कार है।"

एक विचार, जो ठहरकर सोचने लायक़ है

जरा एक दिलचस्प बात पर गौर कीजिए। हम अपने इतिहास के नेताओं के नाम तो धड़ाधड़ गिना देते हैं, कौन कब आया, कौन कब गया। पर हममें से कितने लोग उन अफसरों, उन जजों, उन चुनाव-कर्मचारियों के नाम जानते हैं, जिन्होंने चुपचाप, बिना किसी शोर के, इस राष्ट्र के ढाँचे को थामे रखा?

यही तो बात है। जिन चेहरों को हम याद रखते हैं, वे बदलते रहे। और जिन व्यवस्थाओं का नाम तक हम नहीं जानते, वे ही असल में राष्ट्र को रोज, चुपचाप, खड़ा रखती रहीं।

एक परिपक्व राष्ट्र वह है, जो अपने "मेहमानों" का स्वागत तो करे, पर अपने "घर" को कभी किसी मेहमान से छोटा न होने दे।

इलाज – ढाँचे को मजबूत रखने का नुस्ख़ा

राष्ट्र के इस ढाँचे को और कैसे मजबूत करें? कुछ ठोस सुझाव।

पहला – संस्थाओं की स्वायत्तता की रक्षा। चुनाव आयोग, न्यायपालिका, रिजर्व बैंक और जाँच एजेंसियों को हर राजनीतिक दबाव से स्वतंत्र रखना जरूरी है। एक मजबूत हड्डी वही है, जो किसी ताक़त के सामने भुरभुराकर न टूटे।

दूसरा – योग्यता और जवाबदेही की संस्कृति। हर संस्था में पद चापलूसी से नहीं, योग्यता से मिले; और हर महत्त्वपूर्ण पद के साथ उतनी ही बड़ी जवाबदेही जुड़ी हो।

तीसरा – दूरदर्शी नेतृत्व का विकास। हमें ऐसे नेता चाहिए, जो अगले चुनाव से नहीं, अगली पीढ़ी के बारे में सोचें। और यह नेतृत्व सिर्फ राजनीति में नहीं, हर गाँव, हर स्कूल, हर संस्था, हर परिवार में पनपना चाहिए।

चौथा, और सबसे जरूरी–व्यक्ति-पूजा से संस्था-निष्ठा की ओर। हमें यह गहराई से समझना होगा कि किसी भी "व्यक्ति" से बड़ी "व्यवस्था" होती है, और किसी भी "नेता" से बड़ा "राष्ट्र" और उसका "संविधान।"

लगभग 148 करोड़ की इस राष्ट्र-देह का ढाँचा, इसकी संस्थाएँ, अगर मजबूत, स्वतंत्र और स्वस्थ रहें, तो यह राष्ट्र किसी भी तूफान में तना खड़ा रह सकता है। क्योंकि इमारतें भूकंप में गिर सकती हैं, सरकारें बदल सकती हैं, माँसपेशियाँ थक सकती हैं, पर एक मजबूत ढाँचा, हर झटके को सहकर, राष्ट्र को सदियों तक खड़ा रखता है।

"एक देश को महान उसके नेता नहीं, उसकी संस्थाएँ बनाती हैं। नेता तो वह मेहमान है, जो कुछ साल रहकर चले जाते हैं; पर संस्थाएँ वह घर हैं, जिनमें पीढ़ियाँ रहती हैं। इसलिए घर को मेहमान से हमेशा बड़ा रखिए।"

■ *सोचिए*

हमारा चुनाव आयोग 97 करोड़ लोगों का चुनाव, हिमालय की चोटियों से रेगिस्तान तक, सफलतापूर्वक करा देता है। जरा सोचिए, जब हम इतनी विशाल

और मजबूत संस्था बना सकते हैं, तो क्या अपनी बाक़ी संस्थाओं को भी उतना ही मजबूत और स्वतंत्र नहीं बना सकते? और इसमें, एक जागरूक नागरिक के रूप में, हमारी अपनी क्या भूमिका है?

■ ***चर्चा कीजिए***

अपने परिवार और मित्रों से एक ईमानदार बात कीजिए कि क्या हम किसी "व्यक्ति" या "नेता" को राष्ट्र और उसकी संस्थाओं से बड़ा मानने की गलती तो नहीं कर बैठते? एक मजबूत लोकतंत्र के लिए, संस्थाओं की स्वतंत्रता इतनी जरूरी क्यों है?

■ ***कार्रवाई कीजिए***

इस सप्ताह दो काम कीजिए। पहला–अपने मताधिकार को गंभीरता से लीजिए: सोच-समझकर, योग्यता के आधार पर वोट दीजिए, और दूसरों को भी प्रेरित कीजिए। दूसरा–अपने आसपास के किसी छोटे स्तर पर (अपनी सोसाइटी, स्कूल या संगठन में) "व्यक्ति" नहीं, बल्कि "नियम और व्यवस्था" को मजबूत बनाने में योगदान दीजिए। क्योंकि मजबूत राष्ट्र, मजबूत छोटी संस्थाओं से ही बनता है।

Rx डॉ. सुरेश कुमार पाण्डेय का प्रिस्क्रिप्शन:

इस अध्याय से पाँच संजीवनी सूत्र

पहला सूत्र – व्यक्ति से बड़ी है संस्था: जो राष्ट्र किसी एक "मसीहा" के भरोसे चलता है, वह उसके जाते ही गिर जाता है; जो मजबूत संस्थाओं के अपने ढाँचे पर खड़ा होता है, वह सदियों टिकता है। व्यक्ति नश्वर है – संस्था अमर हो सकती है।

दूसरा सूत्र – संस्थाओं की स्वायत्तता की रक्षा कीजिए: चुनाव आयोग, न्यायपालिका, रिजर्व बैंक जैसी संस्थाओं को हर राजनीतिक दबाव से स्वतंत्र रखिए। मजबूत हड्डी वही है, जो किसी ताक़त के सामने भुरभुराकर न टूटे।

तीसरा सूत्र – चापलूसी नहीं, वफादारी, योग्यता और जवाबदेही: हर संस्था में पद चापलूसी से नहीं, योग्यता से मिले; और हर ताक़तवर पद के साथ उतनी ही बड़ी जवाबदेही जुड़ी हो। यही ढाँचे को स्वस्थ रखता है।

चौथा सूत्र – अगले चुनाव नहीं, अगली पीढ़ी के लिए सोचिए: दूरदर्शी नेतृत्व वही है, जो तात्कालिक लोकप्रियता से ऊपर उठकर, राष्ट्र

के दीर्घकालिक भविष्य के लिए कठिन और सही फैसले ले और यह नेतृत्व हर स्तर पर, गाँव से संसद तक, पनपना चाहिए।

पाँचवाँ सूत्र – संविधान और राष्ट्र, सबसे ऊपर: किसी भी नेता से बड़ा राष्ट्र है, और किसी भी व्यक्ति से बड़ी व्यवस्था व संविधान। "व्यक्ति-पूजा" से "संस्था-निष्ठा" की ओर बढ़ना ही एक परिपक्व लोकतंत्र की पहचान है।

अध्याय 34

महाशक्ति भारत: विश्व को नई दिशा देने वाली जागरूक सभ्यता

सबसे अच्छा डॉक्टर वह है, जो खुद स्वस्थ होकर दूसरों का इलाज करे

"चिकित्सा का एक अनकहा नियम है, एक बीमार डॉक्टर किसी का इलाज नहीं कर सकता। पहले उसे खुद स्वस्थ होना पड़ता है, तभी वह दूसरों में सेहत बाँट सकता है। भारत की नियति भी यही है कि पहले अपने रोगों का इलाज करके स्वस्थ बनना, फिर एक स्वस्थ, अनुभवी डॉक्टर की तरह, पूरी दुनिया के घावों पर मरहम लगाना। यही 'विश्वगुरु' का असली अर्थ है।"

– डॉ. सुरेश कुमार पाण्डेय

एक चौंका देने वाले सच से शुरुआत करते हैं। जब 2021 में पूरी दुनिया कोविड-19 महामारी की आग में जल रही थी, अमीर-से-अमीर देश अपने लिए वैक्सीन की जमाख़ोरी कर रहे थे, तब भारत ने कुछ ऐसा किया, जिसकी दुनिया ने उम्मीद नहीं की थी।

भारत ने "वैक्सीन मैत्री" के नाम से, अपनी बनाई कोविड-19 वैक्सीन की लगभग 30 करोड़ खुराकें, दुनिया के लगभग 100 देशों तक पहुँचाई, इनमें से कई गरीब देशों को तो मुफ्त में। सिर्फ वैक्सीन ही नहीं, महामारी के दौरान भारत ने 150 से ज्यादा देशों तक जरूरी दवाएँ पहुँचाई।

अब इस तस्वीर का भी हैरान करने वाला पहलू सुनिए। आज दुनिया में लगने वाली हर 10 में से लगभग 6 वैक्सीन, दुनिया भर में बिकने वाली हर 5 में से 1 सस्ती (जेनेरिक) दवा, भारत में बनती है। इसीलिए दुनिया भारत को प्यार से "दुनिया की फार्मेसी" यानी "विश्व का दवाख़ाना" कहती है।

जरा इस बात की गहराई को महसूस कीजिए। जिस देश को हम अक्सर गरीब समस्याओं से घिरा मानते हैं, वही देश, संकट की सबसे बड़ी घड़ी में, पूरी दुनिया का "डॉक्टर" बनकर खड़ा हुआ। उसने यह किसी स्वार्थ से नहीं, बल्कि अपने एक प्राचीन सभ्यतागत मूल्य, "वसुधैव कुटुम्बकम्", यानी "पूरी धरती एक परिवार है" की भावना से किया।

यही इस अध्याय का सार है। भारत की नियति सिर्फ एक "आर्थिक महाशक्ति" बनने की नहीं है। उसकी नियति एक "जागरूक सभ्यता", एक ऐसे स्वस्थ डॉक्टर बनने की है, जो खुद स्वस्थ होकर, पूरी दुनिया का इलाज करे।

"दुनिया में ताक़तवर देश तो बहुत हैं, पर 'जागरूक सभ्यताएँ' बहुत कम है। ताक़त डराती है; सभ्यता राह दिखाती है। भारत को दुनिया की सबसे डरावनी ताक़त नहीं, सबसे भरोसेमंद आवाज बनना है।"

"विश्वगुरु" का असली अर्थ

"विश्वगुरु" शब्द को लेकर हमारे देश में अनेक मजेदार गलतफहमियाँ हैं।

पहली गलतफहमी उन लोगों की है, जो मानते हैं कि भारत तो "हजारों साल पहले ही विश्वगुरु था", बस उसी पुराने गौरव-गान में मगन रहते हैं। ये वे लोग हैं, जो हर आधुनिक आविष्कार का श्रेय किसी न किसी प्राचीन ग्रंथ को दे देते हैं, इनके हिसाब से तो हवाई जहाज, कम्प्यूटर, इंटरनेट, शायद वाई-फाई भी, सब कुछ हमारे पूर्वज पहले ही बना चुके थे! दूसरी गलतफहमी उन लोगों की है, जो हीन-भावना से ग्रस्त होकर मानते हैं कि भारत के पास दुनिया को देने के लिए कुछ है ही नहीं।

सच इन दोनों के बीच में है। "विश्वगुरु" बनने का मतलब न तो सिर्फ बीते कल का गुणगान है, न ही पश्चिम की नक़ल। इसका असली मतलब है – एक

ऐसा "गुरु" बनना, जो अपने आचरण से, अपने उदाहरण से सिखाए। एक अच्छा गुरु पहले खुद को योग्य बनाता है, फिर सिखाता है। एक डॉक्टर के नाते कहूँ, तो जो चिकित्सक स्वयं मोटापे, मधुमेह व अनेक बीमारियों से घिरा हो और मरीज को सेहत का उपदेश दे, उसकी बात कोई नहीं सुनता।

इसलिए भारत को पहले अपने अध्यायों में बताए रोगों, भ्रष्टाचार, गरीबी, जातिवाद, असमानता आदि का इलाज करके खुद स्वस्थ बनना होगा। तभी जब वह दुनिया को रास्ता दिखाएगा, तो दुनिया उसकी सुनेगी।

"विश्वगुरु वह नहीं, जो दुनिया को बताए कि वह कितना महान है; विश्वगुरु वह है, जिसे महान देखकर दुनिया खुद कहे, 'हमें भी ऐसा बनना है।' गुरुता घोषित नहीं की जाती, अर्जित की जाती है।"

भारत के पास दुनिया को देने के लिए क्या है?

अब सवाल यह कि एक स्वस्थ भारत, दुनिया रूपी मरीज को आखिर कौन-सी दवाएँ दे सकता है? एक डॉक्टर के नाते, मैं कुछ अनमोल "नुस्खे" देखता हूँ, जो सिर्फ भारत के पास हैं।

पहला – "वसुधैव कुटुम्बकम्" का दर्शन। आज दुनिया युद्धों, नफरत, बँटवारे से जल रही है। ऐसे में भारत का यह प्राचीन विचार कि "पूरी धरती एक परिवार है", पूरी मानवता के लिए सबसे जरूरी दवा है। यही भारत के जी-20 की अध्यक्षता (2023) का भी मूल मंत्र रहा।

दूसरा – शांति एवं सह-अस्तित्व का रास्ता। भारत ने कभी किसी देश पर हमला करके उसे गुलाम नहीं बनाया। हमने दुनिया को गौतम बुद्ध एवं गाँधी दिए, हिंसा नहीं, अहिंसा का रास्ता बताया। एक ऐसी दुनिया में, जो हथियारों की होड़ में पागल है, भारत शांति की सबसे भरोसेमंद आवाज बन सकता है।

तीसरा – योग, आयुर्वेद, प्रकृति के सानिध्य में संतुलित जीवन। आज पूरी दुनिया तनाव, अवसाद व जीवनशैली की बीमारियों से जूझ रही है (जैसा हमने अध्याय 18 में देखा)। भारत का योग, ध्यान, संतुलित जीवन का प्राचीन ज्ञान, दुनिया के मन तन, दोनों का इलाज है।

चौथा – "किफायती नवाचार" (फ्रूगल इनोवेशन)। मंगलयान (अध्याय 25) सस्ती जेनेरिक दवाएँ इसका प्रमाण हैं। भारत दुनिया को यह सिखा सकता है कि कम संसाधनों में, अरबों लोगों के लिए, सस्ते कारगर समाधान कैसे बनाए जाएँ, जो गरीब देशों के लिए सबसे बड़ी जरूरत है।

एक संतुलित नजर से सटीक विश्लेषण

यहाँ एक सजग लेखक के नाते मुझे सबसे जरूरी संतुलन रखना होगा।

पहली बात – "विश्वगुरु" बनने की बात गर्व का विषय है, अहंकार का नहीं। एक अच्छा डॉक्टर अपनी काबिलियत पर गर्व करता है, पर वह कभी अपने मरीजों या दूसरे डॉक्टरों को नीचा नहीं दिखाता। उसी तरह, भारत को अपनी सभ्यता पर गर्व हो, पर किसी दूसरे देश या सभ्यता के प्रति घमंड या तिरस्कार नहीं। सच्चा गुरु विनम्र होता है।

दूसरी बात – यह सबसे जरूरी–हमें अपनी असली समस्याओं से आँख नहीं चुरानी चाहिए। सिर्फ "हम विश्वगुरु हैं" के नारे लगाने से कोई विश्वगुरु नहीं बनता। अगर हमारे अपने ही करोड़ों लोग गरीबी, कुपोषण एवं अशिक्षा से जूझ रहे हों, तो दुनिया को उपदेश देना एक बीमार डॉक्टर के उपदेश जैसा खोखला होगा। पहले अपना इलाज, फिर दुनिया का।

तीसरी बात – हमें यह भी याद रखना होगा कि "विश्वगुरु" कोई ताज नहीं, जो किसी को पहनाया जाए यह एक जिम्मेदारी है, जो रोज, अपने आचरण से निभानी पड़ती है।

"असली ताक़त वह नहीं, जो दूसरों को झुका दे; असली ताक़त वह है, जो खुद झुककर गिरे हुए को उठा ले। भारत को दुनिया का दादा नहीं, दुनिया का बड़ा भाई बनना है।"

इलाज – एक जागरूक सभ्यता बनने का नुस्ख़ा

तो भारत यह "स्वस्थ डॉक्टर" कैसे बने? कुछ ठोस सुझाव।

पहला – पहले घर को स्वस्थ कीजिए। अपनी आंतरिक बीमारियों (भ्रष्टाचार, जातिवाद, गरीबी, असमानता, अशिक्षा) का ईमानदारी से इलाज कीजिए। एक मजबूत, स्वस्थ, न्यायपूर्ण भारत ही दुनिया के लिए सबसे बड़ा उदाहरण होगा। उपदेश से नहीं, उदाहरण से नेतृत्व कीजिए।

दूसरा – अपनी "सॉफ्ट पावर" को पहचानिए बढ़ाइए। योग, आयुर्वेद, आध्यात्म, संगीत, संस्कृति, हमारा दर्शन – ये हमारी असली ताक़त हैं, जो बिना किसी हथियार के, दुनिया का दिल जीतती हैं।

तीसरा – गरीब विकासशील देशों (ग्लोबल साउथ) की आवाज बनिए। भारत ठीक एक बड़े भाई की तरह उन देशों का नेतृत्व कर सकता है, जिनकी बात बड़े ताक़तवर देश नहीं सुनते।

चौथा – विज्ञान, करुणा, आध्यात्म व संस्कृति को साथ लेकर चलिए। एक ऐसी महाशक्ति बनिए, जिसके पास आधुनिक विज्ञान की ताक़त भी हो, प्राचीन सभ्यता की करूणा-मय हृदय भी (जैसा हमने पूरी किताब में देखा)।

जब 148 करोड़ की यह राष्ट्र-देह, अपने सारे रोगों से मुक्त होकर पूरी तरह स्वस्थ हो जाएगी, तो वह सिर्फ अपने लिए नहीं जिएगी। वह एक अनुभवी, करुणामय डॉक्टर की तरह, अपने हाथों में दुनिया के घावों का इलाज लिए खड़ी होगी। तभी, सही मायनों में, भारत "विश्वगुरु" कहलाएगा।

"दुनिया को एक 'सुपरपावर' की जरूरत नहीं है, जो ताक़त के बल पर डराए। दुनिया को एक ऐसी 'जागरूक सभ्यता' की जरूरत है, जो खुद स्वस्थ होकर, करुणा के साथ, पूरी मानवता का इलाज कर सके, यही–सिर्फ यही–भारत की असली नियति है।"

- ***सोचिए***

संकट की घड़ी में, खुद जरूरतमंद होते हुए भी, भारत ने 100 देशों तक कोविड-19 वैक्सीन पहुँचाई। जरा सोचिए, यह उदारता हमारी कमजोरी थी, या हमारी सबसे बड़ी ताक़त? "विश्वगुरु" बनने का असली रास्ता क्या है–सिर्फ ताक़त दौलत, या खुद स्वस्थ बनकर दुनिया की सेवा करना?

- ***चर्चा कीजिए***

अपने परिवार मित्रों से एक ईमानदार बात कीजिए: "विश्वगुरु" बनने का हमारे लिए क्या मतलब है, सिर्फ बीते गौरव का गुणगान, या आज, अपने आचरण से, खुद को इस लायक बनाना? एक राष्ट्र के "गर्व" "अहंकार" के बीच की पतली रेखा क्या है?

- ***कार्रवाई कीजिए***

इस सप्ताह दो काम कीजिए: पहला, भारत की किसी एक "सॉफ्ट पावर" (योग, ध्यान, कोई भारतीय संगीत, कला या ज्ञान) को अपने जीवन में अपनाइए दूसरों से साझा कीजिए। दूसरा, अपने आसपास "गर्व" "अहंकार" का फर्क़ समझिए, अपनी संस्कृति पर गर्व कीजिए, पर किसी दूसरी संस्कृति के प्रति तिरस्कार से बचिए। याद रखिए, सच्चा गुरु हमेशा विनम्र होता है।

Rx डॉ. सुरेश कुमार पाण्डेय का प्रिस्क्रिप्शनः

इस अध्याय से पाँच संजीवनी सूत्र

पहला सूत्र – पहले खुद स्वस्थ बनिए, फिर इलाज कीजिएः एक बीमार डॉक्टर किसी का इलाज नहीं कर सकता। भारत पहले अपने रोगों (भ्रष्टाचार, गरीबी, असमानता) का इलाज करके स्वस्थ बने, तभी वह दुनिया को राह दिखाने का अधिकारी होगा। उपदेश से नहीं, उदाहरण से नेतृत्व कीजिए।

दूसरा सूत्र – गर्व हाँ, अहंकार नहींः अपनी सभ्यता पर गर्व कीजिए, पर किसी दूसरी सभ्यता के प्रति घमंड या तिरस्कार से बचिए। सच्चा गुरु विनम्र होता है। भारत को दुनिया का "दादा" नहीं, "बड़ा भाई" बनना है।

तीसरा सूत्र – "वसुधैव कुटुम्बकम्" ही असली ताक़त हैः एक बँटी हुई, युद्धरत दुनिया में भारत का यह विचार कि "पूरी धरती एक परिवार है," मानवता के लिए सबसे जरूरी दवा है। यही हमारी सबसे बड़ी वैश्विक देन है।

चौथा सूत्र – "सॉफ्ट पावर" को पहचानिएः योग, आयुर्वेद, अहिंसा, कला, संगीत एवं किफायती नवाचार, ये बिना किसी हथियार के दुनिया का दिल जीतते हैं। यही भारत की असली, स्थायी शक्ति है।

पाँचवाँ सूत्र – विज्ञान एवं करुणा, दोनों साथः एक ऐसी महाशक्ति बनिए, जिसके पास आधुनिक विज्ञान की ताक़त भी हो प्राचीन सभ्यता का करूणा भी। दुनिया को डराने वाली सुपरपावर नहीं, मानवता का इलाज करने वाली जागरूक सभ्यता बनिए।

अध्याय 35

मेरे नव भारत का 15 अगस्त 2047

वह क्षण, जब पट्टी खुलती है

"एक नेत्र-सर्जन के जीवन का सबसे पवित्र क्षण ऑपरेशन नहीं होता। वह क्षण होता है, जब ऑपरेशन के अगले दिन, मैं मरीज की आँखों से पट्टी खोलता हूँ, वर्षों से अँधेरे में डूबा एक इंसान, पहली बार अपने बच्चे का चेहरा, या सूरज की पहली किरण देखता है। उसकी आँखों से बहते वे खुशी के आँसू, मेरे जीवन की सबसे बड़ी कमाई हैं। यह अध्याय, मेरे नव भारत की आँखों से वही पट्टी खुलने का क्षण है।"

– डॉ. सुरेश कुमार पाण्डेय

मेरे जीवन में हजारों बार वह क्षण आया है, हर बार मेरा दिल उसी तरह से धड़कता है, जैसे पहली बार ऑपरेशन थिएटर में नेत्र सर्जरी पूरी हो जाती है। मरीज की आँख पर पट्टी बँध जाती है। फिर शुरू होता है इंतजार का वह

सबसे लंबा दिन। मरीज अँधेरे में बिस्तर पर लेटा रहता है, आशा आशंका के बीच झूलता हुआ। "क्या मैं फिर देख पाऊँगा? क्या यह अँधेरा छँटेगा?"

फिर अगली सुबह आती है। मैं उसके पास जाता हूँ, धीरे-धीरे, परत-दर-परत, वह पट्टी खोलता हूँ। एक पल के लिए सब कुछ ठहर जाता है, फिर रोशनी लौटने की शुरुआत होती है। मरीज की आँखें, जो वर्षों से बंद थीं, धीरे-धीरे खुलती हैं। पहले सब धुँधला, फिर साफ, फिर वह क्षण आता है, जब उसे अपने सामने खड़ी अपनी बेटी का चेहरा दिखता है – वह चेहरा, जिसे उसने बरसों से नहीं देखा था।

उस पल जो होता है, उसे शब्दों में बाँधना नामुमकिन है। बूढ़ी आँखों से आँसू बहने लगते हैं। काँपते हाथ जुड़ जाते हैं, एक थरथराती आवाज कहती है– "डॉक्टर साहब, मैं देख पा रहा हूँ... मैं फिर से देख पा रहा हूँ!"

यह पूरी किताब, असल में, इसी एक क्षण की तैयारी थी।

इस पूरी किताब में, मैंने आपके साथ मिलकर अपने भारत को एक मरीज की तरह देखा। हमने उसके हर रोग को पहचाना, भ्रष्टाचार का कैंसर, जातिवाद का ऑटोइम्यून रोग, शिक्षा का मायोपिया और भी न जाने कितने रोगों (समस्याओं) के बारे में पढ़ा। हमने दुनिया भर के डॉक्टरों से इलाज सीखे फिर हमने, एक साथ, हर बीमारी का इलाज, हर रोग की सर्जरी की योजना बनाई।

अब वह सारी सर्जरी पूरी हो चुकी है आज, इस आख़िरी अध्याय में, हम वह पट्टी खोलने जा रहे हैं। आइए, मेरे साथ चलिए, 15 अगस्त 2047 के उस नवभारत को, पहली बार, अपनी आँखों से देखिए।

चलिए, 15 अगस्त 2047 की उस सुबह में

कल्पना कीजिए कि यह 15 अगस्त 2047 की सुबह है। भारत की आजादी के 100 साल पूरे हो रहे हैं एवं मैं अब एक बुजुर्ग हो चुका डॉक्टर हूँ। मेरे बाल पूरी तरह सफेद हो चुके हैं, मेरे हाथ अब उतने स्थिर नहीं रहे जितने नेत्र सर्जरी के आरम्भिक दिनों में थे। पर मेरी आँखें, मेरी आँखें आज भी उतनी ही चमक रही हैं, क्योंकि वे आज वह देख रही हैं, जिसका सपना मैंने यह किताब लिखते हुए देखा था।

मैं अपने आँगन में बैठा हूँ मेरे पास बैठी है मेरी नातिन या शायद आपकी पोती, या वह हर बच्चा, जो आज इस नए भारत का निवासी है। वह मुझसे पूछती है, "नानाजी, आपने अपनी किताब में जिस बीमार भारत की बात लिखी थी, वह आख़िर कैसा था? आज तो सब कुछ इतना अच्छा है!"

तब, मेरी आँखों के सामने वह पुराना भारत घूम जाता है, फिर यह नया भारत, जो आज मेरे सामने है। आइए, मैं आपको वह दिखाता हूँ, जो आज मेरी आँखें देख रही हैं।

पट्टी खुलती है – पहला दृश्यः एक स्वस्थ राष्ट्र-देह

जो भारत कभी अपनी आधी कमाई बीमारियों के इलाज में गँवा देता था (अध्याय 28), आज वह दुनिया के सबसे स्वस्थ देशों में है। आज गाँव-गाँव में वह डॉक्टर, वह सुविधा मौजूद है, जिसके लिए कभी लोग शहरों के अस्पतालों के बाहर एड़ियाँ रगड़ते थे। आज बीमारी किसी परिवार को गरीब नहीं बनाती सबसे बड़ी बात, आज लोग सिर्फ लंबा नहीं, बल्कि स्वस्थ सक्रिय जीवन जीते हैं। "शतायु भारत" का वह सपना, आज हक़ीक़त है।

मेरी नातिन मुझसे पूछती है कि क्या सच में पहले लोग सिर्फ इसलिए मर जाते थे, क्योंकि उनके पास इलाज के पैसे नहीं थे? मैं उसके मासूम चेहरे को देखता हूँ, सोचता हूँ, कितना अच्छा है कि वह उस दर्द को कभी नहीं जान पाएगी।

दूसरा दृश्यः साफ हुई दृष्टि – हर बच्चा एक आविष्कारक

मैं देखता हूँ कि स्कूलों से वह "रटने" वाली धुँधली परत हट चुकी है (अध्याय 26)। आज बच्चे डर से नहीं, जिज्ञासा से पढ़ते हैं। वे सवाल पूछते हैं, प्रयोग करते हैं, सपने देखते हैं। आज भारत का हर युवा "नौकरी की कतार" में नहीं, बल्कि "कुछ नया रचने" की दौड़ में है (अध्याय 27)। आज दुनिया की सबसे बड़ी खोजें, सबसे बड़े आविष्कार, भारत की प्रयोगशालाओं में हो रहे हैं।

सबसे खूबसूरत बात, आज भारत का आधा शरीर, उसकी नारी-शक्ति, अब लकवाग्रस्त नहीं (अध्याय 30) हैं। आज वह पूरी ताक़त से, बराबरी से, इस राष्ट्र को आगे बढ़ा रही है। आज भारत दोनों पंखों से उड़ रहा है।

तीसरा दृश्यः ठीक हुआ हृदय, मजबूत हुई रीढ़

मैं देखता हूँ कि वह भ्रष्टाचार का कैंसर (अध्याय 2), जो कभी राष्ट्र के हर अंग में फैल चुका था, आज जड़ से ख़त्म हो चुका है। आज एक आम आदमी को अपना हक़ पाने के लिए न रिश्वत देनी पड़ती है, न दफ्तरों के चक्कर काटने पड़ते हैं।

मैं देखता हूँ कि जातिवाद का वह ऑटोइम्यून रोग (अध्याय 3), जिसमें राष्ट्र-शरीर अपने ही अंगों से लड़ रहा था, आज ठीक हो चुका है। आज एक

बच्चे की पहचान उसकी जाति से नहीं, उसकी प्रतिभा से होती है राष्ट्र की वह रीढ़, उसकी संस्थाएँ (अध्याय 33), आज इतनी मजबूत सीधी हैं कि कोई तूफान उसे झुका नहीं सकता।

आख़िरी दृश्य: विश्व का इलाज करता डॉक्टर

फिर मेरी नजर, अपने आँगन से उठकर, पूरी दुनिया पर जाती है मैं देखता हूँ मेरा भारत, जो कभी खुद बीमार था, आज एक स्वस्थ, अनुभवी डॉक्टर की तरह, पूरी दुनिया के घावों पर मरहम लगा रहा है (अध्याय 34)। आज जब दुनिया में कहीं कोई संकट आता है, तो दुनिया की पहली पुकार होती है, "भारत मदद करेगा।"

आज दुनिया भारत से डरती नहीं–दुनिया भारत पर भरोसा करती है। आज भारत दुनिया की सबसे बड़ी ताक़त नहीं, सबसे भरोसेमंद आवाज है। वह "विश्वगुरु", जो ताक़त से नहीं, करुणा से दुनिया को राह दिखाता है।

मेरी आँखें भर आती हैं। यह वही भारत है, जिसका सपना मैंने देखा था।

"आजादी के पहले 100 सालों में हमने एक राष्ट्र को ''जिंदा रखा''; आजादी के अगले 100 सालों में हमें उसे 'महान बनाना' है। 1947 में हमने एक देश को आजाद किया था; 2047 में हमें एक सभ्यता को उसकी पूरी ऊँचाई तक पहुँचाना है।"

पर रुकिए – यह सपना अपने-आप सच नहीं होगा

अब मैं आपको उस कल्पना से वापस, आज वर्ष 2026 में ले आता हूँ। क्योंकि मुझे आपसे एक आख़िरी, सबसे जरूरी बात कहनी है।

वर्ष 2047 का वह खूबसूरत भारत, जो मैंने अभी आपको दिखाया, वह कोई भविष्यवाणी नहीं है। वह अपने-आप, किसी जादू से सच नहीं होगा। वह कोई सरकार, कोई नेता, कोई "मसीहा" आपके लिए नहीं बनाएगा।

वह भारत, आप बनाएँगे। आप, जो इस वक्त यह किताब पढ़ रहे हैं।

एक नेत्र सर्जन के नाते, मैं आपसे एक सच कहना चाहता हूँ: मैंने इस किताब में सिर्फ "निदान" "प्रिस्क्रिप्शन" दिया है। पर दुनिया का कोई डॉक्टर, अकेले, किसी मरीज को ठीक नहीं कर सकता। दवा तो मरीज को खुद खानी पड़ती है। यह राष्ट्र वह मरीज है, इसकी हर एक कोशिका, आप हैं। जब तक हर कोशिका ठीक होने की ठान नहीं लेती, तब तक पूरा शरीर स्वस्थ नहीं हो सकता।

इसलिए, यह सर्जरी अब मेरे हाथ में नहीं, आपके हाथ में है।

"डॉक्टर सिर्फ रास्ता दिखा सकता है; चलना मरीज को खुद पड़ता है। मैंने अपने भारत का प्रिस्क्रिप्शन लिख दिया है–अब इसे हक़ीक़त में बदलने की सर्जरी, आपके हाथों में है।"

वह आख़िरी पट्टी – जो आपको खोलनी है

याद है, इस किताब की शुरुआत में मैंने आपको ऑपरेशन थिएटर में बुलाया था (अध्याय 1)। आज, इस आख़िरी पन्ने पर, मैं आपको वह औजार सौंप रहा हूँ, जो अब तक मेरे हाथ में था।

आज भारत की आँखों पर अब भी एक पट्टी बँधी है, समस्याओं की, उदासीनता की, "कोई करेगा" वाली सोच की पट्टी वह पट्टी, अब कोई सर्जन नहीं खोलेगा।

वह पट्टी आप खोलेंगे।

हर बार जब आप रिश्वत देने से इनकार करेंगे, आप एक परत खोलेंगे। हर बार जब आप किसी बच्चे को जाति नहीं, क़ाबिलियत से देखेंगे, आप एक परत खोलेंगे। हर बार जब आप एक बेटी को बेटे जितना सपना देखने देंगे, हर बार जब आप अपना कचरा सही जगह डालेंगे, हर बार जब आप "मैं" से ऊपर उठकर "हम" सोचेंगे, आप उस पट्टी की एक परत खोलेंगे।

एक दिन, शायद 15 अगस्त 2047 की किसी सुबह–वह आख़िरी परत खुलेगी 166 करोड़ आँखें, एक साथ, उस नए, स्वस्थ, महान भारत को देखेंगी। उस दिन, इस पूरे राष्ट्र की आँखों से वही आँसू बहेंगे, जो मैं अपने मरीजों की आँखों में रोज देखता हूँ–ठीक हो जाने के, फिर से देख पाने के कृतज्ञता के आँसू।

मैं शायद उस दिन को देखने के लिए न रहूँ। पर मुझे यक़ीन है–मेरी नातिन रहेगी। आपके बच्चे रहेंगे। वे उस भारत में आँख खोलेंगे, जिसका सपना आज हम, आप मैं, मिलकर देख रहे हैं।

बस, उस सपने को सच करने की जिम्मेदारी, आज, इस पल, मैं आपके हाथों में सौंप रहा हूँ।

मेरी आँखों की रोशनी अब ढल रही है। पर मेरे भारत की आँखों में, मुझे एक नया सवेरा साफ दिखाई दे रहा है।

मुझे विश्वास है कि आप उस पट्टी को जरूर खोलेंगे।

"मैंने अपने जीवन में लाखों लोगों की आँखों की रोशनी लौटाई। पर मेरा सबसे बड़ा सपना है, मेरे भारत की आँखों की रोशनी लौटाना। यह सर्जरी मैं अकेला नहीं कर सकता; यह हम 148 करोड़ सर्जन, मिलकर करेंगे। क्योंकि यह सिर्फ मेरा भारत नहीं, यह हमारा भारत है।"

जय हिंद।

- ***सोचिए***

मैंने आपको 2047 के जिस भारत की झलक दिखाई, वह आपके दिल को कैसा लगा? अब एक पल रुककर सोचिए, उस भारत आज के भारत के बीच की दूरी, कौन तय करेगा? उस यात्रा में आपका, सिर्फ आपका, एक क़दम क्या हो सकता है?

- ***चर्चा कीजिए***

अपने परिवार, ख़ासकर अपने बच्चों के साथ बैठिए, उनसे पूछिए: "तुम 2047 का भारत कैसा देखना चाहते हो?" उनके सपनों को सुनिए, उन्हें बताइए कि वह भारत बनाना, अब उनकी हमारी, साझा जिम्मेदारी है।

- ***कार्रवाई कीजिए***

इस किताब को बंद करने से पहले, एक काम कीजिए, एक कागज पर अपना एक संकल्प लिखिए: "मैं, 2047 के भारत के लिए, आज से यह एक बदलाव अपने जीवन में लाऊँगा/लाऊँगी..." कोई एक छोटा, ईमानदार संकल्प उसे ऐसी जगह रखिए, जहाँ वह आपको रोज दिखे। याद रखिए, हर महान सर्जरी, पहले एक छोटे चीरे से शुरू होती है। आपका वह संकल्प, नए भारत की सर्जरी का पहला चीरा है।

Rx डॉ. सुरेश कुमार पाण्डेय का प्रिस्क्रिप्शन:

इस अध्याय से पाँच संजीवनी सूत्र

पहला सूत्र – भारत बीमार नहीं, इलाज-योग्य है: हर समस्या एक बीमारी है, हर बीमारी का इलाज है। निराशा छोड़िए, हमारे राष्ट्र की हर बीमारी का प्रिस्क्रिप्शन मौजूद है। बस उसे अपनाने का संकल्प चाहिए।

दूसरा सूत्र – डॉक्टर रास्ता दिखाता है, चलना मरीज को पड़ता है: कोई सरकार, नेता या मसीहा यह भारत नहीं बनाएगा। राष्ट्र की हर कोशिका, यानी हर नागरिक, जब ठीक होने की ठानेगी, तभी पूरा शरीर स्वस्थ होगा। बदलाव आपसे शुरू होता है।

तीसरा सूत्र – पट्टी आपको खोलनी है: भारत की आँखों पर उदासीनता की पट्टी बँधी है। हर ईमानदार क़दम, रिश्वत से इनकार, बराबरी

का व्यवहार, नागरिक-कर्तव्य, उस पट्टी की एक परत खोलता है। 148 करोड़ हाथ मिलकर इसे पूरा खोल सकते हैं।

चौथा सूत्र – पहले 100 साल “जिंदा रहे”, अगले 100 साल “महान बनें”: 1947 में हमने देश आजाद किया; 2047 में हमें एक सभ्यता को उसकी पूरी ऊँचाई तक पहुँचाना है। यह दूसरी आजादी, रोगों से, उदासीनता से, हीन-भावना से आजादी, हमें खुद लानी है।

पाँचवाँ सूत्र – यह हमारा भारत है: यह सपना मेरा अकेले का नहीं, हम सबका साझा है। हम 148 करोड़ सर्जन, मिलकर, अपने भारत की आँखों की रोशनी लौटाएँगे। क्योंकि यह सिर्फ “मेरा” या “आपका” नहीं–यह “हमारा” भारत है।

अध्याय 36

देश के नागरिकों के नाम एक नेत्र-सर्जन का अंतिम संदेश

अब क़लम से नहीं, कर्म से लिखा जाएगा

"हर मरीज, जो मेरे ऑपरेशन थिएटर से ठीक होकर बाहर जाता है, उससे मैं एक आख़िरी बात जरूर कहता हूँ, 'अब आँखों की रोशनी मिल गई है; इसे यूँ ही बर्बाद मत करना, इससे कुछ सुंदर देखना, कुछ सुंदर करना।' यह किताब भी अब ठीक होकर आपके हाथ से जाने वाली है। इसलिए, चलते-चलते, मुझे आपसे भी वही आख़िरी बात कहनी है।"

— डॉ. सुरेश कुमार पाण्डेय

तीस साल पहले, पहले, एक युवा डॉक्टर के रूप में, मैंने अपनी पहली आँख की सर्जरी की थी। उस दिन मेरे हाथ काँप रहे थे। अगले दिन जब मैंने मरीज की पट्टी खोली और उसने धीमे से कहा, "डॉक्टर साहब, मुझे दिखने लगा है," तो उस क्षण की खुशी में मैं पूरी रात सो नहीं पाया था।

आज, तीस वर्ष और एक लाख से अधिक नेत्र सर्जरियों के बाद, जब मैं यह आखिरी पन्ना लिख रहा हूँ, तो मेरे हाथ फिर काँप रहे हैं। पर इस बार वजह अलग है। इस बार मन में एक डर है कि क्या मैं आपको वह सब कह पाया, जो मेरे दिल में था? क्या यह किताब आपकी आँखों की कोई पट्टी खोल पाई?

क्योंकि सच यह है कि यह किताब, मेरे जीवन की सबसे बड़ी और सबसे कठिन सर्जरी रही है।

मैंने अपने जीवन में आँखों का, शरीर के एक छोटे से अंग का, इलाज किया है। लेकिन इस किताब में मैंने एक पूरे राष्ट्र, लगभग 148 करोड़ लोगों की पीड़ा को समझने और उसका इलाज खोजने का साहस किया है। इस सर्जरी में मेरा सर्जिकल औजार, चाकू (स्केल्पल) नहीं, शब्द थे। मेरा ऑपरेशन थिएटर कोई अस्पताल नहीं, आपका मन था।

अब, चलते-चलते, मुझे आपसे कुछ बेहद निजी बातें कहनी हैं। एक डॉक्टर की तरह नहीं, बल्कि एक ऐसे इंसान की तरह, जो अपने देश से उतना ही प्रेम करता है, जितना आप करते हैं।

पहली बात: मैंने यह किताब क्यों लिखी?

मैं एक नेत्र चिकित्सक हूँ। मेरी असली जगह ऑपरेशन थिएटर है। मेरा अधिकांश समय नेत्र रोगियों की आँखें देखने, उनकी पीड़ा समझने और नेत्र शल्य चिकित्सा में बीतता है। ऐसे में यह प्रश्न स्वाभाविक है कि एक व्यस्त नेत्र-सर्जन को अपने नियमित चिकित्सकीय जीवन से समय निकालकर एक पूरे राष्ट्र की कहानी लिखने की आवश्यकता क्यों पड़ी?

इसका उत्तर मेरे उन्हीं मरीजों में छिपा है। तीस वर्षों में मैंने सिर्फ आँखें नहीं देखीं, मैंने उन आँखों के पीछे छिपा पूरा भारत देखा। मैंने उस गरीब किसान की आँखें देखीं, जो इलाज के पैसे जुटाने के लिए अपनी जमीन बेच आया था। मैंने उस होनहार बच्ची की आँखें देखीं, जिसका सपना सिर्फ इसलिए कुचल दिया गया, क्योंकि वह "बेटी" थी। मैंने उस बुजुर्ग की आँखें देखीं, जो रिश्वत न दे पाने के कारण, अपना जायज हक पाने के लिए दर-दर भटक रहा था।

इन हजारों आँखों में मैंने अपने भारत के सारे रोग देखे। और एक डॉक्टर के लिए अपने मरीज को तड़पते देखकर चुप रह जाना सबसे बड़ा पाप है।

इसलिए मैंने यह किताब लिखी। इसलिए नहीं कि मेरे पास सारे जवाब हैं, बल्कि इसलिए कि मैं अब चुप नहीं रह सकता था।

"एक डॉक्टर के लिए सबसे असहनीय पीड़ा अपनी बीमारी नहीं, अपने मरीज की वह तकलीफ होती है, जिसका इलाज मौजूद हो, फिर भी कोई उसे करने को तैयार न हो। यह किताब उसी असहनीय पीड़ा से जन्मी है।"

दूसरी बात: मैंने इसमें राजनीति क्यों नहीं की?

आपने पूरी किताब में महसूस किया होगा कि मैंने न किसी एक नेता का गुणगान किया, न किसी की निंदा की; मेरी लेखनी न दाएँ झुकी, न बाएँ। यह मैंने जानबूझकर किया।

एक नेत्र सर्जन के नाते, जब मैं ऑपरेशन थिएटर में होता हूँ, तो मेरे सामने लेटा मरीज किसी पार्टी, धर्म या जाति का प्रतिनिधि नहीं होता। वह सिर्फ एक मरीज होता है, जिसे मेरी मदद चाहिए। मैं यह नहीं पूछता कि उसने पिछली बार किसे वोट दिया था। मैं बस उसका इलाज करता हूँ।

भारत भी मेरे लिए वैसा ही मरीज है। किसी मरीज का इलाज राजनीति से नहीं, ईमानदार निदान और सही उपचार से होता है। जिस दिन हम देश की समस्याओं को "मेरी पार्टी बनाम तेरी पार्टी" के चश्मे से देखना बंद कर देंगे, और उन्हें एक साझा बीमारी की तरह देखना शुरू कर देंगे, जिसका इलाज हम सबको मिलकर करना है, उसी दिन भारत का असली उपचार शुरू होगा।

"बीमारी न दाईं होती है, न बाईं। वह बस बीमारी होती है। इलाज विचारधारा से नहीं, दृढ़ संकल्पित होकर ईमानदारी से किये गये प्रयासों से होता है। मैंने भारत को एक मरीज की तरह देखा है, और मरीज की कोई पार्टी नहीं होती।"

तीसरी बात: सबसे जरूरी, निराश मत होइए

मैं जानता हूँ कि इस किताब में हमने जिन रोगों की बात की, भ्रष्टाचार, जातिवाद, गरीबी, असमानता, बेरोजगारी, जनसंख्या का दबाव और व्यवस्था की सुस्ती, वे इतने बड़े लगते हैं कि कई बार मन कहता है, "यह सब कभी नहीं बदलेगा। मैं अकेला क्या कर लूँगा?"

मैं आपसे एक डॉक्टर के अनुभव की बात कहना चाहता हूँ। मेरे पास अक्सर ऐसे मरीज आते थे, जिन्हें दूसरे डॉक्टरों ने कह दिया था, "अब कुछ नहीं हो सकता, यह आँख जा चुकी है।" वे पूरी तरह निराश होकर, हिम्मत हारकर मेरे पास आते थे। लेकिन मैंने बार-बार देखा है कि जिसे "लाइलाज" कह दिया गया था, सही निदान, सही उपचार और मरीज की हिम्मत से वही आँख फिर रोशनी पा गई।

भारत भी ऐसा ही मरीज है। दुनिया ने इसे कई बार "लाइलाज" कहा। कहा गया कि यह विशाल, गरीब, विविधताओं से भरा देश कभी एकजुट नहीं रह पाएगा, कभी आगे नहीं बढ़ पाएगा। पर हमने हर बार दुनिया को गलत साबित किया। हम बँटे नहीं, टूटे नहीं, रुके नहीं। हम घायल हुए, पर फिर उठे। हम थके, पर अनवरत् चलते रहे।

इसलिए यदि कोई आपसे कहे कि "भारत नहीं बदल सकता," तो उसकी बात मत सुनिए। याद रखिए, सबसे अँधेरी रात के ठीक बाद ही सबसे उजला सवेरा आता है। मेरा भारत अपने सबसे उज्जवल सवेरे के बहुत करीब है।

"किसी मरीज को 'लाइलाज' कह देना सबसे आसान काम है। मैंने हजारों 'लाइलाज' आँखों को फिर रोशन होते देखा है। मुझे विश्वास है, मेरा भारत देश भी अपनी पूरी रोशनी के साथ अवश्य जगमगाएगा।"

चौथी बात: मेरी आखिरी विनती

मेरी उम्र अब ढल रही है। हो सकता है, मैं 2047 के उस भारत को अपनी आँखों से न देख पाऊँ, जिसका सपना मैंने इस किताब में देखा है। पर कोई बात नहीं। एक माली अक्सर वे पेड़ लगाता है, जिनकी छाँव में वह स्वयं कभी नहीं बैठ पाता। वह उन्हें आने वाली पीढ़ियों के लिए लगाता है।

यह किताब मेरा वही पेड़ है। मैंने इसे अपने लिए नहीं, अपनी नाती-पोतो के लिए, आपके बच्चों के लिए, उस हर भारतीय के लिए लगाया है, जो 2047 में आँख खोलेगा और पूछेगा, "क्या मेरे पूर्वजों ने मेरे लिए बेहतर भारत छोड़ा?"

इसलिए मेरी आपसे आखिरी विनती यही है कि इस किताब को केवल पढ़कर, बंद करके, अलमारी में मत रख दीजिए। इसे जीना शुरू कीजिए। कोई एक सूत्र, कोई एक संकल्प, कोई एक छोटा बदलाव आज से, अभी से अपने जीवन में उतार लीजिए। फिर यह किताब किसी और को दीजिए, ताकि कि यह रोशनी अनवरत् आगे बढ़ती रहे।

क्योंकि एक डॉक्टर का सपना तब पूरा नहीं होता, जब उसका मरीज ठीक हो जाता है। उसका सपना तब पूरा होता है, जब ठीक हुआ मरीज स्वयं किसी और के जीवन में आशा की दवा बन जाता है।

"मैंने यह किताब स्याही से नहीं, अपने तीस वर्षों के अनुभव, अपने मरीजों की पीड़ा और अपने देश को सुदृढ़, सफल व संस्कारित बनाने के उद्देश्य से व्याकुल मन से लिखी है। अब यह पुस्तक आपकी अमानत है। इसे पढ़कर भूल

मत जाइए। इसे जी लीजिए, किसी तक पहुँचा दीजिए। यही मेरा आप सबसे विशेष निवेदन होगा।"

अंत में

जब मैं अपने किसी मरीज की आँखों की पट्टी खोलता हूँ, तो आखिरी पल में हमेशा एक ही प्रार्थना करता हूँ, "हे ईश्वर, इस आँख को केवल देखने की शक्ति मत देना, इसे सही और सुंदर देखने की दृष्टि भी देना।"

आज, जब यह किताब आपके हाथों में है, मैं आपके लिए भी वही प्रार्थना करता हूँ। ईश्वर आपको सिर्फ अपने देश की समस्याएँ देखने की नजर न दे, बल्कि उन्हें ठीक करने का साहस, संवेदना और दृष्टि भी दे।

मेरा भारत बीमार जरूर है, पर लाइलाज नहीं। इसका सबसे बड़ा डॉक्टर कोई नेता, कोई अफसर, कोई सरकार अकेली नहीं है। इसका सबसे बड़ा डॉक्टर आप स्वयं हैं।

अपनी आँखों का ख्याल रखिएगा। अपने भारत की आँखों का भी।

आपका अपना,

सुरेश कुमार पाण्डेय

डॉ. सुरेश कुमार पाण्डेय

(एक नेत्र-सर्जन, जिसने अपने देश को मरीज की तरह प्यार किया।)

"मेरी किताब यहाँ समाप्त होती है, पर आपकी कहानी यहीं से शुरू होती है। क्योंकि अब कलम मेरे हाथ में नहीं, आपके हाथ में है। वर्ष 2047 के महाशक्तिशाली भारत का अगला अध्याय आप लिखेंगे।"

जय हिंद।

जय भारत।

परिशिष्ट 1

मेरी राष्ट्र-प्रतिज्ञा

एक नागरिक की शपथ – मेरे भारत के नाम

"जब मैंने डॉक्टर बनने की पढ़ाई पूरी की, तो मुझसे एक शपथ दिलाई गई, कि मैं हर मरीज की सेवा पूरी निष्ठा से करूँगा। उस एक शपथ ने मेरे पूरे जीवन की दिशा तय कर दी। आज, इस किताब के आख़िर में, मैं आपसे भी एक शपथ की उम्मीद रखता हूँ, अपने मरीज, यानी अपने भारत, के नाम। क्योंकि जो वचन हम जुबान से निकालते हैं, जिस पर हम अपना नाम लिखते हैं, वही हमें बदलता है।"

– डॉ. सुरेश कुमार पाण्डेय

प्रिय पाठक,

आप इस किताब के लगभग अंत तक पहुँच चुके हैं। हमने साथ मिलकर एक लंबा सफर तय किया, हमने अपने भारत के घावों को देखा, उसके दर्द को महसूस किया, दुनिया से इलाज सीखे, एक स्वस्थ, महान भारत का सपना बुना।

पर अब वह सबसे जरूरी पल आ गया है। क्योंकि किताबें सोच बदलती हैं, पर सोच को कर्म में बदलने के लिए एक चीज चाहिए, एक वचन। एक ऐसा वचन, जो आप सिर्फ मुझसे नहीं, बल्कि अपने आप से, अपने भारत से करें।

एक डॉक्टर के नाते, मैं जानता हूँ कि शपथ में एक अजीब-सी ताक़त होती है। जब हम कुछ जोर से कहते हैं, उस पर अपना नाम लिखते हैं, तो वह सिर्फ शब्द नहीं रह जाता, वह हमारे भीतर एक संकल्प बन जाता है, जो हमें रोज याद दिलाता है कि हम क्या बनना चाहते हैं।

इसलिए, इस किताब को बंद करने से पहले, मैं आपसे विनती करता हूँ– रुकिए। एक गहरी साँस लीजिए। इस प्रतिज्ञा को सिर्फ पढ़िए मत–इसे महसूस कीजिए, फिर, अपने नाम के साथ, इसे अपना बना लीजिए।

"जो वचन हम सिर्फ सोचते हैं, वह हवा है; जो वचन हम कहते हैं,

वह संकल्प है; जो वचन हम अपने नाम के साथ लिखते हैं, वह नियति बन जाता है।"

मेरी राष्ट्र-प्रतिज्ञा

(कृपया इसे जोर से, पूरे मन से पढ़िए)

मैं, इस भारत भूमि की एक संतान, आज, अपने पूरे होश पूरे मन से, अपने भारत के नाम यह प्रतिज्ञा करता/करती हूँ –

मैं समझता/समझती हूँ कि मेरा भारत बीमार जरूर है, पर लाइलाज नहीं। इसका इलाज किसी के हाथ में नहीं, मेरे अपने हाथों में है। मैं अब इंतजार नहीं करूँगा/करूँगी कि "कोई " आकर इसे बदलेगा। बदलाव की शुरुआत, आज, मुझसे होगी।

मैं ईमानदारी को अपना धर्म बनाऊँगा/बनाऊँगी। न मैं रिश्वत दूँगा/दूँगी, न लूँगा/लूँगी। मैं अपना हर कर्तव्य, हर काम, पूरी निष्ठा से निभाऊँगा/निभाऊँगी। क्योंकि मैं जानता/जानती हूँ–राष्ट्र की ईमानदारी, मेरी अपनी ईमानदारी से शुरू होती है।

मैं हर इंसान को बराबरी व सम्मान की नजर से देखूँगा/देखूँगी। न जाति के नाम पर, न धर्म के नाम पर, न लिंग के नाम पर, मैं कभी किसी से भेदभाव नहीं करूँगा/करूँगी। मैं नफरत फैलाने वाला नहीं, जोड़ने वाला बनूँगा/बनूँगी।

मैं अपनी धरती, अपनी हवा, अपनी मिट्टी अपने पानी की रक्षा करूँगा/करूँगी। मैं एक भी पेड़ बेवजह नहीं कटने दूँगा/दूँगी, जितना हो सके, उतने पेड़ लगाऊँगा/लगाऊँगी। क्योंकि यह धरती सिर्फ मेरी ही नहीं है, मेरे देश की भावी पीढ़ी की अमूल्य अमानत है।

मैं अपने देश की बेटियों को बेटों जितने ही सपने देखने दूँगा/दूँगी। मैं हर महिला के सम्मान, हर बुजुर्ग की गरिमा की रक्षा करूँगा/करूँगी। क्योंकि मेरा राष्ट्र तभी पूरा है, जब उसका हर नागरिक, बिना किसी भेद के, पूरी ताक़त से खड़ा हो।

मैं एक जागरूक नागरिक बनूँगा/बनूँगी। मैं सोच-समझकर वोट दूँगा/दूँगी, हर नियम का पालन करूँगा/करूँगी, किसी अफवाह या भीड़ का हिस्सा नहीं बनूँगा/बनूँगी, अपने अधिकारों के साथ-साथ, अपने कर्तव्यों को भी निभाऊँगा/निभाऊँगी।

मैं अपने भारत पर गर्व करूँगा/करूँगी, पर अहंकार नहीं। मैं अपनी कमजोरियों से आँख नहीं चुराऊँगा/चुराऊँगी, अपनी ताक़त को पूरी दुनिया की

भलाई के लिए लगाऊँगा/लगाऊँगी। क्योंकि मेरा भारत दुनिया को डराने नहीं, राह दिखाने के लिए बना है।

सबसे बड़ी बात – मैं यह सब किसी डर से नहीं, किसी मजबूरी से नहीं, बल्कि अपने भारत के प्रति अपने प्रेम से करूँगा/करूँगी। मैं हर सुबह, आईने में देखकर, खुद से यह कहूँगा/कहूँगी– **"मैं ही मेरे भारत का डॉक्टर हूँ। इसका इलाज, मुझसे, मेरे अपने कार्यों से शुरू होता है।"**

यह मेरा वचन है। मेरे भारत के नाम। मेरे बच्चों के भविष्य के नाम। उस 15 अगस्त 2047 के नाम, जब मेरा भारत, अपनी पूरी रोशनी के साथ, जगमगाएगा।

जय हिंद। जय भारत।

नाम: ....

स्थान: ....

दिनांक: ....

हस्ताक्षर: ....

"इस पन्ने पर लिखा आपका नाम, सिर्फ एक हस्ताक्षर नहीं–यह 2047 के भारत के निर्माण–दस्तावेज पर आपका हस्ताक्षर है। आने वाली पीढ़ियाँ जब पूछेंगी कि 'जब भारत बदल रहा था, तब आप कहाँ थे?' तो आपके पास यह पन्ना होगा, यह जवाब होगा: 'मैं वहाँ था। मैंने अपना वचन निभाया।'"

इस प्रतिज्ञा को जीवित कैसे रखें–एक डॉक्टर की सलाह

एक शपथ तभी तक ताक़तवर है, जब तक वह सिर्फ कागज पर नहीं, बल्कि हमारी रोज की जिंदगी में जिंदा रहे। इसलिए, यह आख़िरी सलाह:

पहली बात – इस पन्ने की एक फोटो खींचकर, या इसकी फोटोकॉपी कर अपने घर या काम की किसी ऐसी जगह लगाइए, जहाँ यह आपको रोज दिखे। एक रोज दिखने वाला वचन, एक भूला हुआ वचन से लाख गुना ताक़तवर होता है।

दूसरी बात – हर 15 अगस्त व 26 जनवरी को, इस प्रतिज्ञा को एक बार फिर पढ़िए, खुद से पूछिए: "इस साल मैंने अपना वचन कितना निभाया?" यह आपका अपना, सबसे ईमानदार "रिपोर्ट-कार्ड" होगा।

तीसरी बात – अपने बच्चों से भी यह प्रतिज्ञा करवाइए। उन्हें इसका मतलब समझाइए। क्योंकि जब आप एक बच्चे के दिल में देशप्रेम कर्तव्य का बीज बोते हैं, तो आप सिर्फ एक प्रतिज्ञा नहीं, एक पूरी पीढ़ी का भविष्य लिख रहे होते हैं।

"शपथ वह नहीं, जो हम एक बार लेकर भूल जाएँ; शपथ वह है, जिसे हम हर सुबह नए सिरे से जिएँ। आपका यह वचन, 2047 तक हर दिन, एक नई सुबह माँगेगा। उसे रोज निभाइए, देखिए, आपके साथ-साथ, आपका भारत भी बदलता जाएगा।"

परिशिष्ट 2

राष्ट्र का स्वास्थ्य रिपोर्ट-कार्ड

1947 बनाम 2026 बनाम 2047 – एक डॉक्टर की मेडिकल फाइल

"हर मरीज की एक फाइल होती है, जिसमें उसकी सेहत के सारे आँकड़े दर्ज होते हैं, पहले वह कैसा था, अभी कैसा है, हमारा लक्ष्य क्या है। बिना इस फाइल के, कोई इलाज मुमकिन नहीं। यह परिशिष्ट मेरे भारत की वही मेडिकल फाइल है। इसे पढ़कर आप दो बातें साफ देखेंगे, एक, कि यह मरीज 1947 से अब तक कितना ठीक हुआ है (यह चमत्कार है); दो, कि अभी कितनी मंजिल बाक़ी है। निराशा के लिए नहीं–दिशा के लिए।"

– डॉ. सुरेश कुमार पाण्डेय

किसी भी मरीज का इलाज शुरू करने से पहले, एक डॉक्टर तीन सवाल पूछता है: यह मरीज पहले कैसा था? अभी कैसा है? हम इसे कहाँ पहुँचाना चाहते हैं?

यह परिशिष्ट मेरे भारत के लिए इन्हीं तीन सवालों का जवाब है। यहाँ हम तीन समयों की तुलना करेंगे – **1947** (जब यह मरीज आजाद हुआ, पर बेहद बीमार था), **2026** (आज, जब यह काफी ठीक हो चुका है, पर पूरी तरह स्वस्थ नहीं), **2047** (हमारा लक्ष्य, जब इसे पूरी तरह स्वस्थ महान बनना है)।

एक डॉक्टर की चेतावनी इन आँकड़ों को पढ़ने से पहले: इन्हें दो नजरों से देखिए। पहली नजर – गर्व की: देखिए, यह मरीज कितनी दूर से आया है। दूसरी नजर – संकल्प की: देखिए, अभी कितना सफर बाक़ी है। दोनों नजरें जरूरी हैं। सिर्फ पहली से अहंकार आता है, सिर्फ दूसरी से निराशा। संतुलन ही सच है।

भाग 1 – जीवन सेहत के मापदंड

(राष्ट्र-देह की धड़कन)

जरा पहली पंक्ति पर ठहरिए। वर्ष 1947 में एक भारतीय औसतन सिर्फ 32 साल जीता था, आज वह 70 साल जीता है। यानी आजादी के बाद, हमने हर भारतीय की जिंदगी में औसतन लगभग 38 साल जोड़ दिए। एक डॉक्टर के नाते कहूँ, तो यह दुनिया के इतिहास का सबसे बड़ा "सामूहिक इलाज" है।

भाग 2 – शिक्षा ज्ञान के मापदंड

(राष्ट्र की दृष्टि)

मापदंड	1947	2026	2047 का लक्ष्य
साक्षरता दर	12–18 प्रतिशत	77–80 प्रतिशत	100 प्रतिशत (पूर्ण साक्षरता)
स्कूल नामांकन	(6–14 वर्ष) बेहद कम	लगभग सार्वभौमिक	100 प्रतिशत + गुणवत्तापूर्ण शिक्षा
उच्च शिक्षा / विश्वविद्यालय	बहुत कम	हजारों संस्थान	विश्वस्तरीय, नवाचार-केंद्रित
रोजगार-योग्य कौशल	नगण्य	30 प्रतिशत स्नातक (बड़ा अंतर बाकी)	हर युवा कुशल रोजगार-योग्य

मापदंड	1947 (बीमार मरीज)	2026 (ठीक होता मरीज)	2047 (स्वस्थ भारत का लक्ष्य)
औसत जीवन-प्रत्याशा	32 वर्ष	70 वर्ष	80+ वर्ष (स्वस्थ दीर्घायु)
शिशु-मृत्यु-दर (प्रति 1000)	160–190	27	5 से कम (विकसित देशों जैसी)
डॉक्टर-जनसंख्या अनुपात	बेहद कम	सुधरता हुआ (ग्रामीण 1: 2000)	WHO मानक 1:1000, हर गाँव तक
स्वास्थ्य पर जेब-ख़र्च (OOPE)	लगभग पूरा बोझ जनता पर	40 प्रतिशत (घटता हुआ)	15 प्रतिशत से कम (सबको सुरक्षा)

"1947 में हर पाँच में से चार भारतीय अनपढ़ थे; आज हर पाँच में से चार साक्षर हैं। हमने तस्वीर पलट दी, अब बस इस साक्षरता को 'जानकारी' से 'समझ' 'नवाचार' में बदलना बाक़ी है।"

भाग 3 – अर्थव्यवस्था समृद्धि के मापदंड

(राष्ट्र का रक्त-संचार)

मापदंड	1947	2026	2047 का लक्ष्य
वैश्विक अर्थव्यवस्था में स्थान व उपनिवेश	बेहद पिछड़ा	दुनिया की 6वीं सबसे बड़ी	शीर्ष 3 में, विकसित राष्ट्र
प्रति-व्यक्ति आय	बेहद कम (+100 से नीचे, 1960)	+2,500 (बढ़ता हुआ)	विकसित देश का स्तर
गरीबी	विशाल जनसंख्या अत्यधिक गरीब	तेजी से घटती हुई गरीबी	अत्यधिक गरीबी का अंत
खाद्यान्न	अकाल आयात पर निर्भर	आत्मनिर्भर + निर्यातक	पोषण-सुरक्षा, सबके लिए
स्टार्टअप/उद्यमिता	लगभग शून्य	तीसरा सबसे बड़ा इकोसिस्टम	वैश्विक नवाचार-केंद्र

1947 में भारत अकाल का शिकार था, अनाज के लिए दूसरे देशों के आगे हाथ फैलाता था। आज वही भारत न सिर्फ अपने 148 करोड़ लोगों का पेट भरता है, बल्कि दुनिया को अनाज निर्यात भी करता है। यह "हरित क्रांति" से लेकर आज तक की एक लंबी, गौरवशाली यात्रा है।

"कभी हम अनाज के लिए दुनिया के आगे हाथ फैलाते थे; आज हम दुनिया का पेट भरते हैं। एक भूखे राष्ट्र से अन्नदाता राष्ट्र तक का यह सफर, हमारी सबसे बड़ी, पर सबसे कम गाई गई जीत है।"

भाग 4 – बुनियादी ढाँचे तकनीक के मापदंड

(राष्ट्र की धमनियाँ एवं तंत्रिकाएँ)

मापदंड	1947	2026	2047 का लक्ष्य
प्रति-व्यक्ति बिजली खपत	16kWh (नगण्य)	1,200kWh	विश्वस्तरीय, स्वच्छ ऊर्जा
टेलीफोन/मोबाइल	4 फोन प्रति 10,000 लोग	लगभग हर हाथ में	पूर्ण डिजिटल कनेक्टिविटी
डिजिटल भुगतान (UPI)	अकल्पनीय दुनिया का मॉडल,	अरबों लेन-देन पूर्ण डिजिटल,	समावेशी अर्थव्यवस्था
अंतरिक्ष व तकनीक	नगण्य	मंगलयान, चंद्रयान, AI मिशन	अंतरिक्ष व तकनीक में अग्रणी

जरा इस फर्क़ को महसूस कीजिए। 1947 में 10,000 लोगों में सिर्फ 4 के पास फोन था – आज लगभग हर हाथ में एक स्मार्टफोन है, जिसकी ताक़त 1947 के पूरे देश के कंप्यूटरों से भी ज्यादा है। जो देश कभी सुई तक आयात करता था, वह आज मंगल चाँद तक पहुँच चुका है।

भाग 5 – लोकतंत्र सामाजिक मापदंड, राष्ट्र का रक्त-संचार

मापदंड	1947	2026	2047 का लक्ष्य
लोकतंत्र	नवजात, नाजुक	दुनिया का सबसे बड़ा,	सबसे परिपक्व, मजबूत संस्थाएँ
महिला श्रम-भागीदारी	बेहद कम	42 प्रतिशत (तेजी से बढ़ती)	50% + (पूर्ण भागीदारी)
जातिगत/लैंगिक भेदभाव	गहरा, संस्थागत	घटता, पर मौजूद	पूर्ण समानता बंधुत्व
वैश्विक भूमिका	परतंत्र, आवाजहीन	"विश्वमित्र", ग्लोबल साउथ की आवाज	विश्वगुरु, मानवता का मार्गदर्शक

"दुनिया ने 1947 में कहा था – 'यह देश एक लोकतंत्र के रूप में टूट जाएगा।' आज हम दुनिया का सबसे बड़ा लोकतंत्र हैं। हमने हर उस आवाज को गलत साबित किया, जिसने हमें 'लाइलाज' कहा था।"

डॉक्टर का निष्कर्ष – इस रिपोर्ट-कार्ड का मतलब

इस पूरी मेडिकल फाइल को पढ़ने के बाद, एक डॉक्टर के नाते मेरा निष्कर्ष, क्या है? मेरी तीन बातें इस प्रकार है:

पहली बात – यह मरीज एक चमत्कार है। जिस हालत में यह 1947 में था – 32 साल की उम्र, 12 प्रतिशत साक्षरता, अकाल, गुलामी – उससे आज की हालत तक का सफर, मानव इतिहास की सबसे बड़ी रिकवरी-कहानियों में से एक है। जो लोग कहते हैं कि "इस देश में कुछ नहीं बदला", उन्हें यह फाइल दिखा दीजिए।

दूसरी बात – पर मरीज अभी पूरी तरह स्वस्थ नहीं हुआ। 2026 का कॉलम दिखाता है कि हम बहुत आगे आए हैं, पर 2047 का कॉलम याद दिलाता है कि मंजिल अभी दूर है। अभी भी करोड़ों लोग गरीबी, असमानता अवसरों की कमी से जूझ रहे हैं। आत्मसंतुष्टि सबसे बड़ा ख़तरा है।

तीसरी, सबसे जरूरी बात – वह तीसरा कॉलम, यानी "2047 का लक्ष्य", अपने-आप नहीं भरेगा। 1947 से 2026 तक का सफर, हमारी पिछली पीढ़ियों ने पूरा किया। पर 2026 से 2047 तक का सफर – वह आप पूरा करेंगे। वह तीसरा कॉलम, असल में, आपके हाथों में पकड़ा एक ख़ाली प्रिस्क्रिप्शन है, जिसे आपको अपने कर्मों से भरना है।

"हर रिपोर्ट-कार्ड का असली मक़सद बीते कल का हिसाब नहीं, आने वाले कल की तैयारी है। 1947 से 2026 तक का इतिहास हमारे पुरखों ने लिखा; 2026 से 2047 तक का इतिहास, आप लिखेंगे। यह तीसरा कॉलम, आपके हस्ताक्षर का इंतजार कर रहा है।"

इस रिपोर्ट-कार्ड से निकले पाँच संजीवनी सूत्र

पहला सूत्र – आँकड़े झूठ नहीं बोलते, ये आँकड़े उम्मीद बोलते हैं: जब भी निराशा घेरे, यह फाइल खोलिए। 32 से 70 साल, 12 प्रतिशत से 80 प्रतिशत साक्षरता – यह बदलाव बताता है कि भारत बदल सकता है, बदल रहा है।

दूसरा सूत्र – गर्व व संकल्प, दोनों जरूरी: इन आँकड़ों को सिर्फ गर्व से मत देखिए (वरना अहंकार आएगा), सिर्फ कमियों से मत देखिए (वरना निराशा आएगी)। दोनों नजरों का संतुलन ही सच है।

तीसरा सूत्र – आत्मसंतुष्टि सबसे बड़ा रोग है: "हम तो बहुत आगे आ गए", यह सोच ख़तरनाक है। एक डॉक्टर कभी यह नहीं कहता कि "मरीज

पहले से बेहतर है, इसलिए इलाज रोक दो।" मंजिल पूरी सेहत है, थोड़ा-सा सुधार नहीं।

चौथा सूत्र – सबसे बड़ा अंतर "गुणवत्ता" का है: हमने "मात्रा" (कितने पढ़े, कितने जिए) में बड़ी छलाँग लगाई; अब अगली छलाँग "गुणवत्ता" (कैसी शिक्षा, कैसा स्वास्थ्य, कैसा जीवन) में लगानी है। 2047 का असली लक्ष्य यही है।

पाँचवाँ सूत्र – तीसरा कॉलम आपका है: 2047 वाला कॉलम कोई भविष्यवाणी नहीं, एक निमंत्रण है। उसे भरने की क़लम, इस वक्त, आपके हाथ में है। आपका हर कर्म, उस कॉलम में एक आँकड़ा जोड़ता है।

परिशिष्ट 3

आगे पढ़ने के लिए सुझाई गई पुस्तकें संसाधन

एक डॉक्टर की "फॉलो-अप" सलाह – सीखना यहाँ रुकता नहीं

आई सर्जन का नोट: "ऑपरेशन के बाद मैं हर मरीज से कहता हूँ – 'इलाज यहीं ख़त्म नहीं होता; फॉलो-अप के लिए जरूर आना।' यह किताब भी आपका इलाज नहीं, सिर्फ इलाज की शुरुआत है। एक राष्ट्र को समझना एक किताब का नहीं, एक पूरी जिंदगी का काम है। इसलिए यह आख़िरी परिशिष्ट, आपके लिए मेरी 'फॉलो-अप' सलाह है–कुछ रास्ते, जहाँ आपकी यह यात्रा आगे बढ़ सकती है।"

– डॉ. सुरेश कुमार पाण्डेय

प्रिय पाठक,

एक अच्छी किताब वह नहीं, जो आपके सारे सवालों के जवाब दे दे; एक अच्छी किताब वह है, जो आपके मन में सौ नए सवाल जगा दे। अगर इस किताब ने आपके भीतर भारत को गहराई से जानने, समझने की एक प्यास जगाई है, तो यह किताब सफल हुई।

इसलिए, चलते-चलते, मैं आपके साथ कुछ ऐसी पुस्तकें संसाधन साझा करना चाहता हूँ, जिन्होंने मुझे, एक डॉक्टर से एक "राष्ट्र के विद्यार्थी" बनने की राह पर, सोचने समझने में मदद की।

एक जरूरी बात: इस सूची की हर किताब या स्रोत से जरूरी नहीं कि मैं हर बात पर सहमत होऊँ, न ही आपको होना चाहिए। एक अच्छा पाठक, एक अच्छे डॉक्टर की तरह, हर "राय" को परखता है, हर "नुस्ख़े" पर सवाल करता है, फिर अपना खुद का निष्कर्ष बनाता है। इन सबको अलग-अलग नजरिए मानिए, अपनी सोच खुद गढ़िए।

"एक किताब आपको जवाब देती है; अच्छी किताबों की एक पूरी अलमारी आपको 'सोचना' सिखाती है। जो राष्ट्र सोचना सीख जाता है, उसे कोई गुलाम नहीं बना सकता।"

श्रेणी 1 – राष्ट्र-दृष्टि भारत का भविष्य

(अध्याय 1, 30 से जुड़े – "हम कहाँ जाना चाहते हैं?")

इस श्रेणी में वे पुस्तकें हैं, जो भारत के भविष्य का एक बड़ा सपना रोडमैप पेश करती हैं, ठीक उसी भावना से, जिससे यह किताब लिखी गई।

सबसे पहले, डॉ. ए.पी.जे. अब्दुल कलाम की कृतियाँ विशेषकर "इंडिया 2020: ए विजन फॉर द न्यू मिलेनियम" (वाई. एस. राजन के साथ), उनकी प्रेरक आत्मकथा "विंग्स ऑफ फायर।" ये किताबें एक वैज्ञानिक की नजर से भारत के विकसित भविष्य का सपना बुनती हैं, हर युवा के दिल में आग जगाती हैं। (एक डॉक्टर के नाते, डॉ. कलाम मेरे सबसे बड़े प्रेरणा-स्रोतों में से एक हैं।)

इसके साथ, भारत की आर्थिक सामाजिक यात्रा को समझने के लिए, गुरचरण दास की "इंडिया अनबाउंड" एक बेहतरीन शुरुआत है, जो आजादी से लेकर आर्थिक उदारीकरण तक के सफर को कहानी की तरह बयान करती है।

श्रेणी 2 – अर्थव्यवस्था, विकास नीति

(अध्याय 4, 5, 14, 23 से जुड़े – "राष्ट्र का रक्त-संचार")

भारत के विकास गरीबी के सवालों को गहराई से समझने के लिए, इस क्षेत्र में दो महान अर्थशास्त्रियों की कृतियाँ जरूरी हैं।

नोबेल पुरस्कार विजेता अमर्त्य सेन और ज्याँ द्रेज की "एन अनसर्टेन ग्लोरी: इंडिया एंड इट्स कंट्राडिक्शन्स" भारत की उपलब्धियों उसकी गहरी असमानताओं, दोनों को एक साथ रखती है। दूसरी ओर, अर्थशास्त्री अरविंद पनगढ़िया की कृतियाँ, जैसे "इंडिया: द इमर्जिंग जायंट", विकास सुधारों पर एक अलग, बाजार-केंद्रित नजरिया देती हैं।

मेरा सुझाव: इन दोनों अलग-अलग विचारधाराओं को साथ पढ़िए। एक डॉक्टर जैसे किसी बीमारी पर दो विशेषज्ञों की राय लेता है, वैसे ही आप विकास के इन दो नजरियों को परखकर, अपना संतुलित निष्कर्ष बनाइए।

श्रेणी 3 – समाज, इतिहास संविधान

(अध्याय 3, 11, 28 से जुड़े – "राष्ट्र की रीढ़ आत्मा")

अपने राष्ट्र की आत्मा को समझने के लिए, उसके इतिहास संविधान को जानना जरूरी है।

रामचंद्र गुहा की "इंडिया आफ्टर गांधी" आजादी के बाद के भारत का एक विशाल पठनीय इतिहास है, यह समझने के लिए कि हमारा लोकतंत्र कैसे बना एवं

कैसे टिका। समानता सामाजिक न्याय के सवालों के लिए, डॉ. भीमराव अंबेडकर की कृतियाँ, विशेषकर "एनिहिलेशन ऑफ कास्ट", आज भी उतनी ही प्रासंगिक हैं (अध्याय 3 का गहरा संदर्भ)।

सबसे जरूरी–हर नागरिक को कम-से-कम एक बार **भारत का संविधान** (कम-से-कम उसकी प्रस्तावना, मौलिक अधिकार-कर्तव्य) जरूर पढ़ना चाहिए। यह किसी भी किताब से बड़ा दस्तावेज है, यह हमारे राष्ट्र-शरीर का असली "डीएनए" है।

श्रेणी 4 – विश्व से सीख (वैश्विक मॉडल)

(अध्याय 21-25से जुड़े–"विश्व की शल्यशाला")

जिन देशों के नुस्खों की हमने किताब में बात की, उन्हें गहराई से समझने के लिए कुछ बेहतरीन किताबें हैं।

सिंगापुर के चमत्कार के लिए, उसके निर्माता ली कुआन यू की आत्मकथा "फ्रॉम थर्ड वर्ल्ड टू फर्स्ट" अनमोल है, यह दिखाती है कि कैसे इच्छाशक्ति एक छोटे, संसाधनहीन देश को महाशक्ति बना सकती है। इजराइल के नवाचार के रहस्य के लिए, डैन सेनोर शॉल सिंगर की "स्टार्ट-अप नेशन" जरूर पढ़िए, यह "चुट्जपाह" संकट-को-अवसर बनाने की कला को बखूबी समझाती है।

श्रेणी 5 – व्यक्तिगत बदलाव आदतें

(अध्याय 22, 27, परिशिष्ट 2 से जुड़े –"बदलाव मुझसे शुरू")

क्योंकि यह किताब अंततः "बदलाव मुझसे शुरू होगा" के संदेश पर टिकी है, इसलिए व्यक्तिगत बदलाव की कुछ बेहतरीन किताबें भी जरूरी हैं।

जेम्स क्लियर की "एटॉमिक हैबिट्स" यह सिखाती है कि कैसे छोटी-छोटी आदतें, समय के साथ, बड़ा बदलाव लाती हैं, ठीक वही सिद्धांत, जिस पर इस किताब का आधार टिका है। स्टीफन कोवी की "द 7 हैबिट्स ऑफ हाइली इफेक्टिव पीपल" एक जिम्मेदार, प्रभावी नागरिक इंसान बनने के कालजयी सिद्धांत देती है।

श्रेणी 6 – स्वास्थ्य दीर्घायु

(अध्याय 28 से जुड़े, मेरी अपनी रुचि का क्षेत्र, "शतायु भारत")

चूँकि मैं एक डॉक्टर हूँ, इस किताब में "शतायु भारत" का सपना है, इसलिए मैं स्वास्थ्य पर भी कुछ सुझाव दूँगा।

इस विषय पर मैंने खुद एक पुस्तक लिखी है–**"शतायु भवः रिवर्स एजिंग**

सीक्रेट्स", जो स्वस्थ जिंदगी के सिद्धांतों पर आधारित है। इसके साथ, परीक्षा करियर की तैयारी कर रहे युवाओं के लिए मेरी पुस्तक **"क्रैक नीट लाइक अ टॉपर"** भी उपयोगी हो सकती है। (इन्हें यहाँ सुझाने का मेरा उद्देश्य आत्म-प्रचार नहीं, बल्कि उन विषयों पर मेरा अपना, ईमानदार काम साझा करना है, जिनकी इस किताब में चर्चा हुई।)

श्रेणी 7 – विश्वसनीय डिजिटल संसाधन डेटा-स्रोत

(पूरी किताब के तथ्यों की जड़ – "अपने आँकड़े खुद जाँचिए")

एक डॉक्टर के नाते, मेरा सबसे जरूरी सुझाव यह है कि किसी की भी बात (मेरी भी!) पर आँख मूँदकर भरोसा मत कीजिए, अपने आँकड़े तथ्य खुद जाँचिए। इस किताब के सारे आँकड़े सार्वजनिक, विश्वसनीय स्रोतों से लिए गए हैं, जिन्हें आप भी देख सकते हैं।

राष्ट्रीय आँकड़ों के लिए: भारत सरकार का **आर्थिक सर्वेक्षण** (हर साल बजट से पहले), **NITI आयोग** की रिपोर्टें, **PIB (प्रेस सूचना ब्यूरो)**, **जनगणना (Census)** के आँकड़े। इनके अलावा, विश्वसनीय वैश्विक स्रोतों में **विश्व बैंक (World Bank)**, **संयुक्त राष्ट्र (UN)** की रिपोर्टें, स्वतंत्र भारतीय शोध-संस्थानों का काम शामिल है।

मेरी सलाह: किसी भी "वायरल" आँकड़े या दावे पर यक़ीन करने से पहले, उसे इन मूल स्रोतों पर जाँचिए। यही सच्ची "सूचना-स्वच्छता" है, एक जागरूक नागरिक का सबसे बड़ा हथियार है।

"इस डिजिटल युग में सबसे बड़ी देशभक्ति यह है, कोई भी बात आगे बढ़ाने से पहले, उसे खुद जाँचना। क्योंकि एक झूठा आँकड़ा भी, एक झूठी अफवाह जितना ही ख़तरनाक होता है।"

शब्दावली

किताब के चिकित्सीय प्रशासनिक शब्दों की सरल व्याख्या

नेत्र सर्जन का नोट: "एक अच्छा डॉक्टर वह नहीं, जो मरीज पर मुश्किल मेडिकल शब्दों की बौछार कर दे; अच्छा डॉक्टर वह है, जो सबसे जटिल बीमारी को भी इतनी सरल भाषा में समझा दे कि मरीज खुद अपने इलाज में भागीदार बन जाए। इस किताब में मैंने कई चिकित्सीय प्रशासनिक शब्द इस्तेमाल किए हैं। यह शब्दावली इसलिए है, ताकि कोई भी शब्द आपके आपके राष्ट्र के बीच दीवार न बने।"

– डॉ. सुरेश कुमार पाण्डेय

इस पुस्तक में राष्ट्र की समस्याओं को समझाने के लिए चिकित्सा-विज्ञान के रूपकों का उपयोग किया गया है। मेरा उद्देश्य यह है कि कोई भी कठिन शब्द पाठक की समझ में बाधा न बने। इसलिए यहाँ उन प्रमुख शब्दों की सरल व्याख्या दी जा रही है, जो पुस्तक में आए हैं। इसे दो भागों में बाँटा गया है-पहला, चिकित्सीय शब्द और उनका राष्ट्रीय रूपक; दूसरा, प्रशासनिक, आर्थिक और तकनीकी शब्द तथा उनका सरल अर्थ।

शब्दावली - भाग एक: चिकित्सीय शब्द और उनके राष्ट्रीय रूपक

ऑपरेशन थिएटर: अस्पताल का वह विशेष कक्ष, जहाँ सर्जरी की जाती है। पुस्तक में यह उस स्थान का रूपक है, जहाँ से एक नेत्र-सर्जन भारत का "राष्ट्रीय निदान" शुरू करता है।

संदर्भ: अध्याय 1

डायग्नोसिस / निदान: किसी बीमारी की सही पहचान। इलाज से पहले यह सबसे आवश्यक कदम होता है। पुस्तक में यह राष्ट्र की समस्याओं की ईमानदार पहचान का रूपक है।

संदर्भः खंड एक

कैंसरः एक गंभीर बीमारी, जिसमें शरीर की कोशिकाएँ अनियंत्रित रूप से बढ़कर स्वस्थ अंगों को नुकसान पहुँचाने लगती हैं। पुस्तक में यह भ्रष्टाचार का रूपक है, जो राष्ट्र के हर अंग में फैल सकता है।

संदर्भः अध्याय 2

मेटास्टेसिसः कैंसर का शरीर के एक हिस्से से दूसरे हिस्सों तक फैल जाना। पुस्तक में यह भ्रष्टाचार के एक विभाग से पूरे तंत्र में फैल जाने का रूपक है।

संदर्भः अध्याय 2

ऑटोइम्यून रोगः वह स्थिति, जिसमें शरीर का अपना रोग-प्रतिरोधक तंत्र गलती से अपने ही स्वस्थ अंगों पर हमला करने लगता है। पुस्तक में यह जातिवाद का रूपक है, जहाँ राष्ट्र-शरीर अपने ही नागरिकों से लड़ने लगता है।

संदर्भः अध्याय 3

हाइपरटेंशन / उच्च रक्तचापः वह स्थिति, जब रक्त का दबाव सामान्य से अधिक हो जाता है और चुपचाप शरीर को नुकसान पहुँचाता रहता है। पुस्तक में यह जनसंख्या और सामाजिक दबाव का रूपक है।

संदर्भः अध्याय 4

चयापचय / मेटाबॉलिज्मः शरीर की वह प्रक्रिया, जिससे भोजन ऊर्जा में बदलता है और शरीर चलता है। पुस्तक में यह अर्थव्यवस्था का रूपक है, क्योंकि राष्ट्र की आर्थिक व्यवस्था ही विकास की ऊर्जा बनाती है।

संदर्भः अध्याय 5

इस्कीमियाः शरीर के किसी हिस्से तक रक्त और ऑक्सीजन का पर्याप्त मात्रा में न पहुँचना। पुस्तक में यह आर्थिक और सामाजिक असमानता का रूपक है, जहाँ विकास का "रक्त" समाज के हर हिस्से तक नहीं पहुँचता।

संदर्भः अध्याय 5 और अध्याय 8

मायोपिया / निकट-दृष्टि दोषः आँख का वह दोष, जिसमें दूर की वस्तुएँ धुंधली दिखाई देती हैं और व्यक्ति केवल पास की चीजें स्पष्ट देख पाता है। पुस्तक में यह शिक्षा-व्यवस्था का रूपक है, जो कई बार भविष्य, नवाचार और दूरदृष्टि को स्पष्ट नहीं देख पाती।

संदर्भः अध्याय 9

एथेरोस्क्लेरोसिस / अवरुद्ध धमनीः वह स्थिति, जब रक्त ले जाने वाली धमनियों में रुकावट आ जाती है और शरीर तक रक्त का प्रवाह बाधित हो जाता है। पुस्तक में यह नौकरशाही और लालफीताशाही का रूपक है, जो विकास के प्रवाह को रोक देती है।

संदर्भः अध्याय 7 और अध्याय 11

वेंटिलेटरः वह मशीन, जो अत्यंत गंभीर मरीज को कृत्रिम साँस देकर जीवित रखने में मदद करती है। पुस्तक में यह न्याय-तंत्र का रूपक है, जो लंबित मुकदमों के भारी बोझ तले किसी तरह चल रहा है।

संदर्भः अध्याय 12

मोतियाबिंदः आँख का वह रोग, जिसमें प्राकृतिक लेंस धुंधला पड़ जाता है और दृष्टि साफ नहीं रहती। पुस्तक में यह मीडिया में फैले भ्रम, झूठ और गलत सूचना का रूपक है – "सच्चाई का डिजिटल मोतियाबिंद।"

संदर्भः अध्याय 13

इम्यून सिस्टम / रोग-प्रतिरोधक तंत्रः शरीर का वह रक्षा-तंत्र, जो रोगों और संक्रमणों से लड़ता है। पुस्तक में यह सीमाओं पर खड़ी सेना और जागरूक नागरिकों का रूपक है, जो राष्ट्र की असली रक्षा-पंक्ति बनते हैं।

संदर्भः अध्याय 14 और अध्याय 31

हेमिप्लेजिया / आधे शरीर का लकवाः वह स्थिति, जिसमें शरीर का आधा हिस्सा लकवे के कारण काम करना बंद कर देता है। पुस्तक में यह नारी-शक्ति की उपेक्षा का रूपक है, जब राष्ट्र की "आधी आबादी" अपनी पूरी क्षमता से योगदान नहीं दे पाती।

संदर्भः अध्याय 15

साइलेंट एपिडेमिक / खामोश महामारीः वह बीमारी या समस्या, जो बिना अधिक शोर के धीरे-धीरे बड़ी आबादी को प्रभावित करती है। पुस्तक में यह मानसिक तनाव, अवसाद और मानसिक स्वास्थ्य संकट का रूपक है।

संदर्भः अध्याय 18

स्लो पॉइजनिंग / धीमा जहरः जहर की वह छोटी-छोटी मात्रा, जो तुरंत

दिखाई नहीं देती, पर धीरे-धीरे शरीर को नुकसान पहुँचाती रहती है। पुस्तक में यह पर्यावरण-प्रदूषण और नशे-सट्टे की संस्कृति का रूपक है।

संदर्भः अध्याय 17 और अध्याय 20

ऑस्टियोपोरोसिसः वह बीमारी, जिसमें हड्डियाँ भीतर से कमजोर और खोखली हो जाती हैं। पुस्तक में यह कमजोर होती संस्थाओं और नेतृत्वहीन व्यवस्था का रूपक है, जिस पर राष्ट्र का ढाँचा टिकता है।

संदर्भः अध्याय 33

ब्लड-ग्रुप मिलान / क्रॉस-मैचिंगः रक्त चढ़ाने से पहले यह जाँचना कि दाता और मरीज का रक्त-समूह मेल खाता है या नहीं। पुस्तक में यह भारत के लिए विदेशी मॉडलों को अपनाने से पहले उन्हें भारतीय परिस्थिति, संस्कृति और आत्मा से मिलाने का रूपक है।

संदर्भः अध्याय 25

रीजेनरेशन / पुनर्जननः शरीर की वह क्षमता, जिससे वह क्षतिग्रस्त ऊतकों या अंगों को फिर से बना लेता है। पुस्तक में यह जापान का रूपक है, राख से फिर खड़े होने और स्वयं को पुनर्जीवित करने की क्षमता।

संदर्भः अध्याय 22

स्टेरॉयडः एक शक्तिशाली दवा, जो तेज असर दिखाती है, पर लंबे समय तक गलत उपयोग से गंभीर दुष्प्रभाव भी दे सकती है। पुस्तक में यह चीन के तीव्र विकास का रूपक है, तेज गति, पर छिपी हुई कीमत के साथ।

संदर्भः अध्याय 23

वैक्सीन / टीकाः वह उपाय, जो शरीर को बीमारी से पहले ही तैयार कर देता है, ताकि वह संकट से लड़ सके। पुस्तक में यह इजराइल की संकट को नवाचार में बदलने की क्षमता और रोकथाम-आधारित स्वास्थ्य-व्यवस्था का रूपक है।

संदर्भः अध्याय 24 और अध्याय 28

कॉर्निया ट्रांसप्लांट / कॉर्निया प्रत्यारोपणः आँख की सामने की धुंधली पारदर्शी परत को बदलकर नई साफ परत लगाना, जिससे दृष्टि लौट सके। पुस्तक में यह शिक्षा-क्रांति का रूपक है, रटने की धुंधली परत हटाकर नई दृष्टि देना।

संदर्भः अध्याय 26

बोन मैरो / अस्थि-मज्जाः हड्डियों के भीतर का वह भाग, जहाँ नया रक्त बनता है। पुस्तक में यह युवाशक्ति और उद्यमिता का रूपक है, जो राष्ट्र में नई ऊर्जा और नया रक्त भरती है।

संदर्भः अध्याय 27

रिवर्स एजिंग / उम्र को उलटनाः स्वस्थ जीवनशैली और वैज्ञानिक सोच से शरीर को लंबे समय तक सक्रिय और ऊर्जावान बनाए रखने का विचार। पुस्तक में यह "शतायु भारत" का रूपक है, ऐसा भारत, जो उम्र में प्राचीन हो, पर ऊर्जा और नवाचार में युवा रहे।

संदर्भः अध्याय 28

डिजिटल पेसमेकरः वह उपकरण, जो कमजोर हृदय को सही लय में धड़कने में सहायता करता है, पर हृदय का स्थान नहीं ले सकता। पुस्तक में यह कृत्रिम बुद्धिमत्ता का रूपक है, एक शक्तिशाली सहायक, पर मानवीय करुणा का विकल्प नहीं।

संदर्भः अध्याय 29

फिजियोथेरेपीः व्यायाम और अभ्यास के माध्यम से कमजोर या लकवाग्रस्त अंग को फिर से सक्रिय बनाने की चिकित्सा। पुस्तक में यह महिला-सशक्तिकरण का रूपक है, राष्ट्र के "आधे शरीर" को फिर से पूरी शक्ति से सक्रिय करना।

संदर्भः अध्याय 30

रीढ़ की हड्डी / स्पाइनल कॉर्डः शरीर का वह मजबूत ढाँचा, जो हमें सीधा खड़ा रखता है और मस्तिष्क के संदेश पूरे शरीर तक पहुँचाता है। पुस्तक में यह नागरिक अनुशासन का रूपक है, जो राष्ट्र को सीधा और स्थिर रखता है।

संदर्भः अध्याय 32

गोल्डन आवरः किसी गंभीर चोट या बीमारी के बाद का वह प्रारंभिक समय, जब सही उपचार मिल जाए तो जीवन बच सकता है। पुस्तक में यह 2047 तक के समय का रूपक है, राष्ट्र-निर्माण के लिए सही समय पर सही कदम उठाने का अवसर।

संदर्भ: अध्याय 35 और पूरी पुस्तक

शब्दावली - भाग दो: प्रशासनिक, आर्थिक और तकनीकी शब्द

जीडीपी / सकल घरेलू उत्पाद: किसी देश में एक वर्ष में बनी सभी वस्तुओं और सेवाओं का कुल मूल्य। यह राष्ट्र की अर्थव्यवस्था के आकार का संकेतक है।

संदर्भ: अध्याय 5

प्रति-व्यक्ति आय: देश की कुल आय को उसकी कुल जनसंख्या से बाँटने पर मिलने वाली औसत आय। यह बताती है कि औसतन एक नागरिक की आय कितनी है।

संदर्भ: अध्याय 5

आउट-ऑफ-पॉकेट एक्सपेंडिचर / जेब-खर्च: इलाज पर वह खर्च, जो व्यक्ति को सीधे अपनी जेब से करना पड़ता है। इसका अधिक होना परिवारों को गरीबी की ओर धकेल सकता है।

संदर्भ: अध्याय 28

महिला श्रम-भागीदारी दर: काम करने योग्य उम्र की महिलाओं में से कितनी महिलाएँ नौकरी, व्यवसाय या आर्थिक गतिविधियों में सक्रिय हैं, इसका प्रतिशत। इसका कम होना राष्ट्र की आधी शक्ति के अधूरे उपयोग का संकेत है।

संदर्भ: अध्याय 15 और अध्याय 30

यूनिकॉर्न: वह स्टार्टअप कंपनी, जिसका मूल्य एक अरब डॉलर या उससे अधिक हो जाए। यह किसी देश की उद्यमशीलता और नवाचार-क्षमता का संकेतक है।

संदर्भ: अध्याय 27

स्टार्टअप इकोसिस्टम: नई कंपनियों, उद्यमियों, निवेशकों, मार्गदर्शकों, नीतियों और संस्थानों का वह तंत्र, जो मिलकर नवाचार और उद्यमिता को बढ़ावा देता है।

संदर्भ: अध्याय 27

डेमोग्राफिक डिविडेंड / जनसांख्यिकीय लाभ: वह स्थिति, जब किसी देश में काम करने योग्य युवाओं की संख्या बच्चों और बुजुर्गों की तुलना में अधिक हो। यह विकास का बड़ा अवसर हो सकता है, यदि युवाओं को शिक्षा, कौशल और रोजगार मिले।

संदर्भः अध्याय 4 और अध्याय 27

आर्टिफिशियल इंटेलिजेंस / कृत्रिम बुद्धिमत्ताः कंप्यूटर और मशीनों की वह क्षमता, जिससे वे सीखने, सोचने, निर्णय लेने और समस्याएँ हल करने जैसे कार्य कर सकें।

संदर्भः अध्याय 29

डीपफेकः कृत्रिम बुद्धिमत्ता की मदद से बनाया गया नकली वीडियो, चित्र या आवाज, जो देखने–सुनने में वास्तविक लग सकता है। इसका उपयोग भ्रम, धोखे और दुष्प्रचार के लिए भी हो सकता है।

संदर्भः अध्याय 13 और अध्याय 29

डिजिटल पब्लिक इंफ्रास्ट्रक्चरः वह डिजिटल ढाँचा, जिसका उपयोग नागरिक, सरकार और व्यवसाय बड़े पैमाने पर कर सकें; जैसे आधार, यूपीआई और अन्य डिजिटल सेवाएँ।

संदर्भः अध्याय 25 और अध्याय 34

यूपीआई / एकीकृत भुगतान इंटरफेसः भारत की डिजिटल भुगतान व्यवस्था, जिसके माध्यम से मोबाइल द्वारा तुरंत पैसे भेजे और प्राप्त किए जा सकते हैं। यह भारत की डिजिटल क्षमता का विश्वस्तरीय उदाहरण है।

संदर्भः अध्याय 25

सॉफ्ट पावरः किसी देश की वह शक्ति, जो हथियारों या दबाव से नहीं, बल्कि संस्कृति, ज्ञान, योग, अध्यात्म, कला, मूल्यों और उदाहरण से दुनिया का दिल जीतती है।

संदर्भः अध्याय 34

वसुधैव कुटुम्बकम्ः प्राचीन भारतीय विचार, जिसका अर्थ है, "पूरी धरती एक परिवार है।" यह भारत की वैश्विक दृष्टि और मानवीय सभ्यता का मूल मंत्र है।

संदर्भः अध्याय 25 और अध्याय 34

ग्लोबल साउथः एशिया, अफ्रीका, लैटिन अमेरिका और अन्य विकासशील देशों का व्यापक समूह, जिनकी आवाज को वैश्विक मंचों पर अधिक महत्व देने की आवश्यकता है।

संदर्भः अध्याय 34

लालफीताशाहीः सरकारी कार्यों में अनावश्यक नियमों, कागजी प्रक्रियाओं, देरी और जटिलता का जाल, जो विकास और नागरिक सेवाओं की गति को धीमा कर देता है।

संदर्भः अध्याय 7 और अध्याय 11

इंस्पेक्टर राज / लाइसेंस राजः वह पुरानी व्यवस्था, जिसमें छोटे-बड़े कार्यों के लिए अत्यधिक सरकारी अनुमति, निरीक्षण और लाइसेंस की आवश्यकता होती थी, जिससे उद्यम और उद्योग बाधित होते थे।

संदर्भः अध्याय 7 और अध्याय 11

काइजेनः जापानी सिद्धांत, जिसका अर्थ है - निरंतर छोटा सुधार। यह बताता है कि रोज थोड़ा-थोड़ा बेहतर होते हुए भी कोई व्यक्ति, संस्था या राष्ट्र बड़ी ऊँचाई प्राप्त कर सकता है।

संदर्भः अध्याय 22

चुट्जपाहः हिब्रू शब्द, जिसका अर्थ है बौद्धिक साहस - सत्ता, परंपरा या असंभव दिखती चुनौती से बिना डरे प्रश्न पूछने और समाधान खोजने की हिम्मत।

संदर्भः अध्याय 24

किसान-उत्पादक संगठन / एफपीओः छोटे किसानों का ऐसा समूह, जिसमें वे मिलकर उत्पादन, भंडारण, बिक्री और मोलभाव की शक्ति बढ़ाते हैं। यह किसानों की सामूहिक ताकत का मॉडल है।

संदर्भः अध्याय 6

"शब्द केवल शब्द नहीं होते; वे या तो पुल बनते हैं या दीवारें। मैंने इस पुस्तक में हर कठिन शब्द को पाठक और राष्ट्र के बीच, एक पुल बनाने का प्रयास किया है, क्योंकि जिस बीमारी को हम समझ जाते हैं, उसके इलाज में हम स्वयं भागीदार बन जाते हैं।"

आभार

"एक सफल शल्य-क्रिया कभी अकेले शल्य-चिकित्सक की नहीं होती। उसके पीछे एनेस्थीसिया देने वाले विशेषज्ञ, सजग नर्सें, समर्पित सहायक, तकनीशियन और वह पूरी टीम होती है, जिनका नाम कभी अख़बारों की सुर्खियों में नहीं छपता। मेरी यह पुस्तक भी एक संवेदनशील सर्जरी की तरह है, राष्ट्र की समस्याओं को समझने और एक स्वस्थ, समर्थ एवं संस्कारित भारत का नुस्खा तैयार करने की सर्जरी। इसके पीछे भी असंख्य दृश्य-अदृश्य हाथ, अनगिनत आशीर्वाद और अनेक हृदयों की ऊष्मा जुड़ी है, जिनके ऋण को शब्द देना शायद संभव नहीं, पर एक कृतज्ञ कोशिश तो की ही जा सकती है।"

इस पुस्तक के आवरण पर भले ही केवल मेरा नाम अंकित हो, पर सच यही है कि कोई विचार एकांत में जन्म नहीं लेता, और न ही कोई जीवन अकेले संवरता है। *"ऑपरेशन महाशक्ति भारत 2047: राष्ट्र की समस्याओं का निदान और विकसित भारत का प्रिस्क्रिप्शन एक नेत्र-सर्जन की कलम से"* नामक पुस्तक के ये पन्ने देश की बुनियादी समस्याओं को गहराई से खंगालते हैं, पर मेरा अपना जीवन अपनों के असीम स्नेह, अनवरत त्याग और मानवीय संवेदनाओं से गढ़ा गया है। राजस्थान के एक सुदूर, छोटे से मोहना गाँव में लालटेन की काँपती रोशनी में अक्षर पहचानने वाले एक बालक से लेकर, आज लाखों नेत्र-रोगियों की आँखों में प्रकाश लौटाने वाले एक नेत्र-सर्जन तक का मेरा यह सफर, उन असंख्य लोगों की सामूहिक साधना है, जिन्होंने मुझ पर विश्वास किया, मुझे सँभाला, तराशा और बार-बार गिरकर उठना सिखाया। यह पुस्तक जितनी मेरी है, उतनी ही उन सबकी भी है।

जब भी मैं अपनी जड़ों को देखता हूँ, सबसे पहले मेरे दादाजी, महान स्वतंत्रता सेनानी और प्रख्यात नेत्र-सर्जन स्वर्गीय डॉ. कामता प्रसाद पाण्डेय, की छवि सामने आती है। उन्होंने मेरी आत्मा में देशभक्ति, नेत्र-चिकित्सा और मानव-सेवा का पहला बीज बोया। वे आँखों से अंधकार हटाते थे, पर उनके सपनों में भारत की सामूहिक दृष्टि साफ करने की बैचेनी भी थी। इस विरासत को गहरा आयाम दिया

मेरी पूजनीय दादीजी, स्वर्गीया श्रीमती राम श्रृंगारी देवी ने, जो उत्तर प्रदेश के बलिया जिले के ऐतिहासिक नगवा गाँव से थीं, वही पवित्र भूमि, जहाँ अमर शहीद मंगल पाण्डे ने जन्म लिया था। उनके आँचल में सुनी स्वतंत्रता, साहस और बलिदान की कहानियाँ मेरे मन में इतनी गहराई से उतरीं कि भारत देश मेरे लिए कभी केवल नक्शे की रेखाएँ नहीं रहा, वह माँ बना, स्मृति बना, कर्तव्य बना।

मेरे माता-पिता, स्वर्गीय श्री कामेश्वर प्रसाद पाण्डेय और श्रीमती माया देवी पाण्डेय के तपस्वी त्याग को मेरा कोटि-कोटि नमन, जिसने हर ऊबड़-खाबड़ रास्ते से नहीं घबराते हुए अनवरत् आगे बढ़ने की प्रेरणा दी। उन्होंने मुझे संपत्ति नहीं, संस्कार दिए; सुविधा नहीं, संघर्ष की शक्ति दी। मेरे परिवार के अनमोल स्तंभों, स्वर्गीया श्रीमती ललिता तिवारी, श्री तारकेश्वर पाण्डेय, श्रीमती विमला चौबे, श्री संतोष पाण्डेय, श्री सुनील पाण्डेय, श्रीमती उषा पाण्डेय, डॉ. राजेश कुमार पाण्डेय, डॉ. दिनेश कुमार पाण्डेय और श्री आशीष पाण्डेय, के प्रति मेरा रोम-रोम कृतज्ञ है। ससुराल पक्ष से ग्रुप कैप्टन (सेवानिवृत्त) स्वर्गीय श्री के.एम. शर्मा, श्रीमती सुधा शर्मा, श्री मनोहर लाल शर्मा और श्रीमती साधना शर्मा का स्नेह सदा एक सुरक्षा-कवच की तरह मेरे साथ रहा।

मेरी यह नींव अधूरी रहती, अगर मोहना, एकलिंगपुरा, रावतभाटा और रामपुरा के धूल भरे कक्षों में भविष्य लिखना सिखाने वाले गुरुजनों का आशीर्वाद न मिला होता। मेरी जिज्ञासा को वैश्विक आकार मिला नेताजी सुभाष चंद्र बोस मेडिकल कॉलेज, जबलपुर और फिर पी.जी.आई. चंडीगढ़ की पावन भूमि पर, जहाँ मेरे हाथों को सूक्ष्म नेत्र-सर्जरी का हुनर और आत्मा को सेवा का संस्कार मिला। मैं अपने श्रद्धेय गुरुओं, डॉ. आमोद गुप्ता, डॉ. जगत राम, स्वर्गीय डॉ. जगजीत सिंह सैनी, डॉ. मंगत आर. डोगरा, डॉ. अरुण कुमार जैन, स्वर्गीय डॉ. कंवर मोहन, डॉ. एस.एस. पांडव, डॉ. अशोक शर्मा और डॉ. उषा सिंह, का आजीवन ऋणी रहूँगा। कंधे से कंधा मिलाकर खड़े रहे मेरे सहकर्मियों और मित्रों, डॉ. विशाली गुप्ता, डॉ. नीरज सूद, डॉ. मृणाल आनंद, डॉ. रितु लाल, डॉ. संगीत मित्तल, डॉ. सुरेश कुमार, डॉ. सुबीना नारंग, डॉ. वंदना सरोहा, डॉ. परमजीत सिंह जोरा, डॉ. प्रशांत सहारे, डॉ. राज आनंद, डॉ. के.बी. विश्वनाथ, डॉ. अमित गुप्ता, डॉ. सृष्टि राज, डॉ. सोमेश गुप्ता, डॉ. राकेश जिंदल, डॉ. धीरज कामरा, डॉ. निशिथ भारद्वाज, डॉ. कमलेश चंदेल और डॉ. मान सिंह चंदेल, का साथ मेरी बड़ी ताकत रहा है। सात समंदर पार, विशेषकर स्वर्गीय प्रोफेसर डेविड जे. एप्पल ने सिखाया कि सचमुच 'देखना' केवल आँखों का नहीं, चरित्र का भी काम है।

मैं उन सभी विभूतियों का हृदय से आभारी हूँ, जिन्होंने इस पुस्तक हेतु अपना अमूल्य प्राक्कथन लिखा। आपके शब्द इस ग्रंथ की आत्मा बन गए हैं।

किताब लिखने के लिए एकांत चाहिए, पर 'इलाज' के लिए एक पूरी टीम। सुवि आई इंस्टीट्यूट एवं लेसिक लेजर सेंटर, कोटा में मुझे उस सर्वश्रेष्ठ टीम का आशीर्वाद प्राप्त है, डॉ. सत्येंद्र कुमार गुप्ता, डॉ. निपुण बागरेचा, डॉ. सुभाष गुप्ता, तथा शुरुआती सफर के साथी डॉ. सौरभ सावरिया, डॉ. रणधीर झा, डॉ. मीनल गुप्ता, डॉ. गरिमा लखोटिया, डॉ. अरुण पाण्डेय, डॉ. भारती आहूजा, डॉ. निमिषा विजय, डॉ. मोनिका नागर, डॉ. दीपेश छबलानी और डॉ. रचना पटेल। श्री भूपेन्द्र सोनी, श्री दीपक नागर सहित अस्पताल के हर तकनीशियन, नर्सिंग स्टाफ, ऑप्टोमेट्रिस्ट और प्रशासनिक सदस्य को मेरा नमन, आप ही वे 'अदृश्य हाथ' हैं, जो हर दिन किसी जीवन में दृष्टि का नया सवेरा लाते हैं।

मेरी जीवन-संगिनी, सुवि नेत्र चिकित्सालय की सह-संस्थापक और मेरी अंतरात्मा की आवाज, डॉ. विदुषी शर्मा, आपने हर कठिन मोड़ पर साथ दिया, और सिखाया कि चिकित्सा भले विज्ञान हो, पर 'हीलिंग' विशुद्ध प्रेम और करुणा का कार्य है। मेरी प्यारी बेटी इशिता, जब तुम्हारे पापा देश के 'प्रिस्क्रिप्शन' के पन्नों में उलझे थे, तब छूटे हुए फैमिली डिनर और लंबी रातों की दूरियों को अपनी परिपक्व मुस्कान से माफ करने के लिए तुम्हें बहुत-बहुत धन्यवाद। तुम और तुम्हारी पीढ़ी ही वह भविष्य हो, जिसके लिए मैं एक स्वस्थ, समृद्ध और आत्मनिर्भर भारत का सपना देख रहा हूँ।

अंत में, मैं अपना शीश श्रद्धापूर्वक झुकाता हूँ उन लाखों मरीजों के सामने, जो दर्द, अंधकार और एक मद्धम-सी उम्मीद लेकर मेरे अस्पताल के दरवाजे से गुजरे। तीन दशकों में आप सबने अपनी सबसे अनमोल अमानत, अपनी आँखों की रोशनी, मेरे इन अपूर्ण हाथों में सौंपी; और सच यह है कि मैंने जितना दिया, उससे कहीं अधिक आपसे सीखा। आपके आँसू और आपकी मुस्कान ही इस किताब की असली स्याही हैं। प्रिय पाठक, इस पुस्तक का अंतिम नुस्खा आपके नाम है। आपने अपने कीमती घंटे इस किताब को दिए, और 'राष्ट्र की सर्जरी' के इस सफर में मेरे साथ चले। अब यह पुस्तक केवल मेरी नहीं रही, यह आपकी है, हमारी है, उन करोड़ों भारतीयों की है, जो मानते हैं कि भारत बीमार हो सकता है, पर लाइलाज नहीं। मैंने जीवन भर आँखों का उपचार किया; इस पुस्तक से अपने भारत की दृष्टि को थोड़ा और स्पष्ट करने का विनम्र प्रयास किया है। आगे का प्रकाश अब आपके हाथों में है।

हृदय की अनंत गहराइयों से,

– डॉ. सुरेश कुमार पाण्डेय
कोटा, राजस्थान

पुस्तक के बारे में

"ऑपरेशन महाशक्ति भारत 2047: राष्ट्र की समस्याओं का निदान और विकसित भारत का प्रिस्क्रिप्शन: एक नेत्र-सर्जन की कलम से" केवल एक पुस्तक नहीं, बल्कि एक सजग भारतीय डॉक्टर की राष्ट्र-चिंता, पीड़ा, उम्मीद और संकल्प का दस्तावेज है। यह एक ऐसे नेत्र-सर्जन की कलम से निकली कृति है, जिसने तीन दशकों तक लाखों आँखों में झाँकते हुए केवल मोतियाबिंद, ग्लूकोमा या रेटिना की बीमारियाँ ही नहीं देखीं, बल्कि उन आँखों के पीछे छिपा हुआ भारत भी देखा, किसान का संघर्ष, विद्यार्थी की बेचैनी, बेटी के सपनों की घुटन, बुजुर्ग की असहायता, व्यवस्था की थकान और आम आदमी की टूटती हुई उम्मीद देखी।

इस पुस्तक की सबसे बड़ी विशेषता इसका अनूठा दृष्टिकोण है। लेखक भारत को एक मरीज की तरह देखते हैं। वे न तो निराशा फैलाते हैं, न अंधी प्रशंसा करते हैं। एक ईमानदार चिकित्सक की तरह वे पहले रोग पहचानते हैं, फिर उसकी जड़ तक जाते हैं और अंत में उपचार का रास्ता बताते हैं। यही कारण है कि यह पुस्तक केवल आलोचना नहीं, बल्कि समाधान का रोडमैप बन जाती है।

पुस्तक की शुरुआत एक गहरे प्रश्न से होती है, जब एक सत्तर वर्षीय वृद्धा लेखक से पूछती है कि "डॉक्टर साहब, मेरी आँख का मोतियाबिंद तो आप नेत्र सर्जरी द्वारा निकाल देंगे, लेकिन इस देश की आँखों पर चढ़ा भ्रष्टाचार, पेपर लीक, लालफीताशाही और व्यवस्था की धुंध कौन हटाएगा?" यही प्रश्न लेखक के भीतर एक राष्ट्रीय मंथन का प्रारंभ बनता है। यह प्रश्न किसी एक मरीज का नहीं, बल्कि 148 करोड़ से अधिक भारतीयों की सामूहिक चेतना का प्रश्न है।

लेखक अपनी पारिवारिक और वैचारिक विरासत को भी इस पुस्तक की आत्मा से जोड़ते हैं। उनके दादाजी स्वर्गीय डॉ. कामता प्रसाद पाण्डेय स्वतंत्रता सेनानी और नेत्र-चिकित्सक थे। उनके भीतर सेवा और राष्ट्रभक्ति का बीज वहीं से पड़ा। उनकी दादी श्रीमती राम श्रृंगारी देवी बलिया के नगवा गाँव से थीं, वही नगवा, जहाँ अमर शहीद मंगल पाण्डे का जन्म हुआ। इसीलिए लेखक के लिए भारत केवल एक भू-भाग नहीं, बल्कि विरासत, जिम्मेदारी और अधूरे स्वप्न का नाम है।

पुस्तक के विभिन्न अध्याय भारत की समस्याओं को चिकित्सा-रूपकों के माध्यम से समझाते हैं। भ्रष्टाचार को हर अंग में फैले कैंसर की तरह देखा गया है। जातिवाद को प्रतिभा का दम घोंटने वाला ऑटो-इम्यून रोग बताया गया है। जनसंख्या को राष्ट्र का उच्च रक्तचाप कहा गया है। अर्थव्यवस्था को राष्ट्र का चयापचय, किसान संकट को अनदेखी नाड़ी, बुनियादी ढाँचे को जाम नसें, असमानता को रुका हुआ रक्त-प्रवाह और शिक्षा व्यवस्था को राष्ट्रीय निकट-दृष्टि दोष के रूप में समझाया गया है। यह शैली पाठक को जटिल राष्ट्रीय समस्याओं को सरल, चित्रात्मक और गहराई से समझने में मदद करती है।

पुस्तक केवल समस्याओं तक सीमित नहीं रहती। यह राजनीति, नौकरशाही, न्याय-व्यवस्था, मीडिया, राष्ट्रीय सुरक्षा, महिला सशक्तिकरण, बेरोजगारी, पर्यावरण प्रदूषण, मानसिक स्वास्थ्य, नशे और शॉर्टकट की संस्कृति जैसे गंभीर विषयों को भी साहसपूर्वक छूती है। लेकिन हर अध्याय के भीतर एक धड़कती हुई उम्मीद है, कि भारत बीमार हो सकता है, पर लाइलाज नहीं।

लेखक विश्व के अन्य राष्ट्रों की सफलताओं और चेतावनियों से भी सीख लेते हैं। सिंगापुर से अनुशासन और दूरदृष्टि, जापान से पुनर्निर्माण और निरंतर सुधार, इजराइल से संकट को नवाचार में बदलने की कला और चीन से तेज विकास की कीमत समझने की दृष्टि मिलती है। पर पुस्तक विकसित देशों की अंधी नकल की बात नहीं करती। इसका आग्रह है कि भारत अपना मॉडल स्वयं बनाए, ऐसा मॉडल, जिसमें विज्ञान भी हो, करुणा भी; तकनीक भी हो, संस्कृति भी; विकास भी हो, नैतिकता भी हो।

पुस्तक का अंतिम भाग विकसित भारत का प्रिस्क्रिप्शन प्रस्तुत करता है। इसमें शिक्षा-क्रांति, युवाशक्ति, उद्यमशीलता, स्वास्थ्य-क्रांति, कृत्रिम बुद्धिमत्ता, रोबोटिक्स, मानवीय करुणा, महिला सशक्तिकरण, नागरिक अनुशासन, दूरदर्शी नेतृत्व और मजबूत संस्थाओं की आवश्यकता पर बल दिया गया है। लेखक का स्पष्ट संदेश है कि वर्ष 2047 का भारत केवल सरकारों से नहीं बनेगा। वह कक्षाओं, खेतों, प्रयोगशालाओं, अस्पतालों, स्टार्टअप्स, परिवारों और 166 करोड़ नागरिकों के दैनिक चरित्र से बनेगा।

यह पुस्तक विशेष रूप से युवाओं के लिए एक जागरण-गीत है। यह उन्हें केवल नौकरी माँगने वाला नहीं, अवसर गढ़ने वाला बनने को प्रेरित करती है। यह कहती है कि राष्ट्र-निर्माण किसी और का काम नहीं; हर विद्यार्थी, हर डॉक्टर, हर शिक्षक, हर किसान, हर उद्यमी और हर जागरूक नागरिक इसका सह-शल्य-चिकित्सक है।

"ऑपरेशन महाशक्ति भारत 2047" अंततः एक डॉक्टर का राष्ट्र के नागरिकों को लिखा गया भावपूर्ण पत्र है। इसमें आँकड़ों की कठोरता है, अनुभव की सच्चाई है, भाषा की आत्मीयता है और भविष्य के प्रति अटूट विश्वास है। यह पुस्तक पाठक से केवल पढ़े जाने की अपेक्षा नहीं करती; यह उसे भीतर से झकझोरती है, सोचने पर मजबूर करती है और अंत में उसके हाथ में एक जिम्मेदारी सौंप देती है।

यह पुस्तक कहती है, भारत की आँखों पर धुंध है, पर रोशनी अभी जीवित है। रोग है, पर इलाज संभव है। वर्ष 1947 में हमें राजनीतिक स्वतंत्रता मिली थी; वर्ष 2047 तक हमें विकसित, जागरूक, नैतिक और विश्व-नेतृत्वकारी भारत बनाकर उस स्वतंत्रता को पूर्ण करना है। और यह काम किसी एक नेता, एक दल या एक संस्था से नहीं होगा, यह हम सबके सामूहिक संकल्प से होगा।

यही इस पुस्तक का सार है, यही इसका संदेश है, और यही इसका सबसे बड़ा आह्वान है,

"भारत को केवल देखो मत, भारत को गढ़ो।"
"समस्याओं पर रोओ मत, समाधान बनो।"
"2047 का भारत इंतजार नहीं कर रहा;"
"वह हमारे कर्मों से जन्म ले रहा है।"

लेखक परिचय

डॉ. सुरेश कुमार पाण्डेय

नेत्र-सर्जन, प्रेरक वक्ता, राष्ट्र-चिंतक, लेखक एवं साइक्लिस्ट

डॉ. सुरेश कुमार पाण्डेय भारत के अंतरराष्ट्रीय स्तर पर ख्याति प्राप्त नेत्र-सर्जन, प्रेरक वक्ता, राष्ट्र-चिंतक, लेखक और उत्साही साइक्लिस्ट हैं। वर्तमान में वे शिक्षा नगरी कोटा, राजस्थान स्थित सुवि नेत्र संस्थान एवं लेसिक लेजर सेंटर के निदेशक हैं। इस संस्थान की स्थापना उन्होंने अपनी जीवनसंगिनी और सहकर्मी डॉ. विदुषी शर्मा के साथ वर्ष 2006 में इस संकल्प के साथ की थी कि विश्वस्तरीय नेत्र-चिकित्सा केवल महानगरों तक सीमित न रहे, बल्कि छोटे शहरों और सामान्य परिवारों तक भी करुणा, गुणवत्ता और विश्वास के साथ पहुँचे।

डॉ. पाण्डेय का जीवन संघर्ष, संकल्प और सेवा की एक प्रेरक यात्रा है। राजस्थान के रावतभाटा क्षेत्र के छोटे से गाँव मोहना में मिट्टी के तेल की लालटेन की मद्धम रोशनी में पढ़ने वाले एक साधारण बालक से लेकर विश्वस्तरीय

नेत्र-सर्जन बनने तक का उनका सफर हर युवा के लिए यह संदेश देता है कि सीमित संसाधन सपनों को सीमित नहीं कर सकते। यदि मन में लक्ष्य स्पष्ट हो, श्रम ईमानदार हो और सेवा का भाव जीवित हो, तो अंधेरे रास्तों से भी उजाले की मंजिल तक पहुँचा जा सकता है।

चिकित्सा और मानव-सेवा की प्रेरणा उन्हें अपने दादाजी, महान स्वतंत्रता सेनानी और नेत्र-चिकित्सक स्वर्गीय डॉ. कामता प्रसाद पाण्डेय से मिली, जो ऐतिहासिक बागी बलिया आंदोलन से जुड़े रहे। उनके परिवार की देशभक्ति की विरासत को उनकी दादीजी श्रीमती राम श्रृंगारी देवी ने और गहरा किया, जो बलिया जनपद के ऐतिहासिक नगवा गाँव से थीं, वही नगवा, जहाँ अमर शहीद मंगल पाण्डे का जन्म हुआ। बचपन में सुनी गई स्वतंत्रता, त्याग और राष्ट्र-सेवा की कहानियों ने डॉ. पाण्डेय के भीतर देश के प्रति गहरी संवेदना और कर्तव्य-बोध का बीज बोया।

डॉ. पाण्डेय की चिकित्सा-यात्रा नेताजी सुभाष चंद्र बोस मेडिकल कॉलेज, जबलपुर से प्रारंभ हुई। इसके बाद उन्होंने भारत के प्रतिष्ठित चिकित्सा संस्थान पोस्ट ग्रेजुएट इंस्टीट्यूट ऑफ मेडिकल एजुकेशन एंड रिसर्च, चंडीगढ़ से नेत्र-विज्ञान में स्नातकोत्तर प्रशिक्षण प्राप्त किया। ज्ञान और कौशल की उनकी खोज उन्हें अमेरिका और ऑस्ट्रेलिया तक ले गई, जहाँ उन्होंने विश्वविख्यात नेत्र-संस्थानों में अत्याधुनिक नेत्र-शल्य-तकनीकों का प्रशिक्षण प्राप्त किया। अमेरिका में महान नेत्र-वैज्ञानिकों प्रोफेसर डेविड जे. एप्पल, प्रोफेसर एडवर्ड विल्सन, प्रोफेसर रॉण्डल जे. ऑल्सन के मार्गदर्शन ने उनकी दृष्टि को वैश्विक विस्तार दिया और उन्हें यह सिखाया कि चिकित्सा केवल तकनीक नहीं, बल्कि निरीक्षण, करुणा और सत्यनिष्ठा का संगम है।

विदेश में उज्ज्वल भविष्य के अनेक अवसरों के बावजूद, डॉ. पाण्डेय ने अपनी मिट्टी की ओर भारत (स्वदेश) लौटने का निर्णय लिया। कोटा में स्थापित सुवि नेत्र संस्थान आज गुणवत्तापूर्ण नेत्र-चिकित्सा, आधुनिक तकनीक और मानवीय संवेदना का एक प्रतिष्ठित केंद्र है। पिछले तीन दशकों में उन्होंने बीस लाख से अधिक मरीजों की जाँच और उपचार में योगदान दिया है तथा एक लाख से अधिक सफल नेत्र-शल्य-क्रियाओं के माध्यम से असंख्य लोगों के जीवन में रोशनी लौटाई है। उनके लिए प्रत्येक मरीज केवल एक केस नहीं, बल्कि एक परिवार, एक कहानी और एक विश्वास होता है।

डॉ. पाण्डेय केवल ऑपरेशन थिएटर तक सीमित नेत्र चिकित्सक नहीं हैं। वे समाज-सेवा, नेत्रदान जागरूकता, निःशुल्क नेत्र-स्वास्थ्य शिविरों और जन-जागरण अभियानों के माध्यम से लगातार समाज को अपनी सेवाएँ देते रहे हैं। वे युवा चिकित्सकों, मेडिकल विद्यार्थियों और समाज के जागरूक नागरिकों को प्रेरित करने

वाले लोकप्रिय वक्ता भी हैं। उनके व्याख्यानों में चिकित्सा-विज्ञान की गहराई, जीवन-संघर्ष की सच्चाई और राष्ट्र-निर्माण की प्रेरणा एक साथ मिलती है।

एक स्थापित लेखक के रूप में डॉ. पाण्डेय चिकित्सा, प्रेरणा, जीवन-दर्शन, स्वस्थ दीर्घायु और चिकित्सकीय उद्यमिता पर अनेक महत्वपूर्ण पुस्तकें लिख चुके हैं। उनकी चर्चित पुस्तकों में "एन आई फॉर द स्काई", "सीक्रेट्स ऑफ सक्सेसफुल डॉक्टर्स", "एंटरप्रेन्योरशिप फॉर डॉक्टर्स", "द हिप्पोक्रेटिक ओडिसी", "डायरी ऑफ एन आई सर्जन", "शतायु भवः 100 वर्ष तक स्वस्थ, सक्रिय और आनंदमय जीवन का वैज्ञानिक ब्लूप्रिंट" तथा युवाओं के लिए लिखी गई प्रेरक कृतियाँ प्रमुख हैं। उनके लेखन की विशेषता यह है कि वे कठिन विषयों को सरल भाषा, जीवंत उदाहरणों और मानवीय संवेदना के साथ पाठकों तक पहुँचाते हैं।

"ऑपरेशन महाशक्ति भारत 2047: राष्ट्र की समस्याओं का निदान और विकसित भारत का प्रिस्क्रिप्शन: एक नेत्र-सर्जन की कलम से" उनकी अब तक की सबसे महत्वाकांक्षी, सबसे निजी और सबसे राष्ट्र-केंद्रित कृति है। यह पुस्तक तीन दशकों के चिकित्सकीय अनुभव, लाखों मरीजों की आँखों में देखे गए भारत, और एक संवेदनशील नागरिक के भीतर उठते प्रश्नों से जन्मी है। इस पुस्तक में वे राष्ट्र को एक मरीज की तरह देखते हैं, उसकी बीमारियों का ईमानदार निदान करते हैं, उसके घावों को पहचानते हैं और 2047 तक विकसित, स्वस्थ, न्यायपूर्ण, जागरूक और विश्व-नेतृत्वकारी भारत के लिए एक व्यावहारिक प्रिस्क्रिप्शन प्रस्तुत करते हैं।

इस पुस्तक के अध्यायों से संबंधित वीडियो देखने हेतु नीचे दिए गए QR कोड को स्कैन करें।

फोन नं. 9351412449
संपर्क Email: suresh.pandey@gmail.com
suvieye@gmail.com
Twitter: https://twitter.com/SuViEyeKOTARAJ
Facebook: https://www.facebook.com/profile.php?id=61572079200446
Instagram: https://www.instagram.com/drsureshkpandey/
LinkedIn: https://www.linkedin.com/in/eyedrsureshkpandeykota/
Website: www.drsureshpandey.com, www.suvieyehospital.com

www.ingramcontent.com/pod-product-compliance
Lightning Source LLC
LaVergne TN
LVHW090306210926
848480LV00001B/150

* 9 7 9 8 9 0 6 0 6 1 3 6 2 *